使用中文 、英文 、法文詞匯５４０
(二級 - Level 2 - A2) ＆２４００ (四級 - Level 4 - B2)
Chinese, English & French words in use Mots
chinois, anglais & français en usage

Hua Zhang

authorHOUSE®

AuthorHouse™ UK
1663 Liberty Drive
Bloomington, IN 47403 USA
www.authorhouse.co.uk
Phone: 0800.197.4150

Published by AuthorHouse 01/24/2017

ISBN: 978-1-5246-6807-5 (sc)
ISBN: 978-1-5246-6808-2 (e)

Print information available on the last page.

Any people depicted in stock imagery provided by Thinkstock are models,
and such images are being used for illustrative purposes only.
Certain stock imagery © Thinkstock.

This book is printed on acid-free paper.

前 言 Foreword *Avant-propos*

亲爱的语言学习者:

本教材为您提供了掌握 2 级、4 级语言水平的必要词汇，同时又提供了大量例句，以帮助您掌握那些词汇的使用。

掌握单个词汇的正确使用不难, 但在短期内大量的掌握则很不容易。如果这是您的目标 ---- 短期内大量的掌握 2 级或 4 级词汇使用，我建议您只攻打每个词的一个例句，如第一个例句，一般比较简单，容易记住。做到该句子口头能熟练表达，并能熟练地认、读、写那个单词。这样能使进展大大加快。

在您新的学习阶段, 采取同样策略: 为快速进展每个词只学一个句子, 但同时攻打前阶段词汇的其他例句，以加深对已学词汇的掌握。如果时间紧，至少也要学一下前阶段词汇中动词和虚词的其他例句，因为这对您语言水平的高与低比其他词更重要。加油！

Dear language learner,

This book supplies you with the necessary 2 and 4 level vocabularies for you to grasp in your language learning, at the same time it gives a great deal of examples to help you to master their use.

Knowing the proper use of a single word is not difficult, but it is not easy at all to master the right use of a great deal of vocabulary in a quite short time. If this is your aim – master the 2 or 4 level vocabularies in a short time, I propose that you only study one example of each word, for instance the first one, which is often simple, so easy to remember. It will let you quickly be able to tell the sentence fluently, and recognize, read and write the concerned word or phrase as well. This will accelerate your advance greatly.

In your following stage, you should do the same: only master one sentence of each word to move forward fast; however in the same time you should also study the ones of the previous level you had not yet done in order to deepen your knowledge of those words. If you have not enough time, at least learn the sentences you have not worked about verbs and functional words of the previous part, because they are more important than the other words for your language mastery. Come on!

Cher apprenant de langue, Chère apprenante de langue,

Ce manuel vous fournit en vocabulaires nécessaires des niveaux A2 et B2 à maîtriser dans l'apprentissage de langue, en donnant en même temps un grand nombre d'exemples pour vous aider à maîtriser leur emploi.

Maîtriser l'emploi correct d'un seul mot n'est pas difficile, mais il n'est pas du tout facile de bien maîtriser un grand nombre de vocabulaire en peu de temps. Si c'est votre objectif – maitriser ceux des niveaux A2 ou B2 pendant une courte période, je vous propose d'étudier seulement un exemple pour chaque mot, par exemple la première phrase, qui est souvent assez simple, donc facile à retenir. Et cela vous permettra d'arriver rapidement à bien dire la phrase, et à reconnaître, à lire et à écrire l'expression concernée. Ce qui pourrait accélérer considérablement votre avance.

Dans l'étape suivante, vous devriez utiliser la même méthode: seulement bien apprendre une seule phrase de chaque mot pour avancer rapidement; mais vous devrez aussi étudier les exemples du niveau précédent que vous n'avez pas encore travaillé. Si vous n'avez pas suffisamment de temps, il faut au moins apprendre ceux des verbes et des mots de fonctions, puisque ils sont plus important que d'autres mots dans votre maîtrise de langue. Allez-y!

目 录 Contents *Sommaire*

540 二級 - Level 2 - *A2* :

> ➢ 100 个最常用单音词 – most used monosyllabic words – *mots monosyllabiques les plus utilisés* [1] [D]
> ➢ 100 个在 10 个方面使用最多的汉字 – most used Chinese characters in 10 domains – *caractères chinois les plus utilisés dans l0 domaines* [2] [T]
> ➢ 100 个新闻界最常用双音词 (不包括人名) – most used disyllabic words in the press (not including people's name) – *mots disyllabiques les plus utilisés dans la presse (non compris les noms de gens)* [3] [N]
> ➢ 100 个日常使用最常用双音词 - most used disyllabic words in general use – *mots disyllabiques les plus utilisés dans l'emploi général* [4] [G]
> ➢ 300 个汉语水平考试 1 级、2 级词汇 – vocabulary of the 1 and 2 levels of vocabulary of HSK – *vocabulaires des niveaux 1 et 2 de l'HSK* [5] [H1, H2]

2400 四級 - Level 4 - *B2* :

> ➢ 所有前两级词汇 - all vocabularies of the 2 previous levels – *tous les vocabulaires des 2 niveaux précédent;*
> ➢ 2245 个语言文字规范初级(一级)词汇 -- words of basic level (first level) of the language and writing standards – *mots de niveau élémentaire (niveau 1) des standards de langue et de l'écriture* [6] [S1]
> ➢ 1200 个汉语水平考试 3 级、4 级词汇 vocabulary of the 3 and 4 levels of vocabulary of HSK – *vocabulaires des niveaux 3 et 4 de l'HSK* [7] [H3, H4]

---

[1]现代汉语单字频率列表 Modern Chinese Character Frequency List, Jun Da, http://lingua.mlsu.edu
[2]现代汉语通用字表 国家语言文字工作委员会汉字处编 语文出版社 1989 年 9 月第 1 版 pp.99-103
[3] Bigram frequency list for the news sub-corpus, Jun Da http://lingua.mlsu.edu
[4] Bigram frequency list for the general fiction sub-corpus Jun Da http://lingua.mlsu.edu
[5] www.chinesetest.cn
[6]语言文字规范, 汉语国际教育用 音节、汉字、词汇等级划分 2010-02-01 实施 Beijing Language and Culture University Press, pp.25-50
[7] www.chinesetest.cn

索引中的略语 -- abbreviations used in the index - *abréviations utilisées dans l'index*

称呼 chēnghu: appellation, *appellation*
代: 代词 dàicí pronoun, *pronom*
动: 动词 dòngcí verb, *verbe*
方: 方言 fāngyán dialect, *dialecte*
副: 副词 fùcí adverb, *adverbe*
介: 介词 jiècí preposition, *préposition*
口: 口语词 kǒuyǔ cí oral, *oral*
量: 量词 liàngcí classifier, *spécificatif, classificateur*
名: 名词 míngcí noun, *nom*
数: 数词 shùcí numeral, *numéral*
形: 形容词 xíngróngcí adjective, *adjectif*
助: 助动词 zhùdòngcí auxiliary verb, *verbe auxiliaire*

* 编者在 4 级词汇中所加词汇, words added by the editor in the level 4 vocabulary, *mots ajoutés par l'éditeur dans le vocabulaire niveau B2* :

欧元 ōuyuán euro
发音 fāyīn pronunciation, to pronounce, *prononciation, prononcer*
法国 fǎhuó France
法语 fǎyǔ French language, *langue française*
英国 yīngguó Great Britain, *Grande-Bretagne*

A

阿姨 āyí H3, S2 小朋友，给~们唱支歌儿。 Children, sing a song to ladies. *Les petits, chantez une chanson pour Mesdames.* 王~, 妈妈向您问好。 Ms Wang, mom says hello to you. *Madame Wang, maman vous dit bonjour.* 哥哥的孩子叫我~，让我自己觉得老多了。 It makes me feel awfully old when my brother's children call me aunt. *Je me sens horriblement vieille lorsque les enfants de mon frère m'appellent tante.*

啊 ā H3, S1 她真伤心~! How sad she is! *Qu'elle est triste!* 您真好~! How nice of you! *Comme c'est amiable à vous!* 怎么又是一件新连衣裙~? What, another new dress? *Quoi, encore une nouvelle robe?*

矮 ǎi H4, S2 我比他~一头。 I'm a head shorter than he is. *J'ai une tête de moins que lui.* 他~个子，很结实。 He's short and stocky. *Il est petit et râblé.* 这个地区有一些~山。 There are some low hills in the region. *Il y a des collines peu élevées dans la région.*

爱 (愛) ài T, H1, S1 我~你! I'm in love with you! *Je t'aime (d'amour)!* 他~你~得发狂。 He's mad about you. *Il est follement amoureux de toi.* 她特别~音乐。 She's very fond of music. *Elle aime beaucoup la musique.* 我不~穿这件夹克。 I don't like myself in this jacket. *Je ne m'aime pas dans cette veste.*

爱好 (愛好) àihào H3, S1 你有什么~? What's your favourite pastime? *Quel est ton passe-temps préféré?* 邢小姐的~有 / 包括 潜水和集邮。 Miss Qian's hobbies include diving and stamp collecting. *Le passe-temps de Mlle Qian comprend la plongée sous-marine autonome et la philatélie.*

爱情 (愛情) àiqíng H4, S1 这就是真正的~了。 So, it's true love then? *Alors, c'est le grand amour?* 他 / 她眼里闪现出~的光辉。 Love shines in his / her eyes. *L'amour rayonne dans ses yeux.*

爱人 (愛人) àiren S1 这位是我~。 This is my husband / wife. *C'est mon époux / épouse.* 他~在一家大公司工作。 His wife works for a big company. *Sa femme travaille pour une grosse société.* 你要找个合适的~。 You should find the right man / woman. *Tu devrais trouver chaussures à ton pied.*

碍 ài T 你们在这而呆着吧，~不着我。 Stay where you are. You're not in my way. *Restez où vous êtes. Vous ne me gênez pas.* 你作的事有~团结。 What you're doing will be harmful to unity. *Ce que tu es en train de faire sera nuisible à l'unité.*

安静 (安靜) ānjìng H3 请~(一点儿)! Be quiet! *Taisez-vous / Tais-toi!* 他生活很~。 He leads a quiet, peaceful existence. *Il mène une vie calme et paisible.*

安排 ānpái H4, S1 一切都~好了。 Everything is arranged. *Tout est en ordre.* 已经~了一届欧洲政府首脑特别会议讨论这个问题。 A special summit meeting of European heads of government has been arranged to discuss the matter. *Une session spéciale au sommet des chefs de gouvernement européens a été fixée pour discuter cette affaire.*

安全 ānquán N, H4, S1 要注意交通~! Be careful to traffic safety! *Attention à la sécurité routière!* 我负责他的~。 I'm making sure he's safe. *Je veille à sa sécurité.* 她把我们带领到了一个~的地方。 She led us to a place of safety. *Elle nous a conduits à un lieu sûr.*

安装 (安裝) ānzhuāng H5, S1 墙上~了一个卫星天线。 There's a satellite dish on the wall. *Il y a une antenne parabolique sur le mur.* 他们在叫人~电线。 They are having electricity put in. *Ils font installer l'électricité.*

暗 àn T, H4, S2 天~下来了。 It's getting dart. *Il commence à faire nuit.* 冬季天~得很早。 It gets dark early in winter. *Il fait nuit de bonne heure en hiver.* 他把东西~中给了我。 He gave it to me secretly. *Il me l'a donné en cachette.*

案 àn T 这是个 偷税~ / 凶杀~。 It's a fraud / murder case. *C'est une affaire de fraude / meurtre.*

按 àn S1 ~铃。 Press the bell. *Appuie sur la sonnette.* 请把名字~字母顺序排列。 Please put the names in alphabetical order. *Mettez les noms en ordre alphabétique.*

按时（按時）ànshí H4 他~到了。He arrived right on time. *Il est arrivé juste à l'heure.* 火车~进了站。The train arrived at the scheduled time. *Le train est arrivé à l'heure indiquée.*

按照 ànzhào H4, S1 我们是~经理的指示办的。We've done it according to the instructions of the director. *Nous l'avons fait selon les ordres du directeur.*

B

八 bā T, H1, S1 我孩子~岁了。My child is at the age of 8 (years old). *Mon enfant a 8 ans.* ~点了。It is eight (o'clock). *Il est huit heures.* 这是半斤~两。It's six of one and half a dozen of the other. *C'est bonnet blanc et blanc bonnet.*

巴 bā T 我~不得再见到她。I'm looking forward to seeing her again. *Ce sera un grand plaisir de la revoir.* 我们前不~村，后不着店。We are with no village ahead and no inn behind. *Il n'y a aucun village devant nous, pas d'auberges derrière.*

把 bǎ (介) T, H3, S1 他~东西都吃了。*He's eaten everything (up).* Il a tout mangé. 我~衣服洗了(洗)。I washed the clothes. *J'ai lavé des vêtements.*

把 bǎ (量) T, H3, S1 我需要一~尺子。I need a rule. *J'ai besoin d'une règle.* 还缺少三~叉子。There are still three forks missing. *Il manque encore trois fourchettes.*

爸爸｜爸 bàba | bà T, H1, S1 ~生气了。Dad got angry. *Papa s'est mis en colère.* ~的书架上有很多书。Dad has a bookcase with a lot of books. *Papa a une bibliothèque avec beaucoup de livres.*

吧 ba T, H2, S1 走~。Let's go! *Allons-y!* 这您就放心~。Set your mind at rest on that point. *Rassurez-vous là-dessus.* 明天有工夫再来~。Come again tomorrow if you have time. *Reviens demain si tu as le temps.*

白 bái (形) (1) T, H2, S1 我们~天去。Let's go in the daytime. *On y va pendant la journée.* 你喜欢~巧克力吗? Do you like white chocolate? *Est-ce que tu aimes le chocolat blanc?* 他头发一夜之间变~了。He went white overnight. *Ses cheveux sont devenus blancs en l'espace d'une nuit.*

白 bái (副) (2) T, H2, S1 我~忙了半天。I went for a lot of trouble for nothing. *Je me suis dérangé beaucoup pour rien.* 他们~费了力气。They made fruitless efforts. *Ils ont fait des efforts sans résultat*

白菜 báicài S1 他们不怎么喜欢吃~。They don't like Chinese cabbage very much. *Ils n'aiment pas beaucoup du chou chinois.*

白酒 báijiǔ S1 你更喜欢~还是啤酒? Do you prefer spirits or beer? *Préfères-tu les spiritueurx ou la bière?* 我爱喝的~是白兰地(酒)。Brandy is my favourite spirit. *Le cognac est mon alcool préféré.* 我从不喝~。I never brink spirits. *Je ne bois jamais d'alcool.*

白人 báirén S1 他跟一个~妇女结婚了。He married a white woman. *Il a épousé une blanche.* 他们住在市里的~区。They live in the white areas of town. *Ils habitent dans les quartiers blancs de la ville.*

白色 báisè S1 她穿着~的衣服。She's dressed in white. *Elle est habillée en blanc.* 我们过了个~圣诞节。We had a white Christmas. *On a eu un Noël blanc.*

白天 báitiān S1 我们不是~去的。We didn't go there in the daytime. *Nous n'y sommes pas allés pendant la journée.* 他岂不是~做梦? Isn't he just daydreaming? *Ne rêve-t-il pas tout éveillé?*

百 bǎi H2, S1 每人大约要一~克。You need about a hundred grams per person. *Il faut à peu près cent grammes par personne.* 您~分之~的正确。You're absolutely right. *Vous avez cent fois raison.* 我重复了上~遍叫你不要做。I've told you a hundred times not to do it. *Je t'ai répété cent fois de ne pas le faire.*

搬 bān H3, S2 我们把椅子都 ~进来了 / ~出去了。 We moved all the chairs indoors / outdoors. *Nous avons rentré / sorti toutes les chaises.* 他要~到哪儿去? Where is he moving to? *Où déménage-t-il?*

班 bān H3, S1 他在哪个~? Which class is he in? *Il est dans quelle classe?* 我参加了一个短期训练~。 I've had a short course. *J'ai participé à un stage de courte durée.* 她上高级~。 She's in a class for advanced students. *Elle suit un cours pour étudiants plus avancés.* 我们俩同级不同~。 Both of us are of the same grade, but in different classes. *Nous sommes dans la même promotion, mais dans des classes différentes.*

班长 (班長) bānzhǎng S1 王环是~。 Wang Huan is a class monitor / a squad leader. *Wang Huan est chef de classe / chef d'escouade.*

板 bǎn T, S1 妈妈新买了个切菜~。 Mum just bought a chopping board. *Maman vient d'acheter une planche à découper.* 窗户上~了吗? Have you closed the shutters? *Est-ce que tu as fermé les volets?* 他很~，很难接触。 He is very stiff and you can't easily be in touch with. *Il est d'un abord difficile et tu ne peux pas facilement être en contact avec.*

半 bàn H3, S1 我等了~个小时。 I waited for half an hour. *J'ai attendu pendant une demi-heure.* 他一~时间都不在。 Half the time he isn't there. *La moitié du temps, il n'est pas là.* 她只懂了一~。 She only half understands. *Elle ne comprend qu'à moitié.* 她是我的~边儿天。 She's my better half. *C'est ma (chère) moitié.*

半年 bànnián S1 他病了~了。 He's been ill for six months. *Il est malade depuis six mois.*

半天 bàntiān S1 我找你(找了)~了。 I'm been looking for you for a long time. *Il y a un moment que je te recherche.* 我每个星期工作三个~。 I work three half-days a week. *Je travaille trois demi-journées par semaine.*

半夜 bànyè S1 昨天他工作到了~。 Yesterday he went on working far into the night. *Hier il a travaillé jusqu'à une heure avancée de la nuit.*

办 (辦) bàn T, S1 ~叫你~的事。 Do as you're told. *Fais ce qu'on te dit.* 我不知道怎么~。 I don't know what is to be done. *Je ne sais quoi faire.* 这个~不得。 It isn't done. *Cela ne se fait pas.* 一般都这么~。 It is quite commonly done. *C'est de pratique courante.* ~完了 / ~好了! It is as good as done / That's done it! *C'est une affaire faite / Ça y est!*

办法 (辦法) bànfǎ H3, S1 她有自己的~。 She has her own method. *Elle a sa méthode.* 作有好几个~。 There are several ways to go / of going about it. *Il y a plusieurs façons / moyens de s'y prendre.* 没有做得更快一点儿的~吗? Is there no means of doing it any faster? *N'y a-t-il pas moyen de le faire plus vite?* 要紧急找到一个解决~。 A solution must be found urgently. *Il devient urgent de trouver une solution.*

办公室 (辦公室) bàngōngshì S1 我十二点要去一下~。 I have to drop by the office at midday. *Je dois passer au bureau à midi.* 她调到我们~来了。 She has been transferred to our office. *Elle a été transférée dans notre bureau.* 那个~的员工几乎都是女士。 The office is almost entirely staffed by women. *Le personnel du bureau est presque entièrement composé de femmes.* 这是主任的~室。 This is the manager's office. *C'est le bureau du directeur.*

办理 (辦理) bànlǐ S1 我们去~手续。 Let us go through the formalities. *On va régler les formalités.*

帮 (幫) bāng T, S1 她需要(人)~一下。 She needs help. *Elle a besoin d'aide.* 巨大的海浪撞击船~。 Big waves crashed against the side of the boat. *De grandes vagues se sont écrasées contre le côté du bateau.* 电影院前面有一~年轻人。 There was a group of youngsters in front of the cinema. *Il y avait un groupe de jeunes devant le cinéma.*

帮忙 (幫忙) bāng//máng H3, S1 她需要(人)帮一下忙。 She needs help. *Elle a besoin d'aide.* 他们请了邻居~搬家。 They got their neighbours to help them move. *Ils se sont fait aider par leurs voisins pour le déménagement.*

帮助 (幫助) bāngzhù H2, A1 他~了我学外文 / 他~我学了外文。 He helped me learn a foreign language. *Il m'a aidé à apprendre une langue étrangère.* (我)感谢您~了我 / 对您的~我

表示感谢。Thank you for helping me. *Je vous remercie de m'avoir aidé.*

包 bāo T, H3, S1 这事由我~了吧。Just leave it all to me. *Laissez-moi le faire tout seul.* 咱们~饺子(吃)吧。Let us make dumplings ourselves. *Allons faire des raviolis nous-mêmes.* 想用礼物纸~起来吗？Would you like it gift-wrapped? *Voudriez-vous le mettre sous emballage-cadeau?*

包括 bāokuò H4, S2 这个组~了四个女的、两个男的。The group is composed of four women and two men. *Il y a quatre femmes et deux homes dans le groupe.* 价钱~了增值税。The price includes VAT. *La TVA est comprise dans le prix.*

包子 bāozi H5, S1 晚饭吃~。We're eating steamed stuffed buns at supper. *Au dîner on va manger de petits pains farcis cuits à la vapeur.*

饱（飽） bǎo T, H3, S2 我吃~了。I'm full. *Je suis rassasié.* 他们吃得很~。They have eaten their fill. *Ils ont mangé tout leur content.*

宝（寶） bǎo T, S2 这是你那本~书! Here's your precious book! *Le voilà ton sacré livre!* 博物馆有很多文艺复兴的艺术之~。The museum has many treasures of Renaissance art. *Le musée contient de nombreux joyaux de la Renaissance.*

保 bǎo T, S1 田地要~水~肥。 You have to preserve moisture and fertility in the soil. *Il faut conserver l'humidité et la fertilité de la terre cultivée.* 晚饭你能给我~一下暖吗? Will you keep dinner warm for me? *Peux-tu me garder le dîner chaud?*

保安 bǎo'ān S1 这是一条~措施。This is one of the security measures. *C'est une des mesures de sécurité.* 他是公司~人员。He's a security officer in firm. *C'est un employé chargé de la sécurité.*

保持 bǎochí H5, S1 请~安静。Please keep quiet. *Veuillez garder le silence.* 他们~信件来往多年了。 They kept up a correspondence for many years. *Ils sont restés en correspondance pendant des années.*

保存 bǎocún H5, S1 这些文物~得很完好。These culture relics are well preserved *Ces œuvres d'art historiques sont bien préservées.* 注意: 打开后放在冰箱里~。Notice: Refrigerate after opening. *Avis: conserver au réfrigérateur après ouverture.*

保护（保護） bǎohù H4, S1 我们要~环境，防止污染。We must protect the environment against pollution. *Nous devons protéger l'environnement contre la pollution.* 我把东西给了他(让他)~。I gave it to him for safekeeping. *Je le lui ai donné pour qu'il le garde.*

保留 bǎoliú H5, S1 票给您~到明天中午。We'll reserve the ticket(s) till tomorrow noon. *Nous vous réservons le(s) billet(s) jusqu'à demain midi.* 请允许我~(自己的)观点。I beg to differ. *Permettez-moi de ne pas partager cette opinion.*

保险（保險） bǎoxiǎn H5, S1 你还是带上雨衣吧，~点儿。You'd better take your raincoat just to be on the safe side. *Il serait plus prudent de prendre ton imperméable.* 这是~单，要保留好。It's the guarantee form. You must keep it. *C'est le bon de garantie. Il faut le conserver.* 那家~公司关闭了在南美洲的分支。The insurance company has closed its branches in South America. *La compagnie d'assurance a fermé ses bureaux d'Amérique du Sud.*

保证（保證） bǎozhèng H4, S1 我~完成这项任务。I'll guarantee to fulfil the task. *Je m'engage à accomplir la tâche.* 他们向她~这是真的。They assured her it was true. *Ils lui ont certifié que c'était vrai.*

抱 bào H4, S1 她把孩子~了起来。 She took the child in her arms. *Elle a serré l'enfant dans ses bras.* 他快~孙子了。He'll soon be a grandfather. *Il sera bientôt grand-père.* 我一直~着这个观点。I've always stuck to that opinion. *Je maintiens toujours cette opinion.* 他对这个~很大的怀疑。He entertains grave doubts about it. *Il entretient de sérieux doutes à ce propos.*

抱歉 bàoqiàn H4, S2 很~让您久等了。I'm so sorry to keep you waiting. *Excusez-moi de vous faire attendre.* 我很~我们明天不能来接您。I'm sorry we won't be able to fetch you tomorrow. *Je suis désolé que nous ne puissions venir vous chercher demain.*

报（報） bào (名) S1 我在读一份晚~。I'm reading an evening newspaper. *Je suis en train de lire un journal du soir.* 这是一份全国发行的日

4

~。It's a (major) national daily. *C'est un grand quotidien.* 我们订了两份周~。We subscribe to two weeklies. *Nous sommes abonnés à deux hebdomadaires.*

报到（報到）bào//dào **H6, A1** 新生已经开始~。The new students have started registering. *Les nouveaux étudiants commencent à arriver.*

报道（報道）bàodào
报导（報導）bàodǎo **N, H4, S1** 他~了会议情况。He covered the conference. *Il a fait le reportage de la conférence.* 各家日报星期一大量~了此事。Monday's dailies were full of the story. *Les quotidiens de lundi ont été pleins de cette histoire.*

报告（報告）bàogào **H5, S1** 市政府有一个关于中国的~会。There's a conference on China in the town hall. *Il y a une conférence sur la Chine à la mairie.* 有人向我们~市中心几家商店被盗窃。We have had reports of several burglaries in city stores. *On nous a signalé plusieurs cambriolages dans les magasins du centre-ville.*

报名（報名）bàomíng **H4, S1** 我要求~参加百米赛跑。I want to enter my name for the 100-metre dash. *Je veux m'inscrire pour les cent mètres.* ~已于昨天截止。Registration has closed since yesterday. *Les inscriptions sont closes depuis hier.*

报纸（報紙）bàozhǐ **H2, S1** 他每天都看~。He reads newspapers every day. *Il lit des journaux tous les jours.* 她去给奶奶取了~。She fetched a newspaper for her grandma. *Elle est allée chercher un journal pour sa grand-mère.* 您希望我们把~送到家里吗? Do you want your newspaper (to be) delivered? *Est-ce que vous voulez qu'on vous livre votre journal?*

背 bēi **S1** 我只得把他~在背[bèi]上了。I had to carry him on my back. *J'ai dû le porter sur mon dos.* 她~得起这个责任来吗? Can she shoulder the responsibility? *Peut-elle endosser la responsabilité?* (> 背 bèi)

杯子 bēizi **H1, S1** 我没有~。I don't have any glasses. *Je n'ai pas de verres.* 桌子上有五个酒杯(子)。There're five wine glasses on the table. *Il y a cinq verres à vin sur la table.*

北 běi **S1** 这间屋子朝~。This room faces north. *Cette pièce est exposée au nord.* 往~一直走到一个村庄。Go north until you come to a village. *Allez vers le nord jusqu'à ce que vous arriviez à un village.* 他们住华~。They live in the north China. *Ils habitent dans la Chine du nord.* ~美洲是欧洲的两倍多。North America is over twice the size of Europe. *L'Amérique du Nord est plus de deux fois plus grandes que l'Europe.*

北边（北邊）běibian **S1** 我从这儿朝~走。I'm going up north. *Je vais dans le nord.*

北部 běibù **S1** 她住在区~。She lives in the north of the district. *Elle habite dans le nord du quartier.*

北方 běifāng **H3, A1** 老王是~人，说~话。Lao Wang is a Northerner and has a northern accent. *Lao Wang est du Nord, et a le dialecte du Nord.* 他是在印度~出生的。He was born in the north of India. *Il est né dans le nord de l'Inde.*

北京 běijīng **N, H1, S1** 我是从~来的。I come from Beijing. *Je viens de Beijing / Je suis originaire de Beijing.* ~是中国的首都。Beijing is the capital of China. *Beijing est la capitale de la Chine.*

被 bèi **H4, S1** 我~老师罚了。I was punished by the teacher. *J'ai été puni par le prof.* 她~解雇了。She has been dismissed. *Elle a été renvoyée.* 他们~人看见了。They were seen. *Ils ont été vus.*

被子 bèizi **H5, S1** 我昨天买了一床~。I bought a quilt yesterday. *J'ai acheté une couverture ouatée hier.*

背 bèi (动) **H4, S1** 他把脸~了过去。He turned his face away. *Il a détourné le visage.* 那篇课文你能~下来了吗? Have you learnt that text by heart now? *As-tu appris le texte par cœur maintenant?* (> 背 bēi)

背 bèi (名) **H4, S1** 我~疼。I have a backache. *J'ai mal au dos.* 他给我按摩了~。He massaged my back. *Il m'a massé le dos.* (> 背 bēi)

背后（背後）bèihòu **S1** 他在门帘~藏着 / 藏在门帘~。He hid behind the curtain. *Il s'est caché derrière le rideau.* 我~一个骑车的响了响铃。A cyclist behind me rang the bell. *Un* cycliste derrière moi a fait marcher la sonnette. 不要~议论人! Don't talk about people behind their back! *Ne dis pas du mal des gens dans leurs dos!*

了。It slipped by him. *Cela lui est passé sous le nez.* 她只能看~底下那么远。She can't see beyond the end of her nose. *Elle ne voit pas plus loin que le bout de son nez.*

本 běn (量) H1 S1 我想买这~书和这两~杂志。I'd like to buy this book and these two magazines. *Je voudrais acheter ce livre et ces deux magazines.* 我去买一~中文词典。I'll go and buy a Chinese dictionary. *Je vais acheter un dictionnaire chinois.* 这~书是面向大众的。This is a book aimed at a wide public. *C'est un livre qui s'adresse à un large public.*

本 běn (代、副) H1, S2 ~周没有课。There aren't any classes this week. *Il n'y a pas de cours cette semaine.* 她~月的健康状况有了好转。Her health has been improving this month. *Son état (de santé) s'est amélioré ce mois.* 一切都是~着计划进行的。Everything went according to the plan. *Tout s'est passé comme prévu.* 我们是~着规则行事的。We acted by the rules. *Nous avons agi selon les règles.*

本报 běnbào N ~报道了会议情况。Our newspaper has covered the conference. *Notre journal a fait le reportage de la conférence.*

本来 (本來) běnlái G4, S1 这个字~的意思是什么? What's the original meaning of this word? *Quel est le sens originel de ce mot?* ~就该这样办的。Of course it should have been handled that way. *C'est comme ça qu'il avait fallu faire.*

本领 (本領) běnlǐng H5, S1 (= 本事 běnshi) 这个人~真大。He's a man of considerable ability. *C'est un homme très doué.* 他有高度集中精力的~。He's capable of intense concentration. *Il a une grande capacité de concentration.*

本事 běnshi H6, S1 (= 本领 běnlǐng) 这个人真有~。He's a man of considerable ability. *C'est un homme très doué.*

本子 běnzi S1 请把作业写在~上。Please write the assignment in your jotter. *Ecrivez votre devoir dans vos cahiers, s'il vous plaît.* 这不是我的~, 我的在哪儿? This isn't my exercise book, and where is mine? *Ce n'est pas mon cahier, et où est le mien?*

鼻子 bízi H3, S2 我~流血了。My nose is bleeding. *Je saigne du nez.* 事情从他~下溜过去

比 bǐ H2, S1 他~不上您。He can't compare with you. *Il ne vous est pas comparable.* 他开车~我小心。He drives more carefully than I do. *Il conduit plus prudemment que moi.*

比方 bǐfang H6, S1 您能打个~吗? Could you give an example? *Pourriez-vous donner un exemple?* 他举老虎做了个~。He quoted the tiger as an example. *Il a cité le tigre en exemple.*

比较 (比較) bǐjiào H3, S1 这可不能~。There's no comparison. *Ça ne se compare pas.* 我~同意您的意见。I'm rather inclined to agree with you. *Je suis assez de votre avis.* 汉语的语音~难。Chinese pronunciation is quite difficult. *La prononciation chinoise est assez difficile.*

比例 bǐlì H5, S1 按~要加多少盐? In what proportions should salt be added? *Dans quelle proportion faut-il ajouter le sel?*

比如 bǐrú H5, S1 一只虫子有六条腿, ~苍蝇。Any insect has six legs, for example a fly. *Un insecte a six pattes, par exemple une mouche.* 猛兽, ~狮子, 在这一地区已经灭绝了。The big cats, for example the lion, have become extinct in this region. *Les fauves, par exemple le lion, sont déjà disparu dans cette région.*

比如说 (比如說) bǐrú shuō S1 (= 比如 bǐrú)

比赛 (比賽) bǐsài H3, S1 我们去看一场足球~。We're going to watch a football match. *Nous allons assister à un match de football.* 今晚开始男子团体~。The men's team event begins this evening. *L'épreuve masculine par équipe commence ce soir.* 裘小姐要参加歌咏~。Miss Qiu intends to take part in the singing contest. *Mlle Qiu compte participer au concours de chant.*

笔 (筆) bǐ S1 这一枝(毛)~是我的。This brush is mine. *Ce pinceau est à moi.* 这一~很有劲儿。The line is firm. *Le trait est ferme.* 这真是一~钱! It's quite a sum! *C'est UNE somme!*

笔记本 (筆記本) bǐjìběn H4, S1 我用一个~记中文成语。 I have an exercise book where I write down Chinese set phrases / idioms. *J'ai un cahier où je note des expressions figées chinoises / des idiotismes chinois.*

必然 bìrán S1 这是一个~的结局。 That's the inevitable conclusion. *C'est le dénouement fatal.* 1974 年以后石油的涨价是~的。 There was an inexorable rise in the price of oil after 1974. *Il y a eu une augmentation inexorable du prix de pétrole après 1974.*

必须 (必須) bìxū H3, S1 我~见他。 I simply must see him. *Il faut absolument que je le voie.* ~立即采取行动。 Immediate action is imperative. *Il est impératif d'agir immédiatement.* 您~这么早就走吗? Do you have to / Have you got to leave so soon? *Etes-vous obligé de partir / Faut-il que vous partiez si tôt?*

必要 bìyào H5, S1 这个我没有~叫人提醒。 I didn't need to be reminded of it. *Je n'avais pas besoin qu'on me le rappelât.* 我去办理~的手续。 I'll go through required formalities. *Je vais régler toutes les formalités requises.*

毕业 (畢業) bì//yè H4, S2 她是(在)巴黎大学~的。 She graduated from the Sorbonne. *Elle a un diplôme de la Sorbonne.* 他师范专业~了。 He graduated as a teacher. *Il a eu son diplôme de professeur.*

边 (邊) biān S1 他在路~等我们。 He's waiting for us at the roadside. *Il nous attend au bord de la route.* 我们星期日去海~玩儿。 We're going to the seaside next Sunday. *Nous irons au bord de la mer dimanche prochain.* 他们是~防(士)兵。 They are frontier-guards. *Ils sont des gardes-frontières.*

遍 biàn H4, S1 他们走~了全国。 They have travelled all over the country. *Ils sont allés partout dans le pays.* 这本书我看了两~。 I've read the book twice. *J'ai lu deux fois ce livre.*

变 (變) biàn S1 情况~了。 The situation has changed. *La situation a changé.* 他~瘦了。 He has become thin. *Il a maigri.* 出村后路就变宽~了。 The roads get wider after the village. *Au-delà du village la route s'élargie.*

变成 (變成) biànchéng S1 他~大人了。 He has grown into a man. *Il est devenu homme.* 他~了一个坏人。 He has become a law-breaker. *Il est devenu un malfaiteur.*

变化 (變化) biànhuà H3, S1 没什么~。 There's been no change. *Il n'y a pas de changement.* 她~多大呀! How she has changed! *Ce qu'elle a changé!* 几十年来教学方法有了很大~。 Educational methods have changed a lot for dozens of years. *La pédagogie a beaucoup changé depuis des dizaines d'années.*

变为 (變為) biànwéi S1 他的爱~怨恨了。 His love had been turned to hate. *Son amour s'est changé en haine.*

标题 (標題) biāotí H6, S1 我忘记那篇文章的~了。 I've forgotten the title of the article. *J'ai oublié le titre de l'article.* 污染问题最近常是报界的通栏~。 Pollution has been in the headline a lot recently. *La pollution a beaucoup fait la une récemment.*

标准 (標準) biāozhǔn H4, S1 去年的学生达到了很高的~。 Last year's students set very high standards. *Les étudiants de l'année dernière ont établi un niveau très élevé.* 道德品质的~逐渐消失了。 Moral standards are falling. *Le sens moral se perd.*

表 biǎo S1 您的~几点了? --- 我的~十二点了。 Have you got the (right) time? – By my watch it's midday. *Avez-vous l'heure (exacte)? – A ma montre il est midi.* 这个~走得很准。 The watch keeps good time. *Cette montre va juste.* 温度~是 0 度 / 0 下四度。 The thermometer is at zero / four below zero. *Le thermomètre est à zéro / à quatre dessous de zéro.* ~兄妹时不时来看我们。 Our cousins frequently come to see us. *Nos cousins viennent fréquemment nous voir.*

表达 (表達) biǎodá H4, S1 如果可以这样~的话, if one may put it this way, *si l'on peut s'exprimer ainsi;* 这种~方式在青年人中间很流行。 This expression is current among young people. *Cette expression est courante chez les jeunes.* 拥有中文口语~能力是必须的。 The ability to speak Chinese is a must. *Pouvoir parler le chinois est une nécessité absolue.*

表格 biǎogé H4, S2 你填好~了吗? Have you filled in the form? *Est-ce que tu as rempli le formulaire?*

表面 biǎomiàn H5, S1 水果的~是黄(色)的。 The fruit is yellow on the outside. *Le fruit est* jaune à l'extérieur. 他磨光了办公桌的~。He polished the surface of the desk. Il a poli la surface du bureau. ~现象可以骗人。Appearance can be deceptive. Les apparences peuvent être trompeuses.

表明 biǎomíng H5, S1 你应当~自己的立场。You must make your position clear. Tu dois dire franchement quelle est ta position. 美国人对问题的立场是怎么~的? What is the American position on this issue? Quelle est la position des Américains sur ce problème?

表示 biǎoshì N, H3, S1 他不会~自己要说的意思。He has difficulty in expression himself. Il a du mal à s'exprimer. 他挥动拳头~挑战。He raised his fist in expression of defiance. Il brandit le poing en signe de défi. 一个百万富翁~对城堡感兴趣, 想买下来。A millionaire has expressed an interest in (buying) the castle. Un millionnaire s'est déclaré intéressé par le château.

表现 (表現) biǎoxiàn H5, S1 他~得胆小如鼠。He behaved like a coward. Il s'est comporté comme un lâche. 罗小姐在最新的电影中~杰出。Miss Luo was brilliant in her last film. Mlle Luo était formidable dans son dernier film.

表演 biǎoyǎn H3, A1 他~得比较好。He performed fairly well. Il a assez bien joué. 她的~吸引了很多人。Her show is really pulling them in. Son spectacle attire les gens.

表扬 (表揚) biǎoyáng H4, S2 他使劲地~我们。He was full of our praise(s). Il ne tarissait pas d'éloges sur notre compte. 我对他只有~。I have nothing but praise for him. Je n'ai rien pour lui que des louanges.

别 (別) bié (1) H2, S1 ~忙! Don't hurry! Ne vous pressez pas! ~当老好人! That's the expense of principles! Il ne faut pas sacrifier les principes! ~三心二意了, 一块儿走吧! Don't shilly-shally, let's go together! Plus d'hésitation, partons ensemble!

别 (別) bié (动) (2) H2; S1 不要忘了把安全带~好。Don't forget to fasten your seatbelt. N'oublie pas d'attacher ta ceinture de sécurité. 她上衣~着一个饰针。There was a brooch pinned to her jacket. Elle portait une broche épinglée à sa veste. 他衣服纽扣上~着一朵花儿。He's wearing a flower in his button hole. Il a une fleur à la boutonnière.

别的 (別的) biéde S1 你们还有~吗? Have you got any others? En avez-vous d'autres? 我没有~选择。I had no other choice. Je n'ai pas le choix / pas d'autre solution. ~国家也一样。It's the same in other countries. C'est la même chose dans les autres pays.

宾馆 (賓館) bīnguǎn H3, S2 这是一个豪华的~。That's a luxury hotel. C'est un hôtel de luxe. 一大队游客走出了~。A huge group of tourists trooped out of the hotel. Les touristes sont sortis de l'hôtel en un très grand groupe.

冰箱 bīngxiāng H3, S2 别忘了把吃的放到~里去。Don't forget to put food in the refrigerator. N'oublie pas de mettre de la nourriture dans le réfrigérateur. 注意："打开后放在~里保存"。Notice: "Refrigerate after opening." Avis: «Conserver au réfrigérateur après ouverture.»

并 (並) bìng (副, 连) S1 这个~不便宜, 你怎么说便宜? It isn't cheap really, and why do you say it is? Ce n'est vraiment pas bon marché, alors pourquoi tu dis le contraire? 这~不能使我们有很大进展。It won't get us much further forward. Cela ne va pas nous avancer beaucoup. 我同意~拥护你的建议。I agree with and endorse your proposal. J'approuve ton conseil et y donne mon adhésion.

并 (並) bìng (动) S1 他把一家小公司~入了那家大公司。He merged a small company into that big one. Il a fait fusionner une petite société en celle-là qui est grande.

并不 bìngbù G 您~能去。You really mustn't go to it. Il ne faut absolument pas que vous y alliez. 这与那些事实~矛盾。That isn't really at variance with the facts. Cela n'est vraiment pas en contradiction avec les faits. 他们被削弱了, 但是 ~ / 并没(有) 泄气。They were weakend, but not discouraged. Ils étaient affaiblis, mais non pas découragés.

并且 (並且) bìngqiě H4, S1 她歌儿唱得很好, ~拉小提琴。 Being an excellent singer, she also plays violin. C'est une excellente chanteuse, et en plus elle joue du violon. 你说谎, ~觉得这样好玩儿! You lie and on top of that you find it funny! Tu mens et en plus tu trouves ça drôle!

病 bìng S1 我~了。I'm ill. Je suis malade. 您的~好了, 可要防止反复。 You are well now, but mind you don't have a relapse. *Tu es guéri, mais gardez-vous bien d'avoir une rechute.*

病人 bìngrén S1 这位女~人病得很厉害。 She's a very ill woman. *C'est une femme très malade.* 那个~疼得要命。 The sufferer / the patient feels a sharp pain. *Le malade / le patient ressent une vive douleur.*

播出 bōchū S1 电台正在~民间音乐。 The radio is now broadcasting folk music. *La radio diffuse maintenant la musique folklorique.*

播放 bōfàng H6, S1 他们~了乐曲《东方红》。 They've broadcasted the music of The East Is Red. *Ils ont radiodiffusé la musique L'Orient Rouge.* 今晚的辩论将现场 ~ / 直播。 This evening there will be a live broadcast of the debate. *Ce soir il y aura une émission en direct sur le débat.*

薄 bó T 这一提供并不~。 The offer was not ungenerous. *L'offre n'est pas peu généreuse.* 他的那些话太轻~。 He had trivial remarks. *Il a eu des propos frivoles.* 日~西山了。 The sun is setting behind the western hills. *Le soleil décline derrière les collines de l'ouest.*

不必 búbì H5, S1 您~等了。 You needn't wait. *Inutile (pour vous) d'attendre.* ~担心。 There's no need to worry. *Ne vous inquiétez pas.*

不大 búdà S1 他近来~好。 He hasn't been coming around much recently. *Il ne va pas très bien ces jours-ci.* 他那样做~合理。 It wasn't very rational of him to do that. *Il n'a pas agi de façon très logique.*

不但 búdàn H4, S1 他~能看中文，而且说得也不错。 He can not only read in Chinese, but also speak it quite well. *Non seulement il lit en chinois, mais aussi parle assez bien cette langue.*

不断 (不斷) búduàn H5, S1 她总~地抱怨。 She complains all the time. *Elle se plaint sans cesse.* 人类社会总是~进步。 Human society makes unceasing progress. *La société humaine fait des progrès sans interruption.*

不对 (不對) búduì S1 他回答的~。 He gave the wrong answer. *Il a donné une mauvaise réponse.* 钟给的时间总~。 The clock has always shown the wrong time. *La pendule n'a jamais été à l'heure.* 你谴责他是~的。 You

were wrong to accuse him. *Tu as eu tort de l'accuser.*

不够 (不夠) búgòu S1 这些~吗? Will this not be enough? *Est-ce que ça ne suffit pas?* 他们人力~。 They haven't enough manpower. *Ils manquent de main-d'œuvre.*

不过 (不過) búguò H4, S1 再好~了! It couldn't be better! *Je ne demande pas mieux.* 她~十七岁。 She's only seventeen. *Elle n'a que dix-sept ans.* 他生病~是借口罢了。 He gave the excuse that he was ill. *Il a prétexté qu'il était malade.*

不客气 (不客氣) bú kèqi H1 多谢! 多谢! --- ~! (~!) Thank you very much indeed! – You're welcome. *Merci infiniment! – Pas de quoi.* 他的回答 / 他回答得 很~。 He answered bluntly / In answer he didn't mince his words. *Il a répondu sans ménagement / sans mâcher ses mots.* 自己拿，别客气! Help yourself! *Sers-toi!*

不论 (不論) búlùn S1 你~什么时候来, 都受欢迎。 No matter when you come, you'll be welcome. *A n'importe quel moment où tu viens, tu seras le bienvenu.* ~提什么建议, 他都要抗争一阵。 He's automatically against everything you suggest. *Il fait de l'opposition systématique à tout ce qu'on lui propose.*

不太 bútài S1 我觉得~舒服。 I don't feel very well. *Je ne me sens pas très bien.* 这一课我还~懂。 I haven't well assimilated the lesson yet. *Je n'ai pas encore bien assimilé la leçon.*

不要 búyào S1 ~说话! Do not speak! *Ne parle(z) pas!* ~怕! Don't be afraid. *N'ayez / N'aie pas peur!* ~做(这个)! Don't do it! *N'en faites rien!* 下午~您。 You won't be wanted this afternoon. *On n'aura pas besoin de vous cat après-midi.* 走开, 这儿~你。 Go away, you're not wanted here. *Va-t'en, tu n'es pas le bienvenu ici.* 什么时候~我, 我知道。 I know when I'm not wanted. *Je sais quand je suis de trop.*

不用 búyòng S1 ~着急! You needn't worry! *Ne vous inquiétez pas / Ne t'inquiète pas!* ~说他这几天很忙。 Needless to say he's very busy these days. *Inutile de dire qu'il est très occupé ces jours-ci.*

补 (補) bǔ S1 S1 姨教过我~衣服。 My aunt taught me to mend clothes. *Ma tante m'a* *appris à raccommoder un vêtement.* 车胎~好了吗? Has the puncture been mended? *Est-ce que le pneu a été réparé?*

补充 (補充) bǔchōng H5, S1 我~一点意见。 I have one point to add. *J'ai une remarque à ajouter.* "你们也来", 他~说。 "You come too", he added. *"Venez aussi", ajouta-t-il.*

不 bù bú D, H1, S1 我~ 说 / 来 / 走。 I won't speak / come / go. *Je ne parle / viens / pars pas.* 这个并~便宜，你怎么说便宜? It isn't cheap really, and why do you say it is? *Ce n'est vraiment pas bon marché, alors pourquoi tu dis le contraire?* 他~会表示自己要说的意思。 He has difficulty in expressing himself. *Il a du mal à s'exprimer.*

不安 bù'ān H5, S1 他坐立~。 He's on tenterhooks. *Il est sur des charbons ardents.*

不得不 bù dé bù H4, S1 您去吗? --- 我~去。 Are you going? – I don't have any choice, do I? *Irez-vous? – Bien obligé!* 他~补考。 He had no choice but to sit an exam again. *Il a été obligé de repasser un examen.* 这使我~换车。 It means I have to change trains. *Cela m'oblige à changer le train.*

不管 bùguǎn H4, S1 他~ 做什么 / 说什么, no matter what he does / says; *quoi qu'il fasse / dise;* ~什么 方法 / 手段， no matter how; *de n'importe quelle manière;* ~什么时候, no matter when; *à n'importe quel moment;* ~提什么建议, 他都要抗争一阵。 He's automatically against everything you suggest. *Il fait de l'opposition systématique à tout ce qu'on lui propose.*

不光 bùguāng S1 她~能看法文，而且说得也不错。 She can not only read in French, but also speak it quite well. *Non seulement elle lit en français, mais aussi parle assez bien cette langue.*

不好意思 bù hǎoyìsi H5, S1 我被夸得~了。 I felt embarrassed by so much praise. *Je me sens gêné par tant d'éloges.* 他~推辞。 He found it difficult to refuse. *Il était difficile pour lui de le refuser.*

不久 bùjiǔ S1 我~就回来。 I'll be back soon. *Je serai vite de retour.* 他们~就成了朋友。 They were soon making friends. *Ils se sont bien vite fait des amis.* 你走~她就打了电话。 She

phoned soon after you'd left. *Elle a téléphoné peu après ton départ.*

不满 (不滿) bùmǎn S1 老板对我作的~。 The boss was dissatisfied of what I'd done. *Le patron n'était pas satisfait de ce que j'avais fait.* 我对这里的服务非常~。 I am very dissatisfied with the service I received. *Je suis très mécontent du service que j'ai reçu.* 这引起了学生中极大的~情绪。 That caused considerable discontent among students. *Cela a provoqué un vif mécontentement chez les étudiants.*

不能 bùnéng G 我们绝~做。 We cannot possibly do it. *Nous ne pouvons absolument pas le faire.* 她再也~唱歌了。 She'll never ba able to sing again. *Jamais plus elle ne pourra chanter.*

不如 bùrú H5, S1 我们谁都~她。 She's the best of us all. *Elle est la meilleure de nous toutes / tous.* 什么都~好好地吃一顿早餐。 There's nothing like a good breakfast. *Rien ne vaut un bon petit déjeuner.* 咱们~试一试! Let us have a try! *Essayons toujours!*

不少 bù shǎo S1 当时人~。 There were a good many people. *Il y avait pas mal de gens.* 我用了~时间。 It took me quite a time. *Cela m'a pris pas mal de temps.* 谎话他说了~。 He told quite a few lies. *Il a dit pas mal de mensonges.*

不同 bùtóng S1 这两种文化 很~ / 有很多~。 There are many differences between the two cultures. *Les deux cultures sont très différentes l'une de l'autre.* ~的地方在哪儿? What's different about it? *Qu'est-ce qu'il y a de différent?* 这本书同她写的第一本书比很~。 This book is very different from her first. *Ce livre est très différent de son premier.* 我们按照~的 情况 / 季节, 采取~的作法。 We'll vary from case to case / season to season. *Nous varions selon les cas / les saisons.*

不行 bùxíng S1 这个方法~。 This method just doesn't work. *Cette méthode ne marche pas du tout.* 你两点~吗? --- 真~, 实在抱歉! Would two o'clock not suit you? – I won't make it, I'm really sorry. *Deux heures ne te conviendraient pas? – Je n'y arriverai pas, je suis vraiment désolé.*

不一定 bù yídìng S1 她明天~来。 It isn't certain that she'll come tomorrow. *Il n'est pas certain qu'elle vienne demain.* 他自己还~是不是来。 He's not sure whether he's going to come or not. *Il n'est pas sûr de venir.*

不一会儿 (不一會兒) bù

yíhuìr S1 他~就可以回来。 He may return at any moment. *Il peut revenir d'un instant à l'autre.* 我们~就得走。 We must leave right now / this instant. *Nous devons partir à l'instant (même).* 他停了 ~ / 一会儿。 *He stopped for a moment. Il s'arrêta un instant.*

不知 bùzhī G 那个人~好歹。 That person doesn't know what's good for him / her. *Cette personne ne comprend pas où se trouve son intérêt.* ~不觉已过了 两个星期 / 两周。 Two weeks had passed before we knew it. *Deux semaines ont passé sans qu'on s'en aperçoive.*

布 bù H5, S1 这是一双~鞋。 These are a pair of cloth shoes. *C'est une paire de chaussures en toile.* 这种~不抽(水)。 This is fully shrunk material. *C'est un tissu irrétrécissable.* 我把桌~铺好了。 I've put the table cloth on. *J'ai mis la nappe.*

步 bù S1 我们要进一~，退两~。 We should take one step forward and two steps back. *Nous devrions faire un pas en avant et deux (pas) en arrière.* 他们大~前进。 They're advancing with big strides. *Ils marchent à grands pas.* 自愿者往前跨一~! Volunteers step forward! *Que des volontaires se désignent!*

部 bù S1 墨西哥在美国南~。 Mexico is to the south of the US. *Le Mexique est au Sud des Etats-Unis.* 我是去电影院看的那~电影。 I went to the cinema to see that film. *Je suis allé au cinéma pour voir le film.* 他在国防~工作。 He works in the Ministry of Defence. *Il travaille au Ministère de la Défense.*

部分 bùfen H4, S1 英格兰南部的绝大~降了雪。 There has been snow over large sections of Southern England. *Il a neigé sur une grande partie du sud de l'Angleterre.* 这件事他们要负责自己的那~责任。 They have their share of responsibility in this matter. *Ils ont leur part de responsabilité dans cette affaire.* 我们一~假期是在法国度过的。 We spent (a) part of our holiday in France. *Nous avons passé une partie de nos vacances en France.* 他总把绝大~钱都花掉。 He spends the best part of his money. *Il dépense la plus grande partie de son argent.*

部门 (部門) bùmén H5, S1 这不属于我们~管。 That's not really our department. *Ce n'est pas notre rayon.* 你们把情况通知政府~了

吗？ Have you notified the authorities of the fact? *Avez-vous saisi l'administration du fait?*

部长 (部長) bùzhǎng S1 ~明天会见我们。 The minister is meeting us tomorrow. *Le ministre nous rencontrera demain.* 她拒绝了任~的建议。 She turned down the government position she was offered. *Elle a refusé le ministère qu'on lui proposait.*

C

擦 cā H4, S2 去~一~手。 Go and wipe your hands. *Va t'essuyer les mains.* 他~了根火柴。 He struck a match. *Il a frotté une allumette.* 她在脸上~了粉。 She powdered her face. *Elle s'est poudré le visage.*

猜 cāi H4, S2 不知道的话，~一~。 It you don't know, have a guess. *Si tu ne sais pas, essaie de deviner.* 你~ 对了 / 错了。 You guessed right / wrong. *Tu as bien / mal deviné.* 我~他们吵架了。 What happened, I suspect, is that they had an argument. *Ce qui s'est passé, j'imagine, c'est qu'ils se sont disputés.*

才 cái (副) (1) H3, S1 他们怎么~来? Why are they so late? *Pourquoi sont-ils arrivés si tard?* 你怎么~来就要走? Why leave so soon? You've only just arrived? *Tu pars déjà alors que tu viens juste d'arriver?* 互相配合~能打好网球。 You need good coordination to play tennis. *Il faut avoir une bonne coordination pour jouer au tennis.*

才 cái (名) (2) H3, S2 他做生意 没~ / 不是个~。 Ha has no talent for business. *Il n'a pas le don des affaires.* 她是个~女。 She's a woman of talent. *C'est une femme talentueuse.*

才能 cáinéng S1 她是个很有~的女人。 She's a woman of talent. *C'est une femme talentueuse.* 他显示出了艺术~。 He shows artistic ability. *Il manifeste des dons artistiques.*

材料 cáiliào H4, S2 玻璃是易碎的~。 Glass is a brittle material. *Le verre est un matériau cassant.* 她不是当军官的~。 She isn't officer material. *Elle ne ferait pas un bon officier.* 我们为了调查把~集中了起来。 We've assembled (some)

material for a survey. *Nous avons rassemblé des matériaux pour une enquête.*

采取（採取）căiqǔ H5, S1 你应该~主动。 You should take the initiative. *Tu devrais prendre l'initiative.* 他们~的是极其严厉的措施。 They've taken extreme measures. *Ils ont employé les grands moyens.*

采用（採用）căiyòng S1 我们~了先进技术。 We've adopted avant-garde technique. *Nous avons employé des techniques d'avant-garde.* 他们~的是高科技。 They've adopted a hi-tech approach. *Ils ont eu recours à la technologie de pointe.*

彩色 căisè S1 他们买了台~电视。 They've bought a colour television. *Ils ont acheté une télévision de couleur.* 我给孩子买了些~铅笔。 I bought some crayons / some colour(ed) pencils for the children. *J'ai acheté des crayons de couleur pour les enfants.*

菜 cài H1, S1 我种~。 I grow vegetables. *Je cultive des légumes.* 她在做(中国) ~ / 饭。 She's doing the (Chinese) cooking. *Elle est en train de faire la cuisine (chinoise).* 我们吃了三道~, 最后 (一道 ~)是甜食。 We had three courses and a sweet. *Nous avons eu trois plats et le dessert.*

菜单（菜單）càidān H3, S1 我想看一下~。 The menu, please. *La carte, s'il vous plaît.* 这是当天的~。 That's the today's menu. *C'est la carte du jour.*

参观（參觀）cānguān H6, S1 这里我们可以~吗? Can we visit it here? *Peut-on le visiter ici?* 人们带我们~了那家工厂。 We were shown round the factory. *On nous a fait visiter l'usine.* ~有导游吗? Is it a guided tour? *Est-ce une visite guidée?*

参加（參加）cānjiā H3, S1 我~了一个短期训练班。 I've had a short course. *J'ai participé à un stage de courte durée.* 她在准备~ 200 米赛跑。 She's training for the two hundred metres. *Elle se prépare à courir un deux cent mètres.*

草 căo H3, S1 ~坪长得不错。 The grass has grown well. *La pelouse a bien poussé.* 我去给兔子割~(吃)。 I'll cut grass for rabbits. *Je vais faire de l'herbe pour des lapins.* 带着(一顶)~帽的便是他。 It was in fact him wearing a straw hat. *C'est bien lui qui portait un chapeau de paille.*

草地 căodì S1 不要在~上行走。 Do not walk on the lawn. *Ne marchez pas sur la pelouse.* 他们在~上躺着。 They were lying down on the grass. *Ils étaient allongés dans l'herbe.*

层（層）céng H3, S1 我住在一~。 I live on the ground floor (UK) / first floor (US). *J'habite au rez-de-chaussée.* 坐电梯上十~楼。 Let's take the lift / elevator to the tenth floor. *Prenons l'ascenseur jusqu'au dixième étage.*

曾经（曾經）céngjīng H5, S1 我~见过他一面。 I met him once. *Je l'ai rencontré une fois.* 我们~在那个湖里划船。 We used to go boating on that lake. *Dans le passé nous avons fait du bateau dans le lac.*

茶 chá H1, S1 喝~吗? Would you like tea? *Vous voulez boire du thé?* 我喜欢喝淡一点儿的 ~。 I prefer the weak tea. *Je préfère le thé léger.* 我烧水泡~。 I'll put the kettle on for tea. *Je mets l'eau à chauffer pour le thé.*

查 chá S1 我~字典呢。 I'm looking up a word in the dictionary. *Je consulte le dictionnaire.* 这个问题要好好~一~。 It's a problem that needs looking into. *C'est un problème qu'il faut examiner.*

差 chà H3, S1 我还~十块钱。 I'm still ten yuan (euros / dollars / pounds...) short. *Il me manque encore dix yuan (euros / dollars / livres sterling...).* 三点~五分了 / ~五分三点了。 It's five (minutes) to three. *Il est trois heures moins cinq.* 他记忆力很~。 He has a short memory. *Il a la mémoire courte.*

差不多 chàbuduō H4, A1 ~六点钟了。 It's almost / nearly six (o'clock). *Il est presque six heures.* 那个办公室的员工~都是女士。 The office is almost entirely staffed by women. *Le personnel du bureau est presque entièrement composé de femmes.*

产量（產量）chǎnliàng S1 全年~是多少? How much is the annual output? *Combien est le rendement annuel?* 粮食的年~是... The annual output of corn is...; *La production annuelle de la céréale est...*

产生（產生）chǎnshēng H5, S1 她的新书~了很多争论。 Her latest book has engendered a lot of controversy. *Son dernier livre a suscité de nombreuses controverses.* 这次运动

会对青年人~了很大的影响。These games exerted a great influence on young people. *Ces jeux ont exercé une grande influence sur les jeunes.*

长（長）cháng H2, S1 这张桌子有多~? How long is the table? *Quelle est la longueur de la table?* 我们会有~时间的好天气。 We'll have a long spell of fine weather. *Nous aurons une longue période de beau temps.* 这是条(有)两百公里~的河。It's a river 200 kilometres in length. *C'est un fleuve long de 200 kilomètres.* 她~于绘画。She is good at painting. *Elle est douée pour la peinture.* 一个人要取人之~, 补己之短。One should overcome one's shortcomings by learning from others' strong points. *On devrait corriger ses propres défauts en prenant exemple sur les qualités d'autrui.* (> 长 zhǎng)

长城（長城）chángchéng H4, S1 你去过万里~吗? Have you been to the Great Wall of 10,000 Li? *As-tu été à la Grande Muraille de 10 000 Li?* ~是旅游热点。 Great Wall is a place tourists flock to. *La Grande Muraille est un lieu où affluent les touristes.*

长处（長處）chángchù S1 他有很多~。He has many qualities. *Il a beaucoup de qualités.* 讲礼貌可不是他的~。Politeness is not his strong point. *La politesse n'est pas son fort.*

长江 chnágjiāng H4, S2 ~是中国第一大河，起源于西藏，总长 5980 公里，入中国东海。Chang Jiang is the greatest river of China, flowing 5980 km from Tibet to the Chinese Oriental Sea. *Chang Jiang, né au Tibet, long de 5980 km, est le plus long fleuve de Chine, et rejoint la mer de la China orientale.*

长期（長期）chángqī S1 这是一个~规化。That's a long-term plan. *C'est un plan à long terme.* 他的著作是~研究的硕果。His book is the fruit of much research. *Son livre est le fruit de longues recherches.*

尝（嘗）cháng H4, S2 吃一口~一下! Just a mouthful to taste! *Juste une bouchée pour goûter.* 我~着味道 很好 / 很糟。I taste good / bad. *J'ai bon / mauvais goût.*

常 cháng S1 我~(~)来这里。I often come here. *Je viens ici souvent.* 这样的事儿现在不~见了。Such things are seldom seen now. *De telles choses se font rares de nos jours.* 我~打电话跟他聊天儿。I often speak to him on the phone. *Je lui parle souvent par téléphone.*

常常 chángcháng S1 我~七点起床。I usually get up at seven. *J'ai l'habitude de me lever à sept heures.* 我们~分小组工作。We often work in group. *On travaille souvent en groupe.*

常见（常見）cháng jiàn S1 这相当~。It's quite common. *C'est courant / tout à fait banal.* 这里不同种族间的通婚是~的。Mixed marriages are common here. *Les mariages mixtes sont courants ici.*

常用 cháng yòng S1 要掌握好~词汇。You must have a good grasp of words in everyday use. *On doit maîtriser les mots d'usage courant.* 青年人当中~这个词。This expression is current among young people. *Cette expression est courante chez les jeunes.*

厂（廠）chǎng S1 这是一家鞋~。That's a shoe factory. *C'est une fabrique de chaussures.* 他在一家汽车~工作。He works in a car factory. *Il travaille dans une usine d'automobiles.*

场（場）chǎng H6, S1 他来飞机~接了我。He came to meet me at the airport. *Il est venu m'accueillir à l'aéroport.* 会~在哪儿? Where's the meeting room? *Où est la salle de réunion?* 人们提到了这~金融危机。Mention was made of the financial crisis. *On a parlé de la crise financière.*

场合（場合）chǎnghé H6, S1 他总是出现在重要的~。He always appears on great occasions. *Il apparaît toujours dans les grandes occasions.* 在这个~(不)可以讲这样的话吗? Are these words (not) appropriate to the occasion? *Est-ce que ce sont (ce ne sont pas) des paroles de circonstance?*

场所（場所）chǎngsuǒ H6, S1 在这种~会见人很适合。This is a good place to meet people. *C'est un bon endroit pour rencontrer.* 公共~禁止吸烟。Smoking isn't allowed in public places. *Il est interdit de fumer dans les lieux publics.* 这里是大国角逐的~。Here was an arena of fierce rivalry between powers. *Ici était le théâtre de rivalités entre les puissances.*

唱 chàng S1 她歌(儿)~得很好。She sings well. *Elle chante bien.* 他~的都是情歌。All his songs are about love. *Toutes ses chansons parlent d'amour.* 我说什么他都要(跟我)~反调。

He says the opposite of everything I say. *Il prend le contre-pied de tout ce que je dis.*

唱歌 chàng gē H2, S1 她(~)歌(儿)~得很好。 She sings well. *Elle chante bien.* 我不会~。 I can't sing. *Je ne sais pas chanter.* 她除了很会~，还能拉小提琴。 Besides being a good singer, she also plays the violin. *C'est une bonne chanteuse, et de plus elle joue du violon.*

超过 (超過) chāoguò H4, S1 需求~了供给。 Demand has overtaken supply. *La demande a dépassé l'offre.* 这一成果~了世界先进水平。 This achievement surpassed advanced world levels. *Cette réalisation a dépassé le niveau mondial le plus avancé.*

超级 (超級) chāojí H6, S1 我在那个离家不远的 ~市场买东西。 I go shopping at that supermarket near my house. *Je fais des courses dans le supermarché qui n'est pas loin de chez moi.* 当时这是~大国间的谈判。 Those were superpower talks. *C'étaient des négociations entre les superpuissances.*

超市 chāoshì H3, S1 你常去~买东西吗? Do you often go shopping at the supermarkets? *Vas-tu souvent faire des courses dans les supermarchés?* 那个~在体育场旁边。 The supermarket is next to the stadium. *Le supermarché est à côté du stade.*

朝 cháo H5, S1 他~我走来了。 He came towards me. *Il est venu vers moi.* 这列火车~重庆方向开。 This train goes to Chongqing. *Ce train va en direction de Chongqing.* 这是本讲清~的书。 It's a book about the Qing Dynasty. *C'est un livre au sujet de la Dynastie de Qing.*

炒 chǎo H4, S2 他给自己~了个鸡蛋。 He fried himself an egg. *Il s'est fait un œuf sur le plat.* 鸡是和~土豆、绿豆角一块儿上的。 The chicken was served with sauté potatoes and green beans. *Le poulet a été servi avec les pommes de terre sautées et les haricots verts.*

吵 chǎo H4, S2 别~了! Shut your noise! *Ferme-la!* 他们总~个没完。 They're always quarrelling. *Ils sont toujours à se quereller.*

车 (車) chē S1 你有中国~吗? Do you have a Chinese car? *As-tu une voiture chinoise?* 他们在前门站上了~。 They got on at Qianman station. *Ils sont montés à la station Qianmen.* 这

是一匹拉~马。 It's a cart-horse. *C'est un cheval de trait.*

车辆 (車輛) chēliàng S1 现在来往~极多。 Traffic is heavy at the moment. *La circulation est intensive maintenant.*

车票 (車票) chēpiào S1 我要一张 单程 / 往返 ~。 I'd like a single / return ticket. *Je voudrais un billet simple / aller-retour.*

车上 (車上) chē shang S1 ~能再加一个人吗? Is there a room for one more? *Est-ce qu'il y a assez de place pour une personne de plus?* 小申在~。 Xiao Shen is in the car. *Xiao Shen est dans la voiture.*

车站 (車站) chēzhàn S1 ~在哪里? Where is the (railway / railroad) station? *Où est la gare?* 他在靠近~的地方办公。 He works in an office near the station. *Il travaille dans un bureau près de la gare.*

车主 (車主) chēzhǔ S1 您是~吗? Are you the owner of the car? *Etes-vous le / la propriétaire de la voiture?*

衬衫 (襯衫) chènshān H3 他穿着~带着领带。 He wore a shirt and tie. *Il portait une chemise avec une cravate.* 我不太喜欢这件格子~。 I don't really like that checked shirt. *Je n'aime pas beaucoup cette chemise à carreaux.*

称 (稱) chēng H5, S1 他~得起能人。 He's a man of ability, and he is worthy of the name. *C'est un homme de mérite, et il est digne de ce nom.* 咱们用秤 (chèng) ~一~。 Let's weigh it in the balance. *On va le peser avec la balance.*

称为 (稱為) chēngwéi S1 他可以被~(是)一个骗子。 He can be called a lair. *On peut le qualifier de menteur.*

乘坐 chéngzuò H4, S2 我~去 天津 / 旧金山 的列车。 I'm taking the train to Tianjin / to San Francisco. *Je prendrai le train pour aller à Tianjin / à San Francisco.*

承认 (承認) chéngrèn H5, S1 我~自己犯的错误。 I admit my mistake. *Je reconnais mon erreur.* 他~失败了。 He admitted (that) he had failed. *Il a reconnu qu'il avait échoué.* 这事儿谁干的没人~。 No one would admit doing it. *Personne ne voulait admettre l'avoir fait.*

城 chéng S1 我星期六进~。I'll go into town on Saturday. *Je vais à la ville samedi.* 她住北京东~区。She lives in East City District of Beijing. *Elle habite le quartier Cité Est de Beijing.*

城市 chéngshì H3, S1 我是从大~来的。I come from a city. *Je viens d'une grande ville.* 他们搬到另一个~去了。They moved (house) to another town. *Ils ont déménagé dans une autre ville.*

成 chéng D, S1 他~了将军。He became a general. *Il devint général.* 他们不久就~了朋友。They were soon making friends. *Ils se sont bien vite fait des amis.* 事件会很快发展~丑闻。The affair will soon develop into a scandal. *L'affaire ne va pas tarder à se développer en scandale.*

成功 chénggōng H4, S1 这个女孩子能~。She's a girl who will succeed. *C'est une fille qui réussira.* 这是他的~之路。That was his path of glory. *Cela a été son chemin de la gloire.* 我觉得她减肥~了。I thought she had got thinner. *Je l'ai trouvée maigrie.*

成果 chéngguǒ H5, S1 你们什么~都得不到。You will gain nothing. *Vous n'y gagnerez rien.* 我们的事业取得了丰硕的~。We've scored great successes in our business. *Nous avons obtenu des succès fructueux dans nos affaires.*

成绩 (成績) chéngjì H3, S1 你的~好不好？Did you have a good mark? *As-tu une bonne note?* 我应该把~作为新起点。I must take achievements as a new starting point. *Je dois prendre les succès comme un nouveau point de départ.*

成就 chéngjiù H5, S1 他取得了很大~。He achieved great successes. *Il a remporté de grands succès.* 她~了大业。She accomplished a great task. *Elle a accompli une grande œuvre.*

成立 chénglì H5, S1 公司是去年~的。The company was set up last year. *La société a été établie l'année dernière.* 联合国是 1945 年~的。The United Nations was established in 1945. *Les Nations-Unies a été établie / ont été établies en 1945.*

成熟 chéngshú H4, S1 这个孩子~得多了。The child has greatly matured. *Cet enfant a beaucoup mûri.* 他的计划还不大~。His project had not yet matured. *Ses projets n'étaient pas encore mûris.*

成为 (成為) chángé D, H4, S1 青蛙~王子了。The frog changed into a prince. *La grenouille s'est transformée en prince.* 他~了一个电脑专家。He's become a computer expert. *Il est devenu un expert en informatique.*

成员 (成員) chéngyuán H6, S1 他是一名议会~。He's a Member of Parliament. *Il est député.* 这里开创时只有六名~。Here there were only six members to start with. *Ici il n'y avait que six membres au début.*

成长 (成長) chéngzhǎng H5, S1 我种的十棵树都~起来了。The ten trees I planted have grown. *Les dix arbres que j'ai plantés ont grandi.* 政府注意到了最近以来小企业的~。The government have noticed the recent growth of small businesses. *Le gouvernement a remarqué la croissance récente des petites entreprises.*

程度 chéngdù H5, S1 她英文~很差。Her level of English is poor. *Elle n'a pas un très bon niveau en anglais.* 他到底穷到什么~? How poor is he really? *Jusqu'à quel point est-il pauvre?* 为政府工作使我看到了腐败的严重~。Working for the government opened my eyes to the level of corruption. *Travailler pour le gouvernement m'a ouvert les yeux sur l'importance de la corruption.*

诚实 (誠實) chéngshí H4, S2 他的面孔是~的。He has an honest face. *Il a une figure d'honnête homme.* ~地说，我认为这行不通。To be honest, I don't think it will work. *A vrai dire, je ne crois pas que ça marche.* ~是最好的策略。Honesty is the best policy. *L'honnêteté est la meilleure des tactiques.*

吃 chī H1, S1 只有方便面~，行不行? There are only instant noodles, is that all right? *Il y a seulement des nouilles à cuisson instantanée, ça va?* 咱们午饭包饺子~吧! Let's make dumplings ourselves at lunch. *Allons faire des raviolis nous-mêmes pour le déjeuner.* 什么~的都没有。There's nothing to eat. *Il n'y a rien à manger.*

吃饭 (吃飯) chīfàn S1 ~的时间到了。It's mealtime. *C'est l'heure du repas.* 我们(吃)饭吃得非常好。We had a very good meal. *Nous avons très bien mangé.*

吃惊 (吃驚) chī//jīng H4, S2 (我)看到你很~。 I am surprised to see you. *Je m'étonne de te voir.* 这并不令人~吧? Well, it's not surprising, is it? *Eh bien, ça n'a rien de surprenant, n'est-ce pas?* 什么都不能叫他~。 Nothing surprises him. *Rien ne l'étonne.*

迟到 (遲到) chídào H3, S2 我~了十分钟。 I was 10 minutes late. *J'ai eu 10 minutes de retard.* 她常常~。 She's often late. *Elle est souvent en retard.*

持续 (持續) chíxù H5, S1 在八月~高温时，要注意防暑。 During the August heat wave, we must prevent heatstroke. *Pendant la canicule du mois d'août, il faut prévenir le coup de chaleur.* 通货膨胀~下去了。 Inflation continued to rise. *L'inflation a continué à augmenter.*

冲 (沖) chōng H5, S1 洪水把河岸~坏了。 The flood washed away part of the river bank. *L'inondation a dégradé la berge.* 人们往前~抢空位子。 There was a rush for the empty seats. *Il y a eu une ruée vers les places libres.*

充满 (充滿) chōngmǎn H5, S1 屋子里~了阳光。 In the room is full of sunshine. *La salle est remplie de soleil.* 他~激情地爱着苏小姐。 He's passionately in love with Miss Su. *Il aime Mlle Su passionnément.*

重 chóng S1 请~说一遍。 Please explain once again. *Veuillez expliquer encore une fois.* 咱们~开始! Let's begin again! *Recommençons!* (> 重 zhòng)

重复 (重複) chóngfù H5, S1 请~! Please repeat! *Répétez, s'il vous plaît!* 我~了上百遍叫你不要做。 I've told you a hundred times not to do it. *Je t'ai répété cent fois de ne pas le faire.* 他的话无法叫人~。 His language does not bear repeating. *Son langage n'est pas à répéter.*

重新 chóngxīn H4, S1 您不能~考虑一下儿吗? Won't you please reconsider? *Est-ce que vous ne pourriez pas y repenser?* 我们~利用空瓶子。 We recycle empty bottles. *Nous recyclons les bouteilles vides.*

抽烟 (抽煙) chōu yān H4, S2 我能~吗? Do you mind if I smoke? *Ça vous gêne si je fume?* 他出去抽了一枝烟。 He went outside for a smoke. *Il est sorti fumer une cigarette.* ~可能致癌。 Smoking can cause cancer. *Le tabac peut provoquer le cancer.*

出 chū D, H2, S1 她~去了。 She went out. *Elle est sortie.* 他~了什么事儿了? What has happened to him? *Qu'est-ce qui lui est arrivé?* 他是这~话剧的导演。 He's the director of the modern drama. *Il est metteur en scène du théâtre parlé.* 我们需要一个专家对此作~评价。 We need to have it valued by an expert. *Nous devons le faire évaluer par un expert.*

出差 chū//chāi H4, S2 王先生~了，下(个)月初回来。 Mr. Wang is on business trip, and he's coming back at the beginning of the next month. *M. Wang est en voyage d'affaires, et reviendra au début du mois prochain.*

出发 (出發) chūfā H4, S1 我~的时间到了。 It's time I went. *Il est temps que je parte.* 我从窗户看见邻居~了。 I looked out of the window and I saw that the neighbours were leaving. *J'ai regardé par la fenêtre et j'ai vu que les voisins partaient.* 亲爱的，~去学校吧! Darling, let's go to school! *Mon chou, allons à l'école maintenant!*

出国 (出國) chū//guó S1 我们夏天总~。 We always go abroad in the summer. *Nous allons toujours à l'étranger en été.* 我下个月~参观访问。 I'll go and visit foreign countries next month. *Je vais visiter des pays étrangers le mois prochain.*

出口 chūkǒu (1) H5, S1 ~增长了百分之二十。 Exports are up by 20%. *Les exportations ont augmenté de 20%.* 公司进口原材料，~成品。 The company imports raw materials and exports the finished products. *La société importe des matières premières et exporte les produits finis.*

出口 chū//kǒu (2) H5, A1 这里是~。 This way out. *Par ici la sortie.* 别~伤人! Don't speak bitingly! *Ne tiens pas de propos blessants!*

出来 chūlai G, S1 他从一个门进去，又从另一个门~了。 He went in at one door and out at the other. *Il est entré par une porte et sorti par l'autre.* 树上(生)长不出钱来。 The money doesn't grow on trees. *L'argent ne pousse pas sur les arbres.*

出门 chū//mén S1 她~买报纸去了。 She's gone out to get a paper. *Elle est sortie pour acheter un journal.* 为了避免阻塞要很早~。We must get off early if we want to beat the traffic jams. *Il faut partir de bonne heure pour éviter les bouchons.*

出去 chūqu S1 他~了没有? Did he go out? *Est-il sorti?* 她应该(更)常~些。She ought to get out more. *Elle devrait sortir plus de chez elle.* (滚)~! Get out! *Fiche(-moi) le camp!*

出生 chūshēng H4, S1 他是1980年~的。 He was born in 1980. *Il est né en 1980.* 她是在加拿大~的。She is of Canadian origin. *Elle est d'origine canadienne.* 他~时就是盲人。 He was born blind. *Il est aveugle de naissance.*

出现 (出現) chūxiàn H3, S1 天上~了一头老鹰。 An eagle appeared in the sky. *Un aigle est apparu dans le ciel.* 雾中突然~了一辆重型卡车。 A huge lorry suddenly appeared out of the fog. *Un gros camion a surgi tout à coup du brouillard.* 他总是~在重要的场合。He always appears on great occasions. *Il apparaît toujours dans les grandes occasions.*

出院 chū//yuàn S1 他昨天~了。 He was discharged from hospital yesterday. *Il est sorti de l'hôpital hier.*

出租 chūzū S1 我乘~(汽车)去。 I'll go by taxi. *J'y vais en taxi.* 这座大楼里有~的 套房 / 公寓。 It's a block of rented flats. *C'est un immeuble à usage locatif.*

出租车 (出租車) chūzūchē H1, S1 我打电话叫辆~。 I'll phone for a taxi. *J'appellerai un taxi.* 我坐~去。 I'll go by taxi. *J'y vais en taxi.*

初 chū S1 我们年~定了一个计划。 We made a plan at the beginning of the year. *Nous avons fixé un plan au début de l'année.* 病还只在最~阶段。 The disease is only in the initial stages. *La maladie n'en est qu'à son stage initial.*

初 [初一] chū (chūyī) S1 大年~一我们去拜了年。 At the first day of the (lunar) year, we went to pay New Year's call to people. *Au premier jour de l'année (lunaire), nous sommes allés souhaiter la bonne année aux gens.*

初步 chūbù H6, S1 我的~反应是拒绝。 My initial reaction was to refuse. *Ma réaction initiale a été de refuser.* 这只不过是~方案。 That's only a preliminary scheme. *Ce n'est qu'un avant-projet.* 他~报了价。 He made us a tentative offer. *Il nous a fait une offre provisoire.*

初级 (初級) chūjí H5, S1 他孩子在~班。 His child is in a junior class. *Son enfant est dans une classe élémentaire.* 他只会一点儿~俄语。 He only speaks elementary Russian. *Son russe est rudimentaire.*

初中 chūzhōng S1 我孩子在~。 My child is in a junior middle school. *Mon enfant est dans le premier cycle de l'école secondaire.*

除了 chúle H3, S1 ~我以外，谁也没听见。 Nobody heard it except me. *Personne ne l'a entendu, sauf moi.* 她~很会唱歌以外，还能拉小提琴。 Besides being a good singer, she also plays the violin. *C'est une bonne chanteuse, et de plus elle joue du violon.*

厨房 (廚房) chúfáng H3, B2 他在~里。 He is in the kitchen. *Il est dans la cuisine.* 他们常在~的桌子上吃早饭和午饭。 They often eat breakfast and lunch at the kitchen table. *Ils prennent souvent le petit-déjeuner et le déjeuner sur la table de la cuisine.*

处理 (處理) chǔlǐ H5, S1 我不用感情~事务。 I don't let sentiment interfere with business. *Je ne fais pas de sentiment en affaires.* 人要是变得好斗了，他就~不了。 He can't handle it when people get aggressive. *Il n'arrive pas à faire face aux gens qui deviennent agressifs.* 首先要~好的是出口市场。 The first thing to do is to get a handle on the export market. *La première chose à faire est de nous familiariser avec le marché à l'exportation.*

穿 chuān H2, S1 他~得很暖和。 He's warmly dressed. *Il est habillé chaudement.* 这双鞋我~上正合适。 These shoes are just my size. *Cette paire de chaussures est tout à fait à ma pointure.* 我们在等那些奶牛~过公路去。 We're waiting for the cows to cross the road. *Nous attendons que ces vaches traversent la route.*

船 chuán H2, S1 我们乘~去美洲。 We're going to America by boat. *Nous allons en Amérique en bateau.* ~在暴风雨中沉了。 The boat sank in the storm. *Le bateau a coulé dans la tempête.*

传 (傳) chuán S1 他把球~给了我。He passed me the ball. *Il m'a passé le ballon.* 这条项链由母亲~给女儿~了六代。The necklace has been handed down from mother to daughter for six generations. *Le collier est transmis de mère en fille depuis six générations.*

传播 (傳播) chuánbō H5, S1 谣言~开(来)了。The rumour was spreading. *La rumeur grandissait.* 流行病正在贫民窟里~。The epidemic is spreading in the slums. *L'épidémie se propage dans les bidonvilles.*

传来 (傳來) chuánlái S1 捷报接二连三地~了。Reports of victory came in one after another. *Les bulletins de victoire arrivent coup sur coup.* 消息~给晚会泼了冷水。The news put a damper on the evening party. *La nouvelle a jeté froid sur la soirée.*

传说 (傳說) chuánshuō H5, S1 我只不过是听人~而已。I know it only from hearsay. *Je ne le sais que par ouï-dire.* 这是个民间~。It's a folklore. *C'est une légende populaire.*

窗户 (窗戶) chuānghu H4, S2 我从~(往里 / 往外)看。I'm looking in at / out of the window. *Je regarde par / à la fenêtre.* 他从~跳了出来。He jumped out of the window. *Il a sauté par la fenêtre.*

窗子 chuāngzi S1 我从~往外看。I'm looking out of the window. *Je regarde par la fenêtre.* 窗(子)玻璃打了。 The windowpane is broken. *La vitre est cassée.*

床 chuáng S1 起~了! Get up! *Lève-toi!* 他们不要双人~，要两张单人~。They want to have two single beds, instead of a double one. *Ils veulent avoir deux lits à une place, au lieu d'un lit double.* 我把早饭给他端到了~上。I took him his breakfast in bed. *Je lui ai apporté son petit-déjeuner au lit.*

创新 (創新) chuàngxīn H6, S1 这是他的~。That's something new for him. *Voilà une nouveauté de sa part.* 当时彩电是一个~。Colour television was then a novelty. *La télévision était une nouveauté à ce moment-là.* 他们在生物技术方面正在~。They're blazing a trail in biotechnology. *Ils font un travail de pionniers dans le domaine de la biotechnologie.* 我们每个

人都有强烈的~本能。The instinct to create is strong in all of us. *Il y a un puissant instinct de création en chacun d'entre nous.*

创业 (創業) chuàngyè H6, S1 这确实是(个)~。It's quite an undertaking. *C'est effectivement une grande entreprise.* 他们在科学上做了~的工作。They've done pioneering work in a science. *Ils ont défriché le terrain d'une science.*

创造 (創造) chuàngzào H5, S1 他~了一项建筑奇迹。He created a marvel of architecture. *Il a créé un miracle d'architecture.* (如果)没有机会，就应该~机会。If opportunities do not exist, you must create them. *Si les occasions n'existent pas, il faut les créer.*

创作 (創作) chuàngzuò H6, S1 这些画儿是那个画家的~。These are works of the painter. *Ce sont des œuvres du peintre.* 这个名句是他~的。He coined that famous phrase. *C'est lui qui a créé cette expression connue.*

吹 chuī H5, S1 风把门~开了。The wind blew the door open. *Un coup de vent a ouvert la porte.* 什么风把您~来了? What brings you here? *Quel bon vent vous amène?* 别~了! Don't boast! *Ne te vante pas!*

春 chūn H3 起~风了 / ~风吹来了。There's a spring breeze. *Il y a une brise printanière.* 他 / 她怀~了。He / She is in love. *Il est amoureux / Elle est amoureuse.*

春节 (春節) Chūn jié S1 ~快乐! Happy new [lunar] year / Happy Spring Festival! *Bonne année [lunaire] / Bonne fête de printemps!* 全家~将聚在一起。The family will all be together at the (Chinese) New Year's Day. *La famille sera réunie au Nouvel An (chinois).* 我~除夕又见到了他。I had seen him again at (lunar) New Year's Eve. *Je l'avais vu de nouveau à la veille du Nouvel An (lunaire).*

春天 chūntiān S1 ~来了! Spring is coming! *Le printemps arrive!* 他们每年~都要耕地。They plough the fields every spring. *Ils labourent les champs chaque printemps.*

词 (詞) cí S1 这个~很难。This word is difficult. *Le mot est difficile.* 青年人当中常用这个~。 This expression is current among young people. *Cette expression est courante chez les jeunes.* 这个~这样用不规范。This is not the normal way of using the word. *Cet usage du mot n'est pas normal.*

词典 (詞典) cídiǎn H4, S1 我去买一本德语~。I'll go and buy a German dictionary. *Je vais acheter un dictionnaire allemand.* 我有一本英法~。I have an English-French dictionary. *J'ai un dictionnaire anglais-français.*

词语 (詞語) cíyǔ H3, S2 这个~在学生中很流行。This expression is current among students. *Cette expression est courante chez les étudiants.* 用恰当的~表达非常重要。The wording is exceedingly important. *Le choix des termes est extrêmement important.*

次 cì (量) (1) H2, S1 我去过好几~他家。I went to his place several times. *Je suis allé chez lui plusieurs fois.* 那个电子邮件我给他发过两~。I sent him the same e-mail twice. *Je lui ai envoyé le même courrier électronique deux fois.*

次 cì (形) (2) H2, S1 我(的)数学太~了。I'm terrible at maths. *Je suis nul en math.* 她的第二本小说~多了。Her second novel is a much inferior work. *Son deuxième roman est bien moins bon.*

聪明 (聰明) cōngmíng H3, S2 他自己以为比我~。He thinks he's more intelligent than me. *Il croit qu'il est plus intelligent que moi.* 这是个~的主意。That is a bright idea. *C'est une idée géniale.* 别跟我耍~。Don't get clever with me. *Ne fais pas le malin avec moi.*

从 (從) cóng H4, S1 您是~哪里来的? Where do you come from? *D'où venez-vous?* 门是~里头锁上的。The door had been locked from the inside. *La porte était verrouillée de l'intérieur.* 他~一个门进去，又~另一个门出来了。He went in at one door and out at the other. *Il est entré par une porte et sorti par l'autre.* 问题已经~根本上解决了。The problem has been settled once and for all. *Le problème est radicalement résolu.* 她~昨天起就开始谈(起来)了。She has been talking about it since yesterday. *Elle en parle depuis hier.* 他~一九九四年就住在这儿了。He has lived here since 1994. *Il vit ici depuis 1994.*

从来 (從來) cónglái H4, S1 我~没见过他。I've never seen him before. *Je ne l'ai jamais vu auparavant.* 他在各种考试中总抄其他孩子的，还~没被抓住过。He was always copping from other children in tests and exams but never got caught. *Il copiait toujours sur*

d'autres élèves dans différents examens, mais ne s'était jamais piégé.

从前 (從前) cóngqián H5, S1 这是~的事儿了。It is a thing of the past. *Ça n'existe plus.* ~有一个美丽的公主…… Once upon a time there was a beautiful princess… *Il était une fois une belle princesse…*

从小 (從小) cóngxiǎo S1 他~就喜欢科学。He has loved science ever since he was a child. *Il a eu l'amour des sciences dès son enfance.* 她~就失去了双亲。She lost both her parents from a very tender age. *Elle a perdu tous les deux parents dès sa plus tendre enfance.*

粗心 cūxīn H4, S2 我太~了。It was thoughtless of me. *Ce n'était pas très délicat de ma part.* 这是个~错。That's a careless mistake. *C'est une faute d'inattention.* 对基本的预防~(大意)会造成重大事故。Negligence of basic precautions can be fatal. *Le non-respect des précautions élémentaires peut se révéler fatal.*

村 cūn S1 我到那个~去。I'm going into that village. *Je vais à ce village-là.* 当时全~都在谈那件事。 The whole village was talking about it. *Tout le village en parlait.* 他是个地道的~里人。You can tell that he comes from the country. *Il est bien de son village.*

存 cún T, H5, S1 大热天西红柿~不住。Tomatoes won't keep in hot weather. *Les tomates ne se conservent pas quand il fait trop chaud.* 这是保险单，要~好。It's the guarantee form. You must keep it. *C'est le bon de garantie. Il faut le conserver.*

存款 cúnkuǎn S1 这是我的~帐户。This is my personal savings account. *C'est mon compte d'épargne individuel.* 我~存了 5000 元。I made a deposit of 5000 yuan. *J'ai déposé 5000 yuan en banque.*

存在 cúnzài H5, S1 仙女存(在)不~? Do fairies exist? *Les fées existent-elles?* 这里~(着)许多问题。There were a lot of problems here. *Il y a eu beaucoup de problèmes ici.* 对改革~着顽固的抵抗。There is a hard-core of resistance to the reforms. *Il y a une résistance farouche à ces réformes.*

寸 cùn T, S2 一分米等于三~。A decimetre (dm.) is equal to 3 cun (a unit of Chinese length). *Un décimètre (dm) est égal à 3 cun (une unité de longueur chinoise).* 我们~土必争。We're fighting for every inch of land. *Nous nous battons pour chaque pouce de terrain.*

错 (錯) cuò H2, S1
他回答~了。He gave the wrong answer. *Il a donné une mauvaise réponse.* 这个~儿你忘改了。You forgot to correct this mistake. *Tu as oublié de corriger cette erreur.* 他虽然有~儿，我仍然爱着他。In spite of his faults, I still love him. *Malgré ses fautes, je l'aime toujours.*

错误 (錯誤) cuòwù H5, S1
我承认自己犯的~。I admit my mistake. *Je reconnais mon erreur.* 他得出了~的结论。He reached a wrong conclusion. *Il est arrivé à une conclusion erronée.* 政府~地估计了公众的反映。The government miscalculated the public's response. *Le gouvernement a mal prévu la réaction du public.*

D

答应 (答應) dāying H5, A1
我~了他。I accepted his offer. *Je lui ai donné une réponse positive.* 我没有~。I made no reply / I turned him down. *Je n'ai pas répondu / Je lui ai donné une réponse négative.*

答案 dá'àn H4, S2
这个~不对。It wasn't the right answer. *Ce n'était pas la bonne réponse.* 你找到问题的~了吗? Did you find the solution to the problem? *Est-ce que tu as trouvé la solution du problème?* 练习的~在(第) 169 页。The key to the exercises is on page 169. *Le corrigé des exercices se trouve à la page 169.*

达到 (達到) dádào H5, S1
我们~了确定的目标。We achieved what we set out to do. *Nous avons rempli nos objectifs.* 我们尽力~您满意的价。We will try to meet your price. *Nous essaierons donner satisfaction quant aux prix.*

打 dǎ (动) (1) S1
窗(子)玻璃~了。The windowpane is broken. *La vitre est cassée.* 她会~毛衣。She knits sweaters. *Elle tricote des pulls.* 他向我点头~了招呼。He nodded to me as a greeting. *Il m'a salué d'un signe de tête.* 她正用~字机~那个文件。She is writing the document on a typewriter. *Elle est en train de taper le document à la machine.*

打扮 dǎban H4, S2
刘小姐~得很漂亮。Miss Liu has made herself beautiful. *Mlle Liu se fait belle.* 她~成(一个)小丑。She dressed up as a clown. *Elle s'est déguisée en clown.* 他把自己~成(了)英雄。He posed as a hero. *Il s'est posé en héro.*

打车 (打車) dǎ //chē S1
我~去 他家 / 火车站。I'll go to his house / to the station by taxi. *Je vais chez lui / à la gare en taxi.*

打电话 (打電話) dǎ diànhuà H1, S1
请等一下，我在~。Just a minute, I'm on the phone. *Un instant, je suis au téléphone.* 好几个人给我们打了电话。Several people have phoned in. *Plusieurs personnes nous ont téléphonés.* 他~请了病假。He phoned in sick. *Il a appelé pour dire qu'il était malade.* 我的会开到 11 点，开完会后再给我~。I'll be in a meeting until eleven o'clock, but phone me afterwards. *Je serai en réunion jusqu'à onze heures, mais téléphone-moi après.*

打工 dǎ//gōng H5, S1
我去~。I'll go and do manual work. *J'irai faire du travail manuel.* 上个月我打过短工。I was a seasonal worker last month. *J'étais saisonnier le mois dernier.*

打篮球 (打籃球) dǎ lánqiú H2
咱们去~吧。Let us go and play basketball. *Allons jouer au basket.*

打开 (打開) dǎkāi S1
我能 ~ / 关上 电视吗? Can I switch on / off the TV? *Puis-je allumer / éteindre la télé?* 请~书第 48 页。Please open the book at page 48. *Veuillez ouvrir le livre à la page 48.* 这次亚洲旅行打开了我的眼界。This trip through Asia opened my eyes. *Ce voyage en Asie m'a ouvert les yeux.*

打破 dǎpò S1
那位女运动员刚才~了世界记录。A moment ago the sportswoman broke the world record. *Tout à l'heure la sportive a battu le record du monde.* 我们必须~旧的偏见。We must break down old prejudices. *Il faut mettre fin aux vieux préjugés.* 他们~了力量的平衡。They upset the balance of power. *Ils ont rompu l'équilibre des forces.*

打球 dǎ qiú S1
咱们去打(篮)球吧。Let us go and play basketball. *Allons jouer au basket.*

我今晚和他打高尔夫球。I'm playing gold with him this evening. *Je vais jour au golf avec lui ce soir.* --- 你乒乓球打得好吗? --- (打得)不太好。-- Do you play ping-pang well? -- Not very well. -- *Est-ce que tu joues bien au ping-pang? -- Pas très bien.*

打扰 (打擾) dǎrǎo H4, S2
很抱歉~您了。I'm sorry to disturb you. *Je suis désolé de vous déranger.* 我开窗户打(扰)不~您? Can I trouble you to open the window? *Est-ce que je peux vous déranger d'ouvrir la fenêtre?*

打扫 (打掃) dǎsǎo H3, S2
你怎么不~ ~自己的房间呢? Why are you not cleaning your room? *Pourquoi tu ne nettoies pas ta chambre?* 他把小道上的树叶~(后堆)了起来。He swept the leaves from the path into a pile. *Il a balayé les feuilles du chemin et les a mis en tas.*

打算 dǎsuàn H3, S1
你今天晚上~干什么? What do you intend to do tonight? *Que comptes-tu faire ce soir?* 我们~去德国。We're planning to go to Germany. *Nous projetons d'aller en Allemagne.* 我还不~让她看见。I didn't intend her to see it yet. *Je ne voulais pas qu'elle le voie déjà.*

打听 (打聽) dǎtīng H5, S1
跟你~一件事。I'd like to ask you about something. *Puis-je vous demander un renseignement?* 她~您的近况呢。She inquired after you. *Elle a demandé de vous nouvelles.* 我去~一下办事的程序。I'm going to find out what the procedure is. *Je vais m'informer sur la marche à suivre.*

打印 dǎyìn H4, S1
信上的邮票~了吗? Is the letter stamped? *Cette lettre est-elle affranchie?* 上面~着 "易碎" 的字样。It's stamped "fragile". *C'est marqué "fragile".*

打针 (打針) dǎ//zhēn H4, S2
大夫给我打了一针。The doctor gave me an injection. *Le docteur m'a fait une injection.* 她在我肩膀上打了一针。She gave me an injection in my shoulder. *Elle m'a fait une piqûre dans l'épaule.*

大 dà D, H1, S1
这是个~问题。That's a big problem. *C'est un grand problème.* 收音机声音太~。The radio is too loud. *La radio joue trop fort.* 她变化多~呀! How she has changed! *Ce qu'elle a changé!*

大部分 dà bùfen S1
他总把自己的~钱都花掉。He spends most part of his money. *Il*

dépense la plus grande partie de son argent. 花园的~被淹了。Most part of the garden is flooded. *Une grande partie du jardin est inondée.*

大大 dàdà S1
要求~地增加了。Demand has increased enormously. *La demande a énormément augmenté.* 风~地加强了, 成了暴风雨。The wind has risen to gale force. *Le vent a pris la force d'une tempête.*

大多数 (大多數) dàduōshù S1
他获得了绝~。He secured an absolute majority. *Il a remporté la majorité absolue.* 他们~都同意。The majority was / were in favour. *La majorité était pour.*

大概 dàgài H4, S1
我只知道个~。I have only a general idea. *Je n'en connais que les grandes lignes.* 他们~忘了。Perhaps they've forgotten. *Ils ont peut-être oublié.*

大规模 (大規模) dà guīmó S1
他们举行了~的罢工。They staged a massive strike. *Ils ont fait une grève massive.* 这一地区的特点是拥有~的植树覆盖面积。The area is remarkable for its extensive tree cover. *Cette région se distingue par l'étendue considérable de ses bois.*

大家 dàjiā G, H2, S1
~都知道此事。Everybody knows that. *Tout le monde sait cela.* 他为~做好事。He does all of us good turns. *Il rend service à nous tous.* 他是个书法~。He's a great master of calligraphy. *C'est un grand maître de la calligraphie.* 他是个经济学~。He's an authority on economics. *C'est un grand spécialiste en sciences économiques.*

大姐 dàjiě S1
我~是老师。My eldest sister is a teacher. *Ma (première) sœur aînée est enseignante.* 王~, 近况如何? Older sister Wang, how's everything? *Grande sœur Wang, ça va?*

大量 dàliàng S1
这辆车消费~的汽油。This car uses a lot of petrol. *Cette voiture consomme beaucoup d'essence.* 各家日报星期一~报道了此事。Monday's dailies were full of the story. *Les quotidiens de Lundi ont été pleins de cette histoire.*

大陆 (大陸) dàlù N, S2
亚洲、非洲是两个最大的~。Asia and Africa are the two biggest continents. *L'Asie et l'Afrique sont les deux plus grands continents.* 她划船返回了~。

She sailed back to the continent. *Elle a regagné le continent en bateau.*

大妈（大媽）dàmā S1
李~，您好！妈妈也向您问好。Hello, Aunty Li! Mum says hello to you too. *Bonjour, Tata Li! Maman vous dit aussi bonjour.*

大人 dàren S1
她很懂事，像个~。She's very adult for her age. *Elle a beaucoup de maturité pour son âge.* ~可不这样做。This is not a very mature way to react. *Ce n'est pas très adulte cette réaction.*

大声（大聲）dà shēng S1
请~说！In a loud voice, please! *A haute voix, s'il vous plaît!* 她走进来时我们~喝彩。We raised a sheer when she came in. *Nous avons poussé des bravos quand elle est entrée.*

大使馆（大使館）dàshǐguǎn H4, S2
我去法国~ / 使馆。I'll go to the French embassy. *Je vais à l'ambassade de France.* 他是名~官员。He's an embassy official. *C'est un fonctionnaire de l'ambassade.*

大象 dàxiàng H5, S1
那边有三头~。There are three elephants there. *Il y a trois éléphants là-bas.* 亚洲象比非洲象小。Asian elephants are smaller than African elephants. *Les éléphants d'Asie sont plus petits que les éléphants d'Afrique.*

大小 dàxiǎo S1
她俩穿的~一样。They both wear the same size. *Elles font toutes deux la même taille.* 这双鞋我穿上~正合适。These shoes are just my size. *Cette paire de chaussures est tout à fait à ma pointure.* 你说话怎么没个~？Why do you speak impolitely to elderly people? *Pourquoi tu parles à quelqu'un sans respecter son âge?* 全家~六口。There are six people in the family altogether. *Ils sont six dans la famille.*

大学（大學）dàxué S1
我上~。I go to university. *Je vais à l'université.* 他受过~教育。He's had a university education. *Il a fait des études supérieures.* 褚小姐~(本科)毕业了。Miss Chu has graduated (from university). *Mlle Chu a obtenu sa licence.*

大学生（大學生）dàxuéshēng S1
他们是~。They are university students. *Ils sont étudiants à l'université.* 她是生物学(专业)~。She's a biology student. *Elle est étudiante en biologie.* 他是一年级~ / 二年级~。He's a first /

second-year student. // a freshman / sophomore. *C'est un étudiant de première / seconde année.*

大衣 dàyī S1
这件~多少钱？How much does this coat cost? *Quel est le prix de ce manteau?* 外面很冷，请穿上~。It's cold outside. Please wear your overcoats. *Veuillez porter vos manteaux.* 他解开了~扣(子)。He unbuttoned his coat. *Il a déboutonné son manteau.*

大约（大約）dàyuē H4, S1
~五点了。It's about five o'clock. *Il est vers cinq heures.* 五英里~是八公里。Five miles are approximately eight kilometres. *Cinq mil(l)es valent à peu près huit kilomètres.* 每人~要两百克。You need about two hundreds grams per person. *Il faut à peu près deux cent grammes par personne.*

大众（大眾）dàzhòng S1
这本书是面向~的。This is a book aimed at a wide public. *C'est un livre qui s'adresse à un large public.* 他想重新获得~的信任。He wants to restore public confidence. *Il veut regagner la confiance de la population.*

大自然 dàzìrán S1
我们是~的朋友。We are nature lovers. *Nous sommes amis de la nature.* ~可能是很残酷的。Nature can be cruel. *La nature peut être cruelle.*

带（帶）dài H3, S1
他紧了紧皮~。He tightened his belt. *Il a serré la ceinture.* 他把我~到了他自己家里。He took me along to his house. *Il m'a entraîné chez lui.*

带动（帶動）dàidòng S1
改革~了生产。Reform has given an impetus to production. *La réforme a donné l'impulsion à la production.* 他的演出~了观众的激情。His performance drove the audience wild. *Son spectacle a mis le public en délire.*

带来（帶來）dàilái S1
这能给你~什么好处? What good can that do you? *Qu'est-ce que ça peut t'apporter?* 你愿意的话，可以~一个朋友。You can bring a friend if you want. *Tu peux amener un ami si tu veux.*

带领（帶領）dàilǐng H6, S1
我由您来~。I'll be guided by you. *Je me lasserai guider par vous.* 她把我们~到了一个安全的地方。She led us to a place of safety. *Elle nous a conduits à un lieu sûr.* 他~国家度过了一些困难的时期。He

guided the country through some difficult times. *Il a su conduire le pays durant des périodes difficiles.*

代 dài (动) (1) T, S1 请~向你父母致意。 Please give your parents my regards. *Fais mes amitiés à tes parents.* 我~(表)这里所有的人，向您表示感谢。 On behalf of everyone here, I thank you. *Au nom de tous ceux qui sont ici présents, je vous remercie.*

代 dài (名) (2) S1 他们不是同一~人。 They are not of the same generation. *Ils ne sont pas de la même génération.* 现在这一~人对未来很担忧。 The present generation is / are anxious about the future. *La génération actuelle est inquiète face à l'avenir.* 这是世世~ ~留下来的传统。 These are traditions that have been practiced for generations. *Ce sont des traditions en vigueur depuis des générations.*

代表 dàibiǎo N, H4, S1 我是公司~。 I'm the representative of the company. *Je suis le représentant / la représentante de la société.* 各地~都到了。 The delegates of all parts of the country have arrived. *Les délégués des différents endroits du pays sont tous arrivés.* 她声称自己~人民的声音。 She claims to be the voice of the people. *Elle se fait passer pour la voix du peuple.*

代表团 (代表團) dàibiǎotuán S1 我们去欢迎一个体育~。 We are going to welcome a sports delegation. *Nous allons accueillir une délégation sportive.* 我们组成一个~来见老板。 We have come as a delegation to see the boss. *Nous venons en délégation voir le patron.*

代替 dàitì H4, S2 需要的话我~你。 I'll fill in for you if necessary. *Je te remplacerai si besoin est.* 像你这样的朋友谁也~不了。 Friends like you can't be replaced. *Un ami comme toi, ça ne se remplace pas.* 这不过临时~(罢了)。 It'll do as a substitute cork. *Ça fera office de bouche-trou.*

大夫 dàifu H4, S1 ~, 我头疼(得很厉害)。 Doctor, I have a (bad) headache. *Docteur, j'ai (très) mal à la tête.* 杨~现在在门诊室。 Doctor Yang is now at the consulting room. *Docteur Yang est maintenant au cabinet de consultation.*

单位 (單位) dānwèi H5, S1 您在那个 ~工作? Where (what organization, department, division, section, office, school...) do you work? *Où (quelle organisation, division, section,*

école...quel département, bureau...) travaillez-vous? 一个苹果含有 50 左右热量~。 There are about fifty calories in an apple. *Il y a environ cinquante calories dans une pomme.*

蛋 dàn S1 有鲜鸡~吗? Are there fresh eggs? *Y a-t-il des œufs frais?* 我做这个菜需要三个~黄。 I need three egg yolks for this recipe. *J'ai besoin de trois jaunes d'œufs pour cette recette.* 滚~! Get out of here! *Va-t'en / Fiche-moi le camp!*

蛋糕 dàngāo H3, S2 她要做一个巧克力~。 She'll make / bake a chocolate cake. *Elle va faire un gâteau au chocolat.* (这餐饭)最后一道有樱桃 ~。 For dessert there's a cherry cake. *Pour dessert il y a un gâteau aux cerises.*

但 dàn D, S1 他个子矮，~很结实。 He's small but strong. *Il est petit mais fort.* ~您对文件不是很了解的吗? But you are familiar with the case, aren't you? *Mais vous connaissez le dossier?* 他可以是老板，~你毕竟有你的权力。 He may be the boss but you've still got your rights. *Il est peut-être le patron mais tu as quand même tes droits.*

但是 dànshì G, H2, S1 他不太聪明，~很能苦干。 He's not very intelligent but he's a hard worker. *Il n'est pas très intelligent mais il est très travailleur.* ~我告诉你我是亲眼看见的。 But I tell you I saw it. *Mais puisque je t'ai dit que je l'ai vu.*

当 (當) dāng H4, S1 她~老师了。 She's a teacher now. *Elle est devenue prof(esseur).* 我长大要~电影演员。 I want to be a film actor / actress when I grow up. *Je veux devenir un acteur / une actrice de film quand je grandirai.* 他把我~朋友对待。 He's treated me like a friend. *Il m'a traité en ami.* (> 当 dàng)

当初 (當初) dāngchū H6, S1 这是 ~ / 当时 的习惯做法。 It was the custom in former times. *C'était l'usage autrefois.* 这里~有一个中世纪城堡。 There used to be a medieval castle here. *Autrefois s'élevait ici un château médiéval.*

当地 (當地) dāngdì H4, S1 现在是~时间早上六点。 It's 6am local time. *Il est 6 heures du matin heure locale.* 产品在中国制造并在~组装。 The products are manufactured in China and assembled locally. *Les produits sont fabriqués en Chine et assemblés localement.* 建设电站遇到了~居民的抗争。 The construction of the power station was opposed by local people.

23

La construction de la centrale s'est heurtée à l'hostilité de la population locale.

当然（當然）dāngrán G, H3, S1 真的吗? --- ~(是真的)。 Is it true? – Of course it is. *C'est vrai? – Bien sûr que oui.* 您生气了吗? --- ~? You resented it? – Naturally! *Vous vous en êtes fâché? – Naturellement!* 她~一点儿 / 什么 也没懂。 Of course she hadn't understood a thing. *Bien sûr qu'elle n'avait rien compris.*

当时（當時）dāngshí H4, S1 我~在场。 I was present then. *J'y étais présent à ce moment-là.* ~彩电是一个创新。 Colour television used to be a novelty. *La télévision en couleur était une nouveauté.* 这是~的习惯做法。 It was the custom in former times. *C'était l'usage autrefois.*

当中（當中）dāngzhōng S1 我们的两个位子在这一行~。 Our two seats are in the middle of the row. *Nos deux places se trouvent au milieu de rangée.* 这一点(在)我们~讨论了。 We discussed it among ourselves. *Nous en avons discuté entre nous.* 学生~引起了不满的议论。 Murmurings of discontent arose amongst the students. *Des murmures de mécontentement s'élevèrent parmi les étudiants.*

刀 dāo H4, S1 小心, 别叫~(子)割伤了! Be careful, don't cut yourself with that knife! *Attention, ne te coupe pas avec ce couteau!* 老师没收了男孩儿的~子。 The teacher confiscated the boy's knife. *Le prof a confisqué le couteau du garçon.* 他被人刺了一~。 He's been knifed. *Il a reçu un coup de couteau.*

倒 dǎo S1 他~在扶手椅里。 He collapsed into an armchair. *Il s'effondra dans un fauteuil.* 大风把树刮~了。 The gale uprooted the tree. *Le vent fort a déraciné l'arbre.* 我们把墙推~了。 We knocked the wall down. *Nous avons abattu le mur.* 他摔~在地上。 He fell down. *Il est tombé par terre.*

导演（導演）dǎoyǎn H5, S1 你认识那位电影~吗? Do you know that director? *Tu connais le metteur en scène?* 他是话剧~。 He's the director of the modern drama. *Il est metteur en scène du théâtre parlé.*

导游（導游）dǎoyóu H4, S2 参观有没有法语~? Do you have a French speaking guide for the visit? *Pour la visite, avez-vous un guide parlant français?* 在北京游览时, 刘小姐是我们的 ~。 Miss Liu was our guide during our tour of Beijing. *Mlle Liu nous servait de guide pendant notre visite de Beijing.*

倒 dào H5, S1 你把画儿挂~了。 You hung the picture upside down. *Tu as accroché le tableau à l'envers.* 有些人把垃圾~在街上! There are people who throw their rubbish out on the street! *Il y a des gens qui jettent leurs ordures dans la rue!*

到 dào D, H2, S1 我们快~了。 We're almost there. *Nous sommes presque arrivés.* 我出发的时间~了。 It's time I went. *Il est temps que je parte.* 你什么成果都得不~。 You will gain nothing. *Tu n'y gagneras rien.*

到处（到處）dàochù H4, S1 我~找他 (也 找不着 / 找不到)。 I've been looking for him on all sides. *Je le cherche de tous côtés.* 沙发上~都是猫的毛。 There are cat hairs all over the sofa. *Il y a des poils de chat partout sur le canapé.* 这间屋子里~都是灰。 There's a lot of dust in this room. *Il y a beaucoup de poussière dans cette pièce.*

到达（到達）dàodá H5, S1 我们按时~了。 We arrived just in time. *Nous sommes arrivés juste à temps.* 他们终于~了目的地。 They finally reached the destination. *Ils ont finalement atteint la destination.*

到底 dàodǐ H4, A1 这~是什么意思? What's on earth the meaning of this? *Qu'est-ce que cela signifie en fin de compte?* 要把这项改革进行~。 We must carry this reform through to the end. *Nous devons mener cette réforme jusqu'au bout.*

道 dào D, S1 咱们抄近~儿去。 Let's go by the shortest road. *Prenons par le plus court.* 我们去那儿绕了~(儿)。 We made a long detour to get there. *Nous avons fait un long circuit pour y arriver.* 这条河~开通了。 This river has opened / dredged. *Cette rivière a été ouverte / draguée.* 我向一位老~鞠了躬。 I made / paid obeisance to an old Taoist priest. *J'ai rendu hommage à un vieux prêtre Taoïste.*

道理 dàolǐ H5, S1 (你得)讲讲~呀! Be reasonable! *Sois raisonnable!* 这个人很讲~。 That person sticks to his / her principles. *Cette personne reste fidèle à ses principes.* 我认为出席是有~的。 I thought it right to attend. *J'ai jugé bon d'y être présent.*

24

道路 dàolù S1 这条~不平。The road is not level. *La route n'est pas en palier.* 她走上了成功的~。She's been on the road to success. *Elle a été sur le chemin de la réussite.* 他走的那条道(路)小命不长。He is on the road to an early death. *Il est bien parti pour mourir jeune.*

道歉 dào//qiàn H4, S2 让您久等了，~~。I apologize for having kept you waiting. *Excusez-moi de vous avoir fait attendre.* 他们不停地~。They were full of apologies. *Ils se sont confondus en excuses.*

得 dé D, S1 七减四~三。Seven minus four is three. *Sept moins quatre égale trois.* 他~金牌了! He is a gold medal winner! *Il est médaillé d'or!* ~了，又搞错了! Look, I've got it wrong again! *Zut, je me suis trompé encore une fois!* ~了，就这么办! All right, just go ahead! *Ça va, allons-y!* (> 得 de, děi)

得出 déchū S1 他~了 正确的 / 错误的 结论。He reached a right / wrong conclusion. *Il est arrivé à une conclusion juste / erronée.* 这一结果很容易就能~来。This result is easily obtainable. *Ce résultat est facile à obtenir.*

得到 dédào S1 这个在哪儿能~? Where can you get it? *Où cela s'obtient-il?* 电影~了观众的称赞。The film was well received by the public. *Le film a reçu l'approbation du public.* 我们卖掉房子~了利润。We made a profit on the sale of the house. *Nous avons réalisé un profit sur la vente de la maison.*

得分 défēn S1 我得了(个)好分(儿)。I got a good score. *J'ai obtenu une bonne note.* 你得了几分? What was your score? *Combien tu as marqué?* 我们队没有~。Our team failed to score. *Notre équipe n'a marqué aucun point.*

得意 déyì H4, S1 你看来很~。You're looking very pleased with yourself. *Tu as l'air très content de toi.* 他成功后~洋洋。He exulted in having succeeded. *Il a exulté d'y avoir réussi.* 我对结果很不~。I am not at all pleased with the results. *Je ne suis pas du tout satisfait des résultats.*

地 de H3, S1 我要很快~回答。I must reply quickly. *Il faut que je réponde rapidement.* 他慢慢~走下了小山(来)。He slowly came down the hill. *Il a descendu la côte lentement.* (> 地 dì)

的 de D, H1, S1 这是我~母亲。She's my mother. *C'est ma mère.* 我喜欢有一个自己~房子。I'd like a home of my own. *J'aimerais avoir mon chez-moi.* 她是部门~负责人。She's a head of department. *Elle est chef de service.*

的话（的話） dehuà S1 你(如果)有事~，就不要来了。Don't come if you're busy. *Ne viens pas si tu n'as pas de temps.* 你要是真关心她~… If you really care for her…; *Si tu tiens vraiment à elle…* (您)(如果)可能~，星期二把这个搞好。Have it done by Tuesday, if at all possible. *Faites-le pour mardi si possible.*

得 de H2, S1 他走~很 慢 / 快。He is walking fast / slowly. *Il marche vite / lentement.* 她长~漂(亮)不漂亮？--- (长~)很漂亮 / 漂亮~很。Does she look pretty? – Yes, she does. *Est-elle belle? – Oui, très belle.* 我看他钢琴弹~不好。In my opinion, he doesn't play the piano well. *D'après moi, il ne joue pas bien de piano.* (> 得 dé, děi)

得 děi H4, S2 他干这个~两个小时。It will take him two hours. *Il en aura pour deux heures.* 我~见他。I simply must see him. *Il faut absolument que je le voie.* 他要是来，我们就~问(问)他。If he comes, we'll ask him. *S'il vient, on lui demandera.* (> 得 dé, de)

灯（燈） dēng H3, S1 我能 开 / 关 ~吗？Can I switch on / off the light? *Puis-je ouvrir / fermer la lumière?* 他开了~。He turned on a light. *Il a allumé une lampe.* 探照~发现了那架飞机。The search light picked out the aircraft. *Le projecteur découvrit l'avion.*

等 děng (动) H2, S1 你~谁 / 什么 呢？Who / what are you waiting for? *Qui attends-tu / qu'attends-tu?* 那，我们就~着吧! In that case, it's best to wait. *En ce cas, il vaut mieux attendre.* 别~我们! Don't wait for us! *Ne nous attends pas!*

等 děng (助) H3, S1 我去买书、纸张、文具、~(~)。I'll go and buy books, stationary and so on. *Je vais acheter des livres, de la papeterie, etc.* 你们要填一式两份的表，~~，~~。You have to fill in the form in duplicate etc, etc. *Il faut remplir le formulaire en deux exemplaires et cœtera, et cœtera.*

等待 děngdài H5, S1 ~是值得的。It was worth the wait. *Ça valait la peine d'attendre.* 他

迫切地~答复。He demands an urgent answer. *Il exige qu'on lui réponde immédiatement.*

等到 děngdào S1 ~放完假再说吧。Wait till after the holidays. *Attendez jusqu'après les vacances.* 我~你决定后告诉你我的看法。I'll tell you what I think after you've made a decision. *Je te dirai ce que j'en pense après que tu auras décidé.*

等于（等於） děngyú H5, S1 二加三~五。Two plus three is five. *Deux plus trois font cinq.* 这~说我在骗人。That's tantamount to saying I'm a liar. *Cela revient à dire que je mens.*

低 dī H3, S1 这间屋子天花板很~。This room has a low ceiling. *Cette pièce est basse de plafond.* 生产降到最~水平。Production has reached an all-time low. *La production est descendue à son plus bas.*

底 dǐ H4, S2 我在提包~找到了钥匙。I found the keys at the bottom of my bag. *J'ai trouvé mes clés au fond de mon sac.* 我从心~里这样想。I believe it at the bottom of my heart. *Je le crois au fond de moi-même.*

底下 dǐxia S1 狗在桌子~。The dog is under the table. *Le chien est sous la table.* 他们在树~。They're under trees. *Ils sont sous des arbres.* 翻译~的那句话。Translate the next sentence. *Traduisez la phrase suivante.*

地 dì D, S1 这块~很肥。This is a good farming land. *C'est de la bonne terre.* 他下~种田（谋生）。He works on the land. *Il travaille la terre.* "这块~出售"; "Land for sale", "*Terrain à vendre*". (> 地 de)

地点（地點） dìdiǎn S1 咱们定个集合的~。Let's decide on a meeting place. *Fixons un lieu de rendez-vous.* 警察已在发生事故的~。The police are at the scene of the accident. *La police est sur les lieux de l'accident.*

地方 dìfāng (1) D, H3, S1 他是~政府雇员。He is an employee in the local government. *Il est fonctionnaire dans l'administration locale.* 你今天听~新闻了吗？Have you heard the local news today? *As-tu écouté les informations locales aujourd'hui?*

地方 dìfang (2) D, H3, S1 你放在什么~了？Whereabouts did you put it? *A quel endroit tu l'as*

mis? 他们在我前面很远的~。They're a long way ahead me. *Ils sont loin devant moi.* 这个~的人很好客。The local people are very friendly. *Les gens de l'endroit sont très accueillants.*

地球 dìqiú H4, S1 ~围着太阳转。The Earth moves around the Sun. *La Terre tourne autour du Soleil.* 他们绕~飞行。They're going round the globe. *Ils vont faire le tour du globe.*

地区（地區） dìqū N, H5, S1 我对这个~不了解。I don't know the area. *Je ne connais pas la région.* 我想买一张~交通图。I'd like to buy a road map of the region. *Je voudrais acheter une carte routière de la région.* 这个~需要绿化。This region need reforestation. *Cette région a besoin d'être reboisée.*

地上 dìshang S1 他摔倒在~。He fell down. *Il est tombé par terre.* 把东西都放在~。Put all that on the floor. *Mettez tout cela par terre.*

地铁（地鐵） dìtiě H3, S1 我坐~去体育场 / 体育馆。I'll go to the stadium / the gymnasium by underground / railway. *Je vais au stade / au gymnase en métro.* ~票价六元。The underground / subway ticket is 6 yuan. *Le ticket de métro est 6 yuan.*

地铁站（地鐵站） dìtiězhàn S1 最近的~在哪儿? Where's the nearest underground station? *Où est la station de métro la plus proche?*

地图（地圖） dìtú H3, S1 他很会识~。He's a good map reader. *Il sait bien lire les cartes.* 我为了不迷路买了张~。I bought a map so as not to get lost. *J'ai acheté une carte pour ne pas me perdre.*

地址 dìzhǐ H4, S2 你的~是什么? What is your address? *Quelle est ton adresse?* 她换~了。She no longer lives at that address. *Elle n'est plus à cette adresse.* 他们没有留下~。They left no (forwarding) address. *Ils n'ont pas laissé d'adresse.*

弟弟 | 弟 dìdi | dì H2, S1 我~是中学生。My younger brother is a secondary school pupil / a high school student. *Mon petit frère est lycéen.* 那里有几个人，其中包括你~。There were a few people there, including your little brother. *Quelques-uns étaient là, dont ton frère cadet.*

26

第 dì S1 请打开书~48 页。 Please open the book at page 48. *Veuillez ouvrir le livre à la page 48.* 她的成绩在班上排名~三。 She has been placed in third in her class. *Elle s'est placée troisième dans la classe.*

第一 dìyī G, N, H2 他(是)~。 He's in first place. *Il est en tête.* 她中国文学(的分数)~。 She was first in Chinese Literature. *Elle était première en littérature chinoise.* 我们的座位在~行。 We have seats in the front row. *Nous avons des places au premier rang.*

点 (點) diǎn H1, S1 五~了。 It's five (o'clock) p.m. *Il est cinq heures dans l'après-midi.* 这一~我不否认。 I'm not denying it. *Je ne le nie pas.* 我们看事情客观~儿吧。 Let's be objective. *Voyons les choses objectivement.*

点头 (點頭) diǎn//tóu H5, S1 他向我~打了招呼。 He nodded to me as a greeting. *Il m'a salué d'un signe de tête.* 她~同意了。 She nodded her head in approval / nodded her approval. *Elle a manifesté son approbation d'un signe de tête.*

电 (電) diàn S1 ~门有毛病, ~了我一下。 There was something wrong with the switch, and I got a shock. *L'interrupteur est en mauvais état et j'ai reçu une décharge.* 很多家停~了。 Many homes are without electricity. *De nombreux foyers sont privés d'électricité.*

电话 (電話) diànhuà G, S1 您的~号码是多少? What's your telephone number? *Quel est votre numéro de téléphone?* 下午有三个找你的~。 There were three calls for you this afternoon. *Il y a eu trois appels pour toi cet après-midi.* 我往她家里打了~。 I called her house. *J'ai téléphoné chez elle.*

电脑 (電腦) diànnǎo H1, S1 她是搞~的。 She's in computers / She's a computer scientist. *Elle est dans l'informatique / Elle est informaticienne.* ~网络现在不通。 The network of computers is not going now. *Le réseau des ordinateurs ne marche pas maintenant.* 他整天都玩儿~游戏。 He spends his days playing computer games. *Il passe ses journées à jouer à des jeux électroniques.*

电视 (電視) diànshì H1, S1 你~看个没完了! You watch television too much! *Tu regardes trop la télévision!* 您上~了吧? You have been on television, haven't you? *Vous êtes passé à la télévision, n'est-ce pas?* 今晚~没什么好看的。 There's nothing on TV / telly tonight. *Il n'y a rien ce soir à la télé.*

电视机 (電視機) diànshìjī S1 我的~坏了。 My television set is breakdown. *Ma télévision est en panne.* 请 打开 / 关上 ~。 Please turn the television on / off. *Allume / éteins la télévision, s'il te plaît.*

电视剧 (電視劇) diànshìjù S1 昨天晚上的~你看了吗? Did you watch the television film last night? *As-tu regardé le téléfilm hier soir?*

电视台 (電視臺) diànshìtái S1 她在~工作三年了。 She has been working in television for three years. *Ça fait trois ans qu'elle travaille à la télévision.*

电台 (電臺) diàntái H5, S1 我在~工作。 I work in broadcasting. *Je fais de la radio.* 反叛者强占了广播~。 The rebels have seized control of the radio station. *Les rebelles se sont emparés de la station de radio.*

电梯 (電梯) diàntī H3, S2 坐~上第十层楼。 Let's take the lift / elevator to the tenth floor. *Prenons l'ascenseur jusqu'au dixième étage.* 他住四层楼, 没有~。 He lives in a fourth-floor walk-up. *Il habite au troisième sans ascenseur.*

电影 (電影) diànyǐng H1, S1 她孩子长大要当~演员。 Her child wants to be a film actor when he grows up. *Son enfant veut devenir un acteur de film quand il grandira.* 他是个~明星。 He's a film star. *C'est une star de cinéma.* 我把昨天晚上的~录了下来给你看。 I recorded last night's film for you. *J'ai enregistré le film d'hier soir pour toi.*

电影院 (電影院) diànyǐngyuàn S1 我去~看那部电影。 I'm going to the cinema to see that film. *J'irai au cinéma pour voir le film.* 市长为新~举行了落成仪式。 The mayor opened the new cinema. *Le maire a inauguré le nouveau cinéma.* ~右边有一家中国饭馆儿。 To the right of the cinema there's a Chinese restaurant. *A droite du cinéma il y a un restaurant chinois.*

电子邮件 (電子郵件) diànzǐ yóujiàn H3, S1 那个~我给他发过两次。 I sent

him the same e-mail twice. *Je lui ai envoyé le même courrier électronique / le même e-mail / le même mél deux fois.* 这是我的~网址 / 电信网址。It's my e-mail address. *C'est mon adresse électronique.* 我对~市场(的销售)感兴趣。I'm interested in the e-mail marketing. *Je m'intéresse au marketing électronique.*

掉 diào H4, A1 她(为这件事)~下了眼泪。 She shed tears (over it). *Elle a versé des larmes (sur cela).* 别~进他的陷阱! Don't fall into his trap! *Ne tombe pas dans son piège!* 牙科大夫给我拔~了一颗牙。The dentist pulled out one of my teeth. *Le dentiste m'a arraché une dent.*

调 (調) diào S1 我把歌词(儿)忘了, 可是还记得~子。 I've forgotten the words but I remember the tune. *J'ai oublié les paroles, mais je me souviens de l'air.* 又唱起老~(儿)来了。It's always the same old refrain. *C'est toujours la même musique.* 李小姐~到我们办公室来了。Miss Li has been transferred to our office. *Mlle Li a été transférée dans notre bureau.*

调查 (調查) diàochá H4, S1 他在~这个案子。He's investigating that (law) case. *Il enquête sur cette affaire (judiciaire).* 由她(负责)~一个谋杀案。She's in charge of the investigation of a murder. *C'est elle qui enquête sur un meurtre.* 这只是一次按常规进行的~。 It's just a routine enquiry. *Nous venons simplement faire les constatations d'usage.*

定 dìng D, S1 结婚的日期~下来了吗? Has the date of the marriage been fixed? *La date de mariage a-t-elle été fixée?* 他看来还没有拿~主意。 Evidently he has not made up his mind yet. *Il semble qu'il n'a pas encore pris la décision.*

定期 dìngqī H6, S1 由您来~。You decide on the date that suits you (best). *Vous fixerez votre date.* 他们每年都~给我检查身体。 They make my regular physical check-ups each year. *Ils me font un examen médical régulier chaque année.*

丢 (丢) diū H4, S2 我又把雨伞~了。I've lost my umbrella again. *J'ai encore perdu mon parapluie.* 我一定是把手套~在咖啡馆了。 I must have left my gloves at the café. *J'ai dû oublier mes gants au café.* 能把打火机~给我吗? Could you throw me my lighter? *Peux-tu me lancer mon briquet?*

冬 dōng H3 我们在尼斯过的~。We spent the winter in Nice. *Nous avons passé l'hiver à Nice.* 我们有足够的煤(碳)过~了。 We now have ample supply of coal for the winter. *Nous avons maintenant largement assez de charbon pour l'hiver.*

冬天 dōngtiān S1 你们那儿~冷吗? Is it cold in winter in your country? *Est-ce qu'il fait froid en hiver dans votre pays?* 他们在北京遇到了一个寒冷的~。 They were in a frigid Beijing winter. *Ils étaient dans un hiver glacial de Beijing.*

东 (東) dōng H3, S1 现在刮~风。The wind is (coming) from the east. *Le vent vient de l'est.* 我住~房。My room is facing (the) east. *Ma chambre est exposée à l'est.* 她坐飞机去~京。 She'll take the plane to Tokyo. *Elle prendra l'avion pour aller à Tokyo.*

东北 (東北) dōngběi S1 他是~人。 He comes from the Northeast (of China). *Il vient du Nord-Est (de la Chine).*

东边 (東邊) dōngbian S1 他们朝~跑去。 They're running towards the east. *Ils courent vers l'est.*

东部 (東部) dōngbù S1 (国家)~水灾严重。 There has been a serious flood in the east (of the country). *Il y a eu une grave inondation dans l'est (du pays).*

东方 (東方) dōngfāng S1 我喜欢~情调才做这个的。 I do it from Oriental choice. *Je le fais par goût oriental.* 看那位穿着旗袍的~美女。 Look at that oriental beauty wearing a Chinese dress / a cheongsam. *Regarde la beauté orientale portant une robe chinoise / un cheongsam.*

东南 (東南) dōngnán S1 ~沿海一带将有台风。 There'll be a typhoon in the southeast coastal zone. *Il y aura un typhon dans la zone sud-est côtière.*

东西 (東西) dōngxī (1) G, H1 这个地方~两公里, 南北四公里。This district is two kilometres across from east to west and four from north to south. *Cet arrondissement s'étend sur 2 kilomètres d'est en ouest et sur 4 du nord au sud.* 这是本关于~方文化交流的书。 It's a book about the East-West cultural exchanges. *C'est un livre au sujet des échanges culturels entre l'Est et l'Ouest.*

东西 (東西) dōngxi (2) G, H1 我去买
~。 I'm going shopping. *Je vais faire des courses.* 他把~都吃了。 He's eaten everything (up). *Il a tout mangé.* 我把~寄给你。 I'll post it to you. *Je te l'enverrai par la poste.* 真不是~! What a despicable creature! *Quel mauvais sujet!*

懂 dǒng H2, S1 ~了吗? Do you understand? (C'est) compris? 他~得很快。 He understands (things) fast. *Il comprend vite (les choses).* 这句话我(听 / 看)不~。 I can't make sense of this sentence. *Je n'arrive pas comprendre cette phrase.* 他们有个很~事的孩子。 They have a sensible child. *Ils ont un enfant bien sage.* 我弄不~你说的逻辑(是什么)。 I don't understand the logic behind what you're saying. *Je ne comprends pas la logique de ce que tu as dit.*

懂得 dǒngde S1 这个理论孩子(们)~得了吗? --- 有的~了，有的懂不了。 Can children understand the theory? – Some of them can, the others can't. *Les enfants arrivent-ils à comprendre la théorie? – Certains oui, d'autres non.*

动 (動) dòng D, S1 他闪了腰，~不了了。 He has stained his back and can't move. *Il s'est fait mal au rein et ne peut plus remuer.* 别~, (不然)我开枪了! Don't move, or I fire. *Ne bougez pas ou je tire.* 小曲, 别~个没完没了的! Xiao Qu, stop fidgeting! *Xiao Qu, arrête de t'agiter!* 这个句子里缺~词。 The verb is missing from this sentence. *Il manque le verbe dans cette phrase.*

动力 (動力) dònglì H6, S1 他在理工科大学学过~学。 He studied dynamics at the university of science and technology. *Il a étudié la dynamique à l'université de sciences et de technologie.* 他们想发展核~，可是我们要发展太阳能。 They want to develop nuclear power, but we want to develop solar power. *Ils veulent développer l'énergie nucléaire, mais nous voulons développer l'énergie solaire.*

动人 (動人) dòngrén S1 这是个~的故事。 That's a touching story. *C'est une histoire émouvante.* 那个场面很~。 That scene is a sight to melt heart. *Cette scène est émouvante.* 老扶~地诚挚。 Lao Fu is touchingly earnest. *Lao Fu est touchant de sincérité.*

动物 (動物) dòngwù H2, S1 我非常喜欢~。 I love animals. *J'adore les animaux.* 你养什么玩赏的~吗? Do you have any pets? *Est-ce que tu as des animaux domestiques?* 他不过是只凶恶的~。 He's nothing but a brute. *C'est une brute épaisse.*

动作 (動作) dòngzuò H4, S1 他~很快 / 很慢。 He is quick / slow in his movements. *Il a des mouvements rapides / lents.* 他的~犯规了。 His actions broke the rules. *Ses comportements ont transgressé les règles.*

都 dōu D, H1, S1 大家~到了吗? Is everybody here? *Tout le monde est là?* 每个人~有自己的短处。 Everyone has his faults. *Chacun a ses défauts.* 连老师~笑了。 Even the teacher laughed. *Même le professeur a ri.* 他~八十了，身体还那么好。 Already eighty, he is still on top form. *Déjà quatre-vingt ans il est toujours en pleine forme.*

读 (讀) dú H1, S1 他能~会写。 He can read and write. *Il sait lire et écrire.* 我喜欢~经典作品。 I enjoy reading classics. *J'aime lire des œuvres classiques.*

读书 (讀書) dúshū S1 他~很用功。 He studies hard. *Il étudie avec beaucoup d'application.* 小桂在哪儿？ --- 她在楼上~呢。 Where is Xiao Gui? – She's upstairs studying. *Où est Xiao Gui? – Elle travaille en haut.*

读者 (讀者) dúzhě S1 这是小~的来信。 These are young readers' letters. *C'est le courrier de jeunes lecteurs.* 她是位废寝忘食的~。 She's an avid reader. *C'est une passionnée de lecture.*

度 dù S1 温度上升了一~。 The temperature rises by one degree. *La température monte d'un degré.* 温度表在 0 下四~。 The thermometer is at four below zero. *Le thermomètre est à quatre dessous de zéro.* 我要带运动鞋去~假。 I'm taking my sneakers for the holidays. *J'emporte mes chaussures de sport pour les vacances.*

肚子 dùzi H4, S2 别吃得太多，你会(弄得)~疼。 Don't eat so much, you'll get (a) stomachache. *Ne mange pas tant, ça va te donner mal au ventre.* 空~的军队打不了仗。An army marches on its stomach. *Une armée ne se*

bat pas le ventre vide. 父亲对她生了一~气，发起火来了。 Her father was so exasperated with her that he lost his temper. *Elle a tellement exaspéré son père que celui-ci s'est mis en colère.*

短 duǎn H3, S1 我们开个~会。 We'll have a brief meeting. *Nous ferons une brève réunion.* 我们抄了一条~路。 We took a shorter route than usual. *Nous avons pris un itinéraire plus court que d'habitude.*

短处 (短處) duǎnchu S1 每人都有自己的~。 Everyone has his faults. *Chacun a ses défauts.* 贪吃这个~没什么大关系。 Greediness isn't such a bad fault. *La gourmandise n'est pas un gros défaut.*

短期 duǎnqī S1 我参加了一个~训练班。 I've had a short course. *J'ai participé à un stage de courte durée.*

短信 duǎnxìn H5, S1 我给他写了封~。 I wrote a short letter to him. *Je lui ai écrit une lettre courte.*

段 duàn H3, S1 小祁，请朗读第二~。 Xiao Qi, read aloud the 2nd paragraph, please. *Xiao Qi, lis à haute voix le 2e paragraphe, s'il te plaît.* 他这~时间没发表什么意见。 He's not stated his views for some time. *Il n'a pas donné ses opinions depuis quelque temps.* 经过一~长期的和平以后，战争爆发了。 After a long period of peace war broke out. *Après une longue période de paix la guerre éclata.*

断 (斷) duàn H4, S1 把棍子~成两节。 Break the stick in two. *Casse le bâton en deux.* 她腿~了 / 她~了腿。 She's broken her leg. *Elle s'est cassé la jambe.*

锻炼 (鍛煉) duànliàn H3, S2 ~(~)对身体有好处。 Exercise is good for you. *L'exercice est bien pour la santé.* 医生叫他多~些 / 多些~。 The doctor has told him to take more exercise. *Le docteur lui a dit de faire plus d'exercice.* 要准备在残酷的考验中~自己。 Steel yourself for a terrible ordeal. *Préparez-vous à affronter une rude épreuve.*

对 (對) duì (形) D, H2, S1 你不~。 You're not right. *Tu n'as pas raison.* 她基本上回答~了。 She gave basically the right answer. *Elle a donné la bonne réponse dans son ensemble.* 他~了吗? --- 不全~ / 没有全~。 Was he right? – Not entirely. *Avait-il raison? – Pas entièrement.*

对 (對) duì (介、动) D, H2, S1 我~这个地区不了解。 I don't know the area. *Je ne connais pas la région.* 时间~对方有利。 Time's on the other side. *Le temps travaille pour nos adversaires.* 她俩公开~骂。 They insulted each other in public. *Elles se sont insultées en public.*

对不起 (對不起) duìbuqǐ H1, S1 ~, 我来晚了。 Sorry, I'm late. *Excusez-moi, je suis en retard.* 跟 夫人 / 阿姨 说~。 Say sorry to the lady. *Demande pardon à la dame.*

对待 (對待) duìdài H5, S1 他们把我当朋友~。 They have treated me like a friend. *Ils m'ont traité en ami.* 要用人道的精神~这些人。 We must treat these people humanely. *Il faut traiter ces gens avec humanité.* 您不应当把他们当孩子~。 You shouldn't treat them like children. *Vous ne devriez pas les traiter comme enfants.*

对方 (對方) duìfāng H5, S1 时间对~有利。 Time's on the other side. *Le temps travaille pour nos adversaires.* 我打了~一个搓手不及。 I made a surprise attack on the adversary. *J'ai pris l'adversaire par surprise.*

对话 (對話) duìhuà H4, S1 你能用汉语跟人~吗? Can you get into conversation with someone in Chinese? *Peux-tu entrer en conversation avec quelqu'un en chinois?* 我注册了上德语~课。 I've signed on for German conversation. *Je me suis inscrit au cours de conversation allemande.* 两国开始~了吗? Have the two countries entered a dialogue? *Les deux pays ont-ils entamé le dialogue?*

对面 (對面) duìmiàn H4, S1 他就在我们~。 He's right in front of us. *Il est juste en face de nous.* 我家就在邮局~。 My house is opposite the post office. *Ma maison est juste en face du bureau de poste.*

对手 (對手) duìshǒu H5, S1 他可不是老马的~。 He's no match for Lao Ma. *Il n'est pas à la hauteur de Lao Ma.* 同~比较，我们目前领先一节。 We now have the edge on our competitors. *Nous avons une longueur d'avance sur nos concurrents pour le moment.*

对象 (對象) duìxiàng H5, S1 他~ / 她~ 很漂亮。 His girl-friend is pretty / Her boy-friend is handsome. *Sa petite amie est belle / Son petit ami est un bel homme.* 这本书的~是 广

大读者 / 中学生。 It's a book intended for the general public / middle school students. *C'est un livre destiné au grand public / aux élèves de l'école secondaire.*

对于 (對於) duìyú H5, S1 这~他是不
公平的。 That is unjust to him. *C'est injuste à son égard.* 他们~我做了个例外。 They made an exception for me. *Ils ont fait une exception à mon égard.*

队 (隊) duì 我们都为比赛排好了~。 We all lined up to start the game. *On s'est tous mis en ligne pour commencer le jeu.* 这个阶段我们~每一场比赛都赢了。 Our team won all the matches this season. *Notre équipe a gagné tous les matchs cette saison.*

队员 (隊員) duìyuán S1 我是维修队
~。 I'm a member of the maintenance crew. *Je suis membre de l'équipe d'entretien.* 他是美国篮球队~。 He's a basketball player of the American team. *Il est basketteur de l'équipe américaine.*

队长 (隊長) duìzhǎng S1 谁是你们的
足球~? Who's the captain of your football team? *Qui est le capitaine de votre équipe de foot?* 老刘在生产队里当~。 Lao Liu is the foreman in the team. *Lao Liu est chef d'équipe de production.*

顿 (頓) dùn H5, S1 他~了一下, 又接着往
下说。 After a short pause, he went on. *Après une pause, il a repris.* 我每天(吃)四~饭。 I have four meals a day. *Je fais quatre repas par jour.*

多 duō (形) (1) H1, S1 时间不~。 We don't
have much time. *On n'a pas beaucoup de temps.* 她吃得不~。 She doesn't eat much. *Elle ne mange pas beaucoup.* 他们人太~了。 There were too many of them. *Ils étaient trop nombreux.*

多 duō (副) (2) H1, S1 开瓶前要~~摇动。
Shake well before opening. *Bien agiter le flacon avant d'ouvrir.* 她~伤心啊! How sad she is! *Comme elle est triste.* ~蠢呀! How stupid was that! *C'était particulièrement stupide!*

多久 duō jiǔ S1 他要呆~ ? How long will he
be? *Combien de temps restera-t-il?* 她来了~了? How long has she been here? *Depuis combien de temps est-elle ici?* 离上次去看他们已经过了~了? How long is it since we last visited them? *Quand sommes-nous allés les voir pour la dernière fois?*

多么 (多麼) duōme H3, S1 这水果~
香啊! How fruit is of flavour! *Comme ces fruits sont parfumés!* 你女儿~可爱呀! How lovely the daughter of yours! *Comme ta fille est charmante!*

多少 duōshao H1, S1 这个~钱? How much
is it? *Combien ça coûte?* 我不知道他们有~人。 I don't know how much of them there are. *Je ne sais pas combien de personnes il y a.*

多数 (多數) duōshù S1 少数服从~。
The minority is subordinate to the majority. *La minorité se soumet à la majorité.* 绝大~(都)同意那个建议。 The proposition had an overwhelming majority. *La proposition a accueilli une écrasante majorité.* 她以六票的~被当选。 She was elected by a majority of 6. *Elle a été élue par une majorité de 6 voix.*

朵 duǒ H4, S2 好一~漂亮的花儿! What a
beautiful flower! *Quelle belle fleur!* 天上一~云也没有。 There wasn't a cloud in sight. *Il n'y avait pas un nuage en vue.*

E

饿 (餓) è H3, S1 她看起来又累又~。 She
looked tired and hungry. *Elle avait l'air fatiguée et affamée.* 我 ~极了 / ~死了! I'm very hungry / I could eat a horse. *J'ai très faim / j'ai une faim de loup.* 几个灾民没人援救~死了。 Some disaster victims starved death without rescue. *Quelques personnes sinistrées sont mortes de faim sans être sauvées.*

而 ér D, H4, S2 他出去~没有穿鞋袜。 He
went out without his shoes and socks on. *Il est sorti sans mettre ses chaussures et ses chaussettes.* 我想去, ~他不想去。 I want to go but he doesn't. *Je veux aller, mais lui ne veut pas.* 我们为工作~去了维也纳。 We went to Vienna for work. *Nous sommes allés à Vienne pour le travail.*

而且 érqiě G, H3, S1 我不想出去, ~太冷
了。 I don't want to go out and besides, it's too cold. *Je n'ai pas envie de sortir, d'ailleurs il fait*

31

trop froid. 他不但能看中文，~说得也不错。 He can not only read in Chinese, but also speak it quite well. *Non seulement il lit en chinois, mais aussi parle assez bien cette langue.*

儿童（兒童）értóng H4, S2
这些是~的权力。Those are children's rights. *Ce sont les droits des enfants.* 这不过是~游戏。It is a child's play. *Ce n'est qu'un jeu d'enfant.*

儿子（兒子）érzi G, H1, S1
这是我的~。 He's my son. *C'est mon fils.* 这真是他父亲的~! He's just like his father! *Il est bien le fils de son père!*

耳朵 ěrduo H3, S2
她~很灵。She has a good ear. *Elle a de l'oreille.* 支着~听宝宝哭没哭。Keep an ear open for the baby. *Tends l'oreille au cas où le bébé pleurerait.*

二 èr H1, S1
一公里等于~里。 A kilometre is equal to two li. *Un kilomètre est égal à deux li.* 他有~心。He's disloyal. *Il est déloyal.* 老通是个说一不~的人，你可以放心。Lao Tong is a man of his word, you can trust him. *Lao Tong est un homme de parole, tu peux lui faire confiance.* ~者必居其一。It's either one or the other. *C'est tout l'un ou tout l'autre.*

F

发（發）fā D, H4, S1
我昨天给他~了一个电子邮件。I sent him an e-mail / email yesterday. *Je lui ai envoyé un courriel / un courrier électronique / un mél hier.* 信今天能~走吗？什么时候可以到？Will the letter be sent today? When will it arrive? *La lettre partira-t-elle aujourd'hui? Quand arrivera-t-elle?* 我们已经~货了。We have already delivered goods. *Nous avons déjà livré / délivré des marchandises.*

发出（發出）fāchū S1
负责人~了指示。 The person in charge issued an order. *Le responsable a donné un ordre.* 一只遇难的船刚刚~了呼救的信号。 A boat in distress has just sent a call for help. *Un bateau en détresse vient d'envoyer un appel au secours.* 你知道戴高乐将军(向法国民族)~的号召吗？Do you know General de Gaulle's appeal (to the French nation)? *Sais-tu l'appel du Général de Gaulle (à la nation française)?*

发达（發達）fādá H5, S1
他肌肉很~。 He is very muscular. *Il est très musclé.* 国家工商业很~。Industry and commerce are flourishing in the country. *L'industrie et le commerce sont prospères dans le pays.*

发动（發動）fādòng H6, S1
群众~起来了吗? Have the masses been mobilized? *Les masses ont-elles été mobilisées?* 这个高级军官~政变，夺取了政权。The field officer staged a coup d'état and seized power. *Cet officier supérieur a déclenché un coup d'Etat et s'est emparé du pouvoir.*

发烧（發燒）fāshāo H3, S2
她~了。 She has a fever / a temperature. *Elle a de la température / de la fièvre.* 小王发高烧了。Xiao Wang has a high fever. *Xiao Wang a beaucoup de température / de fièvre.* 他~39度。He has a temperature of 39°C. *Il a 39°C de fièvre.*

发生（發生）fāshēng N, H4, S1
~的事儿没什么不平常的。 Nothing out of the ordinary happened. *Il n'est rien arrivé d'inhabituel.* 警察已在~事故的地点。 The police are at the scene of the accident. *La police est sur les lieux de l'accident.* 在进行化学实验时~了(一起)爆炸事故。 There was an explosion during the chemistry experiment. *Il y a eu une explosion pendant l'expérience de chimie.*

发现（發現）fāxiàn H3, S1
凶器被~了。 The murder weapon has been found. *On a découvert l'arme du crime.* 这是一些边缘科学的新~。 These are some discoveries of frontier science. *Ce sont des découvertes de la science interdisciplinaire.*

发言（發言）fāyán H5, S1
你在会上~了吗? Did you speak at the meeting? *As-tu pris la parole dans la réunion?* 他首先发了言。He spoke first. *Il a été le premier à prendre la parole.* 这次她没有~。 This time she didn't say anything. *Cette fois elle n'a pas pris la parole.*

发音（發音）fā//yīn *
他法语~(不)很好。He has (not) a very good accent in French. *Il a / (Il n'a pas) un très bon accent en français.* 这个怎么~? How's it pronounced? *Comment est-ce*

que ça se prononce? 这个字母不~。 This letter is not pronounced. *Cette lettre ne se prononce pas.*

发展（發展） fāzhǎn N, H4, A1 那个孩子 ~得很快 / 有很快的~。 The child is developing rapidly. *L'enfant se développe rapidement.* 这一地区~得不够快。 The region isn't developing very quickly. *Ça ne se développe pas beaucoup dans la région.*

法 fǎ D, S2 我们要守~。 We must observe the law. *On doit observer la loi.* 他违~了。 He broke the law. *Il a violé la loi.* 她的教~遭到了批评。 Her teaching method has come under fire. *Sa méthode d'enseignement a été critiquée.* 这个表达~不对。 The mode of expression isn't correct. *Cette manière d'expression n'est pas correcte.*

法国（法國） fǎguó * 1789 年发生了~大革命。 French Revolution took place in 1789. *La Révolution française se passa en 1789.* ~的奶酪很有名。 France is famous for the cheeses. *La France est réputée pour ses fromages.*

法语（法語） fǎyǔ *S2 你不懂~吗? Don't you understand (plain) French? *Tu ne comprends pas le français?* 我觉得你~说得很好。 I think you speak very good French. *Je pense que tu parles très bien français.*

法律 fǎlǜ H4, S2 她觉得自己处在~之上。 She thinks she's above the law. *Elle se croit tout permise.* 他是~专业的学生。 He's a law student. *Il est étudiant en droit.*

法院 fǎyuàn H5, S1 我要对这个人向~提出起诉。 I'll take this person to court. *Je ferai un procès à cette personne.* ~判被告(人)坐三年监狱。 The court sentenced the defendant to three years' imprisonment. *Le tribunal a condamné l'accusé à trois ans de prison.*

翻译（翻譯） fānyì H4, S2 李小姐是 ~。 Miss Li is an interpreter. *Mlle Li est interprète.* 这是从俄语~(过来)的。 It is a translation from the Russian. *C'est traduit du russe.* 你能把这个~成平易的英语吗? Can you translate that into plain English, please? *Peux-tu traduire en anglais de tous les jours?*

烦恼（煩惱） fánnǎo H4 你的行为让她 ~。 She was vexed at your behaviour. *Elle était contrariée par ton comportement.* 不要 自寻 / 自

找 ~! Don't fret yourself (for nothing)! *Ne te tracasse pas (pour rien)!*

反对（反對） fǎnduì H4, S1 对此我决不~。 I have nothing against it. *Je n'ai rien contre.* 至今没有人~。 Up to now no one is opposed to it. *Jusqu'à présent personne ne s'y oppose.* 我每次提建议你怎么总要~? Why do you disagree each time I propose something? *Pourquoi tu t'y oppose chaque fois que je propose quelque chose?*

反复（反復） fǎnfù H2, S1 他向我们 ~(地)解释了多次。 He explained it to us over and over again. *Il nous l'a expliqué à plusieurs reprises.* 您的病好是好了, 可要防止~。 You are well now, but mind you don't have a relapse. *Vous êtes guéri, mais gardez-vous bien d'avoir une rechute.*

反应（反應） fǎnyìng H5, S1 看他会怎么~。 We'll see how he reacts. *On verra comment il va réagir.* 由于老齐~极快而救了我的命。 A prompt action of Lao Qi saved my life. *La rapidité de la réaction de Lao Qi m'a sauvé la vie.*

反映 fǎnyìng H4, S2, S2 她的脸~在水面上。 The water mirrored her face. *L'eau réfléchissait son visage.* 学校把男孩儿的粗野行为~给了他父母。 The school reported the boy's rudeness to his parents. *L'école a signalé l'insolence du garçon à ses parents.*

反正 fǎnzhèng H5, S1 ~(是)太晚了。 Anyway it's too late. *En tout cas il est trop tard.* 你(不管)怎么作都行, ~得作! You can do it anyhow, but just get it done! *Tu peux le faire n'importe comment, mais fais-le!*

范围（範圍） fànwéi H4, S1 这不属于研究的~。 It is beyond the scope of this study. *Cela dépasse le cadre de cette étude.* 这在他的职权~内。 This comes within his competence. *Cela entre dans ses attributions.*

饭（飯） fàn S1 我们(吃)饭吃得非常好。 We had a very good meal. *Nous avons très bien mangé.* 我吃这种~(菜)不合胃口。 This food does not suite me. *Cette nourriture ne me convient pas.*

饭店（飯店） fàndiàn S1 今天晚上咱们去~吃饭。 We're dining out tonight. *Ce soir, on dîne au restaurant.* 我住上海~。 I live in Shanghai Hotel. *J'habite l'Hôtel de Shanghai.* 这

个~(最多)可以接待 500 名客人。 The hotel can accommodate up to 500 visitors. *Cet hôtel peut accueillir jusqu'à 500 visiteurs.*

饭馆（飯館） fànguǎn H1, S2 在家吃饭还是下~去? Shall we eat at home or shall we eat out? *On mange à la maison ou on va au restaurant?* 他们常 吃 / 去 / 下 ~。 They often eat out. *Ils vont souvent au restaurant.* 他开~。 He is a restaurant owner. *C'est un restaurateur.*

方 fāng (形) (1) D, H5, S2 我们刚买了张~桌子。 We just bought a square table. *Nous venons d'acheter une table carrée.* 我找一条~头巾。 I'm looking for a square scarf. *Je cherche un foulard carré.*

方 fāng (名) (2) G, H5, S2 他们去法国南~了。 They've gone to the South of France. *Ils sont allés au Midi (de la France).* 您还没听我~的解释。 You haven't heard my side of the story yet. *Vous n'avez pas encore entendu ma version de l'histoire.*

方便 fāngbiàn H3, S1 这对您~不~? Does that suit you? *Cela vous convient-il?* 什么时候对您~? When would be convenient for you? *Quand cela vous arrangerait-il?* 这所房子地处对购物和孩子上学很~。 The house is very convenient for local shops and school. *La maison est très bien située pour les magasins et les écoles.*

方便面 fāngbiànmiàn S1 只有~吃行不行 ? There are only instant noodles, is that all right? *Il y a seulement des nouilles instantanées à manger, ça va?*

方法 fāngfǎ H4, S1 这是唯一可行的~。 It's the only way. *Il n'y a pas 36 méthodes.* 这是个学习英语的好~。 It's a good way of learning English. *C'est une bonne méthode pour apprendre l'anglais.* 他们调查的~受到抨击。 Their method of investigation have come under fire. *La façon dont ils mènent leurs enquêtes a été critiquée.*

方面 fāngmiàn N, H4, S1 她是这个~的专家。 She's an expert in this field. *Elle est experte en la matière.* 从预防这个~来看，还有很多事要作。 As far as prevention action concerned, there's still a lot to do. *Dans le domaine de la prévention, il y a encore beaucoup à faire.*

方式 fāngshì H5, S1 这是他们的生活~。 It's their way of life. *C'est leur manière de vivre.* 你跟她说话的~我不喜欢。 I don't like the way you talk to her. *Je n'aime pas la manière dont tu lui parles.* 我们要用合法的~对付他。 We must take legal action against him. *Nous devons recourir aux moyens légaux contre lui.*

方向 fāngxiàng H4, S1 这个~是南。 The south is in this direction. *Le sud est dans cette direction.* 他朝(火)车站那个~去了。 He went towards to the station. *Il est parti dans la direction de la gare.* 这列火车朝重庆~开。 This train goes to Chongqing. *Ce train va en direction de Chongqing.*

房间（房間） fángjiān H2, S1 他们进了那间~。 They entered that room. *Ils sont entrés dans cette salle.* 你们能把行李放到我的房间里去吗? Could you take up my luggage to my room? *Pourrez-vous monter mes bagages à ma chambre?*

房屋 fángwū S1 她回到了自己的~里。 She went back into her room. *Elle est rentrée dans sa chambre.* 每个~都有空调。 There's air-conditioning in every room. *Il y a l'air conditionné dans toutes les chambres.* 他冲进了~。 He dashed into the room. *Il est entré précipitamment dans la sale.*

房子 fángzi S1 你 住的是哪个~ / 住在哪个~里? Which house do you live in? *Quelle maison habites-tu?* 那些~挨得很近。 The houses are very close together. *Les maisons sont très proches les unes des autres.*

防 fáng S1 你对他~不胜~。 You cannot prevent him. *Tu ne peux pas l'en empêcher.* 要以~万一。 We / you must be prepared to all contingencies. *Il faut parer à toute éventualité.*

防止 fángzhǐ H5, S1 要~食物中毒。 We must guard against food poisoning. *Il faut prévenir l'intoxication alimentaire.* 保护环境，~污染。 Protect the environment against pollution. *Protégeons l'environnement contre la pollution.*

访问（訪問） fǎngwèn H4, S1 我下个月出国参观~。 I'll go and visit foreign countries next month. *Je vais visiter des pays étrangers le mois prochain.* ~的目的是会见中国的青少年。 The aim of the visit was to meet young Chinese.

Le but de la visite était de rencontrer de jeunes chinois.

放 fàng H3, S1
他抓住绳子不~。 He did not let go of the rope. *Il ne lâche pas la corde.* 把你的手提箱~在入口处。 Put your suitcase down in the entrance. *Pose ta valise dans l'entrée.* ~张唱片听听吧。 Let's put on a record. *Si on passe un disque?* 他~牛。 He herds / grazes cattle. *Il garde / fait paître le bétail.*

放假 fàngjià S1
你什么时候~? When are you going to take your holiday? *Quand prends-tu tes vacances?* 他什么时候放完假? When is he back from holiday? *Quand rentre-t-il de vacance?* 去年我们~去了意大利。 We went to Italy on vacation last year. *Nous avons passé nos vacances in Italie l'année dernière.* 他们寒假放到下星期四。 They are on winter holiday until next Thursday. *Ils sont en vacances d'hiver jusqu'au jeudi prochain.*

放弃 (放棄) fàngqì H4, S2
我没~去中国的主意。 I haven't given up the idea of going to China. *Je n'ai pas renoncé l'idée d'aller en Chine.* 我们被迫在大雪中把汽车~了。 We had to abandon the car in the snow. *Nous avons dû abandonner la voiture dans la neige.*

放暑假 fàng shǔjià H4
我们快~了。 We'll soon take off / have the summer holidays / the long vacation. *Nous prendrons / commencerons bientôt les grandes vacances / les vacances d'été.*

放心 fàngxīn H3, S1
这您就~吧。 Set your mind at rest on that point. *Rassurez-vous là-dessus.* 他在路上时我总不~。 I worry when he's on the road. *Je ne suis pas tranquille quand il est sur les routes.* 现在干完你就能~了。 Do it now, that way you won't worry about. *Fais-le maintenant, comme ça tu seras tranquille.*

放学 (放學) fàngxué S1
学校下午五点~。 The school closes at five p.m. *L'école ferme à cinq heures de l'après-midi.* 我孩子~后才去。 My child will go there after class. *Mon enfant y va après la classe.*

放在 fàngzài S1
把东西都~地上。 Put all that on the floor. *Mettez tout cala par terre.* 这个花瓶要~壁炉台上。 This vase goes on the mantelpiece. *Ce vase se met sur la cheminée.*

非常 fēicháng H2, S1
我~抱歉。 I'm awfully sorry. *Je suis vraiment / sincèrement désolé.* 您~正确。 You are perfectly right. *Vous avez parfaitement raison.* 这是一次~会议。 It is an extraordinary session. *C'est une session extraordinaire.* 她~聪明。 She's unusually intelligent. *Elle est d'une intelligence exceptionnelle.* 他~赞扬她的工作。 He praised her work highly. *Il a chanté (haut) les louanges de son travail.* 晚会的气氛~好。 There was a very good atmosphere at the party. *Il y avait une très bonne ambiance à la soirée.*

非法 fēifǎ H6, S1
你的行为是~的。 You've broken the law. *Tu as commis une illégalité.* 他做~工 / 黑工。 He is moonlighting. *Il fait du travail au noir.* 那个人~停车。 That person was illegally parked. *Cette personne a été en stationnement interdit.*

飞 (飛) fēi S1
鸟已经 ~跑 / ~走 了。 The bird had already flown. *L'oiseau s'était envolé.* 飞机下午三点~过去了。 The planes flew past at 3 p.m. *Les avions sont passés (au-dessus de nos têtes) à 15 heures.* 我们(的飞机)上午是从东京~来的。 We flew in from Tokyo this morning. *Nous sommes venus de Tokyo en avion ce matin.* 他活儿干得~快。 He's a fast worker. *Il va vite en besogne.*

飞机 (飛機) fēijī H1, S1
您坐~(去)还是坐火车去? Are you flying or going by train? *Irez-vous en avion ou en train?* 我坐~去纽约。 I'll take the plane to New York. *Je prendrai l'avion pour aller à New York.* 我不喜欢坐~。 I hate flying. *Je déteste (prendre) l'avion.*

飞行 (飛行) fēixíng S1
~时间是 40 分钟。 It's a 40-minute flight. *Il y a 40 minutes de vol.* 飞机在我们上空绕圈子~。 The planes are circling overhead. *Les avions décrivent des cercles au-dessus de nos têtes.*

费 (費) fèi S1
我必须付行李超重~吗? Do I have to pay excess luggage? *Dois-je payer un excédent de bagages?* 她~我的时间和钱。 She wastes both my time and my money. *Elle me fait gaspiller mon temps et mon argent.* 不~力是学不好外语的。 You can't learn a foreign language without making an effort. *Il est impossible d'apprendre la langue étrangère sans faire d'efforts.*

费用（費用）fèiyòng H5, S1 包括到机场的~吗? Is the transfer / transport to the airport included? *Le transfert / transport à l'aéroport est-il inclus?* 这叫他付了些~。 It cost him a certain amount (of money). *Cela lui a occasionné des frais.*

分 fēn（名、量）(1) D, H3, S1 九点五~了。 It's five past nine. *Il est neuf heures cinq.* 我得了个好~(儿)! I've got a good mark! *J'ai eu une bonne note!* 能借我两毛三~钱吗? Can you lend me twenty three centimes? *Tu peux me prêter vingt-trois centimes?* 她看了三~之一了。 She's a third of way through (reading it). *Elle en a lu un tiers.*

分 fēn（动）(2) D, H3, S1 我们~工做。 We'll divide the work among us. *Nous nous partageons le travail.* 我把苹果塔~成了八份儿。 I cut the apple pie into eight pieces. *J'ai partagé la tarte aux pommes en huit.*

分别 fēnbié H5, S1 我们永远不~。 We shall never part. *Nous ne nous séparerons jamais.* 小牛，我跟你~了! Xiao Niu, I'm leaving! *Xiao Niu, je te quitte!* 这两个我~不出来。 I'm unable to differentiate between the two. *Je ne vois pas de différence entre les deux.*

分开（分開）fēnkāi S1 他们开完会后就~了。 They separated after the meeting. *Ils se sont quittés après la réunion.* 要把现实和神话~。 We must separate reality from myth. *Il faut distinguer le mythe de la réalité.*

分配 fēnpèi H5, S1 他们~去做守卫。 They had been assigned to guard duty. *On leur avait assigné la garde.* 世界上财富的~很不公平。 Wealth is unevenly distributed throughout the world. *La richesse est mal distribuée à travers le monde.*

分数（分數）fēnshù S1 这是个~符号。 This is a division sign. *C'est un signe de division.* 我~及格了。 I've got fifty per cent / half marks. *J'ai eu la moyenne.* 班上她~最高 / 好。 She got the highest mark / marks in the class. *Elle a eu la meilleure note / les meilleures notes de la classe.*

…分之… …fēnzhī… H4, S1 他赔了 / 损失了 三~一的钱。 He lost a third of his money. *Il a perdu le tiers d son argent.* 我看了三~之二了。 I have two thirds of way through (reading it).

J'en ai lu deux tiers. 他把二~一的收入花在房子上了。 Half (of) his income is spent on his house. *La moitié de ses revenus est consacrée / sont consacrés à sa maison.*

分钟（分鐘）fēnzhōng H1, S1 三点过十分(钟)了。 It is ten minutes past three / after three. *Il est trois heures dix.* 他走了一、两~了。 He's been gone for a minute or two now. *Il est parti depuis une bonne minute.* 一~也不要浪费了。 There's not a minute to lose. *Il n'y a pas une minute à perdre.*

份 fèn H4, S1 我复印了七~这个文件。 I duplicated seven copies of this document. *J'ai photocopié sept exemplaires de ce document.* 我们想送给女秘书一~礼物。 We would like to give the secretary a present. *Nous voudrions faire un cadeau à la secrétaire.*

风（風）fēng S1 起~了 / ~停了。 The wind has risen / dropped. *Le vent s'est levé / est tombé.* 明天刮大~。 Tomorrow will be a windy day. *Demain sera une journée de grand vent.* ~向变了。 The wind is changing. *Le vent tourne.* 有人向新闻界走漏了~声。 Someone has leaked news to the press. *Quelqu'un a divulgué des informations à la presse.* 网上漫游成~了。 Surfing the Net has become the prevailing practice. *Surfer sur le Net est devenu une pratique courante.*

风景（風景）fēngjǐng H4, S2 这里的~很美。 The scenery round here is lovely. *Les paysages sont très beaux par ici.* 这些工厂有损~。 These factories are a blot on the landscape. *Ces usines déparent le paysage.*

风险（風險）fēngxiǎn H5, S1 别做，~太多了。 Don't do it, there are too many risks. *Ne le fais pas, il y a trop de risques.* 她在冒生命的~。 Her life is in danger. *Ses jours sont en péril.*

封 fēng（量）S1 我给他写了~短信。 I wrote a short letter to him. *Je lui ai écrit une lettre courte.* 这~信的邮票费不够。 This letter is not sufficiently stamped. *Cette lettre n'est pas suffisamment affranchie.*

丰富（豐富）fēngfù H4, S1 我国矿藏~。 Our country is rich in mineral resources. *Notre pays est riche en ressources minières.* 这更~了我的经验。 I'm all the richer for that experience. *Cette expérience m'a enrichi.*

否定 fǒudìng H5, S1 我~看见过他这回事。I deny having seen him. *Je nie l'avoir vu.* 他们的回答是~的。They said no. *Ils ont répondu négativement.* 她不能接受~的回答。 She won't take "no" for an answer. *Elle n'acceptera pas de refus.*

否决 (否決) fǒujué H6, S1 他使用了~权。He used his veto. *Il a exercé son droit de veto.* 那项议案被~了。The bill was voted out. *Le projet de loi n'a pas été adopté / a été rejeté.*

否认 (否認) fǒurèn H5, H5, S1 这一点我不~。I'm not denying it. *Je ne le nie pas.* 这是(一个)不可~的事实。 There is no denying the fact. *C'est un fait indéniable.*

否则 (否則) fǒuzé H4, S2 最好给你父亲打个电话，~他会担心的。You'd better phone your father, otherwise he'll worry. *Tu devrais appeler ton père, sinon il va s'inquiéter.* 您按时完成了吗？ ~的话，为什么呢? Did you finish on time? And if not, why not? *Avez-vous terminé à temps? Sinon, pourquoi?*

夫人 fūrén H6, S1 主席~，您好。 Madam Chairman, good morning! *Madame la Présidente, bonjour!* 边~，再见! Mrs Bian, goodbye! *Mme Bian, au revoir!* 我想同主任~谈话。 I would like to speak to the headmistress. *Je voudrais parler avec Madame la Directrice.*

服务 (服務) fúwù N, S1 "包括~费", "Service included", *"Service compris";* 对我们的~很周到, 谢谢! We have a very good help, thanks a lot! *Nous sommes très bien servis, merci beaucoup!* 我们要为人民~。We must serve the people. *Nous devons servir le peuple.*

服务员 (服務員) fúwùyuán H2 喂, ~! Waiter! *S'il vous plait, monsieur!* 酒吧的~不太和气。The pub barman wasn't very nice. *Le serveur du pub n'était pas très amiable.*

服装 (服裝) fúzhuāng H5, S1 我找不到我的~了。 I can't find my coat. *Je ne trouve pas mon vêtement.* 他当时穿着日常的~。 He was wearing his everyday clothes. *Il portait ses vêtements de tous les jours.* 她们总喜欢买~。 They always love buying clothes. *Toujours elles adorent acheter des vêtements.*

符合 fúhé H4, S2 他不~条件。He does not fulfil the conditions. *Il ne remplit pas les conditions.* 她说的不~公司的政策。Her statement is not in accordance with company policy. *Sa déclaration n'est pas dans la ligne de l'entreprise.* 你叙述的要同我的相~。Your story must tally with mine. *Il faut que ta version des faits concorde avec la mienne.*

福 fú S1 我只是有~而已! Just my luck! *C'est bien ma chance!* 来照个全家~吧! Let's take a photograph of the whole family! *On va prendre une photo de toute la famille!* 他生在~中不知~。 He doesn't know how lucky he is. *Il ne connait pas son bonheur.*

富 fù H6, S1 他家很~。 His family is very rich. *Sa famille est très riche.* 她是个很~的年轻女人。 She is a young woman of great wealth. *C'est une jeune femme très fortunée.* 他头脑~于创造力。 He has a creative mind. *Il a un esprit créateur.* 父母使她~于远大的理想。 Her parents had imbued her with high ideals. *Ses parents lui avaient inculqué de nobles idéaux.*

负责 (負責) fùzé H4, S1 这里谁~? Who's in charge here? *Qui est le responsable ici?* 他~让孩子们上床睡觉。 He was responsible for putting the children to bed. *C'était lui qui couchait les enfants.* 我不对他的行为~。 I'm not responsible for his behaviour. *Je ne suis pas responsable de ses actes.*

附近 fùjìn H3, S2 他住~。 He lives nearby. *Il habite tout près.* 我当时在~。 I was in the neighbourhood. *J'étais dans le coin.* 我们的办公室在市政府~。 Our office is close to the town hall. *Notre bureau est près de la mairie.*

复习 (復習) fùxí H3, S2 你~ 汉语 / 地理 了吗 ? Have you revised your Chinese / geography? *As-tu révisé ton chinois / ta géographie?* 她在为学年期末考试~。 She's revising for her end-of-year exams. *Elle révise pour ses examens de fin d'année.*

复印 (復印) fùyìn H4, S1 请给我~五份这个文件。 Please make five photocopies / copies of this document for me. *Photocopiez-moi ce document en cinq exemplaires.*

复杂 (複雜) fùzá H4, S1 这是一个~的数字。 It's a complex number. *C'est un nombre complexe.* 太~了，我不做。 It's too complicated and I won't do it. *C'est trop compliqué et je ne vais pas le faire.* 看，这并不那么~。 Look, it's not so difficult to understand. *Regarde, ce n'est pourtant pas compliqué.* 情况越来越~了。 The situation is becoming more and more involved. *La situation se complique.*

父母 fùmǔ S1 请代向你~致意。 Please give your parents my regards. *Fais mes amitiés à tes parents.* 我~退休了。 My parents are retired. *Mes parents sont à la retraite.*

父亲（父親） fùqīn H6, S1 他是安娜的 ~。 He's Anne's father. *C'est le père d'Anne.* 他 怎么敢跟~顶嘴。 I don't know how he has the audacity to answer his father. *Comment ose-t-il répondre à son père?* 你对我象~一样。 You're like a father to me. *Tu es un père pour moi.*

G

该（該） gāi (动) S1 我~走了。 I must go now. *Il faut que je parte (maintenant).* 我~付您 多少钱? How much do I owe you? *Combien vous dois-je?* 这孩子过年~上中学了。 The boy's going to secondary school next year. *L'enfant ira à l'école secondaire l'année prochaine.*

改 gǎi S1 他~好了。 He has changed for the better. *Il a changé en mieux.* 他怎么也~不了。 Nothing will make him change. *Rien ne le changera.* 这个错儿你忘~了。 You forgot to correct this mistake. *Tu as oublié de corriger cette erreur.*

改变（改變） gǎibiàn H4, S1 他~了主 意。 He has changed his mind. *Il a changé d'avis.* 对核能的看法有了~。 There has been a change in thinking regarding nuclear power. *Il y a eu un changement d'opinion concernant l'énergie nucléaire.*

改革 gǎigé N, H5, S2 我们将选择~的道路。 We shall opt for a policy of reform. *Nous choisirons la voie des réformes.* 他们引进了 / 进 行了~。 They've introduced / made reforms. *Ils ont introduit / fait des réformes.*

改进（改進） gǎijìn H5, S1 他工作没 什么~。 It's not getting better for his work. *Son travail ne s'améliore pas.* 这取得了全面的~。

There's been quite an all-round improvement. *Il y a une amélioration sur toute la ligne.*

改造 gǎizào S1 他们要~这里的盐碱地。 They want to transform saline-alkali land here. *Ils veulent transformer les terrains salins et alcalins ici.* 他把一间屋子~成了一个车间。 He converted a room into a workshop. *Il a aménagé une pièce en atelier.*

概念 gàiniàn H5, S1 她没有时间~。 She has no conception of time. *Elle n'a aucune notion du temps.* 这个~孩子们很难懂。 This is a difficult concept for children. *C'est un concept difficile à comprendre pour les enfants.*

干（幹） gān S1 小心，漆还不 / 没~。 Be careful, the paint isn't dry. *Attention, la peinture n'est pas sèche.* 天~冷。 It's cold and dry. *Il fait un froid sec.* 把眼泪擦~。 Dry your tears. *Sèche tes larmes.*

干杯（乾杯） gān//bēi H4, S1 为健康 ~! Cheers! *A votre santé!* 为我们的爱情~! Let's drink for our love. *Trinquons pour notre amour.* 大家一块儿干了几杯。 We had a few drinks together. *On a trinqué ensemble.*

干净（乾淨） gānjìng H3, S1 桌子干 (净)不~? Is the table clean? *Est-ce que la table est propre?* 我手很~。 My hands are clean. *J'ai les mains propres.* 我没~的衣服穿了。 I haven't (got) anything clean to wear. *Je n'ai plus rien de propre.*

干燥（乾燥） gānzào H4 这里气候~。 There's an arid climate here. *Il y a un climat aride ici.* 他大便~。 He is constipated. *Il est constipé.*

敢 gǎn H3, S1 你竟~如此! How dare you! *Tu as cette audace!* 我不~跟他说话。 I dare not speak to him. *Je n'ose pas lui parler.* 活着就要~ 做~为。 One has to take risks in life. *Il faut oser dans la vie.*

感到 gǎndào G, S1 我~好多了。 I'm feeling a lot better. *Je me sens beaucoup mieux.* 她~增 加了勇气。 She felt full of courage. *Elle se sentait du courage.* 你不~惭愧吗 ? Aren't you ashamed of yourself? *N'as-tu pas honte?*

感动（感動） gǎndòng H4, A1 我被深 深地~了。 I was deeply moved. *J'ai été profondément ému.* 他~得流下了眼泪。 He was moved to tears. *Il a été touché jusqu'aux larmes.* 要更~一些地念。 Read it with more feeling. *Lis-le d'une façon plus émue.*

感觉 (感覺) gǎnjué H4, S1
你现在~怎么样? How do you feel now? *Comment te sens-tu maintenant?* 这只是我个人的~。 That's only my personal feeling. *C'est seulement ma sensation personnelle.* 我~要摔倒了。 I had this sensation of falling. *J'avais la sensation de tomber.*

感冒 gǎnmào H3, S2
我~了。 I have a cold. *J'ai un rhume.* 他得了流行性~。 He has (the) flu. *Il a la grippe.*

感情 gǎnqíng H4, S1
她用~来唱歌。 She sings with feeling. *Elle chante avec cœur.* 他不会表达~。 He doesn't know how to express his affection. *Il ne sait pas exprimer son affection.* 不要~用事。 Don't let your emotions get in the way. *Ne te laisse pas influencer par tes sentiments.*

感受 gǎnshòu H5, S1
我~很深。 I was deeply moved. *J'ai été profondément ému.* 她有些惧怕的~。 She experienced a certain feeling of fear. *Elle a ressenti une certaine frayeur.* 这就概括了我所~到的一切。 That sums up all I felt. *Cela résume tout ce que je ressentais.*

感谢 (感謝) gǎnxiè H4, S1
我对您的帮助表示~。 Thank you for helping me? *Je vous remercie de m'avoir aidé.* 万分~您。 I am extremely grateful to you. *Je vous suis extrêmement reconnaissant.* 您要是能帮(把)忙的话，我将十分~。 I would be most grateful if you would help me. *Je vous serais très reconnaissant de m'aider.*

赶 (趕) gǎn S1
急急忙忙~什么呢? What's all the rush for? *Qu'est-ce qui presse tant?* 你要是跑还能~上她。 You might catch her if you run. *Tu peux la rattraper si tu cours.* 我会及时~回来。 I shall be back in time. *Je serai de retour en temps voulu.*

赶到 (趕到) gǎndào S1
他们~了发生事故的现场。 They hurriedly arrived at the accident place. *Ils sont arrivés au lieu de l'accident à la hâte.* 我下班后就~了家。 I rushed home after work. *Je me suis précipité chez moi après le travail.*

赶紧 (趕緊) gǎnjǐn H5, S1
咱们不要拖延了，~走吧。 Let's leave without further delay. *Partons sans plus tarder.* 我~加了一句表示同意的话。 I agree, I hasten to add. *Je m'empresse d'ajouter que je suis d'accord.*

赶快 (趕快) gǎnkuài H5, S1
~穿衣服! Hurry up and get dressed! *Dépêche-toi de t'habiller.* 你~把这封信写完。 Hurry up and finish that letter. *Dépêche-toi de finir cette lettre.* 我希望您~来。 I can't wait for you to come. *J'ai hâte que vous veniez.*

干 (幹) gàn H4, S1
你~什么呢? What are you doing? *Qu'est-ce que tu fais?* ~得真好！ Well done! Bravo! 她~ 医生 / 翻译。 She is doing medicine / the interpreting. *Elle fait médecine / l'interprète.* 百说不如一~。 Actions speak louder than words. *Les actes en disent plus long que les paroles.*

干部 (幹部) gànbù N
她是 (个 / 位 / 名) ~ / 女~。 She's an executive / a female executive. *Elle est cadre / une femme cadre.* 他是 (个 / 位 / 名) 高级~ / 中级~。 He's a senior executive / a middle manager. *C'est un cadre supéreir / un cadre moyen.*

干活儿 (幹活兒) gàn huór H5, S1
~去吧! Let's go to work! *Au travail!* 这(个)活儿(叫)他干得真漂亮。 He has done a first-class job. *Il a fait un travail excellent.* 这个活儿实在不好干。 It's quite a (difficult) job. *C'est tout un travail.*

干吗 (幹嗎) gànmá [口] S1
~呀? What on earth for? *Mais pourquoi?* 你~来了呀 / ~你来了呀? What have you come for? *Pourquoi es-tu venu?*

干什么 (幹什麼) gàn shénme S1
你~跟我说这个呀 / 你跟我说这个~? (干什么 = 为什么) Why are you telling me this? *Pourquoi est-ce que tu me dis ça?* 我~能知道这个呀? (干什么 = 怎么) How the heck should I know that? *Mais enfin, comment veux-tu que je le sache?*

刚 (剛) gāng S1
他~起床。 He has just got up. *Il vient de se lever.* 我~做完功课。 I've just finished my homework. *Je viens de terminer mes devoirs.*

刚才 (剛才) gāngcái H3, S1 我~看见了她。I've only just seen her. *Je l'ai vue tout à l'heure.* 女运动员~打破了世界记录。The sportswoman has just broken the world record. *Tout à l'heure la sportive a battu le record du monde.*

刚刚 (剛剛) gānggāng H6, S1 她~到。She arrived just now. *Elle vient juste d'arriver.* 他当时~出去。He had just gone out. *Il venait juste de sortir.*

高 gāo H2, S1 这堵墙(有 / 是)两米~。It's a wall two metres high. *C'est un mur haut de deux mètres.* 您多~? What height are you / what's your height? *Combien mesurez-vous?* 他尽管才十四岁，但个子跟父亲一样~。Though he is only fourteen, he is as tall as his father. *Bien qu'il n'ait que quatorze ans, il est aussi grand que son père.*

高度 gāodù S1 我们目前的飞行~是一万米。We are flying at an altitude of 10,000 metres. *Nous volons à une altitude de 10 000 mètres.* (对)这一点要~重视。We must attach great importance to that point. *Nous devons y accorder une grande importance.*

高级 (高級) gāojí H4, S1 他上~班。He's in a class for more advanced students. *Il suit un cours pour étudiants plus avancés.* 他和一些~官员交了朋友。He has some friends who are high-ranking officials. *Il a des amis qui sont hauts fonctionnaires.* 谈判正在最~(之间)进行。Talks are being held at the highest level. *On négocie au plus haut niveau.*

高速公路 gāosù gōnglù H5, S1 我们上了~。We've entered the motorway / We took the motorway. *Nous sommes entrés dans l'autoroute / Nous avons pris l'autoroute.* ~上发生了一起车祸。There's been a motorway accident. *Il y a eu un accident survenu sur l'autoroute.*

高兴 (高興) gāoxìng H1, S1 见到您很~! I'm very pleased to see you. *Je suis très content de vous voir.* 我一点儿也不~。I'm not at all happy. *Je ne suis pas content du tout.* 他~也好不~也好，自己看着办! He can like it or lump it! *S'il n'aime pas, qu'il s'arrange.*

高中 gāozhōng S1 姐姐上~，妹妹上初中。The older sister is in the senior middle school, and the younger sister is in the junior one. *La sœur aînée est dans l'école secondaire du deuxième cycle et la sœur cadette est dans celle du premier cycle.* 他正准备~毕业考试。He is sitting his A-levels / Highers / school-leaving certificate. *Il est en train de préparer son bac.*

搞 gǎo H5, S1 她是 ~教育的 / 商业的。She's a teacher / a businesswoman. *Elle est prof. / une femme d'affaires.* 他~鬼把东西弄到手了。He got it by a wangle / he wangled it. *Il l'a eu en magouillant.*

搞好 gǎohǎo S1 我们没~。We're out of luck. *On n'a pas de chance.* 下次能~。Better luck next time. *Vous aurez plus de chance la prochaine fois.* 他要是 ~了 / 搞得好 可以当队长。If he does well, he'll be a team leader. *S'il fait bien il sera le chef d'équipe.*

告别 gào//bié H6, S1 我(来)向你~来了。I've come to say good-bye to you. *Je viens te dire au revoir.* 他们~后就上了路。They said their farewells and left. *Ils ont fait leurs adieux et ils sont partis.*

告诉 (告訴) gàosu H2, S1 他来了就~我一声。Let me know when he arrives. *Fais-moi savoir lorsqu'il sera là.* ~你一个消息。I've some news for you. *J'ai une nouvelle à t'annoncer.* ~我你愁什么呢。Tell me what's worrying you. *Dis-moi ce qui te préoccupe.*

哥哥 | 哥 gēge | gē H2, S1 她有两个~、一个弟弟。She has two elder brothers and a younger one. *Elle a deux frères aînés et un (frère) cadet.* 这是我~的银行卡。It's the credit card of my elder brother. *C'est la carte bancaire de mon grand frère.*

歌 gē S1 我给你们唱一首~。I'll sing you a song. *Je vais vous chanter une chanson.* 他们齐声唱起了~(儿)来。They all burst into song. *Ils se sont tous mis à chanter.*

歌唱 gēchàng S1 她像夜莺那样~。She sings like a lark. *Elle chante comme un rossignol.* 他们~那位英雄的业绩。They're singing (of) the hero's exploits. *Ils chantent les exploits du héros.*

歌迷 gēmí S1 ~们把歌星围了起来。Fans gathered round the song star. *Les fans ont formé un cercle autour de la star de chanson.*

歌声（歌聲） gēshēng S1 她的~很甜美。She's got a fine singing voice. *Elle a une belle voix.* ~一直持续到清晨。The singing went on until dawn. *Les chants ont continué jusqu'à l'aube.*

歌手 gēshǒu S1 ~看上去很年轻。The singer seems quite young. *Le chanteur semble très jeune.* 她是爵士音乐~。She's a jazz singer. *Elle est chanteuse de jazz.*

个（個） gè D, H1, S1 有三~苹果。There're three apples. *Il y a trois pommes.* 我睡了~好觉。I had a good sleep. *J'ai fait un bon somme.* 他活动~没完没了的。He moves around, never staying in one place. *Il se déplace sans arrêt.*

个人（個人） gèrén H5, S1 这只是我~的感觉 / 看法。That's only my personal feeling. *C'est seulement ma sensation personnelle.* 我们不能照顾每~的情况。We cannot consider each individual case. *Nous ne pouvons pas considérer tous les cas particuliers.*

个性（個性） gèxìng H6, S1 这个女人~很强。She's a woman of great character. *C'est une femme qui a beaucoup de caractère.* 他缺乏~。He lacks character. *Il manque de caractère.*

个子（個子） gèzi H4 那是位高~妇女 / 那位妇女~很高。She's a tall woman / a woman of considerable height. *C'est une femme de grande taille / Cette femme est très grande.* 那个男人(是)矮~。He's a short man. *C'est un homme de petite taille.* 她~比较矮。She is rather short in / of stature. *Elle est plutôt petite.* 有一个中等~的孩子。There's a child of average height. *Il y a un enfant de taille moyenne.*

各 gè H4, S1 这些广告~不相同。These advertisements have nothing in common with each other. *Ces publicités sont différentes l'une de l'autre.* ~个房间都能看到大海。Each room has a view of sea. *Les chambres ont toutes vue sur la mer.*

各地 gèdì S1 他们来自全国~。They came all parts of the country. *Ils sont venus de toutes les parties du pays.* ~代表都到了。The delegates of all parts of the country have arrived. *Les délégués des différents endroits du pays sont tous arrivés.*

各位 gèwèi S1 ~请注意! Attention please, everybody! *Attention, tout le monde!* 我们~都在那儿。Every (single) one of us was there. *Nous étions tous là (au grand complet).*

各种（各種） gèzhǒng S1 这儿能碰到~人。You can meet all kinds of people here. *Vous pouvez rencontrer toutes sortes de personnes ici.* 请自由使用~设备。Feel free to use the facilities. *N'hésitez pas à utiliser toutes les installations.*

各自 gèzì H6, S1 孩子~都有自己的名字。Each child has a different name. *Chaque enfant a un nom différent.* 我们~有一本书。We have a book each. *Nous avons chacun un livre.*

给（給） gěi H2, S1 我把那本书~他了。I gave him the book. *Je lui ai donné le livre.* 他~我写了封信。He wrote a letter to me. *Il m'a écrit une lettre.* 这能~你带来什么好处? What good can that do you? *Qu'est-ce que ça peut t'apporter?*

根本 gēnběn (名、形) (1) H5, S1 有三个~点。There are the three cardinal points. *Il y a les trois points cardinaux.* 谨慎是最~的。Prudence is essential. *La prudence s'impose.* 他们对 国家体制 / 公司结构 进行了~的改革。They carried out radical reforms of the State system / of the company's structure. *Ils ont mené des réformes radicales du système d'Etat / de la structure de l'entreprise.*

根本 gēnběn (副) (2) H5, S1 他的发音~不好。His pronunciation is simply terrible. *Sa prononciation est absolument mauvaise.* 我~不为这个发愁。That's the least of my worries. *C'est le moindre de mes soucis.* 从~上讲，这是一回事。It's basically the same thing. *C'est fondamentalement la même chose.*

根据（根據） gēnjù H3, S1 要~规则办事。We must act by the rules. *Il faut agir selon les règles.* 您这样说的~是什么? What grounds have you for saying that? *Sur quoi vous fondez-vous pour affirmer cela?* 一切都是~计划进行的。Everything went according to plan. *Tout s'est passé comme prévu.*

跟 gēn H3, S1 ~着我。Follow me. *Suivez-moi.* 我~你打听一件事儿。I'd like to ask you about something. *Puis-je te demander un renseignement?* 你能用汉语~人对话吗? Can you

41

get into conversation with someone in Chinese? *Peux-tu entrer en conversation avec quelqu'un en chinois?*

更 gèng T, H5, S1 那个建筑里地方~多。 There's much more room in the other building. *Il y a beaucoup plus de place dans l'autre bâtiment.* 您阔，可他~阔。 You're rich, but he's richer. *Vous êtes riche, mais il l'est davantage.* 你应该~乐观些! You could be a bit more optimistic! *Tu pourrais être un peu plus optimiste!*

更加 gèngjiā H5, S1 每过一天我都~爱你了。 I love you more and more every day. *Je t'aime chaque jour davantage.* 他确实生气，可是~吃惊。 He was more surprised than annoyed. *Il était plutôt surpris que fâché.* 这只是~坚定了他们的决心。 This merely strengthened their resolve. *Ça n'a fait que raffermir leur résolution.*

公布（公佈） gōngbù H5, S1 政府~了一项法律。 The government has promulgated a degree. *Le gouvernement a promulgué un décret.* 联合国 1948 年~了人权普遍宣言。 The United Nations proclaimed the Universal Declaration of Human Rights in 1948. *Les Nations-Unies ont publié la Déclaration universelle des droits de l'homme en 1948.*

公共 gōnggòng S1 ~场所禁止吸烟。 Smoking isn't allowed in public places. *Il est interdit de fumer dans les lieux publics.* 这关系到（了）~利益。 That concerns the public interest. *Cela concerne l'intérêt public.*

公共汽车（公共汽車） gōnggòng qìchē H2, S1 你坐~去吗? Are you bus(s)ing it? *Tu y vas en autobus?* 我们走回家或坐~回家都可以。 We can walk or bus it home. *Nous pouvons rentrer à pied ou en autobus.* 一辆~刚刚过去。 A bus has just passed by. *Un bus vient de passer.*

公交车（公交車） gōngjiāochē S1 你坐~去吗？ Are you bus(s)ing it? *Tu y vas en autobus?* 我们走回家坐~回家都可以。 We can walk or bus it home. *Nous pouvons rentrer à pied ou en autobus.* 一辆~刚刚过去。 A bus has just passed by. *Un bus vient de passer.*

公斤 gōngjīn H2, A1 一~有一千克。 There are 1000 grams in a kilogram. *Il y a 1000 grammes pour un kilogramme.* 这个包裹 20 ~重。 The package weighs 20 kilos. *Le paquet pèse 20 kilos.*

公开（公開） gōngkāi H5, S1 她俩~对骂。 They insulted each other in public. *Elles se sont insultées en public.* 会议是~的。 It's an open session. *La séance est publique.* 他的任命今天上午~(宣布)了。 His nomination was officially announced this morning. *Sa nomination a été rendue publique ce matin.*

公里 gōnglǐ H4, S1 一~等于二里。 A kilometre is equal to two li. *Un kilomètre est égale à deux li.* 五英里大约(是)八公里。 Five miles are approximately eight kilometres. *Cinq mil(l)es valent à peu près huit kilomètres.* 机场离市中心有十五~左右。 The airport is about 15 kilometres from the city centre. *L'aéroport se trouve à 15 kilomètres environ du centre-ville.*

公路 gōnglù S1 这条~到石家庄吗? Is this the (right) road for Shijiazhuang? *Est-ce la (bonne) route pour Shijiazhuang?* ~正在施工。 The road is up. *La route est en travaux.* 车在去广州的(公)路上抛锚了。 On the road to Guangzhou, the car broke down. *En allant à Guangzhou, la voiture est tombée en panne.*

公民 gōngmín H6, S1 她是法国~。 She has French nationality. *Elle est de nationalité française.* 这个人宣称自己是世界~。 That person claims that he's a citizen of the world. *La personne se déclare citoyenne du monde.*

公平 gōngpíng H5, S1 他很严厉，但是很~。 He is strict but fair. *Il est sévère mais sans parti pris.* 他们对案件的审判不~。 They didn't judge the case impartially. *Ils n'ont pas jugé le cas avec impartialité.* 我们应该~地分配工作。 We should divide the work equally. *Nous devons diviser le travail également.*

公司 gōngsī N, H2, S1 这位是~经理先生。 Here is Mr the Director of the company. *Voici M. le Directeur de la société.* 这家~是前年成立的。 The company was set up the year before last. *La société a été établie il y a deux ans.* 这是国际上第一流的~。 It's a world prominent firm. *C'est une firme de premier plan mondial.*

公务员（公務員） gōngwùyuán S1 他 / 她是国家~。 He / She is a civil servant. *Il / Elle est fonctionnaire (de l'Etat).* 很多~罢工了。 Many civil servants were on strike. *De nombreux fonctionnaires étaient en grève.*

公用电话 (公用電話)

gōngyòng diànhuà S1 这里有~吗? Is there a public telephone here? *Est-ce qu'il y a un téléphone public ici?*

公园 (公園)

gōngyuán H3, S1 他们上星期日去天坛~了。 They went to the Temple of Heaven last Sunday. *Ils sont allés à la Temple du Ciel dimanche dernier.* ~旁边有好几家商店。 There are several shops around the park. *Il y a plusieurs magasins aux alentours du parc.*

工厂 (工廠)

gōngchǎng T, H5, S1 她男朋友在~工作。 Her boy-friend works in a factory. *Son petit ami travaille en usine.* 这是一家制鞋(工)厂 / 军~。 It's a factory that manufactures shoes / It's an arms factory. *C'est une usine qui fabrique des chaussures / C'est une fabrique d'armes.*

工程师 (工程師)

gōngchéngshī H5, S1 我有一个~文凭。 I have a degree in engineering. *J'ai un diplôme d'ingénierie.* 我母亲是~。 My mother is an engineer. *Ma mère est ingénieure.* 他是机械~ / 计算机~。 He's a mechanical engineer / a computer engineer. *Il est ingénieur mécanicien / ingénieur informaticien.*

工夫

gōngfu H5, S1 他没什么闲~。 He hasn't got much spare time. *Il n'a pas beaucoup de temps libre.* 我去练练~。 I'll take some exercise. *Je vais prendre de l'exercice.* 你喜欢看~片(儿)吗? Do you like to see martial arts movies? *Aimes-tu voir des films des arts martiaux?*

工具

gōngjù H4, S1 他把~借给了邻居。 He lent his tools to the neighbour. *Il a prêté les outils au voisin.* 我的~箱在哪里? Where is my tool box? *Où est ma boite à outils?*

工人

gōngrén H5, S1 她是个好~。 She's a good worker. *C'est une bonne ouvrière.* 这些是骨干~。 These are the key workers. *Ce sont les travailleurs clés.* ~(们)罢工了。 The workers are on strike. *Les ouvriers sont en grève.*

工业 (工業)

gōngyè H5, S1 这个国家的~衰退了。 Industry has declined in this country. *L'industrie a décliné dans ce pays.* 国家工(业)商业很发达。 Industry and commerce are flourishing in the country. *L'industrie et le commerce sont prospères dans le pays.*

工资 (工資)

gōngzī H4, S1 他拿计件~。 He has piece wages. *Il a un salaire aux pièces.* 公司要给我们增加~。 The firm's giving us a rise. *La firme nous accorde une augmentation.* 我是电脑程序专家,~很高。 I'm a computer programmer, I earn a good salary. *Je suis informaticien-programmeur, j'ai un bon salaire.*

工作

gōngzuò G, N, H4, S1 您在那个单位~? Where do you work? *Où travaillez-vous?* 她~得太多了。 She works too much. *Elle travaille trop.*

功夫

gōngfu H5, S1 (= 工夫 gōngfu)

功课 (功課)

gōngkè H5, S1 我有好多~要做。 I have a lot of homework. *J'ai beaucoup de devoirs (à la maison).* 做完~再出去玩儿! Don't go out before finishing your homework! *Ne sors pas avant de finir tes devoirs!*

功能

gōngnéng H5, S1 他肝~不正常。 Liver isn't functioning normally. *Son foie ne fonctionne pas normalement.* 他们测试了心脏的~。 They tested the heart function. *Ils ont examiné le fonctionnement du cœur.*

共

gòng T, S2 他们应该~负事故的责任。 They must share the blame for the accident. *Ils doivent se partager la responsabilité de l'accident.* 我(一)~该他两百英镑。 I owe him £200 altogether. *Je lui dois 200 livres en tout.*

共同

gòngtóng H4, S1 大家来~分享我的喜悦吧! Let's share my joy! *Que tout le monde partage ma joie!* 我们面临~的问题。 We share the same problems. *Nous avons des problèmes communs.*

共有

gòngyǒu S1 我们俩~这个看法。 Both of us have this view. *Tous nous deux avons ce point de vue.* 这个网球场是全体住户~的。 The tennis court is the common property of all the residents. *Le court de tennis est commun à tous les propriétaires.*

狗

gǒu T, H1, S2 《 小心有~守卫 》; "Beware of the dog"; « Attention, chien méchant »; 别把我当~看待! Don't treat me like a dog! *Ne me traite pas comme un chien!* 闭上(你的~)嘴! Shut your (ugly) mug! *Ferme ta (grande / sale) gueule!*

够（夠）gòu H4, S1 这些~了吗? --- ~了。 Will this be enough? – Yes, it will. *Est-ce que ça suffira ? – Oui.* 你~得着~不着天花板? Can you reach the ceiling? *Peux-tu toucher le plafond?* 她~高兴的了。 She's quite happy. *Elle est tout à fait heureuse.*

购物（購物）gòuwù H4, S2 我刚才去~了。 I've just been shopping. *Je viens de faire des courses.* 咱们去~中心吧。 Let's go to the shopping centre. *Allons au centre commercial.*

孤单（孤單）gūdān H4 他~一个人 / 孤孤单单一个人。 He's alone / on his own. *Il est seul au monde / sur la Terre.* 我喜欢~。 I prefer my own company. *Je ne suis bien que seul.* 他干什么总~一个人。 He's a lone wolf. *C'est quelqu'un qui fait cavalier seul.*

姑娘 gūniang H5, S1 这个~很漂亮 / 很怪。 She's a good-looking girl / a strange girl. *C'est une belle fille / une fille bizarre.* 你是大~了，应该讲道理。 You're a big girl now, and you should be sensible. *Tu es une grande fille maintenant, et tu devrais être raisonnable.*

估计（估計）gūjì H4, S2 我~他会同意。 I reckon he will consent. *A mon avis, il consentira.* 政府错误地~了公众的反应。 The government miscalculated the public's response. *Le gouvernement a mal prévu la réaction du public.*

古 gǔ T, S1 这是本讲~希腊的书。 It's a book about ancient Greece. *C'est un livre sur la Grèce antique.* 我有一本~诗集。 I have a collection of ancient poems. *J'ai un recueil de poèmes anciens.* ~时候有个学者叫老子。 In ancient times, there was a scholar called Lao Zi. *Dans les temps anciens, il y avait un savant qui s'appelait Lao Zi.*

古代 gǔdài H5, S1 这是本讲~世界的书。 It's a book about the ancient world. *C'est un livre sur le monde antique.* 你对~历史感(兴趣)不感兴趣? Are you interested in ancient history? *Est-ce que tu t'intéresses à l'histoire ancienne?*

鼓励（鼓勵）gǔlì H4, S2 她~我去学习戏剧。 She encouraged me to go to drama school. *Elle m'a incité à m'inscrire à un cours de théâtre.* 看到取得的进步是相当~人的。 It is quite encouraging to see the progress that has been made. *C'est assez encourageant de constater les progrès qui ont été faits.*

鼓掌 gǔzhǎng H4, S2 (来)为他们~! Let's give them a clap! *On les applaudit (bien fort)!* 他的努力应该得到~。 His efforts are to be applauded. *Il faut applaudir ses efforts.*

顾客（顧客）gùkè H4, S1 我是他们的一个~。 I'm one of their regular customers. *Je suis client chez eux.* ~至上。 The customer is always right. *Le client a toujours raison.*

故事 gùshi H5, S1 孩子们喜欢听神话~。 Children like listening fairy tales. *Les enfants aiment écouter des contes de fées.* 我每天晚上都给他们讲一个~。 Every night I tell them a story. *Je leur raconte une histoire tous les soirs.* 这个~是真的。 It's a true story. *C'est une histoire vraie.*

故乡（故鄉）gùxiāng H6, S1 他回~了。 He went back to his native land. *Il est rentré dans son pays natal.* 这里是我的~。 Here is my home town. *Voici la ville où j'ai grandi.*

故意 gùyì H4, S1 你叫他生气了。 --- 我不是~的。 You've offended him. – I didn't mean to. *Tu l'as vexé. – Je ne l'ai pas fait exprès.* 他在法庭上~说了谎。 He has deliberately lied to the court. *Il a menti délibérément à la cour.* 他~不听我的建议。 He wilfully disregarded my advice. *Il n'a, sciemment, tenu aucun compte de mes conseils.*

刮风（刮風）guā fēng H3 风刮得很厉害。 The wind is blowing hard. *Le vent souffle fort.* 刮北风了。 The wind is blowing from the north. *Le vent souffle du nord.* 咱们等着瞧刮什么风吧。 Let's wait and see which way the wind blows. *Attendons de voir de quel côté / d'où souffle le vent.*

挂（掛）guà H4, S1 把你的上衣~在衣架上。 Hang your jacket on the rack. *Accroche ta veste au porte manteau.* 把这幅画儿~在哪里? Where are you going to hang the painting? *Où vas-tu accrocher le tableau?*

怪 guài (形) (1) T, S2 她的一些主意很~。 She has some strange ideas. *Elle a des idées bizarres.* 这真是个~人! He's a queer fish! *C'est un drôle d'individu!*

怪 guài (副) (2) T, S2 今天~冷的。It's quite cold today. *Il fait assez froid aujourd'hui.* 我当时~累的。I was rather tired. *J'étais assez fatigué.*

怪 guài (动) (3) T, S2 这不能~他。He can't be blamed for it. *On ne peut pas l'en blâmer.* 这个事故~谁呢? Who are we to blame for this accident? *A qui attribuer cet accident?*

关 (關) guān (动) (1) H3, S1 ~门了! Closing now! *On ferme!* 门窗都~好了。The house is all closed up. *Tout est fermé.*

关 (關) guān (名) (2) H3, S2 我们遇到了技术难~。We've come up against technical barriers. *Nous avons buté sur des barrières techniques.* 隔开两个情人的~再也没有了。Nothing further could come between the two lovers. *Il n'y avait plus de barrière entre les deux amants.*

关机 (關機) guānjī S1 电视我不看了,你~吧。I don't see the TV anymore, and you can switch off. *Je ne vois plus la télé, et tu peux éteindre.*

关键 (關鍵) guānjiàn H4 S2 这是事情的~。It's the crux of the matter. *C'est le nœud de l'affaire.* 公司的前途~在我们是否能得到这项合同。The company's future hinges on whether we get the contract. *L'avenir de l'entreprise dépend de ce contrat.*

关上 (關上) guānshang S1 外面声音太大,我把门~了。I closed the door because there was too much noise outside. *J'ai fermé la porte parce qu'il y avait trop de bruits dehors.* 电视我不看了,你~吧。I don't see the TV anymore, and you can switch off. *Je ne vois plus la télé, et tu peux éteindre.*

关系 (關係) guānxì H3, S1 他和你有什么亲属~? What relation is he to you? *Quel est son lien de parenté avec toi?* 他们的~有些紧张。Their relations are somewhat strained. *Ils ont des rapports assez tendus.* 两国 1962 年建立了外交~。The two countries established diplomatic relations in 1962. *Les deux pays ont établi les relations diplomatiques en 1962.* 这事儿只~(到)你和我,别把她也往里拉。Don't bring her into this, it's between you and me. *Ne la mêle pas à cette affaire, il s'agit de toi et de moi.*

关心 (關心) guānxīn H3, S1 你要是真~她的话, …… If you really care for her…; *Si tu tiens vraiment à elle…;* 我对行动的顺利进行很~。I saw to it that everything was running smoothly. *Je veillais au bon déroulement des opérations.*

关于 (關於) guānyú H3, S1 我想跟你谈谈。--- ~什么? I'd like to talk to you. – What about? *Je voudrais te parler. – De quoi s'agit-il?* ~谁 / 什么人? Who is it? *De qui s'agit-il?* 这是一本~英国的书。It's a book about Britain. *C'est un livre sur la Grande-Bretagne.* 我有一本~中国当代生活的小说。I have a novel about present-day life in China. *J'ai un roman sur la vie actuelle en Chine.*

关注 (關注) guānzhù S1 我们对这种状况十分~。We're paying a good deal of attention to that situation. *Nous donnons une attention particulière à cette situation.* 我看电视~时事。I follow events on the television. *Je suis l'actualité à la télévision.*

官 guān T, H5, S2 这儿谁是当~儿的? Who's the boss here? *Qui est le chef ici?* 他总打~腔。He is always speaking in a bureaucratic tone. *Il parle toujours d'un ton de bureaucrate.*

观 (觀) guān T 这个数目很可~。This is a considerable figure. *C'est un chiffre considérable.* 他对前途很 乐~ / 悲~。He is optimistic / pessimist about the future. *Il a / Il n'a pas confiance dans l'avenir.*

观察 (觀察) guānchá H5, S1 小心,有人在~我们呢。Careful, we're being watched. *Attention, on nous observe.* 我~了他(怎么)做这个。I watched him doing it. *Je l'ai observé faire.*

观点 (觀點) guānchiǎn H5, S1 我尊重她的政治~。I respect her political views. *Je respecte ses opinions politiques.* 你对问题有什么~ / 对问题的~是什么? What is your view on the matter? *Quelle est ton opinion sur la question?* 请允许我保留~。I beg to differ. *Permettez-moi de ne pas partager cette opinion.* 这是官方的观点。That's the official view. *C'est le point de vue officiel.*

观看 (觀看) guānkàn S1 人群在~狮子。The crowds were watching the lions. *La* foule regardait les lions. ~我怎么做! Watch how I do it! *Observez comment je fais!*

观念（觀念） guānniàn H5, S1 我失去了时间的~。 I lost all sense of time. *J'ai perdu toute notion de l'heure.* 这个~孩子们很难懂。 This is a difficult concept for children. *C'est un concept difficile à comprendre pour les enfants.* 这是一些很落后的~。 Those are old-fashioned ideas. *Ce sont des idées arriérées.*

观众（觀眾） guānzhòng H4, S1 ~不断地热烈鼓掌。 The audience applauded a lot. *Les spectateurs ont beaucoup applaudi.* 一些~离开了剧场。 Several people in the audience walked out. *Plusieurs spectateurs ont quitté la salle.*

管 guǎn S1 水~冻上了。 The pipes have frozen. *Les canalisations ont gelé.* 别~我! Don't bother about me! *Laisse-moi tranquille!* 这个女孩子不好~。 She's a difficult child to manage. *C'est une enfant difficile.*

管理 guǎnlǐ N, H4, S1 她~一个鞋店。 She manages a shoe shop. *Elle est gérante d'une boutique de chaussures.* 我~公司的日常业务。 I manage company's everyday affairs. *Je gère les affaires quotidiennes de la société.*

光 guāng (名) (1) T, H4, S1 外面还有阳~。 There's still sunlight outside. *Dehors, il y a encore de la lumière (du soleil).* 从窗户进~(亮)。 The window lets in light. *La fenêtre donne de la lumière.* 他 红~满面 / 满面红~。 His face was aglow with health. *Son visage rayonnait de santé.*

光 guāng (形、副) (2) T, H4, S1 我把钱都花~了。 I've spent all my money. *J'ai dépensé tout mon argent.* 他~说不干。 He's a glib talker / He has a glib tongue. *C'est un beau parleur / Il a la langue bien pendue.*

光明 guāngmíng H5, S1 我们看到了隧道口的~。 We can see (the) light at the end of the tunnel. *Nous voyons la lumière du bout du tunnel.* 她(的)前途~。 Her future is bright. *Son avenir est radieux.*

广（廣） guǎng T, S2 他兴趣很~。 He has very wide interests. *Il a des centres d'intérêts très larges.* 老钱知识很~。 Lao Qian has extensive knowledge. *Lao Qian a de vastes connaissances.* 西伯利亚地~人稀。 Siberia is a vast and thinly populated area. *La Sibérie est une vaste région peu peuplée.*

广播（廣播） guǎngbō H4, S1 我每天都听华语~。 I listen to the radio in Chinese every day. *J'écoute la radio en chinois tous les jours.* ~节目有变化。 There has been change in (the) radio programme. *On a eu un changement de programme de radio.*

广场（廣場） guǎngchǎng H5, S1 ~上有一个漂亮的塑像。 There's a beautiful statue in the square. *Il y a une belle statue sur la place.* 天安门~上人山人海。 The Tian'anmen square was a sea of people. *Il y a un monde fou sur la place Tian'anmen.*

广大（廣大） guǎngdà H5, S1 ~民众赞成这项政策。 The mass of the people are in favour of this policy. *La majorité des gens est favorable à cette politique.* 国家幅员~。 The country is vast in territory. *Le pays possède un vaste territoire.*

广告（廣告） guǎnggào H4, S1 他从~上找到了那份工作。 He got the job through an advertisement. *Il a eu le poste grâce à une annonce.* 播~时，她去沏了一杯茶。 She made a cup of tea while the advertisements. *Elle est allée se faire une tasse de thé pendant la publicité.*

逛 guàng H4, S2 她们~大街去了。 They've gone window-shopping. *Elles sont allées faire du lèche-vitrines.* 咱们 骑车 / 开车 去~~吧。 Let's go for a bike-ride / a drive. *Allons faire une promenade en vélo / en voiture.*

规定（規定） guīdìng H4, S1 他违反了~。 He broke the rules. *Il n'a pas respecté les règles.* 这一~仍有效力。 This rule is still effective. *Cette règle reste toujours en vigueur.*

规范（規範） guīfàn H4, S1 这是~。 It's the norm. *C'est la règle.* 您的工作没达到~。 Your work isn't up to standard. *Votre travail laisse à désirer.* 大部分商品都高于~。 Most of the goods are up to standard. *La plupart des marchandises sont de qualité satisfaisante.*

规模（規模） guīmó H5, S1 这次调查是什么样的~? What is the scope of the enquiry? *Jusqu'où portent / vont les ramifications de l'enquête?* 我们生产这个的~很大。 We produce it on a large scale. *Nous le produisons sur une grande échelle.* 问题涉及到另一个~了。 There's another dimension of the problem. *Le problème a une autre dimension.*

归（歸）guī T, S2 我们把~期定下来了。We've set the date of return. *Nous avons fixé la date du retour.* 那个人无家可~。That man is homeless. *Cet homme est un sans-abri.* 公众关系~她管。She's in charge of public relations. *Elle s'occupe des relations publiques.*

鬼 guǐ T, S2 你(的样子)好象刚看见了~！You look as if you've just seen a ghost! *On dirait que tu viens de voir un fantôme.* 嘿，懒~，帮我收拾盘子! Hey lazybones, help me with the dishes! *Hé, fainéant, aide-moi à ramasser les assiettes!* 别当胆小~。Don't be such a coward. *Ne sois pas aussi lâche.* 他心里有~。He has a bad conscience. *Il a mauvaise conscience.*

贵（貴）guì H2, S1 您 / 你 ~姓？What is your (venerable) family name? *Quel est votre / ton (vénérable) nom de famille?* [办理行政手续时(海关、警察局...)一般说：« 您 / 你叫什么名字 // 您 / 你姓什么，叫什么？» To go through administrative formalities (customs, a police station...), you say instead: "What is your (family) name?" *Mais lors des formalités administratives (Duane, commissariat de police...), on dit: « Quel est votre / ton nom (de famille)? »*] 太~了! It's too dear / very expensive! *C'est trop cher!* 这条连衣裙~得可怕! This dress is outrageously expensive! *Cette robe est hors de prix!*

国（國）guó D, S1 这是一个新工业发展~。It's a newly industrialized country. *C'est un nouveau pays industrialisé.* 大~十九世纪瓜分了世界 / 中国。The powers divided the world / China in the 19th Century. *Les puissances divisèrent le monde / la Chine au 19ème siècle.* 我学(画)~画儿。I'm learning traditional Chinese painting. *J'apprends la peinture traditionnelle chinoise.*

国际（國際）guójì N, H4, S1 我们队参加~锦标赛。Our team is taking part in the international championship. *Notre équipe participe au championnat international.* ~形势更好了 / 更遭了。Internationally, the situation is even better / worse. *Sur le plan international, la situation est encore meilleure / pire.*

国家（國家）guójiā N, H3, S1 ~支持我。I have the support of the country. *Tout le pays me soutient.* ~工商业很发达。Industry and commerce are flourishing in the country. *L'industrie et le commerce sont prospères dans le pays.*

国内（國内）guónèi S1 总理不在~。The Prime Minister isn't in the country. *Le premier ministre est à l'étranger.* ~市场不景气。The home market is depressive. *Le marché intérieur est dépressif.*

国庆（國慶）guóqìng S1 ~(节)你去哪儿？Where are you going during National Day? *Où vas-tu pendant la Fête nationale?*

国外（國外）guówài S1 这是从~来的。It comes from abroad. *Ça vient de l'étranger.* 这是些我~的同事。They're some of my colleagues from abroad. *Ce sont certains de mes collègues étrangers.*

国王（國王）guówáng S1 ~万岁! Long live the King! *Vive le roi!* 游戏：我是~! Game: I'm the king of the castle! *Jeux: C'est moi le plus fort!*

果 guǒ T 我每天至少吃两个水~。I eat at least two pieces of fruit a day. *Je mange au moins deux fruits par jour.* 他们的行为造成了恶~。They did it with disastrous results. *Ils l'ont fait avec des conséquences désastreuses.*

果然 guǒrán H4, S1 这一次他~准时到了。He was actually on time for once. *Pour une fois, il était à l'heure.* 那些点心~很好吃。Those cakes were really delicious. *Ces gâteaux étaient vraiment délicieux.*

果汁 guǒzhī H3, S2 这些广柑~很多。These oranges are very juicy. *Ces oranges rendent beaucoup de jus.* 有葡萄酒和~。There is wine and fruit juice. *Il y a du vin et du jus de fruit.*

过（過）guò (动) D, G2, S1 我看见他(走)~去了。I saw him go past. *Je l'ai vu passer.* 你是怎么~河的? How did you cross / go across the river? *Comment as-tu traversé la rivière?* 节日~得很好。The holiday went off well. *La fête s'est bien passée.* 我日子~得很苦。Life is hard for me. *La vie est dure pour moi.*

过 (過) guò (助) D, G2, S1 他上~大学。He's been to university. *Il a fait des études supérieures.* 我在学校学~西班牙文。I learnt Spanish at school. *J'ai appris l'espagnol au collège.* 我们去~三次长城。We went to the Great Wall three times. *Nous sommes allés à la Grande Muraille trois fois.* 她多年来(从)没病~。She hasn't been ill for years. *Elle n'a pas été malade depuis des années.*

过程 (過程) guòchéng H4, S1 整个~只(需)要几分钟。The whole process only takes a few minutes. *Tout le processus ne prend que quelques minutes.* 他在讨论~中没说什么。He didn't say anything in the course of the discussion. *Il n'a rien dit au cours de la discussion.*

过来 (過來) guòlái S1 看! 他~了。Look! Here he comes. *Tiens! Le voici venir.* 快醒~! Wake up! *Réveille-toi!* 她走~跟我说话。She came up to speak to me. *Elle s'est approchée pour me parler.*

过年 (過年) guònián S1 快~了。It'll soon be (Chinese / Gregorian) New Year. *Ce sera bientôt le Nouvel An (chinois / grégorien).* 孩子~该上(小)学了。The child is going to school next year. *L'enfant ira à l'école l'année prochaine.*

过去 (過去) guòqù G, H3, S1 这是~的事儿了。It is a thing of the past. *Ça n'existe plus.* ~的事就让他们过去吧。Let bygones be bygones / Let's forget the past. *Oublions le passé.*

过去 (過去) guòqu G, H3, S1 我看见他(走)~了。I saw him go past. *Je l'ai vu passer.* 一架飞机飞~了。A plane was flying in the sky. *Un avion passait dans le ciel.* 把这一页翻~ / 翻过(去)这一页。Turn over this page. *Tournez cette page.*

H

哈哈 hāhā S1 他~大笑。He roared with laughter. *Il a ri aux éclats.* 她笑~地走了进来。She came in laughingly. *Elle est entrée en riant.*

还 (還) hái D, H2, S1 ~在下雨吗? It it still raining? *Est-ce qu'il pleut toujours?* 她~没有到。She isn't here yet. *Elle n'est pas encore là.* 他~说意大利语。He also speaks Italian. *Il parle aussi l'italien.* (> 还 huán)

还是 (還是) háishi G, H3, S1 我~去。I shall go nevertheless. *J'irai quand-même.* 您说普通话~(说)广东话? Do you speak Mandarin Chinese or Cantonese? *Vous parlez le chinois mandarin ou le cantonais?* 她毕竟~很年轻。She's only young, after all. *Elle est jeune, c'est tout.*

还有 (還有) háiyǒu G, S1 你们~别的(什么)吗? Have you got any different ones? *En avez-vous d'autres?* 我们现在~时间。We still have time now. *Nous avons encore le temps à présent.*

孩子 háizi G, H2, S1 这是个漂亮的女~。She is a beautiful child. *C'est une belle enfant.* 别跟~一样! Don't be such a child! *Ne fais pas l'enfant!* 不要把我当~看待! Stop treating me like a child! *Arrête de me traiter comme un enfant!*

海 hǎi S1 我们在~上过了六个月。We spent six months at sea. *On a passé six mois en mer.* 渔民今天下~了。The fishermen are out today. *Les pêcheurs sont en mer aujourd'hui.* 货物是~运的。The goods were sent by sea. *Les marchandises ont été expédiées par bateau.*

海关 (海關) hǎiguān H5, S1 现在咱们过~。Let's go through customs now. *Passons à la douane maintenant.* 过~时要出示(您的)护照。You must show your passport at customs. *Vous devez présenter votre passeport à la douane.*

害怕 hàipà H3, S1 不要~! Don't be afraid! *N'ayez pas peur!* 我谁都不~ / 我什么人都不~。 Nobody can frighten me. *Je ne crains personne.* 她知道怎么叫手下的人~。 She knows how to intimidate her subordinates. *Elle sait se faire craindre de ses subordonnés.*

害羞 hàixiū H4 她~地笑了笑。 She gave a shy / bashful smile. *Elle a souri timidement.* 他听见别人说自己很~。 He is shy of making himself heard. *Il est timide à se faire entendre.*

寒假 hánjià H4, S2 我们~去那儿滑雪。 We're going there on ski during the winter holiday. *Nous y allons à ski pendant les vacances d'hiver.* 我们~放到下星期四。 We'll be on winter holiday until next Thursday. *Nous sommes en vacances d'hivers jusqu'au jeudi prochain.*

喊 hǎn H5, S1 没必要~呀。 There's no need to shout. *Ce n'est pas la peine de crier.* 我大声~疼。 I shouted out in pain. *Je hurlais de douleur.* 她听见有人在花园里~。 She could hear someone shouting in the garden. *Des cris lui parvenaient du jardin.*

汗 hàn H4, S2 他浑身 出~ / 流~。 The sweat was pouring off him. *Il dégoulinait de sueur.* 我出了冷~。 I'm in a cold sweat. *J'ai des sueurs froides.* 她~如雨下。 She was dripping with perspiration. *Elle était trempée de sueur.*

汉语 (漢語) hànyǔ H1, S1 他~一句话也不会说。 He doesn't speak a word of Chinese. *Il ne parle pas un mot de chinois.* "这里讲~", "Chinese spoken", *"Ici on parle chinois";* 我学了一些基础~。 I have learned some basic Chinese. *J'ai appris les bases du chinois.*

汉字 (漢字) hànzì S1 这个~怎么写? How to write this character? *Comment écrire ce caractère?* 我认识不少~了。 I already know quite a lot of characters. *Je connais déjà pas mal de caractères.*

航班 hángbān H4, S2 下一个去纽约的~(是)几点起飞? When is the next flight to New York? *A quelle heure part le prochain vol pour New York?* 他错过了(自己的)~。 He missed his flight. *Il a raté son avion.* 你要是快点儿就能赶上 7 点去重庆的~。 If you hurry you will catch the seven o'clock flight to Chongqing. *En te dépêchant, tu attraperas l'avion de 7 h. pour Chongqing.*

行 háng S1 他们坐成了一~。 They sat in a row. *Ils étaient assis en rang.* 两~间要留点儿空。 You must leave a little space between two rows. *Il faut laisser un espace entre deux lignes.* 您干哪一~? What's your line (of business)? *Qu'est-ce que vous faites dans la vie?* 她跟你同~。 She's in the same line (of work) as you. *Elle travaille dans la même branche que toi.* 他干电工这一~。 He is an electrician by trade. *Il est électricien de (son) métier.* (> 行 xíng)

好 hǎo (形) (1) D, H1, S1 她人很~。 She's very nice. *Elle est très sympa.* 我们(不过)是~朋友。 We're (just) good friends. *Nous sommes bons amis(, c'est tout).* 我们度假时天气很~。 We had a good weather during the holiday. *Il faisait beau pendant nos vacances.* 这真是~酒。 This is a very fine wine. *C'est un vin vraiment excellent.* ~说不~做。 Easier said than done. *C'est plus facile à dire qu'à faire.*

好 hǎo (副) (2) D, H1, S1 他们~几个(人)。 There are several of them. *Ils sont plusieurs.* 风景~漂亮。 It was so beautiful a sight. *C'était un si beau spectacle / une si belle vue.* 她~伤心呀! How sad she is! *Comme elle est triste!*

好吃 hǎochī H2, S1 她做的这个菜很~。 This dish of hers is delicious / tasty. *Ce plat qu'elle a fait est délicieux / savoureux.*

好处 (好處) hǎochu H4, S1 这个计划的~是价格极低。 The plan has the advantage of being extremely cheap. *Le plan présente l'avantage d'être extrêmement bon marcher.* 他教他们英语又使他们娱乐，这很有~。 He teaches them English while entertaining them, what better way is there. *Il leur apprend l'anglais en les amusant, c'est tout bénéfice.*

好多 hǎoduō S1 他朋友~啊! He has so many friends! *Tant d'amis il a!* 还有~事要决定。 There's still much to be decided. *Il reste encore beaucoup de choses à décider.*

好久 hǎojiǔ S1 ~不见了! (I) haven't seen you for ages! *Ça fait longtemps que je ne t'ai pas vu!* 我等了~了。 I've been waiting (for) ages. *J'ai attendu pendant des heures.*

好看 hǎokàn S1 她很~。 She's pretty. *Elle est jolie.* 这本小说很~。 This novel is very interesting / easy to read. *Ce roman est très intéressant / facile à lire.* 小心，有你~的。 Wait, you'll make a fool of yourself! *Attention, tu vas te ridiculiser!*

好人 hǎorén S1
她是个~。 She's a fine person. *C'est une personne admirable.* 他是个老~。 He's easy-going. *Il est facile à vivre.* 别当老~! That's at the expense of principle! *Il ne faut pas sacrifier les principes!*

好事 hǎoshì S1
他为大家做~。 He does all of us good turns. *Il rend service à nous tous.* 谁都不知道, 这对你是~。 It's a good thing for you no one knew. *Heureusement pour toi que personne ne savait.*

好听 (好聽) hǎotīng S1
这支歌儿很~。 This song is quite sweet-sounding. *Cette chanson est mélodieuse.* 他的解释也太~了。 His explanation was a bit too glib. *Son explication était un peu trop facile.*

好玩儿 (好玩兒) hǎowánr S1
北海公园很~。 Beihai Park is a most delightful place. *Le parc Beihai est un endroit très charmant.* 这个娃娃挺~。 The baby is very cute. *Le bébé est très mignon.*

好像 hǎoxiàng H4, S1
他人~很好。 He seems very nice. *Il a l'air très gentil.* 您~输了。 You seem (to be) lost. *Vous semblez (être) perdu.*

号 (號) hào H2, S1
今天几~? --- 十六~。 What is the date today? – It's the 16th. *Quelle est la date aujourd'hui? – Il est le 16.* 这儿应该用问~。 You should use a question mark here. *Tu devrais utiliser un point d'interrogation ici.* 我们住八十~。 We live at number 80. *Nous habitons au (numéro) 80.* 他吹小~。 He's a trumpet player. *Il joue de la trompette.*

号码 (號碼) hàomǎ H4, S2
您有我工作的电话~吗? Have you got my work number? *Avez-vous mon numéro (de téléphone) au travail?* 我住的(房间 / 套房 / 房子)~是 40 号。 I live at number 40. *J'habite au (numéro) 40.* 他抽到的~很有幸运。 He drew a lucky number. *Il a tiré un bon numéro.*

好奇 hàoqí H4, S1
我~得要命! I'm dying of curiosity. *Je meurs de curiosité.* 他~地想知道为什么。 He was curious to know why. *Il était curieux de savoir pourquoi.* 那个孩子有~心。

That child has an inquiring mind. *Cet enfant a un esprit curieux.*

喝 hē H1, S1
来~一杯(酒)吗? Are you coming for a drink? *Tu viens boire un verre?* 给我们点儿~的。 Give us something to drink. *Donne-nous quelque chose à boire.*

河 hé H3, S1
这条小~已经干了。 It's a dried-up stream. *C'est un ruisseau à sec.* 黄~是中国第二大~。 The Yellow River is the second longest river in China. *Le fleuve Jaune est le deuxième plus long fleuve en Chine.* 我们是从~边走过的。 We walked along the riverside. *Nous nous sommes promenés le long de la rivière.*

和 hé D, H1, S1
我能~您去吗? Can I go with you? *Puis-je aller avec vous?* 他冬天~夏天都去钓鱼。 He goes fishing winter and summer (alike). *Il va à la pêche en hiver comme en été.*

和平 hépíng H5, S1
国家~了。 The country is at peace now. *La paix est rétablie dans le pays.* 我们处在~时期。 We are in time of peace. *Nous sommes en temps de paix.*

合 hé D, S1
他一夜没~眼。 He didn't close his eyes all night long. *Il n'a pas fermé l'œil de la nuit.* 你这条裤子很~身。 Those trousers really suit you. *Ce pantalon te va vraiment bien.*

合法 héfǎ H5, S1
做这个~吗? Is it legal to do it? *Est-il légal de le faire?* 咱们用~的方法对付他。 Let's take legal action against him. *Employons des moyens légaux contre lui.*

合格 hégé H4, S1
这些是~的人员。 They are qualified persons. *Ce sont des personnes compétentes.* 她担负这个任务很~。 She's qualified to do this task. *Elle est qualifiée pour remplir cette tâche.*

合理 hélǐ H5, S1
做这件事看来很~。 It seemed like the rational thing to do. *Il me semblait que c'était ce qu'il y avait de plus logique à faire.* 您的要求应当~些。 You must be reasonable in your demands. *Vos revendications doivent être raisonnables.*

合适 (合適) héshì H4, S1
明天合(适)不~? Is tomorrow suitable? *Demain convient-il?* 这个时间对你~吗? Does the time suit you? *Est-ce que l'heure te convient?* 我们没找到(什么)~的。 We have found nothing suitable. *Nous n'avons rien trouvé qui convienne.*

合作 hézuò N, H5, S1 这一计划她同我们~过。She collaborated with us on the project. *Elle a collaboré avec nous au projet.* 两国政府为反毒正采取~。The two government are cooperating in the drug war. *Les deux gouvernements coopèrent dans la lutte contre la drogue.*

盒子 hézi H4, S2 这个~里面是糖。It's a box with sweets in it. *C'est une boîte avec des bonbons dedans.* 你有不用的纸~吗? Do you have any cardboard boxes you don't need anymore? *Est-ce que tu as des boîtes en carton dont tu n'as plus besoin?*

黑 hēi H2, S1 天~了。It's dark. *Il fait noir.* 她总穿黑衣服。She always wears black. *Elle porte toujours du noir.* 这个人手~。His hands were black. *Ils avaient les mains toutes noires.*

黑板 hēibǎn H3, S1 小冀，到~前面来! Xiao Ji, please come up to the blackboard! *Xiao Ji, au tableau!* 请把答案写在~上。Please come and write the answer at the blackboard. *Viens et écris la réponse au tableau, s'il te plaît.*

黑人 hēirén S1 我住纽约~区。I live at the black area of New York. *J'habite le quartier noir de New York.* 他获得了~的选票。He won the black vote. *Il a gagné les voix de l'électorat noir.*

黑色 hēisè S1 她总穿~的衣服。She always wears black. *Elle porte toujours du noir.* 你能借我枝~圆珠笔吗? Can you lend me a black ballpoint (pen)? *Peux-tu me prêter un stylo (à bille) noir?*

很 hěn H1, S1 他~饿。He is very hungry. *Il a très faim.* 人不~多。There weren't very many people. *Il n'y avait pas beaucoup de gens.* 她~对。She's quite right. *Elle a tout à fait raison.* 我~感谢。Thanks awfully. *Merci infiniment.*

红 (紅) hóng H2, S1 他(是)~头发。He has red hair. *Il a les cheveux roux.* 她满脸通~。She blushed to the roots of her hair. *Elle a rougi jusqu'aux oreilles.* 他闯~灯出了车祸。He jumped the lights and had an accident. *Il a brûlé les feux et a causé un accident.*

红茶 (紅茶) hóngchá S1 您要~还是绿茶? Would you like black tea or green tea? *Voudriez-vous avoir le thé noir ou le thé vert?*

红酒 (紅酒) hóngjiǔ S1 我喝~ / 红葡萄酒。I'd like red wine. *Je voudrais le vin rouge.* 一个法国朋友给我带来了一瓶~。One of my French friends brought me a bottle of red wine. *Un de mes amis français m'a apporté une bouteille de vin rouge.*

红色 (紅色) hóngsè S1 他有一辆~的汽车。He has a red car. *Il a une voiture rouge.* 我能把墙涂成~的吗? Can I paint the wall red? *Est-ce que je peux peindre le mur rouge?*

猴子 hóuzi H4 禁止喂~花生。You're not allowed to give peanuts to the monkeys. *Il est interdit de donner des cacahuètes aux singes.* 他跟~一样灵。He's as agile as a monkey. *Il est agile comme un singe.*

厚 hòu H4, S2 地上的雪很~。The snow was thick on the ground. *Il y avait une épaisse couche de neige sur le sol.* 板子 20 公分~。The boards are 20 cm thick. *Les planches ont une épaisseur de 20 cm.* 他们从中获得了~利。They made large profits on it. *Ils ont réalisé de gros bénéfices sur cela.*

后 (後) hòu D, S1 房~有一个花园 / 房子有一个~花园。There is a garden behind the house. *Il y a un jardin derrière la maison.* (进门:) 您先进，我~进。After you (going through door). *Après vous (par la porte).*

后边 (後邊) hòubian S1 (= 后面 hòumiàn) ~还有座位。There are vacant seats at the back. *Il y a des places libres au fond.* 他在~藏着。He hid behind it. *Il s'est caché derrière.*

后果 (後果) hòuguǒ H5, S1 ~很可怕。The consequences were dire. *Les conséquences ont été terribles.* 你要承担~。You will take the consequences. *Vous allez accepter les conséquences.*

后来 (後來) hòulái H4, S1 你~上哪儿去了? Where did you go afterwards? *Où es-tu allé après?* 我们总可以坐~的(火)车。We can always catch a later train. *On peut toujours prendre un autre train, plus tard.* 我是他的~人。I'm to be his successor. *C'est moi qui dois lui succéder.*

后面 (後面) hòumiàn H2, S1 (= 后边 hòubian) ~还有座位。There are vacant seats at the back. *Il y a des places libres au fond.* 他在~藏着。He hid behind it. *Il s'est caché derrière.* 这个问题我~还要谈到。I'll come back to this question later. *Je reviendrai à la question plus tard.*

后天（後天）hòutiān S1 ~开学。The start of the school is the day after tomorrow. *La rentrée est dans deux jours.* 我大~去。I'll go three days from today. *J'y vais d'ici trois jours.*

忽然 hūrán H4, S1 我~(觉得)冷极了。I feel very cold all of a sudden. *J'ai très froid tout d'un coup.* 她~改变了主意。She very suddenly changed her mind. *Elle a changé d'avis très soudainement.*

湖 hú S1 这是个人工~。It is an artificial lake. *C'est un lac artificiel.* 他们在~边住。They live on the lake front / shore. *Ils habitent au bord du lac.*

互联网（互聯網）hùliánwǎng H6, S1 我每天都上~ / 上网。I'm on the Internet every day. *Je suis dans l'Internet tous les jours.* 那个最新信息我是 在~上 / 在网上 看到的。I had the latest information on the Internet. *J'ai eu la dernière information dans l'Internet.*

互相 hùxiāng H4, S1 我们总~帮助。We always help each other. *Nous nous entraidons toujours.* 孩子们~拉着手。The children took each other's hand. *Les enfants se sont pris par la main.*

护士（護士）hùshi H4, S1 这里有一个男~。There is a male nurse here. *Il y a un infirmier ici.* 她当了几年~。She spent few years nursing. *Elle a travaillé pendant quelques années comme infirmière.*

护照（護照）hùzhào H3, S1 这里检查~。Here is the passport control. *Ici est le contrôle de passeports.* 请拿出您的~来。Show your passport please. *Montrez votre passeport, s'il vous plait.*

花 huā (名) S1 花园里有漂亮的~(儿)。There are some pretty flowers in the garden. *Il y a de jolies fleurs dans le jardin.* 草木还没有开~。Those plants haven't flowered yet. *Les plantes n'ont pas encore fleuri.* 树全开~了。The trees are in full bloom. *Les arbres ont entièrement fleuri.* 看，放礼~了! Look, they set off fireworks! *Regarde, ils tirent des feux d'artifice!*

花 huā (形) S1 她很喜欢~衣服。She really like bright-coloured clothes. *Elle aime beaucoup des vêtements de couleur.* 别总~言巧语了! Enough fine words! *Assez de belles paroles!*

花 huā (动) H3, S1 这个我~了十块钱。I paid 10 yuan for it. *Je l'ai payé 10 yuan.* 你看书每星期~多长时间? How much time do you spend reading per week? *Combien de temps consacres-tu à la lecture par semaine?* ~点儿力气帮我们! Well, put some effort to help! *Fais un petit effort pour nous aider!*

花园（花園）huāyuán H3, S1 他在~里。He's in the garden. *Il est dans le jardin.* 这个~是博物馆的一部分。The garden is part of the museum. *Ce jardin fait partie du musée.*

划船 huáchuán H5, S1 你喜欢~吗? Do you like to go boating? *Aimes-tu faire du bateau?* 我用力~。I'm rowing hard. *Je fais force de rames.* 他~划到湖那边去了。He paddled across the lake. *Il a traversé le lac en pagayant.*

华人（華人）huárén S1 他们是美籍~。They're Americans of Chinese by birth. *Ce sont des américains d'origine chinoise.* 在洛山矶、纽约、伦敦、巴黎等城市都有~街。There are Chinatown's streets in cities such as San Francisco, New York, London and Paris. *Il y a des rues de Chinatown dans des villes comme San Francisco, New York, Londres et Paris.*

华语（華語）huáyǔ S1 我每天都听~广播。I listen to the radio in Chinese every day. *J'écoute la radio en chinois tous les jours.* 这个地区有~小学吗? Is there any primary school in Chinese in the region? *Y a-t-il une école primaire en chinois dans la région?*

画（畫）huà H3, S1 他~油画儿。He paints in oils. *Il fait de la peinture à l'huile.* 她给我们~了张村子的草图。She drew us a map of the village. *Elle nous a fait un plan du village.* «中»字有四~。The character "中" is made up of four strokes. *Le caractère « 中 » se compose de quatre traits.*

画家（畫家）huàjiā S1 她是个有名的~。She was a famous painter. *Elle fut un peintre célèbre.* 这些都是那位~的创作。These are works of that painter. *Ce sont des œuvres du peintre.*

画儿 (畫兒) huàr S1 这是一张国~。
It's a traditional Chinese painting. *C'est une peinture traditionnelle chinoise.* 他画油~。。He paints in oils. *Il fait de la peinture à l'huile.* 小心！~还没干。Be careful! The paint isn't dry. *Attention! La peinture n'est pas sèche.*

...化 ...huà S1 那个图书馆电脑~了。The library catalogue has been computerized. *La bibliothèque s'est informatisée.* 圣诞节变得太商业~了，真遗憾。It's a pity Christmas has become so commercialized. *C'est dommage que le Noël soit devenue si commercialisé.*

话 (話) huà S1 让我把~说完。Let me finish what I have to say. *Laisse-moi finir ma phrase.* 这句~缺动词。The verb is missing from this sentence. *Il manque le verbe dans cette phrase.* 我说普通话。I speak Mandarin Chinese. *Je parle le chinois mandarin.*

话剧 (話劇) huàjù S1 今天晚上我们去看一出~。We're going to see a modern drama this evening. *Nous allons voir un théâtre moderne ce soir.* 谁是~的导演? Who is the director of the modern drama? *Qui est le metteur en scène du théâtre parlé?*

话题 (話題) huàtí H5, S1 别转~呀!
Don't change the subject! *Ne change pas de sujet!* 失业是今晚辩论的~。Tonight's topic for debate is unemployment. *Le débat de ce soir porte sur le chômage.*

怀疑 (懷疑) huáiyí H4, B2 我当时~会出乱子。I suspected there would be trouble. *Je me doutais qu'il y aurait des problèmes.* 我们对他的能力毫不~。We are in no doubt as to his competence. *Nous n'avons aucun doute sur ses compétences.*

坏 (壞) huài H3, S1 电视机~了。The television set has broken down / has had a breakdown. *La télévision est en panne.* 今天是~天气。The weather is awful / foul today. *Il fait mauvais / il fait un temps de chien aujourd'hui.* 他~透了。He's rotten to the core. *Il est complètement pourri.* 她并不那么~。She's not that bad, really. *En fait, ce n'est pas une méchante femme.*

坏处 (壞處) huàichù S1 对你没什么~。You will come to no harm. *Il ne t'arrivera pas de mal.* 这对小企业有~。This works against the interests of small businesses. *C'est désavantageux pour les petites entreprises.*

坏人 (壞人) huàirén S1 他变成了一个~。He has become a law-breaker. *Il est devenu un malfaiteur.* 那是一帮~。They're a bad lot. *Ils ne sont pas recommandables.*

欢乐 (歡樂) huānlè H6, S1 这是群~的人。They're jolly fellows. *Ce sont des joyeux drilles.* 那些孙子、孙女是她生活的~。Her grandchildren are a great joy to her. *Ses petits-enfants sont la joie de sa vie.*

欢迎 (歡迎) huānyíng H2, S1 ~! ~!
You are welcome! *Vous êtes le bienvenu / la bienvenue / les bienvenu(e)s.* ~你们来我们的城市! Welcome to our city. *Soyez les bienvenus dans notre ville.* 这些戏老百姓很~。These operas are popular with the men in the street. *Ces pièces d'opéra sont très populaires parmi les gens de la rue.*

还 (還) huán H4, S1 我去(图书馆)~书。
I'll give the books back (to the library). *Je vais rendre les livres (à la bibliothèque).* 给我五欧元，明天~你。Give me five euros, I'll pay you back tomorrow. *Donne-moi cinq euros, je te les rendrai demain.* 他来~了那把椅子。He brought the chair back. *Il est venu rendre la chaise.* (> 还 hái)

环 (環) huán S1 她带着一只小耳~。
She's wearing a little earring. *Elle porte une petite boucle d'oreille.* 我有不少连~画。I have quite a few comics. *J'ai pas mal d'albums de bandes dessinées.*

环保 (環保) huánbǎo S1 你们这儿~(进行得)怎么样? How are you getting on with your environmental protection here? *Comment va votre protection de l'environnement ici?* 环(境)保(护)人人有责。Everyone is (in) duty bound to protect the environment. *Chacun a le devoir obligatoire de protéger l'environnement.*

环境 (環境) huánjìng H3, S1 一些化肥对~有害。Some fertilisers are ban for the environment. *Certains engrais sont mauvais pour l'environnement.* 在这样优美的~中是很愉快的。It's a pleasure to be in such lovely surroundings. *C'est un vrai plaisir de se trouver dans un cadre aussi joli.*

53

换（換）huàn H3, S1

这总算~了~! That makes a change! *Voilà qui change!* 他只好一个星期没~衣服。Ha had to spend a week without a change of clothes. *Il a dû passer une semaine sans changer de vêtements.* 您打算什么时候~辆新车? When are you thinking of changing your car? *Quand pensez-vous changer de voiture?*

黄（黃）huáng H3, S1

时间一久纸都把变~了。The papers had turned yellow with age. *Les papiers avaient jauni avec le temps.* 她喜欢穿~(颜)色的衣服。She likes to wear yellow. *Elle aime s'habiller en jaune.*

黄色（黃色）huángsè S1

她喜欢穿~的衣服。She likes to wear yellow. *Elle aime s'habiller en jaune.* 由于抽烟他的牙变成~的了 / 变黄了。His teeth have been turned yellow by smoking. *Ses dents sont jaunies par le tabac.* 海关人员没收了大批~杂志。The customs officers impounded a large consignment of pornography. *Les douaniers ont saisi une grande quantité de revues pornographiques.*

回 huí (动) (1) H1, S1

我们星期日~家(去)。We'll come back home on Sunday. *Nous rentrerons dimanche.* 我每天~(家)去吃午饭。I have lunch at home every day. *Je rentre chez moi pour déjeuner tous les jours.*

回 huí (量) (2) H1, S1

这完全是另外一~事。That's (quite) another matter. *C'est (tout) autre chose.* 我跟她打了三~电话。I called her three times. *Je l'ai appelée trois fois.* 他头一~做嘛, 已经不错了。It was the first time he'd done it, it's quite good. *C'était la première fois qu'il l'a fait, c'est déjà pas mal.*

回答 huídá H2, A1

他~错了。He gave the wrong answer. *Il a donné une mauvaise réponse.* 她基本上~对了。She gave basically the right answer. *Elle a donné la bonne réponse dans son ensemble.* 我~得很坚决。I replied in a firm voice. *J'ai répondu d'une voix ferme.*

回到 huídào S1

他~家了吗? --- 还没有。Has he come back (home)? – Not yet. *Est-il rentré? – Pas encore.* 我还要~您说的这一点上来。I'll come back to you on that. *Je vous en reparlerai.*

回家 huíjiā S1

我们星期日~。We'll come back home on Sunday. *Nous rentrerons dimanche.* 我每天~吃午饭。I have lunch at

home every day. *Je rentre chez moi pour déjeuner tous les jours.* 他留下一个便条说很晚才能~。He left a note to say he would be home late. *Il a laissé un mot pour dire qu'il rentrerait très tard.*

回来（回來）huílái G, S1

他跟我一块儿~了。He came back with me. *Il est revenu avec moi.* 晚上他 ~ / 回家来 吃饭。He's coming home to dinner tonight. *Il rentrera dîner ce soir.* 我会及时赶~。I shall be back in time. *Je serai de retour à temps.*

回去 huíqu S1

他回美国去了吗? --- ~了。Has he returned to the States? – Yes, he has. *Est-il rentré aux Etats-Unis? – Oui.* 他回家乡去了。He returned to his native town. *Il est revenu à son pays natal.* 他~工作了。He has gone back to work. *Il est retourné travailler.*

回忆（回憶）huíyì H4, S1

我~不起来了。I can remember nothing about it. *Je ne m'en rappelle plus rien.* 那个场面我的~清新极了! How vividly I recall the scene! *Avec quelle netteté je revois ce spectacle!* 这将长久留在我们的~中。It will long remain in our memories. *Nous nous en souviendrons longtemps.*

会（會）huì (动) (1) D, H1, S1

你~开车吗? Can you drive? *Sais-tu conduire?* 很多人 不~读写 / 不~读也不~写。Many people can't read or write. *Beaucoup de gens ne savent ni lire ni écrire.* 这个活儿一天不~做完。The job can't be finished in one day. *Le travail ne peut pas se faire en un jour.*

会（會）huì (名) (2) D, H1, S1

我们开个短~。We'll have a brief meeting. *Nous ferons une brève réunion.* 我昨天在~上发了言。I spoke at the meeting yesterday. *J'ai pris la parole dans la réunion hier.*

会谈（會談）huìtán S1

我们明天十点同他们开始~。We're beginning negotiations with them tomorrow at 10. *Nous entrerons en pourparlers avec eux demain à 10 heures.* 到目前为止进行的只是初步~。So far there have only been talks about talks. *Jusqu'ici il n'y a eu que des négociations préliminaires.*

会议（會議）huìyì N, H3, S1

他现在有个~。He's in a meeting. *Il est en réunion.* 谁做~记录? Who will take the minutes of a meeting? *Qui fera le procès-verbal?*

活 huó S1 ~到老，学到老。You live and learn. *On apprend à tout âge.* 她能~到一百岁。She'll live to be 100. *Elle ira jusqu'à 100 ans.* 他看来~不过这个冬天了。He's unlikely to live through the winter. *Il est peu vraisemblable qu'il passe cet hiver.*

活动（活動）huódòng N, H4, S1 我每天都~~。I exercise every day. *Je fais de l'exercice tous les jours.* 他~个没完没了的。He moves around, never staying one place. *Il se déplace sans arrêt.* 这个问题你~一下脑筋来解决。If you were to exercise your brain on the problem. *Si tu faisais travailler tes méninges pour régler ce problème.*

活泼（活潑）huópo H4, S2 他很~。He's very lively. *Il est plein d'entrain.* 她笑起来很~。She has a vivacious laugh. *Elle a un rire enjoué.* 这是一场很~的表演。It was a very vivid performance. *C'était une interprétation pleine de verne.*

火 huǒ (名) (1) H4, S1 救~! Fire! Au feu! 这儿太冷了，咱们生~吧。It's cold here. *Let's make a fire. Il fait froid ici. On fera du feu.*

火 huǒ (形) (2) H4, S2 这个人(是)~性子。He's in a bad temper. *Il est de mauvaise humeur.* 她 气得 / 羞得 脸~红。She is red with anger / shame. *Elle est rouge de colère / honte.*

火车（火車）huǒchē S1 我坐~去。I'll go by train. *J'y irai en train.* 快点儿，还有十分钟~就要开了! Hurry up, the train leaves in ten minutes! *Vite, le train part dans dix minutes!* 她不在~上。She wasn't on the train. *Elle n'était pas dans le train.*

火车站（火車站）huǒchēzhàn H1 你能把我送到~去吗? Can you take me to the station? *Tu peux m'emmener à la gare?* 火车进站了! The train steams into the station / pulls in! *Le train entre en gare!*

获得（獲得）huòdé H4, S2 他~了绝大多数。He secured an absolute majority. *Il a remporté la majorité absolue.* 她~了难以相信的成功。She achieved the impossible. *Elle a accompli l'impossible.* 他创作的剧本~了评论界的高度评价。His play met with great critical acclaim. *Sa pièce a été très applaudie par la critique.*

或 huò S1 我们可以去海边~去动物园。We could go to the beach or we could go to the zoo. *Nous pourrions aller soit à la plage soit au zoo.* ~来~留，你总得选择。Either you come or you stay, you can't do both. *Ou tu viens ou tu restes, tu ne peux pas faire les deux.*

或者 huòzhě H3, S1 我们可以去海边~去动物园。We could go to the beach or we could go to the zoo. *Nous pourrions aller soit à la plage soit au zoo.* 我可以今天去~明天去。I can go today or tomorrow. *Je peux y aller aujourd'hui ou demain.*

J

基本 jīběn H5, S1 这是一项~原则。It's a basic principal. *C'est un principe fondamental.* 这是我的~看法。That's my main idea. *C'est mon idée principale.*

基本上 jīběn shang S1 这一点我~同意。I agree with that on the whole. *Je suis d'accord dans l'ensemble.* 她~上回答对了。She gave basically the right answer. *Elle a donné la bonne réponse dans son ensemble.*

基础（基礎）jīchǔ H4, S1 他们学了一些~法语。They've learned some basic French. *Ils ont appris les bases du français.* 这个规划的~是各地区的合作。The project is based on cooperation from all regions. *Le projet est fondé sur la coopération de toutes les régions.*

机场（機場）jīchǎng H2, S1 我去戴高乐~。I'll go to Roissy-Charles-de-Gaule airport. *Je vais à l'aéroport de Roissy-Charles-de-Gaulle.* 我们(的飞机)快到~降落了。We are about to land at the airport. *Nous allons atterrir à l'aéroport.*

机会（機會）jīhuì H3, S1 如果我有~的话, if I get an opportunity, *si l'occasion se présente;* 我一有~就走。I'll leave at the first opportunity. *Je partirai à la première occasion.* 你要抓住~。You must jump at the occasion. *Tu dois sauter sur l'occasion.*

机票 (機票) jīpiào S1 我要两张单程~ / 一张往返~。I'd like two single tickets / one return ticket. *Je voudrais deux billets simple / un billet aller-retour.*

机器 (機器) jīqì H5, S1 把~都关上！ Stop all engines! *Arrêtez les machines!* ~坏了。 The machine has broken down. *La machine est en panne.* 怎么开这台~? How to operate this machine? *Comment faire fonctionner cette machine?*

鸡 (雞) jī S1 我们吃的是鸡和煮米饭。We had chicken with boiled rice. *On a mangé du poulet avec du riz cuit.* 我听见~叫就起床了。I got up at cockcrow. *Je me suis levé au chant de coq.*

鸡蛋 (雞蛋) jīdàn H2, S1 每人一个煮~。 Each and every one will have a hard-boiled egg. *Chacun d'entre nous a un œuf dur.* 不要把~都放在一个篮子里。Don't put all your eggs into one basket. *Il ne faut pas mettre tous ses œufs dans le même panier.*

激动 (激動) jīdòng H4, S2 你看来不太~。You don't seem very excited. *Ça n'a pas l'air de t'emballer.* 他~得流下了眼泪。He was moved to tears. *Il a été ému (jusqu')aux larmes.* 人们情绪非常~。Feelings are running high. *Les passions sont déchaînées.* 我不会忘记那些~人心的事件。I'll always remember those events that stir the soul. *Je n'oublierai pas ces événements qui remuent l'âme.*

几乎 (幾乎) jīhū H3, S2 我~做完了。I've nearly finished. *J'ai presque fini.* 她~（没）哭了出来。She almost cried. *Elle a failli pleurer.* ~没有下雪。There has been practically no snow. *Il n'y a presque pas eu de neige.*

积极 (積極) jījí H4, S1 您没什么~的建议吗？Haven't you got any positive suggestions? *N'avez-vous rien à proposer qui fasse avancer les choses?* 他在这一工作中起了很~的作用。He is very active in the job. *Il est très actif dans ce travail.*

积累 (積累) jīlěi H4 S1 我们~了丰富的经验。We have accumulated a wealth of experience. *Nous avons accumulé une riche expérience.* 尽管~了这些证据，政府仍无动于衷。Dispite this accumulation of evidence, the Government persisted in doing nothing. *Malgré l'accumulation de l'évidence, le gouvernement a persisté à ne rien faire.*

极 (極) jí H3, S2 事情~严重。It's a matter of the utmost seriousness. *C'est une affaire extrêmement sérieuse.* 我等待着您~大的帮助。I expect a maximum of help from you. *J'attends de vous une aide maximum.*

...极了 (...極了) ...jíle S1 这个贵~! It's awfully expensive! *C'est horriblement cher!* 他聪明~。He's extremely witty. *Il a énormément d'esprit.* 这张地图有用~。It's an extremely useful map. *C'est une carte extrêmement utile.* 那个人丑~! That person is dreadfully ugly! *Cette personne est affreusement laide!*

极其 (極其) jíqí H4, S2 老范~失望。 Lao Fan was extremely disappointed. *Lao Fan a été extrêmement déçu.* 她昨晚歌儿唱得~幽雅。 She sang most delightfully last night. *Elle a chanté de façon exquise hier soir.*

即使 jíshǐ H4, S2 他~有辆车也总是坐公交。He always goes by bus, even though he has a car. *Il prend toujours l'autobus, bien qu'il ait une voiture.* ~用电脑这个工作也得(用 / 花)几个月。Even with a computer the work would take months. *Même avec un ordinateur, le travail prendrait des mois.*

级 (級) jí S1 他们是初~学生。They're students at the beginners' level. *Ce sont des étudiants au niveau débutant.* 这是一~土豆。They're grade A potatoes. *Ce sont des pommes de terre de qualité A.*

及时 (及時) jíshí H4, S1 他~地逃开了。He made a timely escape. *Il s'est échappé juste à temps.* 我会~赶回来。I shall be back in time. *Je serai de retour en temps voulu.*

急 jí S1 别~! Don't worry! *Ne t'inquiète pas!* 我~着要重新见到她。I'm impatient to see her again. *Je suis impatient de la revoir.* 你真叫我~死了。You really worried me. *Je me suis vraiment inquiété à cause de toi.* 她步子很~。She is swift of foot. *Elle est leste.* 肺炎是~病。Pneumonia is an acute disease. *La pneumonie est une maladie aiguë.*

集合 jíhé H4, S2 ~! Fall in! *Rassemblement / A vos rangs!* 他向~的学生讲了话。He addressed the assembled school children. *Il s'est*

56

adressé à l'ensemble des élèves réunis. 队伍~整齐了。 The teams lined up. *Les équipes se sont alignées.*

集体 (集體) jítǐ H5, S1
这是一个~的决定。 It's a group decision. *C'est une décision collective.* 采取~活动可能更有效。 Collective representations would be more effective. *Une démarche collective serait plus efficace.*

集团 (集團) jítuán H4, S2
小彭参加了他们的那个小~。 Xiao Peng has become part of their clique. *Xiao Peng a rejoint leur clique.* 这是个专家~的会议。 It's a meeting of a panel of experts. *C'est une réunion d'un groupe d'experts.* 国家分成两个对立的~。 The country has been split into two opposing blocks. *Le pays a été divisé en deux blocs adverses.*

集中 jízhōng H5, S1
人群~在广场上。 The crowd concentrated in the square. *La foule s'est rassemblée sur la place.* 那些声音叫我很难~精力。 I can't concentrate with all that noise. *Tout ce bruit m'empêche de me concentrer.*

几 (幾) jǐ H3, S1
~点了? What time is it? *Quelle heure est-il?* 他这~年住在北京。 He's been living in Beijing for the past few years. *Cela fait quelques années qu'il habite à Beijing.* 候选人没~个符合条件。 There are very few suitable candidates for the post. *Très peu de candidats ont le profil requis.*

几个 jǐge G
我想问您~问题。 I'd like to ask you some questions. *Je voudrais vous poser quelques questions.* 里面有~人。 There are some people inside. *Il y a quelques personnes dedans.* 做这个工作需要好~星期。 You'll need several weeks to do the job. *On aura besoin de plusieurs semaines pour ce travail.*

寄 jì H4, S1
我把东西~给你。 I'll post it to you. *Je te l'enverrai par la poste.* 您要航空~还是普通~? Do you want me to send it air mail or surface mail? *Voulez-vous que je l'envoie par avion ou par voir de terre?*

继续 (繼續) jìxù H4, S1
~说呀，我听着呢。 Go on, I'm listening. *Continuez, je vous écoute.* ~找(下去)! Go on looking! *Cherchez toujours!* 我们的政策应该是你们政策的~。 Our policy must be a continuation of yours. *Notre politique doit être la continuation de la vôtre.*

记 (記) jì S1
他的名字我~不清了。 I can't recall exactly his name. *Son nom m'est sorti de la mémoire.* 把数字~下来! Write the number down! *Note le numéro!*

记得 (記得) jìde H3, S1
您不~我了? Don't you remember me? *Vous ne vous souvenez pas de moi?* 我~我把门锁上了。 I remember locking the door. *Je me rappelle avoir fermé la porte à clé.* ~把门锁上 (= 别忘了把门锁上)。 Remember to lock the door. *N'oublie pas de fermer la porte à clé.*

记录 (記錄) jìlù H5, S1
谁做会议~? Who will take the minutes of a meeting? *Qui fera le procès-verbal?* 所有出售都~在这个本子上了 / 所有出售这个本子都有~ 。 All sells are noted down in this book. *Toutes les ventes sont enregistrées dans ce carnet.* 这次访问没有任何~。 No biography records the visite. *Aucune biographie n'atteste la visite.*

记者 (記者) jìzhě G4, S1
他想当~。 He wants to be a journalist. *Il veut devenir journaliste.* 这个电话是一个~(打来的)，他要访问您。 There's a journalist on the phone – he wants to interview you. *Il y a un journaliste on ligne, il veut vous interviewer.*

记住 (記住) jìzhù S1
这首诗要~。 (= ...背下来。) You must memorize the poem. *Vous devez apprendre ce poème par cœur.* 特别要把别人跟你说的都~。 Above all, remember what you've been told. *Et surtout, retiens bien ce qu'on t'a dit.*

季节 (季節) jìjié H3, S2
现在 是 / 不 是 草莓收获~。 Strawberries are in / out of season. *C'est / Ce n'est pas la saison des fraises.* 现在是我们打猎的~。 We are in hunting season. *Nous sommes en saison de la chasse.*

计划 (計劃) jìhuà N, H4, S1
定好~了吗 ? Have you drawn up a plan? *As-tu dressé un plan?* ~有了些变化。 There's a change in the programme. *Il y a un changement de · programme.* 一切都是按~进行的。 Everything went according to plan. *Tout s'est passé comme prévu.*

计算 (計算) jìsuàn H5, S1
我~出房子里有十个人。 I counted ten people in the room. *J'ai compté dix personnes dans la pièce.* 花费还

没有~出来。The bill hasn't been calculated yet. *On n'a pas encore calculé le montant de la facture.*

计算机 (計算機) jìsuànjī S1
我有一个手提式~。I have a laptop (computer). *J'ai un (ordinateur) portable.* 速度是用~计算出来的。The speed was calculated by computer. *La vitesse a été calculée par ordinateur.*

纪录 (紀錄) jìlù H5, S1 (= 记录 jìlù)
谁做会议~? Who will take the minutes of a meeting? *Qui fera le procès-verbal?* 他打破了世界~。He broke the world record. *Il a abattu le record du monde.* 这是个~片。It's a documentary film. *C'est un documentaire.*

纪念 (紀念) jìniàn H5, S1
这是个值得~的晚会。It was a memorable evening. *Ce fut une soirée mémorable.* 今天是我父母结婚~日。Today it's my parents' wedding anniversary. *Aujourd'hui c'est l'anniversaire de mariage de mes parents.*

技术 (技術) jìshù N, H4, S1 (搞这个)
你不需要什么专门~。You don't need any special skill (for it). *Ça ne demande aucune compétence précise (pour cela).* 他们掌握着最先进的~。They have all the latest technology. *Ils disposent de la technologie la plus avancée.*

既然 jìrán H4, S2
我~必须做，那就做。I'll do it since I must. *Je le ferai puisqu'il le faut.* ~是这样，我就不再说什么了。Under the circumstances I have nothing more to say. *Puisqu'il est ainsi, je n'ai plus rien à dire.*

家 jiā (1) D, H1, S1
他们~还不想要孩子。They don't want to start a family yet. *Ils ne veulent pas encore avoir un enfant.* 她怎么跟在自己~一样! How she's like family! *C'est vraiment comme si elle était de la famille!* ~丑不可外闻。We will keep it in the family. *Ça restera de la famille.* 这是一~广告公司。It's an advertising agency. *C'est une agence de publicité.*

...家 ...jiā (2) D, H1, S1
他是诗人还是小说~? Is he a poet or a novelist? *C'est un poète ou un romancier?* 她是个(女)政治~。She's a politician. *C'est une femme politique.* 爱因斯坦是一个大科学~。Einstein was a famous scientist. *Einstein était un scientifique renommé.*

家具 jiājù H4, S1
我得买些~。I must buy some furniture. *Il faut que j'achète des meubles.* 这里的~是你们自己的吗? Do you own the furniture here? *Etes-vous dans vos meubles ici?* 这都是些老~了。The furniture is very old. *Les meubles sont très vieux.*

家里 (家裡) jiāli S1
他是~的一个朋友。He's a friend of the family. *C'est un ami de la famille.* 她怎么跟在自己~一样! How she's like family! *C'est vraiment comme si elle était de la famille!* 他把我带到了自己~。He took me along to his house. *Il m'a entraîné chez lui.*

家人 jiārén S1
我给你介绍一下，这是我的~。I must introduce you to my wife / husband. *Il faut que je vous présente à ma famille.* 这是个~团聚的机会。It's an opportunity to bring the family together. *C'est l'occasion d'une réunion familiale.* 他们都是一~。They're related. *Ils sont de la même famille.*

家属 (家屬) jiāshǔ H6, S1
你~来了。Your wife / husband and children have arrived. *Ton épouse / époux et tes enfants arrivent.* 他不是我的~。He's no relation of mine. *Il n'est pas de ma famille.*

家庭 jiātíng H5, S1
带孩子的~有减价票。Families with children can have a reduction. *Les familles avec des enfants peuvent avoir une réduction.* 这个~的人以跳舞为生 / 都是舞蹈家。They're all dancers in their family. *C'est une famille de danseurs.*

家乡 (家鄉) jiāxiāng H5, S1
她回~去了。She returned to her native town. *Elle est revenue à son pays natal.* 他25岁离开~进了上海大都市。Aged 25, he left his home town, drawn to the metropolis of Shanghai. *Agé de 25 ans, il a quitté son pays natal et est entré dans la métropole de Shanghai.*

加 jiā S1
一~二等于三。One plus two makes three. *Un plus deux font trois.* 把她的名字也~在名单里。Add her name to the list. *Ajoute son nom à la liste.* 车上能再~一个人吗? Is there a room for one more? *Est-ce qu'il y a assez de place pour une personne de plus?* 这促使我们~倍努力。This spurred us to redouble our efforts. *Ceci nous stimulés et fait redoubler nos efforts.*

加班 jiā//bān H4, S2
我们常常~(加点)。We often do overtime. *Nous faisons souvent des*

heures supplémentaires. 我们下午六点后能 有 / 拿 / 得 ~费。After 6 p.m. we're on overtime (pay). *Après 6 h. on nous paie en heures supplémentaires.*

加工 jiāgōng H6, S1 这是手(工)~的。It's handmade. *C'est façonné à la main.* 这个零件需要~。The spare part needs working. *Cette pièce doit être façonnée.*

加快 jiākuài S1 你不能叫他~点儿(干)吗？Can't you get him to speed up? *Tu ne peux pas le faire travailler plus vite?* 请你们尽一切可能把事情~。Do everything you can to speed things up. *Faites tout ce que vous pouvez pour accélérer les choses.* 我们要~ 脚步 / 步伐。Let's quicken our pace. *Nous devons accélérer le pas.*

加强 (加強) jiāqiáng N, S1 他来~我们的研究队伍。He will join our team of researchers. *Il viendra renforcer notre équipe de chercheurs.* ~的力量到了。Reinforcements have arrived. *Des renforts sont arrivés.*

加入 jiārù S1 欢迎~我们的俱乐部! Join our club! *Bienvenu à notre club!* 他不愿意~跳舞的队伍。He didn't want to join the dancing. *Il n'a pas voulu se joindre aux danseurs.*

加上 jiāshàng S1 把我的名字也~。Add my name too. *Ajoute aussi mon nom.* 车上能再~一个人吗？Is there a room for one more? *Est-ce qu'il y a assez de place pour une personne de plus?*

加油 jiāyóu S1 ~! ~! Come on! Come on! *Allez-y! Allez-y!* 我刚给机器加了油。I've just oiled the machine. *Je viens de graisser la machine.* 轮子需要~了。It will help to oil the wheels. *Il faudra mettre de l'huile dans les rouages.*

加油站 jiāyóuzhàn H4, S2 我去~加些(汽)油。I'll go to a filling station to get some petrol. *Je vais à la station d'essence pour faire le plein.*

假 jiǎ H4, S1 要会辨别真和~。One must distinguish truth from falsehood. *Il faut distinguer le vrai du faux.* 这是~珍珠。The pearls are fake. *Les perles sont fausses.* 他像是说了些~话。His story sounds phony. *Son histoire a tout l'air d'être (du) bidon.*

假如 jiǎrú H5, S1 ~她真的来了，你怎么办呢? Supposing she does come, what would you do? *Si elle venait, que ferais-tu?* ~我忘了就提醒我一下。Remind me in case I forget. *Rappelle-moi au cas où j'oublierai.* ~可能的话，请星期二做完。Have it done by Tuesday if at all possible. *Faites-le pour mardi si possible.*

价格 (價格) jiàgé H4, S1 汽油~(是)多少? What is the price of petrol? *A quel prix est l'essence?* ~上涨了 / 降低了。Prices are rising / falling. *Les prix sont en hausse / baisse.* 他要的~ / 价钱很合理。He charges reasonable prices. *Il pratique des prix raisonnables.*

价钱 (價錢) jiàqián S1 那个~不公道。That price isn't fair. *Ce prix-là n'est pas raisonnable.* 我跟他们讲了~。I bargained with them. *J'ai marchandé avec eux.*

价值 (價值) jiàzhí H5, S1 这些数据对我们很有~。This data is of great value to us. *Ces données ont une grande valeur pour nous.* 这幅画儿~多少? How much is the picture worth? *Combien vaut le tableau?* 这没什么~。It isn't worth much. *Cela ne vaut pas grand-chose.*

架 jià (量) S1 我有一~袖珍收音机。I have a portable radio. *J'ai une radio portative.* 他有一~私人旅游机吗? Does he have a private plane? *Est-ce qu'il possède un avion de tourisme.* 这~照相机是我的。This camera is mine. *Cet appareil photo est à moi.*

架 jià (动) S1 我把梯子靠墙~了起来。I've put up the ladder against the wall. *J'ai dressé l'échelle contre un mur.* 河上~起了一座桥。There was a bridge built on the river. *Un pont était construit à travers de la rivière.*

假期 jiàqī S1 你有多长时间的~? How much holiday do you have? *Combien est-ce que tu as de vacances?* 他们在山区度~呢。They're vacationing in the mountains. *Ils sont en vacances à la montagne.*

坚持 (堅持) jiānchí H4, S1 她~说她是无辜的。She maintains that she is innocent. *Elle affirme qu'elle est innocente.* 学习要~不懈。You must persevere with your studies. *Il faut persévérer dans vos études.*

坚决（堅決） jiānjué H5, S1 这一点我~相信。I firmly believe it. *J'en ai la ferme conviction.* 她~让儿子上大学。She was determined (that) her son would go to university. *Elle était bien décidée à ce que son fils fasse des études supérieures.*

坚强（堅強） jiānqiáng H5, S1 他意志~如钢。He has a will of iron. *Il a une volonté de fer.* 她有~的决心。She has a strong determination. *Elle a une résolution bien forte.*

检查（檢查） jiǎnchá H3, S1 数字要~一下。The figures have to be checked. *Il faut vérifier les chiffres.* 那个海关官员~了我们的行李。The customs officer inspected our luggage. *Le douanier a inspecté nos bagages.*

简单（簡單） jiǎndān H3, S1 这也太~了。That would be too easy. *Ce serait trop simple.* 这是一个~的手术。It's a simple operation. *C'est une opération simple.* 这个老师并不~。She was a no ordinary teacher. *C'était un professeur peu banal.*

简直（簡直） jiǎnzhí H5, S1 对你我~不理解。I simply don't understand you. *Je ne te comprends vraiment pas.* 这~是一场灾难。Put quite simply, it's a disaster. *C'est tout simplement une catastrophe.*

减肥 jiǎnféi H4, S2 我正~。I am slimming. *J'essaie de maigrir.* 她~减了十公斤。She's lost ten kilos. *Elle a maigri de dix kilos.*

减少 jiǎnshǎo H4, S2 交通事故~了。Traffic accidents have been on the decrease. *Les accidents de la circulation sont en diminution.* 他抽烟~到每天(只抽)十枝。He cut his smoking down to 10 a day. *Il ne fume plus que 10 cigarettes par jour.*

件 jiàn H2, S1 这~衬衫是我的。It's my shirt. *C'est ma chemise.* 我跟您打听一~事儿。I'd like to ask you about something. *Puis-je vous demander un renseignement?* 我们星期一收到了您的来~。We received your letter on Monday. *Nous avons reçu votre lettre lundi.*

见（見） jiàn S1 明天~。See you tomorrow. *A demain.* 下班后~。I'll meet you after work. *Je te retrouverai après le travail.* 这种药怕~光。This mecidine is not to be exposed to daylight. *Ce médicament craint la lumière.* 你并不~瘦。You don't seem to be any thinner. *Tu ne parait pas avoir maigri.*

见到（見到） jiàndào S1 ~到您真高兴! Pleased to meet you. *Ravi de faire votre connaissance!* 猜猜我上午~了谁。Guess who I met this morning. *Devine qui j'ai rencontré ce matin.*

见过（見過） jiànguo S1 我从没~像她这么好的人。She's the nicest person I've ever met. *C'est la personne la plus gentille que j'ai jamais rencontrée.* 后来我就没再~他了。I never saw him again. *Je ne l'ai plus jamais revu.*

见面（見面） jiànmiàn H3, S1 终于同您~了，真高兴! Very pleased to have met you at last! *Très heureux de vous avoir rencontré finalement!* 我们下次什么时候~? When shall we meet again? *Quand nous reverrons-nous?*

健康 jiànkāng H3, S1 为~干杯! Cheer! *A votre santé!* 我为他的~担忧。I am anxious about his health. *Sa santé me préoccupe.* 她的政治信仰~吗? Is she politically sound? *Ses convictions politiques sont-elles solides?*

建 jiàn S1 一些房子正在~着。Houses are being built. *Des maisons sont en construction.* 内战后我们重~了家园。We rebuilt our homeland after the civil war. *Nous avons reconstruit le pays après la guerre civile.*

建成 jiànchéng S1 那座楼年底将~。That building will be completed at the end of the year. *L'immeuble sera terminé à la fin de l'année.*

建立 jiànlì H5, S1 我们~了朋友关系。We've established friendly relations. *Nous avons établi des liens d'amitié.* 两国 1960 年~了外交关系。The two countries established diplomatic relations in 1960. *Les deux pays ont établi les relations diplomatiques en 1960.*

建设（建設） jiànshè N, H5, S1 ~行业情况良好。Things are going well in the construction business / building trade. *Cela va bien dans la construction.* 您有什么~性的意见吗? Have you got anything constructive to say? *Est-ce que vous avez quelque chose de constructif à dire?*

建议（建議） jiànyì H5, S1 我~咱们去喝一杯。I propose (that) we all go for a drink. *Je* propose que nous allions tous prendre un verre. 他们~早一些走。They propose leaving early. *Ils ont l'intention de partir de bonne heure.* 他对我们的~总是不耐烦。He's always impatient of our advice. *Il ne nous supporte pas les conseils.*

将 (將) jiāng (副) S1
我~迟一些到。I'll be arriving late. *J'arriverai tard.* 他能的时候~会来。He'll come when he can. *Il viendra quand il le pourra.* 我不久~做完。I will soon have finished. *J'aurai bientôt fini.*

将 (將) jiāng (介) S1
他猛地~门关上了。He slammed the door. *Il a violemment fermé la porte.* 她~婴儿抱在怀里。She carried her baby on her arms. *Elle portait son enfant dans ses bras.*

将近 (將近) jiāngjìn H6, S1
~十二点钟了。It's almost midday. *Il est presque midi.* 我们~(要)达成协议了。We are close to an agreement. *Nous sommes presque arrivés à un accord.*

将来 (將來) jiānglái H4, S1
应当考虑到~。You have to think of the future. *Il faut songer à l'avenir.* 当代青年人有美好的~吗？Do young people today have much of a future? *Les jeunes d'aujourd'hui ont-ils beaucoup d'avenir?*

讲 (講) jiǎng H3, S1
这个我跟她~~。I'll speak to her about it. *Je lui en parlerai.* 对不起，您~(了)什么? What did you say? *Pardon, qu'avez-vous dit?* 他什么都不跟我~。He doesn't tell me anything. *Il ne me dit rien.*

讲话 (講話) jiǎng//huà S1
请~! 请~! Speech! Speech! *Un discours! Un discours!* 我昨天在会上讲了话。I spoke at the meeting yesterday. *J'ai pris la parole dans la réunion hier.* 她~很慢，不慌不忙。Her speech was slow and deliberate. *Elle parlait lentement en pesant ses mots.*

奖金 (獎金) jiǎngjīn H4, S2
你应该得到~。You deserve to be rewarded. *Tu mérites d'être récompensé.* 他们每个人都有 200 欧元的年终~。Everyone of them has a Christmas bonus of €200. *Chacun d'entre eux a 200 euros de prime de fin d'année.*

降低 jiàngdī H4, S2
质量~了。The quality's deteriorating. *La qualité baisse.* 注册人数~了许多。There's been a big drop in enrolment. *Il y a eu une forte chute des inscriptions.*

教 jiāo H3, S1
她 ~书 / 是~书的。She's a teacher. *Elle enseigne.* 他~过他们弹钢琴。He taught them to play the piano. *Il leur a appris à jouer du piano.*

交 jiāo H4, S1
我跟他们~了朋友。I've made friends with them. *Je me suis fait des amis avec eux.* 我常~好运气。I often have good luck. *J'ai souvent de bonnes chances.*

交费 (交費) jiāofèi S1
我来交(会)费。I come and pay my subscription (to the association). *Je viens acquitter ma cotisation (à l'association).* 大家都~了。Everyone in the group contributed. *Le groupe s'est cotisé.*

交给 (交給) jiāogěi S1
把任务~我吧。Please assign the job to me. *Veuille m'assigner la tâche.* 她把文件~了律师。She handed over the documents to a lawyer. *Elle a remis les documents à un avocat.*

交警 jiāojǐng S1
我去叫(一位)~来。I shall call a traffic policeman to come. *J'irai faire venir un agent de la circulation.*

交流 jiāoliú H4, S1
这次会议是~看法的机会。The meeting will be an opportunity for an exchange of views. *La réunion constituera une occasion pour un échange de vue.* 他是个~的学生。He's an exchange student. *C'est un étudiant qui participe à un échange.*

交通 jiāotōng H4, S1
要注意~安全! Be careful to traffic safety! *Attention à la sécurité routière!* 我要买一张市区~图。I'd like to buy a road map of the urban zone. *Je voudrais acheter une carte routière de la zone urbaine.*

交往 jiāowǎng H6, S1
她跟人的一些业务~很有用。She has some useful business contact. *Elle a quelques bons contacts (professionnels).* 这个人不能~。He is not a man to know. *Ce n'est pas un homme à fréquenter.*

交易 jiāoyì H6, S1
我想跟您做笔~。I'll make a deal with you. *Je vous propose un marché.* ~拍板了! It's a deal! *Marché conclu!* 我不同意这笔~! No deal! *Je ne marche pas!* 你今年去商品~会了吗? Have you been to the trade fair this year? *Est-ce que tu es allé à la foire commerciale cette année?*

骄傲 (驕傲) jiāo'ào H4, S2 我对自己的成就(感到)~。I take pride in my achievements. *Je suis fier de mes succès.* 他这种人~自大，总认为自己什么都正确。He's one of those arrogant people who think that they're always right about everything. *Il est parmi ceux qui sont arrogants, et qui pensent avoir toujours raison sur tout.*

脚 (腳) jiǎo H3, S1 他~很大 / 他是大~。He has got big feet. *Il a de grands pieds.* 我们在山~下等你。We'll wait for you at the foot of the hill. *On t'attendra au pied de la colline.* 他踢了我一~。He kicked me. *Il m'a donné un coup de pied.*

角 jiǎo (量) (1) H3, S1 他吃了一~点心。He ate a quarter of the cake. *Il a mangé le quart du gâteau.*

角 jiǎo (名) (2) H3, S1 这些牛长着长~。These oxen have long horns. *Ces bœufs ont de longues cornes.* 就在街~(上)。It's literally just round the corner. *C'est juste au coin de la rue.*

角度 jiǎodù H5, S1 他从各个~研究了这个问题。He examined the issue from all angles. *Il a étudié la question sous tous les angles.* 从遵守时间这个~来讲，对她没什么可说的 / 指责的。She can't be criticized as far as time keeping is concerned. *Sous l'angle de la régularité, il n'y a pas de critique à elle.*

饺子 (餃子) jiǎozi H4 咱们午饭包~吃吧! Let's make ravioli ourselves at lunch. *Allons faire des raviolis nous-mêmes pour le déjeuner.*

叫 jiào (动) (1) H1, S1 别~! Don't shout! *Ne crie pas!* 你~什么名字? What's your name? *Comment t'appelles-tu?* 外面有人~你。Someone outside is calling you. *On t'appelle denors.* 您跟他的的电话~通了。I've put you through to him. *Je vous le passe.*

叫 jiào (介) (2) H1, S1 噪音~人很难集中精力。The noise made it hard to concentrate. *Le bruit faisait qu'il était difficile de se concentrer.* 我(当时)不用~人提醒。I didn't need to be reminded of it. *Je n'avais pas besoin qu'on me le rappelât.*

叫做 jiàozuò S1 (我们把)这个工具~钳子。This tool is called pliers. *Cet outil s'appelle une pince.* 你们把这个~跳舞吗? (Do) you call that dancing? *Vous appelez cela danser?*

教练 (教練) jiàoliàn H5, S1 他是我们的 足球~ / 音乐~。He's our football coach / music instructor. *Il est notre entraîneur de football / professeur de musique.* 她~得法。She coaches in the proper way. *Elle entraîne comme il faut.*

教师 (教師) jiàoshī S1 她是我的法语~。She's my French teacher. *Elle est mon professeur de français.* ~今天罢教了。Teachers are on strike today. *Les enseignants sont en grève aujourd'hui.*

教室 jiàoshì H2, S1 他们进了 / 出了~。They went into / out of the classroom. *Ils sont entrés dans / sortis de la salle de classe.* ~换了。The classroom has been changed. *La salle de classe a été changée.*

教授 jiàoshòu H4, S2 她是~。She's a professor. *Elle est professeur (de la chaire).* 他~地理。He teaches geography. *Il enseigne la géographie.*

教学 (教學) jiàoxué S1 我 2008 年开始~。I started teaching in 2008. *J'ai commencé à enseigner en 2008.* 她每星期只有几个小时的~。She only does a few hours' teaching a week. *Elle ne donne que quelques heures de cours par semaine.*

教学楼 (教學樓) jiàoxuélóu S1 去~上大课。Let's go to the central academic building to have a lecture. *Allons au bâtiment central pour assister à un cours magistral.*

教育 jiàoyù H4, S1 他得到了很好的~。He is well-educated. *Il a reçu une bonne éducation.* 她受过高等~。She's been to university. *Elle a fait des études supérieures.* 中等~能得到普及吗? Can we make secondary education universal? *Peut-on généraliser l'enseignement secondaire?*

较 (較) jiào S1 我这样~累了。I'm tired enough as it is. *Je suis assez fatigué comme ça.* 他演得~好。He plays fairly well. *Il joue passablement.* 我跟她~生。She's a comparative stranger to me. *Je la connais relativement peu.*

接 jiē T, H3, S1 小马，~球! Xiao Ma, catch the ball! *Xiao Ma, attrape le ballon!* 我去车站~

人。I'll go and fetch someone from the station. *Je vais chercher quelqu'un à la gare.*

接待 jiēdài H5, S1
请到~处。Please go to reception. *Allez à la réception, s'il vous plaît.* 他们受到了热情的~。They were cordially received. *Ils ont trouvé un accueil chaleureux.* 这个旅店可以~500 名客人。The hotel can accommodate up to 500 visitors. *Cet hôtel peut accueillir jusqu'à 500 visiteurs.*

接到 jiēdào S1
我们~了您的来信。We are in receipt of your letter. *Nous avons reçu votre lettre.* 我们~了留在原地的命令。We have orders to remain here. *Nous avons ordre de rester ici.*

接近 jiējìn H5, S1
这个人不好~。That chap is rather standoffish. *Ce type se met sur son quant-à-soi.* 双方比分十分~。It's a tight game. *La partie est serrée.*

接受 jiēshòu H6, S1
他愉快地~了邀请。He accepted the invitation with pleasure. *Il a accepté l'invitation avec plaisir.* 她~过高等教育。She's been to university. *Elle a fait des études supérieures.* 她的行为社会绝对 ~不了 / 不能~。Her behaviour just isn't socially acceptable. *Son attitude est tout simplement intolérable en société.*

接下来（接下來）jiē xiàlái S1
他~病了好几个月。He was ill for months after. *Il en est resté malade pendant des mois.* 他在会上先发言，我~也发了言。At the meeting, he spoke first, and I did after. *Dans la réunion, il a d'abord pris la parole, et je l'ai fait après.*

接着（接著）jiēzhe H5, S1
我~球了。I caught the ball. *J'ai attrapé la balle.* 她停了一下，又~往下说。After a short pause, he went on. *Après une pause, il a repris.*

街 jiē S1
他们上~抗议了。They came out on the streets to protest. *Ils sont descendus dans la rue pour protester.* 全~都听到了吵架。The whole street heard the row. *Toute la rue a entendu la dispute.*

街道 jiēdào H3, S2
整个~都知道了。The whole street knows about it. *Toute la rue est au courant.* 日落后~上就亮灯了。The street lighting comes on at sun set. *On allume la lumière dans les rues au coucher du soleil.*

结实（結實）jiēshi H5, S1
他长得很 ~。He's quite robust. *Il est très robuste.* 这是张很~的桌子。It's a sturdy table. *C'est une table solide.*

节（節）jié (名、量) H5, S1
今天是圣诞 ~。It's Christmas Day today. *C'est le jour de Noël aujourd'hui.* 过~的气氛真浓! There is a really festive atmosphere! *L'atmosphère est vraiment à la fête!* 明天有一~历史课。We'll have a history lesson tomorrow. *Nous aurons un cours d'histoire demain.* 我们的座位在最后一~车厢。Our seats are in the last carriage. *Nos places sont dans le dernier wagon.*

节假日（節假日）jiéjiàrì S1
下星期一是~。Next Monday is a public holiday. *Lundi prochain est férié.* 我们去年的~是在希腊过的。We went to Greece for our holidays last year. *Nous sommes allés passer nos vacances en Grèce l'année dernière.*

节目（節目）jiémù H3, S1
谁看见电视~报了? Has anybody seen the TV guide? *Quelqu'un a vu le programme de télé?* 他的~最受欢迎。He's top of the bill. *Il fait le numéro le plus important du spectacle.* 这是卫星转播的~。It's a satellite broadcast. *C'est une émission retransmise par satellite.*

节日（節日）jiérì H3, S1
(祝您 / 你们)~快乐! (I wish you a) Happy holiday! *(Je vous souhaite une) Joyeuse fête!* 明天是~。Tomorrow is a holiday. *C'est fête demain.* 并非每天都能过 ~。Christmas comes but once a year. *Ce n'est pas tous les jours fête.*

节约（節約）jiéyuē H4, S1
我们~了 20% 的开支 / 开支 20%。We have economized 20% on the costs. *Nous avons fait une économie de 20% sur la dépense.* 您要是用电脑可以~很多时间。You'd save a lot of time if you used a computer. *Vous gagneriez beaucoup de temps si vous utilisiez un ordinateur.*

结（結）jié T, S2
这个~没有打紧。The knot wasn't tight enough. *Le nœud n'était pas assez serré.* 我们~下了深厚的友谊。We've forged a profound friendship. *Nous avons scellé une profonde amitié.*

结果（結果）jiéguǒ H6, S1
~怎么样? What was the result? *Quel était le résultat?* 我做

了些果酱，~糟极了。I made some jam, with disastrous results. *J'ai fait des confitures et j'ai obtenu des résultats désastreux.*

结合 (結合) jiéhé H5, S1 要把理论和实践~起来。You must combine theory with practice. *Il faut combiner la théorie et la pratique.* 他们俩~了。Those two have become joined in marriage. *Les deux se sont unis.*

结婚 (結婚) jié//hūn H3, S1 他三年前和老左的女儿~了。He married Lao Zuo's daughter three years ago. *Il s'est marié avec la fille de Lao Zuo il y a trois ans.* 小李是她的男朋友，他们没有~。Xiao Li is her boyfriend, they're not married. *Xiao Li est son petit ami, ils ne sont pas mariés.*

结束 (結束) jiéshù H3, S1 你什么时候能~工作? When do you finish work? *Quand finis-tu?* 我们要求~战争。We want an end to the war. *Nous voulons que cette guerre cesse.* 主席~了辩论。The president wound up the debate. *Le président a clos le débat.*

解决 (解決) jiějué N, H3, S1 这个问题还没有~。This question has not yet been solved. *Cette question reste toujours en suspens.* 找到~办法是很紧急的。A solution must be found urgently. *Il devient urgent de trouver une solution.*

解开 (解開) jiěkāi S1 他~了大衣扣子。He unbuttoned his coat. *Il a déboutonné son manteau.* 我解不开这个迷。I can't find a clue to the mystery. *Je n'arrive pas à trouver la clef du mystère.*

解释 (解釋) jiěshì H4, S2 这很 容易 / 难 ~。That is easy / difficult to explain. *C'est facile à / difficile à expliquer.* 他在~世界上出的问题。He's expounding on what's wrong with the world. *Il explique ce qui ne marche pas sur la planète.*

姐姐 | 姐 jiějie | jiě H2, S1 他~叫卡米拉。His older sister's name is Camilla. *Sa sœur aînée s'appelle Camilla.* 我有 一个姐姐、一个妹妹 / 一姐一妹。I have a big sister and a little sister. *J'ai une grande sœur et une petite sœur.*

借 jiè H3, S1 我们常到图书馆~书。We often borrow books from the library. *Nous empruntons souvent des livres à la bibliothèque.* 这个不是我的，是我~的。It's not mine, it's borrowed. *Ce n'est pas à moi, c'est un emprunt.*

介绍 (介紹) jièshào H2, S1 我来~一下，这位是我的老朋友。I must introduce you to my old friend. *Il faut que je vous présente mon vieil ami.* 老瞿简要地~了形势。Lao Qu drew a brief sketch of the situation. *Lao Qu a donné un bref résumé de la situation.*

金 jīn S1 我身上从没有(带过)很多现~。I never carry much cash. *Je n'ai jamais beaucoup d'argent sur moi.* 银子没~子贵。Silver is less expensive than gold. *L'argent est moins cher que l'or.*

金牌 jīnpái S1 他得~了! He is a gold medal winner! *Il est médaillé d'or.* 我们拿到两个~和一个银牌。We won two gold medals and one silver. *Nous avons remporté deux médailles d'or et une (médaille) d'argent.*

斤 jīn S1 广柑四块钱一~。Oranges cost 4 yuan a pound. *Les oranges sont à 4 yuan la livre.* 我买三~苹果。I'd buy 3 pounds of apples. *Je voudrais acheter 3 livres de pommes.* 这种千~重担我们挑不起。We're not qualified to consider such weighty matters. *Nous n'avons pas les compétences requises pour examiner des questions aussi importantes.*

今后 (今後) jīnhòu S1 我们要考虑到~。Wu must look ahead to the future. *Il nous faut penser à l'avenir.* ~他就是我们的老师了。From now on he'll be our teacher. *A partir d'aujourd'hui c'est lui qui est notre professeur.*

今年 jīnnián N, S1 你~去商品交易会吗? Are you going to the trade fair this year? *Vas-tu à la foire commerciale cette année?* ~中文课程很难。The Chinese syllabus is hard this year. *Le programme de chinois est dur cette année.*

今天 jīntiān G, N, H1, S1 ~星期几? --- (~)星期四。What day is it today? – It's Thursday. *Quel jour est-on aujourd'hui ? – C'est jeudi.* ~(几月)几号 ? -- ~(三月)十七号。Today is (March) 17th. *Aujourd'hui, on est le 17 (mars).*

仅 (僅) jǐn S1 ~一人缺席。Only one is absent. *Seulement il y a un absent.* 我~(~)信任两个人。There are only two people I trust. *Il n'y a que deux personnes en qui j'aie confiance.* 大家只是~够而已。There was barely enough to go

64

around *Il y en avait à peine assez pour tout le monde.*

仅仅 (僅僅) jǐnjǐn S1 这~是开始。
This is only the beginning. *Ce n'est que le début.* 我~是个初学者。 I'm merely a beginner. *Je ne suis qu'un débutant.* 这~是(走)个形式而已。 It is a mere matter of form. *C'est une pure formalité.*

紧 (緊) jǐn H5, S1 他~了~皮带。 He
tightened his belt. *Il a serré la ceinture.* 会上人挤得~~的。 The meeting was packed. *La réunion a fait salle comble.* 别哭，不要~。 Don't cry, it doesn't matter. *Ne pleure pas, ce n'est pas grave.*

紧急 (緊急) jǐnjí H5, S1 是不是很~?
Is it urgent? Est-ce urgent? 情况~。 The situation is critical. *La situation est critique.* 他们~地要求援救。 They appealed urgently for help. *Ils ont demandé du secours avec insistance.*

紧张 (緊張) jǐnzhāng H4, S1 你对考
试觉得~吗? Are you nervous about the exams? *Est-ce que tu appréhendes les examens?* 他把我弄得很~。 He makes me nervous. *Il m'intimide.* 形势(变得)有些~起来了。 The situation is getting rather tense. *La situation commence à être plutôt tendue.*

尽 (盡) jǐn T 你要~早来。 Come as early
as possible. *Viens le plus tôt possible.* ~着两天把事儿搞完。 Get the job done in two days at the outside. *Fais ce boulot en deux jours au maximum.* (> 尽 jìn)

尽管 (盡管) jǐnguǎn H4, S2 有什么问
题~给我打电话。 Don't hesitate to call me if you have any questions. *N'hésitez pas de m'appeler si vous avez des questions.* 她~很年轻，但是很成熟。 Though young, she's very mature. *Bien qu'elle soit jeune, elle est très mûre.*

尽量 (盡量) jǐnliàng H5, S1 我~做
好。 I'll do it to the best of my ability. *Je le ferai de mon mieux.* 我们~使您满意。 We will try to accommodate you. *Nous essaierons de vous satisfaire.*

进 (進) jìn H2, S1 请~! Come in, please!
Entrez, s'il vous plaît! 您先~! After you! *Après vous!* 我们~不了多少钱。 We don't have much money coming in. *Il n'y a pas beaucoup d'argent qui rentre.*

进步 (進步) jìnbù J5, S1 他的汉语有
~。 He has made progress in Chinese. *Il a fait des progrès en chinois.* 她的~叫人满意。 I am satisfied with her progress. *Je suis satisfait de ses progrès.* 科学有了很大的~。 Science has made great progress. *La science a fait de grands progrès.*

进口 (進口) jìn//kǒu (1) H5, S1 这是
~的吗? --- 不是，是国产的。 Is it an import? – No, it's made in our country. *Est-ce un article d'importation? – Non, c'est un produit du pays.* 政府对~品加税了。 The government has put a tax on imports. *Le gouvernement a instauré une taxe sur les produits d'importations.*

进口 (進口) jìnkǒu (2) H5, S1 我在~
处等你。 I'll meet you at the entrance. *Je te retrouverai à l'entrée.* 滚落的一块岩石把隧道的~堵住了。 A fall of roch had bloked the entrance to the tunnel. *La chute d'un rocher avait bloqué l'entrée au tunnel.*

进来 (進來) jìnlai S1 请先~。 Come
in first, please. *Entre d'abord, je t'en prie.* 不让他们~。 Don't let them (come) in. *Empêche-les d'y entrer.*

进去 (進去) jìnqu S1 小偷是从后门~
的。 The burglars got in by the back door. *Les voleurs sont entrés par la porte de derrière.* 不让他们~。 Don't let them (go) in. *Empêche-les d'y entrer.*

进入 (進入) jìnrù S1 我们~了新的年
代。 We have entered a new decade. *Nous sommes entrés dans une nouvelle décennie.* 她~了半决赛。 She got through to a semi-final. *Elle est entrée dans une demi-finale.* 我们~了成批生产阶段。 We're going into the mass production. *Nous en avons commencé la production en série.*

进行 (進行) jìnxíng N, H4, S1 你们这
里环保~得怎么样? How are you getting on here with your environmental protection? *Comment va votre protection de l'environnement ici?* 她在(对一个暗杀事件)~调查。 She's in charge of the investigation. (She's investigating a murder). *Elle est chargée de l'enquête. (Elle mène une enquête sur un meurtre.)*

进一步 (進一步) jìnyíbù S1 再~
说说。 Say some more. *Dis-le davantage.* 我没有

~问他。I didn't question him any further. *Je ne l'ai pas interrogé davantage.* 我对此有了~的了解。I have a better understanding of it. *Je le comprends mieux.*

进展 (進展) jìnzhǎn H6, S1 事情~如何? How are things going? *Comment vont les choses?* 这并不能使我们有什么~。It won't get us much further forward. *Cela ne va pas nous avancer beaucoup.* 我们科研有了些~。We have got some advances in scientific research. *Nous avons obtenu quelques avances des recherches scientifiques.*

近 jìn H2, S1 办公室离这儿非常~。The office is very near from here. *Le bureau est tout proche d'ici.* 她住得相当~。She lives quite near. *Elle habite tout près.* 快去最~的药店。Go to the nearest chemist's (shop). *Allez à la pharmacie la plus proche.*

近期 jìnqī S1 (希望能)~再会! See you soon! *A bientôt!* ~将发生内部冲突。There'll be infighting in the near future. *Il y aura des conflits internes dans un proche avenir.*

禁止 jìnzhǐ H4, S2 工作中~喝酒。Drinking alcohol at work is prohibited. *Il est interdit de boire de l'alcool sur le lieu de travail.* 他被~开车一年。He was banned from driving for a year. *Il a eu une suspension de permis de conduire d'un an.*

精彩 jīngcǎi H4, S1 真~! That's wonderful! *C'est merveilleux!* 她在刚上映的电影中表演~。She was brilliant in her last film. *Elle était formidable dans son dernier film.* 这里从没什么~的事儿。Nothing exciting ever happens around here. *Il ne se passe jamais rien d'excitant par ici.*

精神 jīngshén (1) H4, S1 从~上讲，我们有责任帮助他们。We have a moral duty to help them. *Nous sommes moralement obligés de les aider.* 他缺乏团队~。He's not the sort of have team spirit. *Il n'a pas l'esprit d'équipe.*

精神 jīngshen (2) H4, S1 她很有~。She's full of vigour. *Elle est pleine de dynamisme.* 他非常缺乏~。He is entirely lacking in spirit. *Il est complètement amorphe.*

经 (經) jīng D, T 我们公司与非洲~商。Our company is engaged in trade in Africa. *Notre société fait du commence avec l'Afrique.* 这是本

圣~。It's the Holy Bible. *C'est la Bible.* 我~巴梨回家的。I returned home via Paris. *Je suis rentré via Paris.* 这个论据~不起推敲。That argument does not stand investigation. *Cet argument ne supporte pas l'examen.*

经常 (經常) jīngcháng H3, S1 我~看不见她。I don't see her very often. *Je ne la vois pas très souvent.* 他~迟到。He's late frequently. *Il est fréquemment en retard.* 她把部门的~工作留给助手去做。She leaves the day-to-day running of the department to her assistant. *Elle laisse son assistant s'occuper de la gestion quotidienne du service.*

经过 (經過) jīngguò H3, S1 我碰巧~这儿，就想进来看看你。I happened to be passing, so I thought I'd call in. *Il s'est trouvé que je passais, alors j'ai eu l'idée de venir te voir.* 我直接去北京，不~上海。I'm going straight to Beijing, without going through Shanghai. *Je vais directement à Beijing, sans passer par Shanghai.* 能把事情的~告诉我吗? Can you tell me how it happened? *Peux-tu me dire ce qui s'est passé?*

经济 (經濟) jīngjì N, H4, S1 这不大~。It isn't economic. *Ce n'est pas rentable.* 大批买更~些。It's more economical to buy in bulk. *C'est plus économique d'acheter par grandes quantités.* 浦先生是~学讲师。Mr Pu is an economics lecturer. *M. Pu est professeur d'économie.* 政府为了解决目前的~危机控制了进口。The government has introduced import controls to solve the current economic crisis. *Le gouvernement a mis en place le contrôle des importations pour résoudre la crise économique actuelle.* 西方国家对该国采取了~制裁。The western nations imposed economic sanctions on the country. *Les pays occidentaux ont imposé des sanctions économiques au pays.*

经理 (經理) jīnglǐ H3, S1 您好，总~先生。Good morning, Mr the Managing Director. *Bonjour, Monsieur le Directeur Général.* 我要见~! I want to see the manager! *Je veux voir le directeur!* 他是财政~。He's the chief financial officer / the CFO. *Il est directeur administrative et financier.*

经历 (經歷) jīnglì H4, S1 他~过战斗。He has experienced military combat. *Il a fait l'expérience du combat militaire.* 她虽然遭遇到那些~，人仍然很活跃。She was still cheerful in spite of all she had gone through. *Elle était*

toujours pleine d'entrain malgré tout ce qu'elle avait enduré.

经验 (經驗) jīngyàn H4, S1 他~丰富 / 很有~。He has lots of experience. *Il a beaucoup d'expérience.* 我缺乏~ / ~不足。I lack experience. *Je manque d'expérience.* 我赔了很多钱，但至少获得了些~。I lost a lot of money but I'll just have to put it down to experience. *J'ai perdu beaucoup d'argent mais au moins ça me servira de leçon.*

经营 (經營) jīngjíng H5, S1 他~一家鞋店。He manages a shoe shop. *Il est gérant d'une boutique de chaussures.* 父母不在的时候，由她~酒吧。She runs the bar while her parents are away. *Elle tient le bar pendant l'absence de ses parents.*

京剧 (京劇) jīngjù H4, S1 我母亲常常去看~。My mother is often to the Beijing opera. *Ma mère va souvent à l'opéra de Beijing.* ~是典型的中国文化艺术。Beijing opera is the quintessential Chinese culturre and art. *L'opéra de Beijing est la culture et l'art chinois typique.*

京戏 (京戲) jīngxì S1 (= 京剧 jīngjù)

井 jǐng T, H6, S2 这口~很深。This well is very deep. *Ce puits est très profond.* 我们用的是~水。We get our water from a well. *Notre eau vient d'un puits.* 一切真能说是~~有条! All shipshape and Bristol fashing! *Tout est impeccable!*

警察 jǐngchá H4, S1 我去叫~。I'm going to the police. *Je vais à la police.* 他是个便衣~。He's a detective. *C'est un policier en civil.* 好几名~进了那座楼。Several police officers went into the building. *Plusieurs policiers sont entrés dans l'immeuble.*

景色 jǐngsè H5, S1 ~真美! What a beautiful landscape! *Quel beau paysage!* 多么迷人的~! What scenery of enchanting beauty! *Quel paysage ravissant!*

静 (靜) jìng S1 请~一~! Please be quiet! *Silence, s'il vous plaît!* 这可以让你~下心来。This will calm your nerves. *Cela te calmera.* 现在夜深人~。It is in the still of the night now. *Maintenant c'est dans le silence de la nuit.*

竟然 jìngrán H4, S2 他~还是赢了。Surprisingly, he managed to win. *Chose*

surprenante, il a quand même gagné. 她~说这是故意的。She went as far as to say it was done on purpose. *Elle est allée jusqu'à dire que c'était délibéré.*

竞选 (競選) jìngxuǎn H4 他参加了~。He stood for election / He stood as a candidate (in the election). *Il s'est présenté aux élections.* 他~总统。He's running for president / the presidency. *Il est candidat aux élections présidentielles / à la présidence.* 她取得了~的胜利。She won the election. *Elle a remporté les élections.*

竞争 (競爭) jìngzhēng H4, S2 他们什么都要~一下。There's always been a bit of competition between them. *Il y a toujours eu une petite compétition entre eux.* 我很讨厌~。I hate having to compete (with others). *J'ai horreur de la compétition.* 我们企业面临很多~者。Our company has a lot of competitors. *Notre entreprise a beaucoup de concurrents.*

镜子 (鏡子) jìngzi H4, S2 她喜欢照~。She likes looking at herself in the mirror. *Elle aime se regarder dans le miroir.* 他戴~了。He's wearing glasses now. *Il porte des lunettes maintenant.*

究竟 jiūjìng H4, S2 我不知道~会怎么样。I don't know what the outcome will be. *Je ne sais pas ce qui résultera.* 这个您~说没有说? Did you actually say that? *Vous avez vraiment dit cela?* 她~还很年轻。She's only young, after all. *Elle est jeune, c'est tout.*

九 jiǔ H1, S1 他十之八~要迟到。He's late nine times out of ten. *Il est en retard neuf fois sur dix.* 现在是三~天。Now we're in the coldest days of winter. *Maintenant nous sommes au cœur de l'hiver.* 这就是~天~地的差别。That makes all the difference. *Voilà qui change complètement les choses.*

久 jiǔ H3, S1 好~不见了! Haven't seen you for ages! *Ça fait longtemps qu'on ne s'est pas vu!* 会开了多~? --- 开了两个小时。How long was the meeting? – It lasted two hours. *Combien de temps a duré la réunion? – Elle a duré deux heures.*

酒 jiǔ S1 我不喝白~ / 烈性~，只喝葡萄~。I never drink spirits, I only drink wine. *Je ne bois jamais d'alcool; je bois seulement le vin.* ~要慢满

地喝。Go easy on the wine. *(Allez-y) doucement avec le vin.*

酒店 jiǔdiàn S1 他去~了。Ha has gone to a wine bar. *Il est allé au bar à vin.* 我德国朋友住广州大~。My German friend lives in Guangzhou Big Hotel. *Mon ami allemand habite le Grand Hôtel de Guangzhou.*

旧（舊）jiù H3, S1 我买的是~车。I bought a secondhand car. *J'ai acheté une voiture d'occasion.* ~习惯很难改。It's hard to shake off old habits. *On ne se débarrasse pas facilement de ses vielles habitues.* 我去~货市场。I'll go to the flea market. *Je vais au marché aux puces.*

救 jiù H5, S1 ~命！~命！Help! Help! *Au secours! Au secours!* 医生没能~活他。The doctors could not save him. *Les docteurs n'ont pas pu le sauver.* 他把孩子从水中~了出来。He rescued the child from drowning. *Il a sauvé l'enfant de la noyade.*

就 jiù D, H2, S1 (你)有事~不要来了。Don't come if you're busy. *Ne viens pas si tu n'as pas de temps.* 我家~在邮局对面。My house is opposite the post office. *Ma maison est juste en face du bureau de poste.* 火车还有五分钟~要开了！The train leaves in five minutes! *Le train part dans cinq minutes!*

就是 jiùshì N, S1 放心，我保密~了。Don't worry. I'm under a promise of secrecy. *Ne t'inquiète pas. J'ai promis de garder le secret.* 他说的~不错嘛。His speech was quite something. *Son discours était tout à fait remarquable.* 这~孩子也知道。Even the children knew it. *Même les enfants le savaient.*

就要 jiùyào S1 他~走了。He is about to leave. *Il est sur le départ.* 她~来了。She'll be coming. *Elle va venir.* 我们行动的时间~到了 / 我们~行动了。There comes to the point of actually doing it. *Il vient le moment de passer à l'acte.*

就业（就業）jiùyè H6, S1 他~了。He has been in employment. *Il a eu un emploi.* 如今~不容易。Nowadays it isn't easy to find a stable job. *De nos jours il n'est pas facile de trouver un emploi stable.*

桔子 júzi H3 这些~很好吃。These tangerines are delicious. *Ces mandarines sont délicieuses.* 请拿两公斤~。Two kilos of

clementines please. *Deux kilos de clémentines, s'il vous plaît.*

举（舉）jǔ H6, S1 ~起手来! Hands up! *Les mains en l'air / hauts les mains!* 您能给我们~个例子吗? Can you give us an example? *Pouvez-vous nous donner un exemple?* 我们为他们的成功~杯祝贺。We drank a toast to their success. *On a bu à leur succès.*

举办（舉辦）jǔbàn H4, S1 他们~业余电脑训练班。They run evening classes in computing. *Ils organisent des cours du soir en informatique.* 他正在新游廊~展览。He's having an exhibition at the new gallery. *Il expose à la nouvelle galerie.* 在昆明要~一个民间歌舞节。There'll be a folk music festival at Kunming. *Il y aura un festival de musique folklorique à Kunming.*

举手（舉手）jǔ shǒu S1 举起手来! Hands up! *Les mains en l'air / Hauts les mains!* 赞成的请~。Those in favour please put up their hands. *Que ceux qui sont d'accord lèvent la main.* 我举双手赞成。I'm all for it. *Je suis tout à fait d'accord.*

举行（舉行）jǔxíng H3, S1 会议(将在)晚上 8 点~。The meeting will be held at 8 pm. *La réunion aura lieu à 8 heures du soir.* 双方~了会谈。The two sides held talks. *Des discussions se sont tenues entre les deux parties.* 他为我们~了宴会。He gave us a banquet. *Il nous a offert un banquet.*

具体（具體）jùtǐ H5, S1 她谈得非常~。She spoke in very concrete terms. *Elle a parlé très concrètement.* 我们需要~的证据。We need concrete proof. *Il nous faut des preuves concrètes.* 她的计划开始~化了。Her plan was beginning to take shape. *Son projet commençait à se concrétiser.*

具有 jùyǒu S1 这是一所很~传统的学校。This school is a very traditional one. *Cette école est très traditionnelle.* 石头对那个部落~宗教意义。The stones have religious significance for the tribe. *Les pierres ont une signification religieuse pour la tribu.* 瑞士长期以来~中立的传统。Switzerland has a long tradition of neutrality. *La Suisse a une longue tradition de neutralité.*

剧场（劇場）jùchǎng S1 我们跟他们去~看戏。We're going to the theatre with them.

Nous allons au théâtre avec eux. 我在~工作。I live for the theatre. *Je vis pour le théâtre.*

拒绝（拒絕）jùjué H4, S2 她~帮助我。She refused to help me. *Elle a refusé de m'aider.* 他们~了这一法案。They threw out the bill. *Ils ont rejeté ce projet de loi.* 他们给了他一份工作，可是叫他~了。They offered him a job but he turned them down. *Ils lui ont proposé un emploi mais il a rejeté leur offre.*

距离（距離）jùlí H4, S2 离这儿还有一段~。It's quite a distance from here. *C'est assez loin d'ici.* 我同队长保持(了)一定(的)~。I'm keeping the chief at a distance. *Je tiens le chef à distance (respectueuse).*

据说（據說）jùshuō S5, S1 ~她要走了。It seems she's leaving. *Il paraît qu'elle s'en va.* 他~很阔。He is said to be rich. *On le dit riche.* 他们~撬门进去偷了三千块钱。They allegedly broke in and stole 3000 yuan. *Ils seraient entrés par effraction et auraient volé 3000 yuan.*

句 jù S1 这~话里缺动词。The verb is missing from this sentence. *Il manque verbe dans cette phrase.* 他引了一~有名的话。He quoted a famous phrase. *Il a cité une phrase très connue.* 这~话我不大懂。I can't make sense of this sentence. *Je n'arrive pas à comprendre cette phrase.*

句子 jùzi H3, S1 这个~里缺主语。The subject is missing from this sentence. *Il manqué sujet dans cette phrase.* 他引了一个有名的~。He quoted a famous phrase. *Il a cité une phrase célèbre.* 这个~我不太懂。I can't make sense of this sentence. *Je n'arrive pas à comprendre cette phrase.*

决定（決定）juédìng H3, S1 我~做。I've decided to do it. *Je me suis décidé à le faire.* 什么都还没~下来。Nothing has been decided yet. *Il n'y a encore rien de décidé.* 还剩下几点要(做出)~。There are a few points left to resolve. *Il nous reste quelques petits problèmes à résoudre.*

决赛（決賽）juésài H5, S1 他们进入~了吗？Are they in the final(s)? *Est-ce qu'ils sont en finale?* 锦标赛的~谁胜了？Who won the championship final? *Qui a gagné la finale du championnat?*

决心（決心）juéxīn H5, S1 这件事他~做。He is determined to do it. *Il est résolu à le faire.* 她显出了下定~的样子。She showed an air of determination. *Elle s'est manifestée dans l'air résolu.* 我(的)~动摇了。I have waved my resolution. *J'ai chancelé dans ma résolution.*

觉得（覺得）juéde G, H2, S2 我~不大舒服。I don't feel very well. *Je ne me sens pas très bien.* 他~很累。He feels tired. *Il se sent fatigué.* 你~新来的老师怎么样？What do you think of the new teacher? *Comment trouves-tu le nouveau professeur?*

绝对（絕對）juéde H5, S1 您~正确。You're absolutely right. *Vous avez entièrement raison.* 这个人~是个笨蛋。He's an absolute fool. *C'est un parfait imbécile.*

军队（軍隊）jūnduì H6, S1 她儿子在~里。Her son is in the army. *Son fils est dans l'armée.* ~处于戒备状态。Armed forces have been on the alert. *Les forces armées sont en état d'alerte.* 她要去~当兵了。She is going into the army. *Elle s'engage (dans l'armée).*

军人（軍人）jūnrén S1 她是(一个)~。She is in the forces. *Elle est militaire.* 他是(一个)职业~。He is a career soldier. *C'est un militaire de carrière.* 我喜欢~生活。It's my love of soldiering. *J'aime la vie militaire.*

K

咖啡 kāfēi H2, S2 您想喝(一杯)~吗？Would you like a (cup of) coffee? *Voulez-vous un café (une tasse de café)?* 我们一边喝~一边聊天。We talked over coffee. *Nous avons bavardé en prenant un café.*

卡 kǎ S1 别~我的路! Don't block my way! *Ne me barre pas le chemin!* 枯树叶把下水道~住了。The leaves blocked the sewer. *Les feuilles mortes ont bouché l'égout.*

开 (開) kāi D, H1, S1 我能~灯吗? Can I switch on the light? *Puis-je ouvrir la lumière?* 这列火车朝重庆~。 This train goes to Chongqing. *Ce train va en direction de Chongqing.* 玫瑰花还没有~。 The roses haven't flowered yet. *Les roses n'ont pas encore fleuri.*

开车 (開車) kāi//chē S1 您会~吗? Can you drive a car? *Savez-vous conduire?* ~(去)要一个小时。 It's an hour's drive away. *C'est à une heure en voiture.* 咱们~去转转。 Let's take a drive. *Allons faire un petit tour en voiture.*

开发 (開發) kāifā H5, S1 这里海岸得到了充分的~。 This coast is highly developed. *On a beaucoup construit le long de cette côte.* 这一发现将~新的研究领域。 The discovery will open up new fields of research. *Cette découverte va créer de nouveaux domaines de recherche.*

开放 (開放) kāifàng H5, S1 图书馆(从) 8 点到 20 点~。 The library is open from 8am to 8pm. *La bibliothèque est ouverte de 8 heures à 20 heures.* 这是个~的城市。 It's an open city. *C'est une ville ouverte.* 她接受了很~的教育。 She has had a liberal education. *Elle a reçu une éducation libérale.*

开会 (開會) kāi//huì S1 我们 10 点~。 We'll have a meeting at 10. *Nous aurons une réunion à 10 heures.* 经理正在~。 The manager is in a meeting. *Le directeur est en réunion.*

开机 (開機) kāi//jī S1 你手机关了。有急事，请~。 Your cell phone / mobile phone is off. It's urgent. Please turn it on. *Ton portable est fermé. C'est urgent. Allume-le.*

开始 (開始) kāishǐ G, H2, S1 这仅仅是~。 This is only the beginning. *Ce n'est que le début.* 你什么时候~做? When will you begin to do it? *Quand vas-tu commencer à / de le faire?* (天)~下雨了。 It's beginning to rain. *Il commence à pleuvoir.*

开玩笑 (開玩笑) kāi wánxiào H4, S1 他总能~ / 开个玩笑。 He's always ready with a joke. *Il a toujours le mot pour rire.* 别拿我~! Don't make fun of me! *Ne te moque pas de moi!* ~是一回事，可是你们打算怎么办呢? But seriously, what will you do? *Plaisanterie à part, qu'allez-vous faire?*

开心 (開心) kāixīn H5, S1 这次成功叫我很~。 I rejoiced in the success. *J'ai joui du succès.* 这个游戏我们昨天晚上玩儿得很~。 This game kept us happy last night. *Avec ce jeu, nous avons été contents hier soir.*

开学 (開學) kāixué S1 ~定在九月四号。 School starts again on September 4th. *La rentrée est fixée au 4 septembre.* 后天~。 The start of the school is the day after tomorrow. *La rentrée est dans deux jours.*

开业 (開業) kāiyè S1 他~当医生。 He practices medicine. *Il pratique la médecine.* 他借给了我们几千英磅~。 He lent us a couple of thousand pounds to start us off. *Il nous a prêté quelques milliers de livres pour nous aider à démarrer.*

开展 (開展) kāizhǎn H6, S1 我们要~(一场)节约能源的运动。 We have to launch a movement for practicing energy economy. *Nous devons lancer une compagne pour économiser les énergies.*

看 kàn D, H3, S1 我从窗户往外~。 I'm looking out of the window. *Je regarde par la fenêtre.* 你常常~电视吗 ? Do you often watch television? *Est-ce que tu regardes souvent la télévision?* 您~得懂 / ~得了 意大利文吗? Can you read Italian? *Savez-vous lire l'italien?* 我~不懂乐谱。 I can't read music. *Je ne sais pas lire la musique.* 我~咱们应该等等。 I am of the opinion that we should wait. *Je suis d'avis que l'on attende.* 咱们出去吗? --- 得~天气。 Are we going out? -- It depends on the weather. *Est-ce qu'on sort? -- Ça dépend du temps.* ~别给摔碎了。 Mind you don't break it. *Fais attention de ne pas le casser.*

看病 kàn//bìng S1 你得去~。 You should see a doctor. *Il faut te faire soigner.* 这个大夫给我~。 I'm under the care of this doctor. *C'est le docteur qui me soigne.*

看到 kàndào G, S1 你在那里处处可以~贫困。 Everywhere you look there is poverty. *De quelque côté que l'on se tourne, on voit la pauvreté.* 这个大教堂(你)很远就看得到。 The cathedral can be seen from a long way off. *La cathédrale se voit de loin.*

看法 kànfǎ S4, S1 这是我的基本~。 That's my main idea. *C'est mon idée principale.* 我不同

70

意他的~。I don't agree with him. *Je ne suis pas d'accord avec lui.*

看见 (看見) kànjiàn G, H1, S1 我是亲眼~的。I saw it with my own eyes. *Je l'ai vu de mes (propres) yeux.* 我什么也没~。I didn't ses anything. *Je n'ai rien vu.* 我什么也看不见。I can't see anything. *Je ne vois rien.*

看来 (看來) kànlái H6, S1 (= 看起来 kànqǐlái) 她~人不错。She seems like a nice person. *Elle semble gentille.* 那条连衣裙~对你很和身。That dress looks well on you. *Cette robe te va bien.*

看上去 kàn shàngqù S1 他~很年轻。He seems quite young. *Il semble très jeune.* ~象一只老虎。It looks like a tiger. *On dirait un tigre.*

考 kǎo S1 老师明天~我们代数。Tomorrow the teacher is examining us in algebra. *Le prof va nous examiner en algèbre demain.* 我昨天~了拉丁文。They examined me in Latin yesterday. *On m'a examiné en latin hier.* 他口试~遭了。He made a complete mess of his oral. *Il a complètement raté son oral.*

考察 kǎochá H6, S1 ~没有找到线索。Investigation turned up no clues. *Après une enquête, aucun indice n'a été découvert.* 他们决定做一次科学~。They decided to carry out a scientific investigation. *Ils ont décidé de faire une enquête scientifique.*

考虑 (考慮) kǎolù H4, S2 好好~~。Think it over (carefully). *Réfléchissez-y bien.* 我们没有~到这一(种)可能性。We hadn't considered this possibility. *Nous n'avions pas envisagé cette possibilité.* 生活费上涨也应该~到。The rising cost of living must also be taken account. *Il faut aussi prendre en compte l'augmentation du coût de la vie.*

考生 kǎoshēng S1 这项考试的~很多。There are many candidates for this exam. *Il y a beaucoup de candidats à cet examen.* 那个~作弊，受了处分。That examinee cheated and was punished to it. *Le candidat a triché et en a été puni.*

考试 (考試) kǎoshì H2, S1 他~ 不 / 没有 及格。He failed in the examination. *Il a été recalé à l'examen.* 我~及格了。I passed the examination. *Je suis reçu à / J'ai réussi à*

l'examen. 你~得了几分 / 多少分？What did you get in the exam? *Tu as eu combien à l'examen?*

考验 (考驗) kǎoyàn H6, S1 他的胆量受到了严峻的~。His courage was really put to the test. *Son courage fut sérieusement mis à l'épreuve.* 我们的友谊经受了一次~。It was a test of our friendship. *Ça a mis notre amitié à l'épreuve.*

靠 kào S1 你们把椅子~近一点儿! Move your chairs closer! *Approchez vos chaises!* 我的座位 ~ 窗口 / ~过道。My seat is near a window / on the alley. *Mon siège est près d'un hublot / sur l'allée.*

棵 kē H4, S1 我们花园里有几~树。There are some trees in our garden. *Il y a quelques arbres dans notre jardin.* 他们种了很多~洋白菜。They've planted many cabbages. *Ils ont planté beaucoup de choux.*

科 kē S1 他们是文~(大)学生。They're humanities students. *Ce sont des étudiants en lettres.* 外~怎么走？How to go to the department of surgery? *Comment aller au département de la chirurgie?* 我查查百~全书。I'm going to look in the encyclopaedia. *Je vais regarder dans l'encyclopédie.*

科技 kējì N, S1 他在(一所)~大学上学。He's studying in a university of science and technology. *Il étudie dans une université de sciences et technologies.* 他们对~着迷了。They have a passion for science and technology. *Ils ont une passion pour les sciences et technologies.*

科学 (科學) kēxué N, H4, S1 我一直对~很感兴趣。I've always been interested in science. *J'ai toujours été intéressé par les sciences.* 对他来说园艺确实是一门~。Gardening for him is quite a science. *Pour lui le jardinage est une véritable science.* 我女儿是个~工作者。My daughter is a scientist. *Ma fille est une scientifique.*

科研 kēyán S1 您搞什么样的~呢？--- 我搞遗传学的科(学)研(究)。What kind of scientific research do you do? – I've engaged in research in genetics. *Quel type de recherches scientifiques faites-vous? — Je fais des recherches en génétique.*

咳嗽 késou H4 她感冒，~了。She has a cold, she's coughing. *Elle est enrhumée, elle* *tousse.* 你~得很厉害。That's a nasty cough (you've got). *Tu as une mauvaise toux.* 这种~你应该叫人检查一下。You want to get that cough seen to. *Cette toux, te devrais te faire examiner.*

渴 kě H3, S1 我很~。I'm thirsty. *J'ai soif.* 干这个很容易~。It's thirsty work. *Ça donne soif.* 说这么多会口~。All this talking is thirsty work. *De tant parler, ça donne soif.*

可 kě D, S2 ~试一试。It's worth a try / trying. *Cela vaut la peine d'essayer.* 工作~不要分心。Keep your mind on the job. *Ne vous laissez pas distraire.* 他们轻松的态度~了我的心。Their relaxed approach suits me fine. *Leur attitude décontractée me convient tout à fait.* 他对我的计划不置~否。He was very noncommittal about my plans. *Il s'est montré très réservé à mes plans.*

可爱（可愛）kě'ài H3, S1 她父母亲是很~的人。Her parents are lovely people. *Ses parents sont des gens charmants.* 他人很~。He's a likeable person. *C'est un type sympathique.* 这是我~的祖国。It's my beloved country. *C'est ma chère patrie.*

可靠 kěkào H5, S1 我的记忆不~。My memory isn't reliable. *Je n'ai pas bonne mémoire.* 她是个~的人。She's a trustworthy person. *C'est une personne de confiance.*

可怜（可憐）kělián H4, S2 他叫人~。It's pitiful to see him. *Il fait pitié.* 我很~他们。I feel great pity for them. *J'ai beaucoup de pitié pour eux.* 她的处境很~。She was in a pitiable state. *Elle était dans un état à faire pitié.*

可能 kěnéng G, N, H2, S1 有这种~。It's a possibility. *C'est une possibilité.* 他不大~在那儿。It's hardly probable that he will be there. *Il est peu probable qu'il soit là.*

可怕 kěpà H5, S1 这个孩子真~! What a dreadful child! *Cet enfant est insupportable!* 他丑得~。He is frightfully ugly. *Il est laid à faire peur.*

可是 kěshì G, H4, S1 她回家时很累，~很高兴。She came home tired but happy. *Elle est rentrée fatiguée mais heureuse.* ~有其他更重要的事情。There are more important matters, however. *Il y a des problèmes plus importants, pourtant.*

可惜 kěxī H4, S2 真~! What a pity! *Quel dommage!* 我非常为他们~。I feel great pity for them. *J'ai beaucoup de pitié pour eux.* 你要是不喜欢，那实在太~了。If you don't like it, that's just too bad. *Tant pis pour toi si tu n'aimes pas.*

可以 kěyǐ G, N, H2, S1 我~进来吗？--- 当然~。May I come in? – Of course you may. *Puis-je entrer? – Bien sûr, je vous en prie.* 还~。It's passable. *Ce n'est pas si mauvais.* 我今天忙得真~。I've had a really busy day. *J'ai eu une journée vraiment occupée.*

刻 kè (量) H3, S1 八点一~了。It's a quarter past eight. *Il est huit heures et quart.* 现在十点差一~ / 差一~十点。It's a quarter to ten. *Il est dix heures moins le quart.* 此~，他来了。He came at this (very) moment. *Il est venu à ce moment même.*

刻 kè (动) H3, S1 您能给我~一个图章吗？Could you engrave a seal for me? *Pourriez-vous graver un seau pour moi?* 他用木头~出来了一匹马。Ha carved a horse from the wood. *Il a sculpté un cheval dans le bois.*

课（課）kè H2, S1 我现在去上~。I'm going to take a class now. *Je vais prendre un cours maintenant.* 她给我们上~。She teaches us. *Elle nous donne des cours.* 这一~我还不太懂。I haven't assimilated the lesson yet. *Je n'ai pas encore bien assimilé la leçon.*

课本（課本）kèběn S1 我的物理~在哪儿? Where's my textbook on physics? *Où se trouve mon manuel de physique?* 学校借给我们~。The school lends us textbooks. *L'école nous prête des manuels scolaires.*

课程（課程）kèchéng H5, S1 这是数学~。It's the maths curriculum. *C'est le programme de maths.* 今年中文~难不难? Is the Chinese syllabus hard this year? *Est-ce que le programme de chinois est dur cette année?*

课堂（課堂）kètáng S1 我们的~换了 / 我们换了~。Our classroom has been changed. *Notre salle de classe a été changée.*

课文（課文）kèwén S1 这篇~相当难。This text is quite difficult. *Ce texte est assez difficile.* 马克，请念~第三段。Mark, read the 3rd paragraph of the text please. *Mark, lis le 3e paragraphe du texte, s'il te plaît.*

克 kè H5, S1 一公斤 (有 / 是) 一千~。 There are 1000 grams in a kilogram. *Il y a 1000 grammes pour un kilogramme.* 每个人大约需要一百~。 You need about a hundred grams per person. *Il faut à peu près cent grammes par personne.*

克服 kèfú H5, S1 你~不了这个困难吗? Can't you overcome that difficulty? *Tu ne peux pas surmonter cette difficulté?* 这里生活不很方便, 咱们~点儿吧。 The life here is not very easy, and we'll have to put up with it. *La vie ici n'est pas très facile, et il faut l'accepter.*

客观 (客觀) kèguān H5, S1 咱们看问题~点儿。 Let's be objective. *Voyons les choses objectivement.* 他写的那些报道都很~。 He is very objective in his reporting. *Ses reportages sont très objectifs.*

客人 kèrén H3, S1 昨天晚上我请了几个~吃饭。 I invited some people to dinner last night. *J'ai invité des gens à dîner hier soir.* 他是我们尊敬的~。 He is our guest of honour. *Il est notre invité d'honneur.*

客厅 (客廳) kètīng H3, S2 朋友们在~里。 Our friends are in the sitting room. *Nos amis sont dans le salon.* 他们有一个大~和一个小厨房。 They have a big living room and a small kitchen. *Ils ont un grand salon et une petite cuisine.*

肯定 kěndìng H4, S1 他~了这一事实。 She affirms that it's the truth. *Elle affirme que c'est la vérité.* 请给我一个~的答复。 Please give me a definite / positive answer. *Veuillez me donner une réponse précise / affirmative.* 我~来。 I will certainly come. *Je viendrai, c'est sûr.*

空 kōng S1 房子里~~的 / ~无一人。 The house was empty of people. *La maison était vide.* 你不应该~着肚子跑步。 You shouldn't run on an empty stomach. *Tu ne devrais pas courir à jeun.* 他把兜儿的东西掏~了放在桌子上。 He emptied the contents of his pockets out on to the table. *Il a vidé le contenu de ses poches sur la table.*

空气 (空氣) kōngqì H6, S1 这里~不流通。 It's stuffy in here. *On manque d'air ici.* 这个城市~污染严重。 The air is much polluted in

this city / town. *L'air est très pollué dans cette ville.*

空调 (空調) kōngtiáo H3, S1 每个房间都有~。 There's air-conditioning in every room. *Il y a la climatisation dans toutes les pièces.*

恐怕 kǒngpà H4, S2 我~ / ~我 来不了。 I'm afraid I won't be able to come. *Je regrette de ne pouvoir venir.* ~他们忘了。 Perhaps they've forgotten. *Ils ont peut-être oublié.* 再加点儿茶? --- 我~喝不了了, 谢谢。 More tea? – I don't think I will, thank you. *Encore un peu de thé ? – Non merci, je ne pense pas.*

空儿 (空兒) kòngr S1 有~到我这儿来。 Come over when you have time. *Viens chez moi quand tu auras du temps.* 两行间要留一些~。 You must leave a little space between two rows. *Il faut laisser un espace entre deux lignes.*

口 kǒu H3, S1 吃一~, 尝一尝。 Just a mouthful to taste. *Juste une bouchée pour goûter.* 我(是)听他亲~说的。 I had it from his own lips. *Je l'ai appris par sa propre bouche.* 大夫: 请张开 ~。 Doctor: Please open your mouth. *Docteur: Ouvrez la bouche s'il vous plaît.* --- 你家有几~人? --- 四~人。 How many members are there in your family? – Four. *Combien de membres y a-t-il chez toi? – Quatre.*

哭 kū H3, S1 别~, 不要紧。 Don't cry, it doesn't matter. *Ne pleure pas, ce n'est pas grave.* 她差点儿(没)~出来。 She was on the verge of tears. *Elle était sur le point de pleurer.* 他去父母那儿~穷。 He went to his parents asking for money. *Il est allé pleurer misère chez ses parents.*

苦 kǔ S1 这种咖啡真~。 This coffee is really bitter. *Ce café est vraiment amer.* 我~ ~求您, 就饶他一条命吧。 Spare his life, I entreat you insistently. *Epargnez sa vie, je vous en conjure instamment.* 嘿, 别~我了! Come on, don't give me hard time! *Allez, laisse-moi tranquille!*

裤子 (褲子) kùzi H3, S2 我需要一条新~。 I need some new trousers. *Il me faut un pantalon neuf.* 我不喜欢这条短~, 太小了。 I don't like these shorts, they're too small. *Je n'aime pas ce short, il est trop petit.*

块 (塊) kuài H1, S1 多少钱? --- 五~七毛三。 How much is it? -- Five yuan seven mao and three (centimes). *Combien ça coûte? – Cinq yuan sept mao et trois (centimes).* 我要一~面包。I'd like to have a piece of bread. *Je voudrais (avoir) un morceau de pain.*

快 kuài H2, S1 你走得很~。You're a fast walker. *Tu marches vite.* 我尽~做。I'll do it as quick as possible. *Je le ferai aussi vite que possible.* 她很~地看了看今天的晨报。She had a quick look at the papers this morning. *Elle a lu rapidement les journaux de ce matin.* 我~做完了。I've almost finished. *J'ai bientôt fini.*

快餐 kuàicān S1 时间不多了，吃(个)~吧。We don't have much time. Let's eat a snack. *On n'a pas beaucoup de temps. Mangeons un casse-croûte.* 咱们到~馆去吧! We could go to a fast-food restaurant. *On pourrait aller dans un fast-food.*

快乐（快樂） kuàilè H2, S1 她总那么 ~ / 快快乐乐的。She's always cheerful. *Elle est toujours de bonne humeur.* 生日~! Happy birthday! *Joyeux anniversaire!* 那是件很~的事儿。That was a joyful event. *C'était un événement joyeux.*

快速 kuàisù S1 他们~步行前进。They're walking at full speed. *Ils marchent à toute allure.* 那是支~部队。That was a mobile troop. *C'était une troupe mobile.*

快要 kuàiyào S1 冬天~到了。Winter was drawing near. *On approchait de l'hiver.* 她~四十(岁)了。She will soon be forty. *Elle aura bientôt quarante ans.* 我~把报告写完了。I'll have finished my report before long. *J'aurai fini mon rapport sous peu.*

筷子 kuàizi H3, S1 中国人用~吃饭。Chinese eat with chopsticks. *Les chinois mangent avec des baguettes.* 我不会用~吃饭。I can't eat with chopsticks. *Je ne sais pas manger avec des baquettes.*

宽（寬） kuān H4, S2 你知道这有多~吗? Do you know how wide it is? *En connais-tu la largeur?* 这条路十米~。The road is 10 metres broad. *La route a 10 mètres de large.* (把)心放~点儿! 我可不想伤害你。Relax! I'm not going to hurt you. *Détends-toi, je ne vais pas te faire mal!*

困 kùn H4, S1 我~了。I feel sleepy. *J'ai sommeil.* 他叫病~住了。He is afflicted with a disease. *Il souffre d'une maladie.* 他们被敌军~住了。They were surrounded by enemy soldiers. *Ils étaient encerclés par des troupes ennemies.*

困难（困難） kùnnan H4, S1 他们有~。They're in difficulty / difficulties. *Ils sont en difficulté.* 这不会有什么~。There will be no difficulty about that. *Cela ne fera pas de difficulté.* 我们有 财政 / 经济 ~。We are in financial difficulties. *Nous avons des difficultés financières.*

扩大（擴大） kuòdà H4, S2 郊区不断~。The suburbs never stop growing. *La banlieue s'agrandit sans cesse.* 他们想把企业~成跨国公司。They want to expand their company into a multinational. *Ils veulent agrandir leur société pour en faire une multinationale.* 这一法律的行使范围~了。The scope of the law was extended. *Le champ d'action de cette loi a été élargi.*

L

拉 lā H4, S1 她进来后把门~上了。She came in and pulled the door shut behind her. *Elle est entrée et a fermé la porte derrière elle.* 我有困难的时候，他~了我一把。When I was in difficulty, he gave me a helping hand. *Quand j'étais en difficulté, il m'a donné un coup de main.*

辣 là H4, S2 我不喜欢太~的菜。I don't like dishes that are too spicy. *Je n'aime pas les plats trop pimentés.* 印度菜不都是~的。Not all Indian food is hot. *La cuisine indienne n'est pas nécessairement épicée.*

来（來） lái D, H1, S1 到这儿~。Come here. *Venez ici.* 我~了! Coming! *J'arrive.* 我跑~跑去忙了一整天。I've been rushed off my feet all day. *J'ai passé ma journée à courir à droite et à gauche.*

来不及（來不及） láibují H4, S2 不快点儿就~了。There's no time to be lost anymore. *Il n'y a plus de temps à perdre.* 我作这个~了。I have no time to do it. *Je n'ai pas le temps de le faire.*

来到 (來到) láidào S1 春天~了! Spring is coming! *Le printemps arrive!* 你们终于~了。So you are at last. *Enfin, vous voilà.*

来得及 (來得及) láidejí H4, S2 赶快走，还~。Let us go at once while there's still time. *On y va tout de suite, et il est encore temps.* 为您我做什么都~。I can always make time for you. *Pour vous je suis toujours là.*

来自 láizì H5, S1 这个字~拉丁文。This word comes from Latin. *Ce mot vient du latin.* 我们都是~五湖四海。We hail from all corners of the country. *Nous venons de tous les coins du pays.*

蓝 (藍) lán H3, S1 天空~~的。The sky is entirely blue. *Le ciel est tout bleu.* 他们穿着~衣服。They're dressed in blue. *Ils sont habillés en bleu.*

蓝色 (藍色) lánsè S1 ~对她很合适。Blue suits her. *Le bleu lui va bien.* 他们穿着~的衣服。They're dressed in blue. *Ils sont habillés en bleu.*

篮球 (籃球) lánqiú S1 咱们去打~! Let us go and play basketball. *Allons jouer au basket.* 他们是~运动员。They're basketball players. *Ils sont basketteurs.*

懒 (懶) lǎn H4, S2 真~ / 真是个~汉! What a layabout! *Quel fainéant!* 这个学生很~。He's a very lazy pupil. *C'est un élève très paresseux.* 他那个姿势真~。He's keeping a languid posture. *Il se tient dans une pose pleine d'indolence.*

浪费 (浪費) làngfèi H4, S1 你怎么这么~呀! How you waste things! *Qu'est-ce que tu gaspilles!* 他~我的时间和金钱。He wastes both my time and my money. *Il me fait gaspiller mon temps et mon argent.*

浪漫 làngmàn H4, S2 她是位年轻~的女人。She's a romantic young woman. *C'est une jeune femme romantique.* 他是个永久的~者。He's an incurable romantic. *C'est un éternel romantique.* 他们曾~地依恋过。They had a romantic attachment. *Ils ont eu une liaison amoureuse.*

劳动 (勞動) láodòng H5, S1 他干体力~。He does manual labour. *Il fait du travail manuel.* 手工业需要大批~力。The craft industry is very labour-intensive. *L'artisanat nécessite une main-d'œuvre considérable.*

老 lǎo (形) (1) H3, S1 他是我的~朋友。He's an old friend of mine. *Il est mon vieil ami.* 我觉得他~多了。I found him greatly aged. *Je l'ai trouvé bien vieilli.* 活到~，学到~。You live and learn. *On apprend à tout âge.*

老 lǎo (副) (2) H3, S1 你什么时候回来? 妈妈~惦记着你。When will you come back? Mum was always thinking of you. *Quand rentreras-tu? Maman pensait sans arrêt à toi.* 她~埋怨(个没完)。She's always complaining. *Elle est toujours en train de se plaindre.*

老 lǎo (称呼) (3) H3, S1 我们有三个孩子，~大十五了，~二刚十三，~三才八岁。We have three children, the oldest is fifteen, the second is just twelve and the youngest only eight. *Nous avons trois enfants, l'aîné a quinze ans, le deuxième vient d'avoir 12 ans et le dernier a seulement huit ans..* 小王可不是~马的对手。Xiao Wang is no match for Lao Ma. *Xiao Wang n'est pas à la hauteur de Lao Ma.*

老百姓 lǎobǎixìng H5, S1 一些城里的~要见您。There are some townspeople who want to see you. *Il y a des gens de la ville qui demandent à vous voir.* 他们都是~，不是当官的。They're not government officials, but ordinary folk. *Ils ne sont pas de hauts fonctionnaires, mais des gens simples.* 这出戏~很欢迎。This opera is popular with the man in the street. *Cette pièce d'opéra est très populaire parmi les gens de la rue.*

老板 (老闆) lǎobǎn H5, S1 他是旅店~。He's a hotel proprietor. *Il est patron d'hôtel.* 他老婆才是~。It's his wife who is the boss. *C'est sa femme qui porte la culotte.*

老虎 lǎohǔ H4 他打起架来像只~。He fought like a tiger. *Il s'est battu comme un tigre.* 马戏演出里我们看见有~。We saw some tigers at the circus. *On a vu des tigres au cirque.*

老年 lǎonián S1 这个团体主要是~人。This community is made up primarily of old people. *Cette communauté est constituée essentiellement de personnes âgées.* 他为自己的~积蓄。He's saving for his old age. *Il économise pour ses vieux jours.*

老人 lǎorén S1 那位~是我奶奶。That old lady is my grand-mother. *La vieille dame là-bas est ma grand-mère.* ~家，您好! Good morning, granddad / grandma! *Bonjour, grand-père / grand-mère!*

老师 (老師) lǎoshī G, H1, S1 她是我的法文~。She's my French teacher. *Elle est mon professeur de français.* 他当~了。He has become a teacher. *Il est entré dans l'enseignement.*

老是 lǎoshì S1 今年~下雨! It's always raining this year! *Il pleut toujours cette année.* 他~迟到! He's always late. *Il est toujours en retard.*

老太太 lǎotàitai S1 那位~是我奶奶。That old lady is my grand-mother. *La vieille dame là-bas est ma grand-mère.*

老头儿 (老頭兒) lǎotóur S1 那个~很会武术。That old man knows quite well how to practice martial arts. *Cette Vielle personne-là sait bien pratiquer les arts martiaux.*

乐 (樂) lè S1 你~什么呀? What are you laughing at? *De quoi ris-tu?* 小温助人为~。Xiao Wen finds pleasure in helping others. *Xiao Wen aime aider les autres.*

乐观 (樂觀) lèguān H5, S1 你应该~。You could be a bit more optimistic. *Tu pourrais être un peu plus optimiste.* 她是个~派。She always looks on the bright side / is an eternal optimist. *C'est une éternelle optimiste.*

了 le D, H1, S1 下雨~! It's raining! *Il pleut!* 我问~他一个问题。I've asked him a question. *Je lui ai posé une question.* 她走~，我没有走。She has gone, but I haven't. *Elle est partie, mais pas moi.*

累 lèi H2, S1 我觉得很~。I feel tired. *Je me sens fatigué.* (真把)我 ~死了 / ~得要死。I'm tired out. *Je suis mort de fatigue.* 我眼睛看~了。My eyes are tired. *J'ai les yeux fatigués.* 这种不停的嘈杂声真~人。That endless buzzing is very annoying. *C'est fatigant, ce bourdonnement incessant.*

类 (類) lèi H5, S1 他们是同一~(的人)。They're in the same category. *Ils sont dans la même catégorie.* 这棵树属于哪一~? What kind of tree is this? *Quelle sorte d'arbre est-ce?*

类似 (類似) lèisì H6, S1 您的情况与我的情况很~。Your case is similar to mine. *Votre cas est semblable au mien.* 其他顾客也有~的问题。Other customers have had similar problems. *D'autres clients ont eu des problèmes similaires.*

冷 lěng H1, S1 我很~。I'm cold. *J'ai froid.* 她手~。Her hands are cold. *Elle a les mains froides.* 我脚~。My feet are cold. *J'ai froid aux pieds.* 这儿太~了，咱们生火吧。It's cold here. Let's make a fire. *Il fait froid ici. On fera du feu.*

冷静 (冷靜) lěngjìng H4, S2 老王总那么~。Lao Wang is always cool-headed. *Lao Wang est toujours de sang-froid.* 他尽力保持~。He tried to keep calm. *Il a essayé de garder son calme.* 这条消息使她~了下来。This news sobered her. *Cette nouvelle l'a dégrisée.*

离 (離) lí H2, S1 她~家已经三年了。She's been away from home for three years. *Elle a quitté sa famille depuis trois ans.* 车站~这儿(有)两公里。The railway station is two kilometres from here. *La gare est à deux kilomètres d'ici.*

离婚 (離婚) líhūn H5, S1 你应该跟他~。You should divorce him. *Tu devrais divorcer d'avec lui.* 他们正在~。They're getting a divorce. *Ils ont demandé le divorce.* 他们是几年前~的。They got divorced a few years ago. *Ils ont divorcé il y a quelques années.*

离开 (離開) líkāi H3, S1 我五点~办公室。I leave the office at 5 o'clock. *Je quitte le bureau à 5 h.* 他~家有三天了 / 三天前~了家。He has left the house for three days. *Il a quitté la maison depuis trois jours.*

里 (裡) lǐ G, H1, S1 一公里等于二~。A kilometer is equal to two li. *Un kilomètre est égale à deux li.* 她回到了屋~。She went back into her room. *Elle est rentrée dans sa chambre.* 他手~拿着一本书。He's holding a book in his hand. *Il tient un livre à la main.*

里边 (裡邊) lǐbian S1 ~是空的。It's hollow inside. *C'est creux à l'intérieur.* 他在人群~。He's in the crowd. *Il est dans la foule.* 到~去玩儿。Go and play inside. *Va jouer à l'intérieur.* 这个盒子~是糖。It's a box with sweets in it. *C'est une boîte avec des bonbons dedans.*

里面 (裡面) lǐmiàn S1 (= 里边 lǐbian)

里头 (裡頭) lǐtou [口] S1 (= 里边 lǐbian)

礼貌 (禮貌) lǐmào H4, S2 她不 讲 / 懂 ~。 She has no manners. *Elle n'a aucune éducation.* 这样反驳不~! It's rude to answer back! *Ce n'est pas poli de répondre.* 至少要~地道 个歉。 At least have the courtesy to apologize. *Aie au moins la courtoisie de s'excuser.* 讲~的人 不用这个词。 This word is not used in polite society. *Ce mot ne s'utilise pas chez les gens bien élevés.*

礼物 (禮物) lǐwù H3, S2 我买的是(要 送人的)~。 It's for a present. *C'est pour offrir.* 这 是给你的~! Here's a little present for you! *Tiens, cadeau!* 你生日得到了什么~? What did you get for your birthday? *Qu'est-ce que tu as eu pour ton anniversaire?*

理 lǐ D, S1 你没有~。 You're being unreasonable. *Tu n'es pas raisonnable.* 他说的有 些~。 There's some truth in what he says. *Il y a du vrai dans ce qu'il dit.* 我们有~怀疑他撒谎。 We have reason to believe he is lying. *Nous avons de bonnes raison de croire qu'il ment.*

理发 (理髮) lǐ//fà H4, S2 我需要~。 I need a haircut. *J'ai besoin de me faire couper les cheveux.* 米夫人去~了。 Mrs Mi has gone to the hairdresser's. *Mme Mi est allée chez le coiffeur.* 我很喜欢你理的发。 I like your haircut. *J'aime bien ta coupe (de cheveux).*

理解 lǐjiě H4, S1 我完全~你。 I understand you completely. *Je te comprends parfaitement.* 这句话有几种~方式。 This sentence can be understood in several ways. *Cette phrase peut s'interpréter de plusieurs façons.* 他们非常尴尬, 这是可以~的。 They were, understandably (enough), deeply embarrassed. *Ils étaient profondément gênés, ce qui se comprend parfaitement.*

理论 (理論) lǐlùn H5, S1 要把~和实 践结合起来。 You must combine theory with practice. *Il faut combiner la théorie et la pratique.* 讲大~没用, 应该做一个决定。 It's no use theorizing, we have to make a decision. *Ça ne sert à rien de faire de grandes théories, il faut qu'on prenne une décision.*

理想 lǐxiǎng H4, S1 这是最~的! It's ideal! *C'est l'idéal!* 你自己做是最~的。 The best thing would be to do it yourself. *L'idéal, ça serait que tu le fasses toi-même.* 这(是)些对生活没有~的年 轻人! All these young people with no ideal in life! *Tous ces jeunes sans idéal!*

理由 lǐyóu H5, S1 这一次算你有~! For once, you're right! *Pour une fois, tu as raison!* 这 更加强了进行改革的~。 This has strengthened the case for reform. *Cela a renforcé les arguments en faveur de la réforme.*

立刻 lìkè H5, S1 ~来! Come immediately! *Viens tout de suite!* 我~就去。 I'll go right away. *J'y irai sur-le-champ.* 新措施~生效。 The new measure comes into immediate effect. *La nouvelle disposition prend effet immédiatement.*

历史 (歷史) lìshǐ H3, S1 这是~了, 就别提了! That's (ancient) history, don't talk it anymore! *Ça, c'est une vieille histoire, n'en parlons plus!* 他是~老师。 He's a history teacher. *C'est un professeur d'histoire.* 两国(间)的文化联 系有很长的~。 There is a long history of cultural links between the two countries. *Il existe une longue tradition de liens culturels entre les deux pays.*

厉害 (厲害) lìhai H4, S2 这着棋十分 ~。 That's a devastating move. *C'est un coup foudroyant.* 她这张嘴可~了。 She has a sharp tongue. *Elle a la langue bien affilée.*

利用 lìyòng H5, S1 我们重新~空瓶子。 We recycle empty bottles. *Nous recyclons les bouteilles vides.* 学校越来越多地~声像设备。 Schools are making increasing use of audio-visual aids. *Les écoles se servent de plus en plus de supports audiovisuels.* 别再想~我了! You're taking advantage of me, that's all! *Tu profites de moi, c'est tout!*

力 lì S1 我们人~不够。 We don't have the necessary manpower. *Nous ne disposons pas des effectifs nécessaires.* 她是(付出)全~工作的。 She put all her effort into her work. *Elle s'est jetée corps et âme dans son travail.* 他 不 / 没有 费~ 就找到了我们。 He made no effort to contact us. *Il n'a fait aucun effort pour nous joindre.*

力量 lìliàng H5, S1 团结就是~。 Unity is strength. *L'union fait la force.* 她完全是靠意志的 ~搞成的。 She managed it through sheer force of will. *Elle y est arrivée uniquement à force de volonté.*

力气 (力氣) lìqi H4, S2 你要留下些~。You must keep your strength. *Il faut garder tes forces.* 花些~帮助我们。Well, make some effort to help. *Fais un petit effort pour nous aider.* 橄榄球是很花~的运动。Rugby is a very physical sport. *Le rugby est un sport dans lequel il y a beaucoup de contacts physiques.*

例如 lìrú H4, S1 咱们这几天去吧，~星期天去。Let's go one of these days, for example on Sunday. *On y va un de ces jours, par exemple dimanche.* 大家都很生气，~我吧。Everybody was angry, such as me. *Tout le monde était en colère, comme moi par exemple.*

例子 lìzi S1 咱们举一个具体的~。Let's take an actual example / instance. *Prenons un exemple / un cas concret.* 我能找出很多原因。---能举个~吗? I can think of lots of reasons. – Such as? *Je vois beaucoup de raisons. – Comme quoi par exemple?*

俩 (倆) liǎ H4, S1 他们~离不开。Those two are inseparable. *Ces deux-là, ils sont inséparables.* 他们~一个样。They're two of a kind. *Ils sont du même genre.* 只这么~人干不了。These so few people can hardly cope. *On est trop peu de gens pour s'en sortir.*

连 (連) lián H4, S1 他们的房间~着我的。They had rooms adjoining mine. *Leurs chambres étaient contiguës à la mienne.* 她~打了三个电话。She made three phone calls in succession. *Elle a passé trois coups de fil de suite.*

连忙 (連忙) liánmáng H5, S1 他~做了。He did it promptly. *Il l'a fait rapidement.* 她~走了。She hastened away. *Elle s'est hâtée de partir.* 为什么这么连连忙忙的? Why all this haste? *Pourquoi tant de précipitation?*

连续 (連續) liánxù S1 雨~下了一个星期。It rained continuously for a week. *Il a plu continuellement pendant une semaine.* 他们~第三次获得了冠军。They won the championship for the third time in a row. *Ils ont remporté le championnat pour la troisième fois de suite.*

连续剧 (連續劇) liánxùjù H5, S1 他喜欢的那个~, 一集都没少看过。He never missed an episode of his favourite serial. *Il n'a jamais raté un épisode de son feuilleton préféré.* 她曾看所有的美国~。She used to watch all the American soaps. *Elle avait regardé tous les feuilletons sentimentaux américains.* 我喜欢看那个英国侦探~。I like watching that British detective series. *J'aime regarder cette série policière anglaise.*

联合 (聯合) liánhé H5, S1 咱们~行动! Let us act jointly! *Agissons solidairement!* ~起来反对共同的敌人! Let us unite against a common enemy! *Unissons-nous contre un ennemi commun!* 英国当时是~政府。It was a coalition government in Great Britain. *C'était un gouvernement de coalition en Grande Bretagne.*

联合国 (聯合國) liánhéguó S1 ~是 1945 成立的。United Nations was established in 1945. *Les Nations-Unies a été établie / ont été établies en 1945.* ~1948 年发布了人权普遍宣言。The United Nations proclaimed the Universal Declaration of Human Rights in 1948. *Les Nations Unies ont publié la Déclaration universelle des droits de l'homme en 1948.*

联系 (聯係) liánxì H4, S1 我们跟邻居没什么~。We don't have much contact with our neighbours. *Nous n'avons pas beaucoup de contacts avec nos voisins.* 两个系统是~在一起的。The two systems have been integrated. *On a combiné les deux systèmes.*

脸 (臉) liǎn H3, S1 这副~! What a face! *Quelle tête!* 我再没~见她了。I shall never be able to look her in the face again. *Je ne pourrai jamais plus la regarder en face.* 她满~通红。She blushed to the roots of her hair. *Elle a rougi jusqu'aux oreilles.* 他突然变了~。His expression suddenly changed. *Il a soudain changé de visage.*

练 (練) liàn S1 他 ~得很好 / ~得很不够。He is highly / poorly trained. *Il est très bien / peu entraîné.* 老王鼓励我~柔道。Lao Wang encouraged me to do judo. *Lao Wang m'a encouragé à faire du judo.* 小田喜欢~毛笔字。Xiao Tian likes practicing calligraphy. *Xiao Tian aime s'exercer à la calligraphie.*

练习 (練習) liànxí H2, S1 我~得不够。I don't get much practice. *Je ne m'entraîne pas souvent.* 他们每天~两个小时。They do 2 hours' practice a day. *Ils s'entraînent deux heures par jour.* 语法~你做完了吗? Have you finished your grammar exercises? *As-tu fini tes exercices de grammaire?*

凉（涼）liáng S1 天越来越~了。It's getting cool. *Le temps se rafraîchit.* 咖啡要~了。That coffee will be cold by now. *Ce café va être froid maintenant.* 她听到消息就~了半截。Her heart sank at the news. *A cette nouvelle son cœur s'est serré.*

凉快（涼快）liángkuai H4, S1 今天天气很~。It's nice and cool today. *Le temps est agréablement frais aujourd'hui.* 到树阴下面去~一下吧！How about sitting in the shade for a breath of (fresh) air? *Si on allait prendre un peu le frais à l'ombre (des arbres)?*

量 liáng S1 我~出了一斤面粉。I measured out a pound of flour. *J'ai mesuré une livre de farine.* 我能为您~一下尺寸吗？May I take your measurements? *Puis-je vous mesurer?* 他为了做西服~了我的尺寸。He measured me for a suit. *Il a pris mes mesures pour me faire un costume.*

两（兩）liǎng (数) (1) H2, S1 有~个。There are two (of them). *Il y en a deux.* 这样我们就是~个人。That makes two of us. *On est deux.* 我想讲~句。I'd like to say a few words. *J'ai deux mots à dire.* 他爷爷参加了~万五千里长征。His grandpa took part in the Long March of 25,000 li (or 12,500 kilometres). *Son grand-père a participé à la Longue Marche de 25 000 li (ou 12 500 kilomètres).*

两（兩）liǎng (量) (2) H2, S1 他喝了二~白酒。He's drunken two liang (100 grams) of alcohol. *Il a bu deux liang (100 grammes) d'alcool.*

两个（兩個）liǎnggè G 这~我都要。I'll take both. *Je vais prendre les deux.* 你不孤单，加我咱们~人。That makes two of us. *Vous n'êtes pas le seul, c'est pareil.* 那~学校在同一个村里。both schools are in the same village. *Les deux écoles sont dans le même village.*

两国（兩國）liǎngguó N 我们~关系紧张 / 友好 。Relations between our two countries are strained / friendly. *Les relations entre nos deux pays sont tendus / amicales.* ~总理签订了一个商业条约。The prime ministers of the two countries signed a commercial treaty. *Les premiers ministres des deux pays ont signé un traité commercial.*

亮 liàng H4, S1 天~了。It's light already. *Il fait jour.* 今晚月亮很~。The moon is shining tonight. *Il y a un clair de lune ce soir.* 这部电影叫人对问题心明眼~。The film was very enlightening about the subject. *Le film en apprenait beaucoup sur le sujet.*

辆（輛）liàng H3, S1 他买了~新车。He bought a new car. *Il a acheté une nouvelle voiture.* 这(~自行车)是~赛车。It's a racing bike. *C'est un vélo de course.* 小心，来了~卡车。Be careful, here comes a lorry / a truck! *Attention, un camion vient par ici!*

聊天儿（聊天兒）liáo//tiānr H4, S2 他跟旁边的一个人~。He was chatting to the man next to him. *Il bavardait avec l'homme qui était à côté de lui.* 我们~聊了很长时间。We had a long chat. *Nous avons bavardé longtemps.*

了解 liǎojiě H3, S1 你不~我！You don't know me! *Tu me connais mal!* 我对这个地区很~。I know the area very well. *Je connais très bien la région.* 我对事实有充分的~。I'm fully acquainted with the facts. *Je suis tout à fait au courant des faits.* 他们~西方的文化吗？Do they understand western culture? *Est-ce qu'ils comprennent la culture occidentale?*

邻居（鄰居）línjū H3, S2 他是(住)隔壁的~。He's the next-door neighbour. *C'est le voisin d'à côté.* 他们是住我楼 上 / 下 的~。Those are the people upstairs / downstairs from me. *Ce sont mes voisins du dessus / dessous.* 她是爱讲~闲话的长舌妇。She's the neighbourhood gossip. *Elle est la commère du voisinage.*

零 | O líng H1, S1 比分是二比~。The score is two (goals to) nil / zero. *Le score est deux buts à zéro.* 我得了个~分儿。I got (a) nought. *J'ai eu zéro.* 温度表(是) ~度 / ~下四度。The thermometer is at zero / four below zero. *Le thermomètre est à zéro / à quatre au-dessous de zéro.*

领（領）lǐng S1 他抓住了我的~子。He seized me by the collar. *Il m'a attrapé par le col.* 她~我们参观了公司。She showed us round the premises of the company. *Elle nous a fait visiter les locaux de la société.* 他~养老金。He draws a pension. *Il touche une retraite.*

领导（領導）lǐngdǎo N, H5, S1 这个事业他~得不好。He mismanaged the business. *Il a mal dirigé l'entreprise.* 她很容易~。She is easily led. *Elle va comme on la mène.* 他是党的~人。He leads the party. *Il est chef du parti.*

领先（領先） lǐng//xiān H6, S1 他比别人~。He is taking the lead over the others. *Il prend le pas sur les autres.* 英国文学她(成绩)~。She was first in English Literature. *Elle était première en littérature anglaise.* 我们是~到的。We were the very first to arrive. *Nous sommes arrivés les tout premiers.*

另外 lìngwài H4, S1 不是他，是~那个。It's not him, it's the other one. *Ce n'est pas lui, c'est l'autre.* 这完全是~一回事。That's quite another matter. *C'est tout autre chose.* ~的人都看见了。Other people have seen it. *D'autres l'ont vu.*

另一方面 lìng yì fāngmiàn S1 我一方面想去医院看他，~又怕影响他休息。On the one hand I wanted to visit him in hospital; on the other, I didn't want to disturb his rest. *D'un côté, je voulais bien aller le voir à l'hôpital ; de l'autre, je ne voulais pas déranger son repos.*

留 liú T, H4, S1 请~在座位上。Please remain seated. *Veuillez rester assis.* 你可以把我借给你的书~下来。You can keep the book I lent you. *Tu peux garder le livre que je t'ai prêté.* 她~着 长头发 / 短头发。She has long / short hair. *Elle a les cheveux longs / courts.*

留下 liúxia S1 您能~(来)吃晚饭吗? Would you like to stay for dinner? *Voulez-vous rester dîner?* 我那个兄弟给他们~了很好的印象。They got a good impression of my brother. *Mon frère leur a fait bonne impression.* 战后~了很多孤儿。There were many war orphans. *Il y avait beaucoup de pupilles de la Nation.*

留学（留學） liú//xué H4, S1 我想去西班牙~。I want to go to study in Spain. *Je veux aller faire mes études en Espagne.* 我~(了)三年了。I have studied abroad for three years. *Ça fait trois ans que je fais mes études à l'étranger.*

留学生（留學生） liúxuéshēng S1 他们是~。They're foreign students. *Ce sont des étudiants étrangers.* 经理是~，他在美国学习过好几年。The director is a returned student, he studied in the States for several years. *Le directeur est un étudiant de retour de l'étranger, il a étudié aux Etats-Unis plusieurs années.*

流 liú S1 江水~入大海。The river flows into the sea. *La rivière se jette dans la mer.* 他手上~汗。His hands were perspiring. *Il avait les mains moites.* 她眼泪~在脸颊上。The tears flowed down her cheeks. *Les larmes coulaient sur ses joues.*

流泪（流淚） liúlèi H4 电影结束时我~了。I had tears in my eyes at the end of the film. *J'avais les larmes aux yeux à la fin du film.* 他为这件事伤心得直~。He shed bitter tears over it. *Il a versé des larmes amères sur cela.*

流利 liúlì H4, S1 他汉语说得很~。He is fluent in Chinese. *Il parle le chinois couramment.* 说一口~的英语对我来说很难。It is very difficult for me to speak English fluently. *Il est très difficile pour moi de parler couramment l'anglais.*

流行 liúxíng H4, S1 这是个~的词儿。It's a vogue word. *C'est un mot à la mode.* 黑色今年很~。Black is fashionable this year. *Le noir se porte beaucoup cette année.*

六 liù H1, S1 我们~点去。We'll go at six (o'clock). *On y va à six heures.* 这个人~亲不认。That man repudiates all family connections. *Cet homme renie toute la parenté.*

龙（龍） lóng H5, S1 2000 年、2012 年、2024 年是~年。2000, 2012 and 2024 are years of dragon. *2000, 2012 et 2024 sont les années de dragon.* 我给孩子读有关~的故事。I was reading my child a story about dragons. *Je lisais une histoire sur des dragons à mon enfant.* 她是黑~江人。She comes from Heilongjiang Province. *Elle vient de la province de Heilongjiang.*

楼（樓） lóu H3, S1 她住在这群~里。She lives in one of those tower blocks. *Elle habite dans ces grands bâtiments.* 他住四层~。(中国等) He lives on the third floor (UK) / on the fourth floor (US). *Il habite au troisième étage (France).*

楼上（樓上） lóu shàng S1 他们在~。They're at the top of the stairs. *Ils sont en haut de l'escalier.* 我把你的东西拿到~去。I'll take your things upstairs. *Je vais monter tes affaires.*

楼下（樓下） lóu xià S1 她跑到了~。She ran downstairs. *Elle est descendue en courant.* ~的那家人度假去了。The family downstairs have gone on holiday. *La famille du dessous est partie en vacances.*

路 lù H2, S1 这是条步行~。It's a pedestrian street. *C'est une rue piétonnière.* 别挡(人)~! Get out of the road! *Ne bloque pas le passage!* 我们

走的是穿(过)树林的小~。We took the way through the woods. *Nous avons pris le chemin qui traverse le bois.*

路口 lùkǒu S1
十字~出了一起车祸。There was an accident at the crossroads. *Il y a eu un accident au carrefour.* 我在丁字~等你。I'll wait for you at the T-shaped road junction. *Je t'attendrai à l'intersection en T.* 她处在生涯的十字~上。Her career is at a crossroads. *Sa carrière va maintenant prendre un tournant décisif.*

路上 lùshang S1
他们还在~。They're still on the way. *Ils sont encore en route.* ~会有很多汽车。There'll be a lot of cars on the roads. *Il va y avoir du monde sur la route / les routes.*

路线 (路線) lùxiàn S1
哪条是去天津(的)最短的~? What is the best route to Tianjin? *Quel est le meilleur itinéraire pour aller à Tianjin?* 我不太明白你的思维~。I don't follow your line of thinking. *Je ne suis pas ton raisonnement.* 这符合 / 不符合 公司的~。It's in / out of line with company policy. *C'est conforme / Ce n'est pas conforme à la politique de la société.*

陆 (陸) lù T
他们离船登~了。They disembarked from the ferry. *Ils ont débarqué du ferry.* 水~交通都很频繁。Both land and water communications are intense. *Toute la communication par eau et par terre est intense.* 诺曼底登~发生在 1944 年。The Normandy landing took place in 1944. *Le Débarquement en Normandie eut lieu en 1944.*

录 (録) lù S1
他正在~(音)。He's doing a recording. *Il est en train d'enregistrer.* 我把昨天晚上的电影给你~下来了。I recorded last night's film for you. *J'ai enregistré le film d'hier soir pour toi.*

录音 (録音) lùyīn H5, S1
我在听课文~。I'm listening to the recording of the lesson. *Je suis en train d'écouter l'enregistrement de la leçon.* 这个~质量很差。This is a very poor recording. *Cet enregistrement est très mauvais.*

乱 (亂) luàn T, H4, S1
屋子里怎么这么~! What a mess in the bedroom! *Quel désordre dans cette chambre!* 后面~呼呼的，让我讲不下去! I hate explaining something against a background of noise! *J'ai horreur d'expliquer quelque chose dans le bruit*! 出~子了。Things have gone wrong. *Les choses ont mal tourné.* 现在(是)天下大~。There is great disorder under heaven now. *Le désordre règne sous le ciel maintenant.*

略 luè T
我~述一下大意。I'll give a brief account. *Je ferai un résumé.* 两种解释~有出入。The explications vary slightly. *Les explications divergent légèrement.* 那个人雄才大~。That's a person of great talent end bold vision. *C'est quelqu'un de grand talent qui a une stratégie audacieuse.*

落后 (落後) luòhòu H5, S1
他在班上~了。He's fallen behind the rest of the class. *Il a pris du retard sur le reste de la classe.* 干什么 他 / 她 可不会 ~ / 落在后面。He / she isn't backward in coming forward. *Il / Elle ne fait pas le / la modeste.* 这是地区的~所在。It's backward state of the region. *C'est le retard dont souffre la région.*

旅客 lǚkè S1
~请上车。All the passengers, get on please. *Tous les passagers, montez s'il vous plaît.* 他是个商业~。He's a commercial traveller. *C'est un voyageur de commerce.*

旅行 lǚxíng S1
~快乐! Have a good journey! *Bon voyage!* 我喜欢~。I like travelling. *J'aime les voyages.* 他们在世界各地都~过。They have travelled the world. *Ils ont fait des voyages partout dans le monde.*

旅游 (旅遊) lǚyóu H2, S1
请问，~局怎么走? Can you suggest me a tourism agency? *Pouvez-vous m'indiquer une agence de tourisme?* 今年~大丰收。It's been a bumper year for tourism. *Ça a été une année exceptionnelle pour le tourisme.* 长城是一个~胜地。The Great Wall is a famous scenic spot. *La Grande Muraille est un site réputé.* 上个月我们参加了去意大利有组织的~。We went on a tour of Italy last month. *Nous avons fait une visite guidée de l'Italie le mois dernier.*

绿 (綠) lǜ H3, H3, S1
~(颜)色对我合适 / 不合适。Green suits me / doesn't suit me. *Le vert me va / ne me vas pas.* 花园的草坪很~。The grass in the garden is very green. *L'herbe du jardin est très vert.*

绿茶 (綠茶) lǜchá S1
您要(喝)~还是红茶? Would you like green tea or black tea? *Vous voulez prendre le thé vert ou le thé noir?*

绿色 (綠色) lǜsè S1 墙涂成了~。 The wall was painted green. *Le mur était peint en vert.* 他们正在进行一场~革命。 They're doing the green revolution. *Ils sont en train de faire la révolution verte.* 田野变成了~。 The countryside has become green. *La campagne est devenue verdoyante.*

律师 (律師) lǜshī H4, S2 她是一位 ~。 She's a lawyer / a barrister / an attorney. *Elle est avocat(e).* 他是我们公司的~。 He's our commercial lawyer / company lawyer. *Il est notre avocat en droit commercial.*

M

妈妈｜妈 (媽媽｜媽) māma｜mā H1, S1 约翰，你~在哪儿? Where's your mum(my), John? *Où est ta maman, John?* 马克的 ~病了。 Mack's mum / mom is ill. *La maman de Mark est malade.* 大家的~都(被)邀请了。 All mums are invited. *Toutes les mamans sont invitées.*

麻 má T 这个平面不光滑，很~。 This surface isn't smooth, but very rough. *Cette surface n'est pas lisse, mais très rugueuse.* 他是~脸。 His face is covered with pockmarks. *Il a le visage grêlé / variolé.* 我腿发~。 I have pins and needles in my legs. *J'ai des fournis dans les jambs.*

麻烦 (麻煩) máfan H4, S1 对不起，~您了。 Sorry to have put you to so much trouble. *Désolé de vous avoir dérangé.* 我不干了，太~! I'm not going to do it after all, it's too complicated! *Finalement, je ne vais pas le faire, c'est trop compliqué.* 你在给自己找~。 You're making trouble for yourself. *Tu t'attires des ennuis.*

马 (馬) mǎ T, H3, S1 我喜欢骑~。 I like riding a horse. *J'aime monter à cheval.* 他从~上摔下来了。 He fell off his horse. *Il a fait une chute de cheval.* 这是匹很有柔情的~。 It's a very affectionate horse. *C'est un cheval très affectueux.*

马虎 (馬虎) mǎhu H4 他做什么事都很~。 He's very slapdash in everything he does. *Il fait tout un peu n'importe comment / à la va-vite.* 这是一个~的错儿。 It was a careless mistake. *C'était une faute d'inattention.* 他们对穿着 很~ / 马马虎虎的。 They're very casual about the way they dress. *Ils attachent très peu d'importance à leurs vêtements.*

马路 (馬路) mǎlù S1 过~要小心! Be careful when you cross the road! *Fais attention en traversant la route!* 从这里过~太危险。 It's dangerous to cross the road here. *C'est dangereux de traverser la route ici.* 这只是(条)~ 新闻。 This story is just based on hearsay. *Cette histoire n'est fondée que sur ouï-dire.*

马上 (馬上) mǎshàng H3, S1 ~来(这儿)! Come here at once! *Viens ici tout de suite!* 他到了就~告诉我。 Let me know immediately whenever he arrives. *Dès qu'il sera là, prévenez-moi.* 我~回来。 I'll be back in a minute. *Je reviens dans une minute.*

骂 (罵) mà T, H5, S2 他~我了。 He insulted me / called me names. *Il m'a insulté.* 他 ~她~个没完。 He's always insulting her. *Il n'arrête pas de l'injurier.* 别在孩子们面前~人。 Don't swear in front of the children. *Ne dis pas de gros mots devant les enfants.* 他们对~个不停。 They were slinging insults at each other. *Ils se lançaient des insultes.*

吗 (嗎) ma H1, S1 这条裙子对我合适~? Does this dress suit me? *Cette robe me va?* 您现在点菜~? Do you wish to order? *Voulez-vous commander?* 很有意思，不是~? It was interesting, wasn't it? *C'était très intéressant, n'est-ce pas?*

买 (買) mǎi H1, S1 我去~东西。 I'll do some shopping. *Je vais faire des courses.* 这个用钱~不来。 Money cannot buy it. *Cela ne se paie pas.* 这个我~得很便宜。 I bought it cheap. *Je l'ai acheté (à) bon marché.*

卖 (賣) mài H2, S1 这个他 ~得很贵 / ~ 得很便宜。 He sold it dear / cheap. *Il l'a vendu cher / (à) bon marché.* 李子 怎么~ / ~多少钱? What are plums selling at? *Combien se vendent* *les prunes?* 高级轿车~不出去了。Big cars don't sell anymore. *Les grosses voitures ne se vendent plus.*

麦 mài T 他们在地里种了~子。They've planted land with wheat. *Ils ont planté une terre en blé.* 这里的农夫主要种小~。Farmers often grow wheat here. *Les agricultures cultivent surtout du blé ici.*

满 (滿) mǎn H4, S1 公交车人~了。The bus is full up. *L'autobus est au complet.* 她双眼~是泪水。Her eyes filled with tears. *Ses yeux se sont remplis de larmes.* 他给我~上了一杯好葡萄酒。He filled my glass with an excellent wine. *Il a rempli mon verre d'un excellent vin.* 她年~十八了。She has reached the age of 18. *Elle a atteint l'âge de 18 ans.* ~不是那么回事。It's completely wrong. *C'est complètement faux.* 我对他们提供的服务很不~。I am very dissatisfied with the service I received. *Je ne suis pas du tout satisfait du service que j'ai reçu.*

满意 (滿意) mǎnyì H3, S1 老师对他们的作业很~。The teacher is satisfied with their work. *Le professeur est satisfait de leur travail.* 什么都不能使他~。Nothing satisfies him. *Il n'est jamais content.*

满足 (滿足) mǎnzú H5, S1 有啤酒你就应该~了。You'll have to be content with bear. *Il faudra que tu te contentes de bière.* 能呆在家里他已经相当~了。He's quite content to stay at home. *Il ne demande pas mieux que de rester à la maison.*

慢 màn H2, S1 这个表~了。This watch is slow. *Cette montre retarde.* 他工作得很~ / ~~地工作。He's a slow worker. *Il travaille lentement.* 且~! 让我考虑一下。Just a moment! Let me think it over. *Attendez ! Laissez-moi réfléchir un peu.*

忙 máng H2, A1 现在不行，我很~。Not now – I'm busy. *Pas maintenant – je suis occupé.* 她~得把钥匙都忘(带)了。In her hurry, she forgot her keys. *Dans sa précipitation elle a oublié ses clés.* 我跑来跑去~了一天。I've been rushed off my feet all day. *J'ai passé ma journée à courir à droite et à gauche.*

猫 (貓) māo H1, S2 看这只温柔的小~。Look at the little pussy cat. *Regarde le petit chat.* 他们像~和狗在一起总争个没完。They always quarrel like cat and dog. *Ils s'entendent toujours comme chien et chat.*

毛 máo (量) (1) H5, S1 这个多少钱？--- 两块三~五(分)。How much is it? – Two yuan, three mao and five (centimes). *Combien ça coûte? – Deux yuan, trois mao et cinq (centimes).*

毛 máo (名) (2) H5, S1 这是只长~狗。It's a long-haired dog. *C'est un chien à poil long.* 下~~雨了。It's drizzling. *Il fait du crachin.* 他吓~了。He's panic-stricken. *Il est affolé.* 公司去年的~利是两千五百万英镑。The company grossed £25m last year. *L'entreprise a fait un profit brut de 25 millions de livres l'année dernière.*

毛病 máobìng H5, S1 这台机器总出~。This machine's been nothing but trouble. *Cette machine ne nous a apporté que des problèmes.* 我眼睛有~。My eyes have been giving me some trouble. *J'ai des problèmes avec mes yeux.*

毛巾 máojīn H4, S2 快用~擦干。Quick, towel yourself dry! *Essuie-toi vite avec une serviette!* 我需要一条洗澡(毛)巾。I need a bath towel. *J'ai besoin d'une serviette de bain.*

帽子 màozi H3, S2 别忘了戴~，外面很冷。Don't forget your hat, it's cold outside. *N'oublie pas ton bonnet, il fait froid dehors.* 我摘~向你祝贺! I'll take my hat off to you! *Je te dis chapeau!*

么 (麼) me D 不让你去~，你又要去。If we don't permit you to go there, you will insist on going there. *Si on ne te permet pas d'y aller, tu insisteras de le faire.* 这些蛋糕很好吃~! These cakes are really delicious! *Ces gâteaux sont vraiment délicieux!*

没 (沒) méi D, H1, S1 她~工作。She has no job. *Elle n'a pas de travail.* 我~看见他。I didn't see him. *Je ne l'ai pas vu.* 他~想跟他们去。He hadn't wanted to go with them. *Il n'avait pas voulu y aller avec eux.*

没关系 (沒關係) méi guānxi H1, S1 这~。It doesn't matter. *Peu importe.* 这丝毫~。It doesn't matter a bit. *Cela n'a pas la moindre importance*. 对我来说，天冷不冷~。I don't mind cold. *Le froid ne me gêne pas.*

没什么 (沒什麼) méi shénme S1
我~可做的。I have nothing to do. *Je n'ai rien à faire*. 这跟你~关系。That's nothing to do with you. *Ce n'est pas ton affaire.* ~能阻挡这些人。These people will stop at nothing. *Ces gens ne reculent devant rien.* 她觉得走十公里~。She thinks nothing of walking 10 km. *Pour elle 10 km à pied, ce n'est rien.*

没事儿 (沒事兒) méi//shìr S1
她~就发火(儿)。She gets angry about nothing. *Elle se fâche pour rien.* 我~可做。I have nothing to do. *Je n'ai rien à faire.* 妈妈说什么都~。That's nothing to what Mum will say. *Ce n'est rien par rapport à ce que Maman va dire.*

没用 (沒用) méi yòng S1
这没什么大用。That won't be much use. *Ça ne servira pas à grand-chose.* 跟他谈这个~。It's useless to talk about it with him. *Ça ne sert à rien de lui en parler.* 别哭，哭也~。Don't cry, it won't make any difference. *Ne pleure pas, ça ne sert à rien.*

没有 (沒有) méi yǒu G, N, S1 (= 没 méi)
他~朋友。He has no friends. *Il n'a pas d'amis.* 我的箱子上~(写)名字。My bag has no name on it. *Ma valise ne porte pas de nom.* 那个行人~看见汽车来了。The pedestrian didn't see the car coming. *Le piéton n'a pas vu arriver la voiture.* 他在会上一句话也~说。He didn't say a word at the meeting. *Il n'a pas dit un mot pendant la réunion.*

每 měi (代) (1) H2, S1
她~天都来。She comes every day. *Elle vient tous les jours.* ~个人都有生存的权力。Every person has the right to live. *Chacun a le droit de vivre.* 他说的~一句话都是谎言。Every word he says is a lie. *Tout ce qu'il dit est mensonge.*

每 měi (副) (2) H2, S1
我~剪一次头发都花八欧元。It costs me €8 a time to have my hair cut. *Une coupe de cheveux me coûte huit euros.* 我~提个建议你怎么都要反对? Why do you disagree each time I propose something? *Pourquoi tu t'y oppose chaque fois que je propose quelque chose?*

美 měi S1
她二十岁时是个(大)~人(儿)。At twenty she was beautiful / a beautiful woman. *A vingt ans c'était une beauté / une belle femme.* 这首歌儿真~! What a beautiful song! *Quelle belle chanson!*

美国 (美國) měiguó N
我那个朋友在~。That friend of mine is in America. *Cet ami-là est en Amérique.* ~和欧洲一样大。The United States is as large as Europe. *Les Etats-Unis sont aussi grands que l'Europe.* 《今日~》是读者最多的全国大报。USA Today is a national US newspaper read by more people than any other. *USA Today est le journal le plus lu des journaux aux Etats-Unis.*

美好 měihǎo S1
那是~的日子。Those were happy days. *C'était le bon temps.* 她有(一个)~的将来。She has a brilliant future (before her). *Elle a devant elle un bel avenir.*

美丽 (美麗) měilì H4, S2
她是个~的女人。She's a beautiful woman. *C'est une belle femme.* 真是一首~的歌曲! What a beautiful song! *Quelle belle chanson!* 顶峰看到的景色很~。The view from the top is beautiful. *Du sommet, le paysage est magnifique.*

美术 (美術) měishù H5, S1
她是~专业的学生。She studies art. *Elle est étudiante en art.* 我很希望(能)上~课。I'd love to go to art classes. *J'aimerais beaucoup suivre des cours de dessin.*

美元 měiyuán S1
能借我十~吗? Could you lend me ten dollars? *Pourrais-tu me prêter dix dollars?* 我擦完汽车后爸爸给了五~。Dad gave me five dollars for washing the car. *Papa m'a donné cinq dollars après que j'ai lavé la voiture.*

妹妹 | 妹 mèimei | mèi H2, S1
她是我~。She is my little sister / younger sister. *Elle est ma petite sœur / sœur cadette.* 我有一个姐姐、一个~。I have a big siter and a little sister. *J'ai une grande sœur et une petite sœur.*

门 (門) mén H2, S1
她走进了~。She walked through the door. *Elle a franchi la porte.* 我去按~铃。I'll ring the (door) bell. *Je vais sonner à la porte.* 公交车在我家~前停。The bus stops at my (front) door? *Le bus me descend à ma porte.* 他现在考四~课。He's taking exams in four subjects. *Il passe des examens dans quatre matières.*

门口 (門口) ménkǒu S1 我在~等你。I'll wait for you at the entrance. *Je vais t'attendre à l'entrée.* ~洞下有一个人。There's someone in the doorway. *Il y a quelqu'un sous la (baie de) porte.*

门票 (門票) ménpiào S1 ~多少钱？How much is the entrance fee? *Quel est le tarif du droit d'entrée?* 你看戏买好~了吗？Did you buy the tickets for the theatre? *Tu as acheté les billets pour le théâtre?*

...们 (...們) ...men D, S1 孩子~，起床的时间到了! Children, it's time to get up! *Enfants, c'est l'heure de se lever!* 朋友~，欢迎你们! My friends, you're welcome! *Mes amis, soyez les bienvenus!*

梦 (夢) mèng H4, S2 她做~了 / 做了个~。She had a dream. *Elle a fait un rêve.* 我夜里做了美~ / 恶~。I had beautiful / bad dreams last night. *J'ai fait de beaux / mauvais rêves la nuit dernière.* 谁做~也不会怀疑他。No one would have dreamt of suspecting him. *Personne n'aurait songé à le soupçonner.*

迷 mí S1 我走~了。I got lost. *Je me suis perdu.* 他对足球着了~。He's football crazy. *C'est un fana de foot.* 她是个棋~。She's a chess fan. *Elle se passionne pour les échecs.*

米 mǐ (名) (1) H3, S1 我买了五公斤~。I bought 5 kilos of rice. *J'ai acheté 5 kilos de riz.* 请拿两杯桔汁和一包花生~。Two orange juices and a packet of peanuts, please. *Deux jus d'orange et un paquet de cacahuètes, s'il vous plaît.*

米 mǐ (量) (2) H3, S1 他 十秒跑(一)百~ / (一)百~跑十秒。He runs the 100 metres in ten seconds. *Il court le 100 mètres en dis secondes.* 厨房十五平方~。The kitchen measures fifteen square metres. *La cuisine fait quinze mètres carrés.*

米饭 (米飯) mǐfàn H1, S1 我们可以做~和鱼吃。We could do some rice with the fish. *On pourrait faire du riz avec le poisson.*

密码 (密碼) mìmǎ H4, S2 你懂~吗？Do you know the secret code? *Connais-tu le code secret?* 他在用~写电文。He's writing a message in cipher. *Il transmet une dépêche en écriture chiffrée.*

免费 miǎn//fèi H4, S2 "~入场"; "Free admission"; "Entrée gratuite". 要是买两张唱片，他们就~再送一张。If you buy two records, they give you one free. *Pour deux disques achetés, ils en donnent un gratuitement.*

面 miàn (名) D, S1 他~部受伤。He has injured to the face. *Il a des blessures à la face.* 池塘水~冻冰了。The surface of the pond is frozen. *La surface de l'étang est gelée.* 这座房子~向南。The house faces south. *La maison est orientée au sud.* 我们吃~。We'll have noodles. *On va manger des nouilles.*

面 miàn (量) D, S1 那~镜子很脏。The mirror is very dirty. *Le miroir est très sale.* 我们需要几~彩旗。We need a few coloured flags. *Il nous faut quelques drapeaux de couleur.*

面包 miànbāo H3, S1 我买一只~。I want to buy a loaf of bread. *Je veux acheter un pain.* 他吃了两片~。He has had two slices of bread. *Il a mangé deux tartines.* 没有新鲜~了。There isn't freshly baked bread anymore. *Il n'y a plus de pain frais.*

面对 (面對) miàndùi H5, S1 我转过身来~着他。I turned and faced him. *Je me suis retourné et lui ai fait face.* 我们要~事实。We must face facts. *Il faut voir les choses comme elles sont.* 这些是欧洲联盟~的困难。Those are the difficulties facing the EU. *Ce sont les difficultés que rencontre l'UE.*

面积 (面積) miànjī H5, S1 花园的~(是 / 有) 300 平方米。The garden has / covers an area of 300 m2. *Le jardin a une superficie de 300 m2.* 套间的~是多少？--- (是) 75 平方米。What's the surface area of the flat? – 75 square metres. *Quelle est la surface de l'appartement? – 75 mètres carrés.*

面前 miànqián S1 他在我~站着。He stood right in front of me. *Il se trouvait juste en face de moi.* 他们在困难~没有动摇。They didn't waver in the face of difficulties. *Ils n'ont pas hésité devant des difficultés.*

面条儿 (面條兒) miàntiáor H3, S1 我们中午吃~。We'll have noodles at lunch. *On va manger des nouilles pour le déjeuner.*

民间 (民間) mínjiān H6, S1 这是~智慧。It's a popular wisdom. *C'est un bon sens populaire.* 昨天晚上村里开了个~音乐会。There was a folk music festival in the village last night. *Il y a eu un festival de musique folklorique au village hier soir.*

民主 mínzhǔ H5, S1
我相信自由和~。I believe in freedom and democracy. *Je suis pour la liberté et la démocratie.* 我们在一个~的国家里，不是吗？This is a free country, as far as I know! *On est en démocratie, non?*

民族 mínzú H4, S1
中国是一个多~国家。China is a multinational country. *La Chine est un Etat multinational.* 戴高乐将军 1940 年向法兰西~发出了抵抗的号召。General De Gaulle sent out a resistance appeal to the French nation in 1940. *Le Générale De Gaulle a lancé un appel de résistance à la nation française en 1940.*

明白 míngbai G, H3, S1
~不~ / 明不~ / ~没(有)~? Do you understand? *Est-ce que tu comprends?* 这句话的意思很~。The meaning of the sentence was clear. *Le sens de la phrase était clair.* 我看你跟我讲得不~。I don't think you're being frank with me. *Je ne crois pas que tu me dises la vérité.*

明年 míngnián S1
他~毕业。He'll have his degree next year. *Il sera diplômé l'année prochaine.* 我~七月去台湾。I'll go to Taiwan next year in July. *J'irai à Taiwan le juillet de l'année prochaine.*

明确 (明確) míngquè H5, S1
活着应该有~的目标。You need a clear aim in life. *Il faut avoir un but clair dans la vie.* 他对问题的看法很~。He has very definite ideas on the subject. *Il a des idées bien arrêtées sur la question.* 他给你的回答 ~不~ / 明不~? Did he give you a definite answer? *Est-ce qu'il t'a donné une réponse nette?*

明天 míngtiān H1, S1
~见! See you tomorrow! *A demain!* ~等待我们的是什么? Who knows what tomorrow holds? *Qui sait ce que demain nous réserve?* 今天能做的事儿不要拖到~。Never put off till tomorrow you can do today. *Il ne faut pas remettre au lendemain ce qu'on peut faire le jour même.*

明显 (明顯) míngxiǎn H5, A1
她很~在撒谎。It's quite obvious that she is lying. *Elle ment, cela saute aux yeux.* 他很~不感兴趣。It's quite evident that he's not interested. *On voit bien qu'il ne s'y intéresse pas.* 他们在比赛中发挥了~的优势。They demonstrated their clear superiority in the match. *Ils ont démontré leur supériorité évidente dans le match.*

明星 míngxīng H5, S1
他演电影成了~。The film made him into a star. *Le film en a fait une vedette.* 她一个星期就变成了一个大~。Within one week, she'd risen to stardom. *En une semaine, elle était devenue une star.* 他是个演匪徒的~。He starred as a gangster. *Il était la vedette dans un rôle de gangster.* ~演唱会八点开始。The star's performance starts at 8 o'clock. *La représentation de la vedette commence à 8 heures.*

名 míng S1
我~叫张义明 / 我姓张~义明。My name is Zhang Yiming / My surname is Zhang and given name is Yiming. *Je m'appelle Zhang Yiming / Mon nom de famille est Zhang et mon prénom, Yiming.* 你知道这儿的地~吗? Do you know the place name here? *Connais-tu le nom de lieu ici?* 他们讲效率很出~。They have a name for efficiency. *Ils ont la réputation d'être efficace.* 我们协会(里)有上百~会员。There're up to a hundred members in our association. *Il y a une centaine de membres dans notre association.*

名称 (名稱) míngchēng S1
你知道这个建筑的~吗? Do you know the name of the building? *Connais-tu le nom du bâtiment?* 这是我们公司注册的~。It's the registered name of our company. *C'est le nom déposé de notre entreprise.*

名单 (名單) míngdān S1
~上没有你的名字。Your name isn't on the list. *Ton nom ne figure pas sur la liste.* 我(的名字)列入~了吗? Does my name figure in the list? *Est-ce que mon nom figure sur la liste?*

名字 míngzi H1, S1
你姐姐叫什么~? What's your older sister called? *Comment s'appelle ta grande sœur?* 名单上没有你的~。Your name isn't on the list. *Ton nom ne figure pas sur la liste.* 您可以在名单上把我的~划掉 。You can take me off the list. *Vous pouvez me rayer sur la liste.*

命运 (命運) mìngyùn H5, S1
这决定了他的~。That sealed his fate. *Ceci a décidé de son sort.* ~注定她将成功。She is destined to be successful. *Elle est destinée au succès.* 他的~是发不了财。It was not his lot to make a fortune. *Il n'était pas destiné à faire fortune.*

摩擦（磨擦）mócā H4, S2 ~生热。
Friction generates heat. *La friction produit de la chaleur.* 他们之间有~。There's friction between them. *Il y a du tirage entre eux.* 他同警察发生了~。He had a brush with the police. *Il a eu des ennuis avec la police.*

某 mǒu H5, S1 他最近~天要来。He'll come someday. *Il arrivera un de ces jours.* 她在附近~个地方。She's somewhere around. *Elle est quelque part par là.* 你在~种意义上是对的。You're right in a sense. *Tu as raison dans un sens.*

母亲（母親）mǔqin G, H4, S1 她当了~。She's become a mother. *Elle est devenue mère.* 这是位有四个孩子的~。She is a mother of 4 children. *Elle est mère de 4 enfants.* 她就像我的~。She was like a mother to me. *Elle était une vraie mère pour moi.*

目标（目標）mùbiāo H5, S1 这是个活动~。It's a moving target. *C'est un objectif mobile.* 委员会把~确定(下来)了。The committee has set out its objectives. *Le comité a fixé ses objectifs.* 我接近了~。My goal is in sight. *J'approche de mon but.* 你的~实现了吗？Have you achieved the goal? *As-tu atteint l'objectif?*

目的 mùdì H4, S1 会议的~是什么？What is the purpose of the meeting? *Quel est le but de la réunion?* 他做这个有政治~。He did it for political ends. *Il l'a fait à des fins politiques.* 这些措施的~是减少失业。These measures are aimed at reducing unemployment. *Ces mesures visent une réduction du chômage.*

目前 mùqián N, H5, S1 ~的形势令人鼓舞。The present situation is encouraging. *La situation actuelle est encourageante.* ~还够。That's enough for the present. *Ça suffit pour le moment.* 根据~的情况我们要 等着瞧 / 采取等待政策。Given the present circumstances we must wait and see / take a wait-and-see policy. *Etant donné les circonstances actuelles il faudra voir / prendre la politique attentiste.*

N

拿 ná H3, S1 用手~着。Hold it in your hand. *Tiens-le à la main.* 从柜子里~(出来)。Take it out of the cupboard. *Prends-le dans le placard.* 让他把权力~去。Let him take over. *Cédez-lui la place.* 那个青年人~得起来这个工作。That young person can do this job. *Cette jeune personne peut faire ce travail.*

哪 nǎ H1, S1 ~个人是你父亲? Who's your father? *Qui est ton père?* 您要~本书? Which book would you like to have? *Quel livre voudriez-vous avoir?* 他对我~有那么坏? He isn't so nasty to me. *Il n'est pas si méchant avec moi.*

哪里（哪裡）nǎli S1 你去~? Where are you going? *Où vas-tu?* 您是从~来的? Where are you from? *D'où venez-vous?* 我~知道他要来? How do I know (that) he will come? *Qui me dit qu'il viendra?* 干得真棒! --- ~，~。Well done! – It was nothing. *Bravo! – C'est peu de chose.*

哪儿（哪兒）nǎr H1, S1 (= 哪里 nǎli)

哪些 nǎxiē S1 我不知道他有~计划。I don't know what his plans are. *Je ne sais pas quels sont ses projets.* ~人去开会? Who will attend the meeting? *Lesquels d'entre vous vont assister à la réunion?* ~(东西)是你的? Which ones (which things) are yours? *Lesquels (quelles affaires) sont à toi?*

那 nà (代) (1) D, H1, S1 ~是什么? What's that? *Qu'est-ce que c'est que ça?* ~是谁? Who is that? *Qui est-ce, celui-là?* ~(一)天下雨。It was raining that day. *Il pleuvait ce jour-là.* ~一点我们都同意。We all agree on that point. *Nous sommes tous d'accord là-dessus.* 他不是~种不付款就走的人。It's not like him to leave without paying. *Partir sans payer, ce n'est pas son genre.*

那 nà (连) (2) D, H1, S1 ~，我们就等着吧。In that case, it's best to wait. *En ce cas, il vaut mieux attendre.* 要是不在我的手提包里，~就看看柜子里。If it's not in my bag, then look in the cupboard. *Si ce n'est pas dans mon sac, regarde dans le placard.*

那边 (那邊) nàbiān S1 她在马路~等我们。She's waiting for us on the other side of the street. *Elle nous attend de l'autre côté de la rue.* 栅栏~有三头大象。There are three elephants on the other side of the fence. *Il y a trois éléphants de l'autre côté de la barrière.*

那个 (那個) nàge G, S2 ~是什么? What's that? *Qu'est-ce que c'est que ça?* ~人是谁? Who's that? *Qui est-ce, celui-là?* 瞧她~漂亮呀! See how pretty she is! *Regardez comme elle est jolie!* 他的脾气也太~了。He's in a temper a little too – you know what I mean. *Il est d'une humeur un peu trop – tu sais ce que je veux dire.*

那会儿 (那會兒) nàhuìr S1 ~我们还很年轻。At that time we were still young. *A ce moment-là nous étions encore très jeunes.* 我们去商店，~告诉我你喜欢的。Let's go shopping, then you'll tell me your choice. *On va faire des courses, et là tu me diras ce que tu auras choisi.*

那里 (那裡) nàli S1 她还在~。She's still there. *Elle est encore là.* 钥匙不在~。The keys aren't there. *Les clefs ne sont pas là.* 他在~工作吗? Does he work in that place? *C'est là-bas / dans cet endroit-là qu'il travaille?*

那么 (那麼) nàme G, S1 他像父亲~说话。He talks like his father. *Il parle comme son père.* 我不~疼。It doesn't hurt that much. *Je n'ai pas tellement mal.* 他~爱她。He loves her so much. *Il l'aime tellement.*

那儿 (那兒) nàr H1, S1 (= 那里)

那时候|那时 (那時候|那時) nà shíhou | nà shí S1 我~刚七岁。I was just 7 years old then. *Je n'avais alors que 7 ans.* ~我还不知道这件事。I didn't know it at the time. *Je n'en savais rien à ce moment-là.*

那些 nàxiē G, S1 ~人是谁? Who are those people? *Qui sont ces gens-là?* ~是我的东西 / ~东西是我的。Those are my things. *Ce sont mes affaires.*

那样 (那樣) nàyàng G, S1 他不像她~聪明。He's is not as clever as she is. *Il n'est pas aussi intelligent qu'elle.* 我了解不少~的人。I

know plenty of people like that. *Je connais pas mal de gens comme ça.*

奶 nǎi S1 我孩子每天早上喝牛~。My child drinks milk every morning. *Mon enfant boit du lait tous les matins.* 我喜欢吃~巧克利。I like milk chocolate. *J'aime bien le chocolat au lait.* 你几点~孩子 / 给孩子喂~? What time do you feed the child? *A quelle heure est-ce que tu allaites l'enfant?* 她开始给婴儿喂~。She put the baby to her breast. *Elle a porté le bébé à son sein.*

奶奶 nǎinai H3, S1 你~多大(岁数)了? How old is your grandmother? *Quel âge a ta grand-mère?* 那是我~。That's my grandma. *C'est mamie / mémé.*

耐心 nàixīn H4, S2 ~点儿! (Have) patience! *(Prenez) patience!* 你得~一些。You will have to be patient. *Il te faudra être patient.* 我的~到了极限了。My patience is exhausted. *Ma patience est à bout.*

南 nán H3, S1 起居室朝~。The living room faces south. *La salle de séjour est exposée au sud.* 现在刮~风。The wind is in the south. *Le vent vient du sud.* 朝~一直走到主线公路。Walk south until you come to a main road. *Marchez vers le sud jusqu'à ce que vous arriviez à une route principale.*

南边 (南邊) nánbian S1 城市~是个超市。There's a supermarket in the south of the town. *Il y a un supermarché dans le sud de la ville.* 他们住在~。They live down south. *Ils habitent dans le sud.*

南部 nánbù S1 马赛在法国~。Marseille is (situated) in the south of France. *Marseille est située dans le sud de la France.* 那个村子位于北京~。The village lies south of Beijing. *Le village est situé au sud de Beijing.*

南方 nánfāng S1 我们去~度假。We're going south for our holidays. *Nous allons passer nos vacances dans le sud.* 他们住在~。They live down south. *Ils habitent dans le sud.* 小王是~人。Xiao Wang is a southerner. *Xiao Wang est du sud.*

难 (難) nán H3, S1 这个问题很~回答。This question is difficult to answer. *Il est difficile de répondre à cette question.* (跟)他很~相处。He's difficult to get on with. *Il est peu commode.*

难道（難道） nándào H4, S1 这~不是明明白白的吗? Isn't this perfectly clear? *N'est-ce pas tout à fait clair?* 你~还想着去伦敦吗? And you can forget about going to London! *Et ce n'est pas la peine de songer à aller à Londres!*

难度（難度） nándù S1 做这个工作~极大。 This work is extremely difficult to do. *Ce travail est extrêmement difficile à faire.* 这没什么~。 There will be no difficulty about that. *Cela ne fera pas de difficulté.*

难过（難過） nánguò H3, S1 生活越来越~。 Life gets harder and harder. *Les conditions de vie sont de plus en plus difficiles.* 我为他~。 I feel pity for him. *Il me fait pitié.* 朋友去世我们都很~。 We were very sad to hear our friend's death. *Nous avons été désolés d'apprendre la mort de notre ami.*

难受（難受） nánshòu H6, S1 您觉得难(受)不~? Are you feeling unwell? *Etes-vous souffrant?* 这种质量叫人~。 We're unhappy with the quality. *Nous ne sommes pas satisfaits de la qualité.*

男 nán S1 一个~的刚才找你。 A man was looking for you earlier. *Un homme te cherchait tout à l'heure.* 来了个~护士。 Here comes a male nurse. *Un infirmier arrive.* 我找~厕所。 I'm looking for the gents / the men's room. *Je cherche les toilettes pour hommes.*

男孩儿（男孩兒） nánháir S1 你这个坏~! You bad boy! *Vilain!* 她(有点儿)是个假~。 She's (she looks a bit of) a tomboy. *C'est un (elle fait un peu) garçon manqué.* 在他旁边我觉得自己是个小~。 I feel like a little boy beside him. *Je me sens un petit garçon à côté de lui.*

男朋友 nánpéngyou S1 他是我的~。 He's my boyfriend. *C'est mon petit ami.* 他是她~，他们没有结婚。 He's her boyfriend, they're not married. *Il est son ami, ils ne sont pas mariés.*

男人 nánrén (1) H2, S1 你是个~就站出来! Step outside if you're a man! *Sors si t'es un homme.* 你到底是个~还是只老鼠? What are you, a man or a mouse? *Alors, t'es un homme (ou un lâche)?*

男人 nánren (2) H2, S1 你~很会开玩笑。 Your husband is very funny. *Ton mari est très drôle.* 他是个持家的好~。 He's a real family man. *C'est un vrai père de famille.* 她又有了个~。 There's a new man in her life. *Il y a un nouvel homme dans sa vie.*

男生 nánshēng S1 班上有八个~、九个女生。 There're eight boy students and nine girl students in the class. *Il y a huit garçons et neuf filles dans la classe.*

男子 nánzǐ S1 今晚开始~团体比赛。 The men's team event begins this evening. *L'épreuve masculine par équipe commence ce soir.* 他是个风流~。 He's a gentleman. *C'est un galant homme.*

脑子（腦子） nǎozi S1 她~真灵，什么都能考虑到。 She's a genius, she thinks of everything. *C'est un cerveau, elle pense à tout.* 你~里想的就是钱。 You've got money on the brain. *Tu es obsédé par l'argent.*

呢 ne H1, H1, S1 我要学汉语。 你~? I'm learning Chinese. And you? *Je vais apprendre le chinois. Et toi?* 看连环画有什么不好的~? What's wrong with reading comics? *Qu'est-ce qu'il y a de mal à lire des bandes dessinées?* 为什么这么急急忙忙的~? What's all the rush for? *Qu'est-ce qui presse tant?*

内（內） nèi H4, S1 她在一个小时~就做完了。 Within the hour she had finished. *En moins d'une heure, elle avait fini.* 他在她的亲近顾问圈~。 He's in her inner circle of advisers. *Il est dans le cercle de ses conseillers les plus proches.*

内容（內容） nèiróng H4, S1 这是他讲话的~。 That's the substance of what he said. *Voilà en substance ce qu'il a dit.* 他的那些电影只讲形式，~空虚。 His films are all style and no content. *Dans ses films, il y a la forme mais pas le fond.*

内心（內心） nèixīn S1 这是我~的想法。 Those are my innermost thoughts. *Ce sont mes pensées les plus secrètes.* 你~不感到惭愧吗? Aren't you ashamed of yourself? *N'as-tu pas honte?*

能 néng D, H1, S1 您~帮我一把吗? Can you help me? *Pouvez-vous m'aider?* 她再也不~走路了 / 再也走不了路了。 She can no longer walk. *Elle ne peut plus marcher.* 你们做了哪些节~的事儿? What things have you done to save energy?

89

Quelles choses avez-vous faites pour faire des économies d'énergie?

能够（能夠） nénggòu S1 我~做的话就做。I'll do it if I'm able. *Je le ferai si je peux.* 这台机器每分钟~生产三百件产品。The machine is capable of producing 300 items a minute. *Cette machine a une capacité de production de 300 pièces à la minute.*

能力 nénglì H4, S1 这个人~很强。He's a man of considerable ability. *C'est un homme très doué.* 她有很强的掌握外语的~。She has great capacity for languages. *Elle a une grange aptitude pour les langues.* 我们完全有~做这个工作。The work is well within our capacity. *Nous sommes tout à fait en mesure de faire ce travail.*

你 nǐ D, H1, S1 ~对。You are right. *Tu as raison.* ~没有要求。You didn't ask. *Tu n'as pas demandé.* ~要我做什么? What do you expect me to do? *Que veux-tu que je fasse?*

你们（你們） nǐmen G, S1 ~都听着! Listen, all of you! *Ecoutez-moi tous!* 她控告~三个人。She accused all three of you. *Elle vous a accusés tous les trois.* ~这些专家什么事儿都不干。You're the specialists and you're not doing anything. *Vous (autres), les spécialistes, vous ne faites rien.*

年 nián D, H1, S1 新~好! Happy New Year! *Bonne année!* 我认识他有十~了。I have known him for ten years. *Je le connais depuis dix ans.*

年初 niánchū S1 我去年~开始学法文。I began to learn French at the beginning of last year. *J'ai commencé à apprendre le français au début de l'année dernière.*

年代 niándài H5, S1 事情发生在六十~. It happened in the sixties. *Il s'est passé dans les années 60.* 她在那个~很有名。At the time she was highly regarded. *A l'époque, elle était très connue.*

年底 niándǐ S1 那座楼~能建成吗? Will that building be completed at the end of the year? *L'immeuble sera-t-il terminé à la fin de l'année?*

年级（年級） niánjí H3, S1 她比我 高 / 低 一~。She was in the year above / below me. *Elle était dans la classe au-dessus / en dessous de la mienne.* 这个大学生在一~ / 三~。

The student is in the first year / third year. *Cet étudiant est en première année / troisième année.*

年纪（年紀） niánjì H5, S1 他上了~了。He's old. *Il est âgé.* 一位~很大的妇女要见您。A woman of advanced years wants to see you. *Une femme d'âge avancé veut vous voir.*

年龄（年齡） niánlíng H4, S2 他是你这个~。He's your age. *Il a ton âge.* 有~限制吗? Is there any age limit? *Y a-t-il une limite d'âge?* 他们的~在五十岁以上。They are the people over the age of 50. *Ce sont les gens de plus de 50 ans.*

年轻（年輕） niánqīng H3, S1 她很~。She's young. *Elle est jeune.* 我比他~十岁。I'm ten years younger than he is. *J'ai dix ans de moins que lui.* 这条连衣裙使她~了很多岁。That dress takes years of her. *Cette robe la fait paraître des années plus jeunes.*

念 niàn H5, S1 请大点儿声~! Read a bit louder please! *Veuillez lire un peu plus fort!* 你~书应该更用功些。You ought to study harder. *Tu devrais étudier davantage.* 你不~家? Don't you miss you family? *Est-ce que ta famille ne te manque pas?*

鸟（鳥） niǎo H3, S1 他养~。He has cage birds. *Il a des oiseaux de volière.* 我们正上方停了一只~。A bird landed just above us. *Un oiseau s'est posé juste au-dessus de nous.* 警察到的时候，~已经飞了。By the time the police arrived the bird had flown. *Quand la police arriva, l'oiseau s'était envolé.*

您 nín H2, S1 我认识~! I know you! *Je vous connais, vous!* 是~亲口跟我说的。You told me so yourself. *C'était vous-même qui me l'avez dit.* 这是~的像片儿。Here's a photo of you. *Voilà une photo de vous.*

牛 niú (名) S1 我午饭吃的是~肉。I had beef for lunch. *J'ai eu du bœuf à déjeuner.* 他壮得像头~ / 他有~劲儿。He's as strong as an ox. *Il est fort comme un bœuf.* ~津是英格兰的一个大学城。Oxford is a university city in England. *Oxford est une cité universitaire en Angleterre.*

牛奶 niúnǎi H2, S1 这是鲜~。It's milk fresh from the cow. *C'est du lait fraîchement trait.* 我每

90

天早上都喝~。I drink milk every morning. *Je bois du lait tous les matins.*

农村（農村）nóngcūn H4, S1
他们住在~。They live in the country. *Ils vivent à la campagne.* 我们的汽车在~野地里抛锚了。We broke down right in the middle of the country(-side). *Nous sommes tombés en panne en pleine campagne.* 他可以说是个~人。You can tell that he comes from the country. *Il est bien de son village.*

农民（農民）nóngmín H5, S1
~要求改革。The farmers want reform. *Les paysans veulent des réformes.* ~对他们的收入不满意。The peasants are not satisfied with their income. *Les paysans ne sont pas satisfaits de leurs revenus.*

农业（農業）nóngyè H5, S1
这是个~区。The region is very agricultural. *C'est une région très agricole.* 你怎么看他们的~耕作法？What do you think of their farming methods? *Que penses-tu de leurs méthodes d'agriculture?*

弄 nòng H4, S1
别乱~这个电脑! Stop fooling around with that computer! *Arrête de tripoter cet ordinateur!* 这个~五分钟就能吃了。It cooks in five minutes. *Ça cuit en cinq minutes.* 他在一些事儿中~鬼了。He has had a hand in a few fairly affaires. *Il a tripoté dans diverses affaires assez louches.*

努力 nǔlì H3, S1
我尽最大~去做。I'll do my best. *Je le ferai le mieux possible.* 我至少要~试一次! I'm willing to try anything once! *Je suis prêt à essayer au moins une fois!*

女 nǔ S1
她是个~司机。She's a woman driver. *C'est une conductrice.* 他们的老师是~的。They have a woman teacher. *Leur professeur est une femme.* 是一位 ~医生 / ~大夫 给我看的病。I was under the care of a woman doctor. *C'est une femme docteur qui m'a soigné.*

女儿（女兒）nǔ'ér H1, S1
他们有一个儿子、两个~。They have one son and two daughters. *Ils ont un fils et deux filles.* 我们的~十七岁了。Our daughter is 17 years old. *Notre fille est âgée de 17 ans.*

女孩儿（女孩兒）nǔháir S1
这个~能成功。She's a girl who will succeed. *C'est une fille qui réussira.* 她还是个~的时候我就认识她了。I knew her when she was a girl. *Je l'ai connue toute petite.* 他跟一个法国~结婚了。He married a French girl. *Il a épousé une Française.*

女朋友 nǔpéngyou S1
他~在市政府当秘书。His girlfriend is a town clerk. *Sa petite amie est secrétaire de mairie.*

女人 nǔrén (1) G, H2, S1
她变成~了。She's becoming a woman. *Elle devient femme.* 有个~每星期来为他们做一次家务。They have a woman in once a week to do the cleaning. *Ils ont quelqu'un qui vient faire leur ménage une fois par semaine.*

女人 nǔren (2) G, H1, S1
她是他~。She's his woman. *C'est sa gonzesse.* 我最好还是问问我~是不是想来。I'd better ask the wife if she wants to come. *Je ferais mieux de demander à ma bourgeoise si elle veut venir.*

女生 nǔshēng S1
班上有八个男生、七个~。There're eight boy students and seven girl students in the class. *Il y a huit garçons et sept filles dans la classe.*

女士 nǔshì H5, S1
她是位很出色的~。She's a very brilliant woman. *C'est une femme très brillante.* 这是王~的皮包。It's the leather handbag of Ms Wang. *C'est le sac en cuir de Mme Wang.*

女子 nǔzǐ S1
昨天晚上开始了~团体赛。The woman's team event began last night. *L'épreuve féminine par équipe a commencé hier soir.* 这个~很风流。She's a loose woman. *C'est une femme facile.*

O, P

欧元（歐元）ōuyuán *
我想把一百~换成人民币。I'd like to change a hundred euros into RMB (RenMin Bi). *Je voudrais changer cent euros en RMB (RenMin Bi).*

偶尔（偶爾）ōu'ěr H4, S1
我~跟她见面。I see her once in a while. *Je la vois une fois de temps en temps.* 他只是~抽(根)烟。He

smokes only very occasionally. *Il ne fume que très rarement.*

爬 pá S1 他往前~。He's crawling on his hands and knees. *Il va à quatre pattes.* 我~上了床。I climbed into bed. *J'ai grimpé dans mon lit.* 你干什么在地上~? What are you crawling about on the floor for? *Qu'est-ce que tu fais à quatre pattes?*

爬山 pá shān H3, S1 我们周末~去了。We went to climb up a mountain this weekend. *Nous sommes allés faire l'ascension d'une montagne ce week-end.* 他爬过好几次阿尔卑斯山。He did several climbs in the Alps. *Il a fait plusieurs ascensions dans les Alpes.*

怕 pà (动) S1 我谁也不~。Nobody can frighten me. *Je ne crains personne.* 我们很~他迟到。We're worried in case he is late. *Nous avons peur qu'il (ne) soit en retard.* 跟他说，不要~ / 别~。You mustn't be afraid of telling him so. *Il ne faut pas avoir peur de le lui dire.*

怕 pà (副) S1 他们~已经到了。Maybe they've already arrived. *Ils sont peut-être déjà arrivés.* ~他不会来了。--- 对，很可能不来了。I don't think he'll come. – No, I suppose not. *Je ne crois pas qu'il viendra. – Non, sans doute pas.* 我们~明天回来。Perhaps we shall come back tomorrow. *Peut-être reviendrons-nous demain.*

拍 pāi H5, S1 这个球~不起来。There isn't much bounce in this ball. *Cette balle ne rebondit pas beaucoup.* 老板~了~她的背。The boss clapped her on the back. *Le patron lui a donné une tape dans le dos.*

排 pái (量、名) S1 他们站成了一~。They stood in a row. *Ils étaient debout en rang.* 他派去了一~士兵。He sent a platoon of soldiers. *Il y a envoyé une section de soldats.*

排 pái (动) S1 把书按字母顺序~(出来)。Arrange the books in alphabetical order. *Rangez les livres par ordre alphabétique.* 会议~在明天中午开。The meeting is arranged for noon tomorrow. *La réunion est prévue pour demain midi.*

排队 (排隊) pái//duì H5, S1 你们~吗? Are you queuing up / Are you in line? *Vous faites la queue?* 到后面~去。Go to the back of the queue / line. *Allez à la queue.*

排列 páiliè H4, S2 请把书按字母顺序~起来。Please arrange the books in alphabetical order. *Veuillez ranger les livres par ordre alphabétique.* 你能把数字按正确的顺序~一下吗? Can you put the figures in the right order? *Peux-tu classer les chiffres dans le bon ordre?*

排名 pái//míng S1 她~第三。She was placed third. *Elle était en troisième position.*

排球 páiqiú H5, S1 她是~运动员。She's a volleyball player. *Elle est volleyeuse.* 我们打了一下午~。We played volleyball all afternoon. *On a joué au volley tout l'après-midi.*

牌 pái S1 咱们打~玩儿吧! Let's play cards! *On joue aux cartes!* 你看清车~儿了吗? Did you see the car number plate? *Est-ce que tu as vu la plaque d'immatriculation de la voiture?*

牌子 páizi S1 他总买同一个~的雪茄。He always buys the same brand of cigars. *Il achète toujours la même marque de cigares.* 她被挂上了小偷的~。She was branded (as) a thief. *On lui a collé une étiquette de voleuse.* 你看清车~了吗? Did you see the car number plate? *Est-ce que tu as vu la plaque d'immatriculation de la voiture?*

派 pài H5, S1 政府~了一个大使到印度。The government sent an ambassador to India. *Le gouvernement a envoyé un ambassadeur en Inde.* 他们~我完成这个任务。They assigned the job to me. *Ils m'ont assigné la tâche.* 这个学~(的理论)你懂不懂? Do you understand that school of thought? *Est-ce que tu comprends cette école de pensée?*

盘子 (盤子) pánzi H3, S2 你又打碎了一个~! You've broken a plate again! *Tu as encore cassé une assiette!* 他端来了一~三明治。He brought a tray of sandwiches. *Il a apporté un plateau de sandwiches.*

判断 (判斷) pànduàn H4, S1 要是不相信我说的，你自己去~。If you don't believe me, judge for yourself. *Si tu ne me crois pas, juges-en par toi-même.* 你~得很正确。Your judgment is sound. *Ton jugement est juste.*

旁边 (旁邊) pángbiān H2, S1 我在他~坐了下来。I sat down at his side. *Je me suis assis à ses côtés.* 这个套房在花园~。It's a flat overlooking the garden. *C'est un appartement côté jardin.*

胖 pàng H3, S2 他~得很快。He's getting fatter every day. *Il grossit chaque jour.* 她是个矮~的女人。She's a dumpy little woman. *C'est une bonne petite femme potelée.* 他们男孩儿~乎乎的。Their boy is chubby. *Leur garçon est grassouillet.*

跑 pǎo S1 他们~出了房子。They ran out off the house. *Ils sont sortis de la maison en courant.* 我~来~去忙了一天。I've been rushed off my feet all day. *J'ai passé ma journée à courir à droite et à gauche.*

跑步 pǎo//bù H2, S2 我每天早上都去公园~。I run every morning in the park. *Je cours tous les matins dans le parc.* 他~跑得累极了。He was exhausted from his running. *Il a été épuisé par sa course.*

陪 péi H4, S2 她由哥哥~着 / 陪同。She was accompanied by her elder brother. *Elle était accompagnée de son grand frère.* 我的秘书~您去参观(公司)。My secretary will show you around (the company). *Ma secrétaire va vous faire visiter (l'entreprise).* 我~着老朋友到车站告别的。I went with an old friend of mine to the station. *J'ai accompagné un vieil ami à la gare.*

配 pèi S1 这两个颜色不~。These two colours don't match. *Ces deux couleurs ne vont pas bien ensemble.* 他~不~做这个工作? Is he qualified to do the job? *Est-il qualifié de faire ce travail?*

配合 pèihé H5, S1 我跟你~。I'll cooperate with you. *Je vais collaborer avec toi.* 他非常~。He has been most cooperative. *Il a été très coopératif.* 您~的话,刑法可以减轻。If you cooperate your sentence may be reduced. *Si vous coopériez, votre peine pourrait être réduite.*

朋友 péngyou G, H1, S1 小田是我的好~。Xiao Tian is a good friend of mine. *Xiao Tian est un grand ami à moi.* 他是家里的~。He's a friend of the family. *C'est un ami de la famille.* 我们只是好~而已。We're just good friends. *Nous sommes bons amis, c'est tout!* 我们作为好~分手吧。Let us part friends. *Séparons-nous (en) bons amis.*

碰 pèng S1 别~她的东西! Don't touch her things! *Ne dérange pas ses affaires!* 咱们去~~机会! Let's take a chance! *On va tenter la chance!*

碰到 pèngdào S1 我们~了一个问题。We've run into a problem. *Nous nous trouvons devant un problème.* 这里能~各种人。You can meet all kinds of people here. *On peut rencontrer toutes sortes de personnes ici.*

碰见 (碰見) pèngjiàn H5, S1 我在商店里~了老师。I ran into my teacher in a shop. *J'ai rencontré par hasard mon professeur dans un magasin.* 我在街上~了一个多年不见的熟人。In the street I ran into an acquaintance I hadn't seen for ages. *J'ai heurté une vieille connaissance que je n'avais pas vue depuis des années.*

批评 (批評) pīpíng H4, S1 有人~她。She has her critics. *Il y en a qui la critiquent.* 她对父母的行为持严厉的~态度。She's very critical of her parents' behaviour. *Elle se montre très critique à l'égard du comportement de ses parents.*

批准 pīzhǔn H5, S1 老板~这个合同了吗? Did the boss ratify the contract? *Le patron a-t-il approuvé le contrat?* 没有他们的~我所以没有做。I didn't do it without their sanction. *Je ne l'ai pas fait sans leur consentement.*

皮 pí S1 那个人瘦得~包骨。That man is nothing but skin and bone. *Cet homme n'a que la peau et les os.* 她穿着很贵的~衣。She was dressed in expensive furs. *Elle portait des fourrures de prix.* 你这个男孩儿真~! You naughty boy! *Petit vilain!*

皮包 píbāo S1 这是王女士的~。It's the leather handbag of Ms. Wang. *C'est le sac en cuire de Mme Wang.* 那是李先生的(公事)~。That's the briefcase of Mr Li. *Là c'est la mallette de M Li.*

皮肤 (皮膚) pífū H4, S2 成小姐的~很漂亮。Miss Cheng has nice skin. *Mlle Cheng a une jolie peau.* 我的~很 细 / 糙。I have (a) good / bad skin. *J'ai une jolie / vilaine peau.*

皮鞋 píxié H5, S1 这双~挤得我脚疼。The leather shoes pinch my feet. *Ces souliers en cuir me serrent.*

啤酒 píjiǔ H3, S2 大家都喝~吗? Does anybody want to order a beer? *On va boire une bière?* 你也来一杯~吗 ? Will you join me in a beer? *Est-ce que tu prendras une bière aussi?*

篇 piān H4, S1　关于经济危机的那~文章你看了吗? Have you read the article on the economic crisis? *Est-ce que tu as lu l'article sur la crise économique?* 他为《世界报》写了一~报道。He covered a story for « Le Monde ». *Il a fait un reportage pour « Le Monde ».*

便宜 piányi H2, S1　这很~。It's cheap. *C'est bon marché.* 那个店主东西卖得很~。That shopkeeper is very cheap. *Ce commerçant n'est pas cher.* 那都是些低质量的~家具。The furniture was cheap and nasty. *Ces meubles pas chers étaient de très mauvaise qualité.*

骗（騙）piàn 2740-IV-B1728　他谁都~。He's fooling everybody around him. *Il trompe son monde.* 这个她叫我相信是~我。She deceived me into believing it. *Elle m'a fait le croire.* 十欧元一公斤，这是~人钱! 10 € a kilo, it's daylight / highway robbery! *10 € le kilo, c'est de l'escroquerie!*

片 piàn H5, S1　请给我切一~火腿(肉)。Slice me off some ham please. *Coupez-moi une tranche de jambon, s'il vous plaît.* 我刚吃了一~阿司匹林。I've just taken an aspirin. *Je viens de prendre une aspirine.* 电视上只要有西部~他都要看。He watches all the westerns on TV. *Il regarde tous les westerns à la télévision.*

票 piào H2, S1　我买一张 单程~ / 往返~。I'll buy a single ticket / a return ticket. *J'achèterai un (billet d') aller / un aller-retour.* 我有张七点三十起飞的机~。I'm ticketed on the 7.30 flight. *J'ai un billet pour vol de 7 h 30.* 我投他们的~。They've got my vote. *Je vote pour eux.*

票价（票價）piàojià S1　地铁~六元。The underground / subway ticket is 6 yuan. *Le ticket de métro est 6 yuan.* "~免费"; "Admission free"; «Entrée gratuite»

漂亮 piàoliang H1, S1　他很~。He's handsome. *Il est beau / C'est un bel homme.* 她很~。She's pretty / beautiful. *Elle est jolie / belle.* 他(的)普通话说得很~。He speaks beautiful Mandarin Chinese. *Il parle très bien le chinois mandarin.*

乒乓球 pīngpāngqiú H4　咱们去打~吧! Let's go and play table tennis. *Allons jouer au ping-pong.* 我常参加~比赛。I often take part in table tennis competitions. *Je participe souvent à des compétitions de tennis de table.*

平 píng H5, S1　双方打成八~。The two teams tied at 8-8. *Les deux équipes ont fait match nul 8 partout.* 把托盘端~。Hold the tray level. *Tiens le plateau droit.* 这使他的气~了些。This soothed his anger. *Cela a apaisé sa colère.*

平安 píng'ān S2　祝(你 / 您 / 你们)一路~! Have a good trip! *Bon voyage!* 我~脱险了。I escaped unharmed. *J'en suis sorti sain et sauf.*

平常 píngcháng H5, S1　这很~。It's quite common. *C'est tout à fait banal.* 我~七点起床。I usually get up at seven. *J'ai l'habitude de me lever à sept heures.* 他比~更要礼貌些。He was more than usually polite. *Il s'est montré encore plus poli que d'habitude.*

平等 píngděng H5, S1　我们是在~的基础上工作的。We worked together as equals. *Nous avons travaillé ensemble sur un pied d'égalité.* 妇女仍在为男女~而奋斗。Women are still fighting for equality. *Les femmes se battent encore pour l'égalité.*

平时（平時）píngshí H4, S1　我~七点起床。I usually get up at seven. *J'ai l'habitude de me lever à sept heures.* 这些问题要比~的难。The questions were more than ordinarily difficult. *Les questions étaient plus difficiles que d'ordinaire.*

苹果（蘋果）píngguǒ H1, S2　我们在花园拾了些~。We picked some apples in the garden. *Nous avons ramassé des pommes dans le jardin.* 每天吃个~不用去看病。An apple a day keeps the doctor away. *Une pomme par jour et vous êtes en bonne santé.* 那家伙是个烂~。That man is a rotten apple. *Cet homme est une pomme pourrie.*

瓶 píng T, S1　一~多少钱? How much is it for a bottle? *C'est combien la bouteille?* 我们要了一~葡萄酒。We ordered a bottle of wine. *Nous avons commandé une bouteille de vin.* 这个花~真漂亮! What a beautiful vase! *Comme ce vase est joli!*

瓶子 píngzi H4, S1　我们重新使用空~。We recycle empty bottles. *Nous recyclons les bouteilles vides.* 把那个~给我拿下来。Hand me down that bottle. *Descends-moi cette bouteille-là.*

婆 pó T 她是我~~。 She's my busband's mother. *C'est la mère de mon mari.* 她喜欢当媒~儿。 She loves matchmaking. *Elle adore jouer les marieuses.* 别那么~~妈妈的! Don't be too sentimental! *Ne sois pas trop sentimental(le))!*

破 pò H4, S1 这个像玻璃一样容易~。 It is as brittle as glass. *Cela se casse comme du verre.* 你能把二十欧元的票子~开吗？ Can you break a €20 note / a twenty euro note? *Peux-tu entamer un billet de vingt euros?* 他住在一个~房子里。 He lives in a dilapidated house. *Il habite une maison délabrée.*

破坏 (破壞) pòhuài H5, S1 你在搞~! You're making a mess of the whole thing! *Tu sabotes!* 他试图~她的计划。 He tried to botch her plans. *Il a essayé de saboter ses plans.* 他们威胁要~我们的民主体制。 They threaten to destroy our democratic way of life. *Ils menacent de détruire nos institutions démocratiques.*

葡萄 pútáo H3, S2 我去买些~。 I'll go and buy some grapes. *Je vais acheter du raisin.* 你喜欢吃白~还是红~? Do you prefer white or black grapes? *Tu préfères du raisin blanc ou du noir?*

普遍 pǔpiàn H4, S1 这样的信仰是很~的。 Such beliefs are universal. *De telles croyances sont universelles.* 通婚在这里很~。 Mixed marriages are common here. *Les mariages mixtes sont courants ici.* 公众中 ~很担忧 / 有很~的担忧。 There has been widespread public concern. *L'opinion publique se montre extrêmement préoccupée.*

普及 pǔjí H6, S1 这支歌在青年人中很~。 This song is very popular with young people. *Cette chanson est très populaire chez les jeunes.* 他们能~中等教育吗？ Can they make secondary education universal? *Peuvent-ils généraliser l'enseignement secondaire?* 他们的目地是~这一疾病传染的信息。 Their aim is to disseminate information about the spread of the disease. *Leur but est de disséminer des informations sur la propagation de la maladie.*

普通 pǔtōng S1 这是个~的 表达方式 / 熟语。 It's a common expression. *C'est une expression courante.* 她是个~的旅游者。 She was just an ordinary tourist. *C'était une touriste comme une autre.* 他不过是个很~的歌手。 He's a very average singer. *C'est un chanteur de qualité très moyenne.* ~人对这个计划有什么看法呢？ What does the man in the street feel about this plan? *Que pense l'homme de la rue de ce projet?*

普通话 (普通話) pǔtōnghuà H3, S1 他(的)~说得很很漂亮。 He speaks beautiful Mandarin Chinese. *Il parle très bien le chinois mandarin.* ~是标准发音的中文。 Mandarin / "common speech" is the standard Chinese. *Le mandarin / "le parlé commun" est le chinois standard.*

Q

七 qī H1, S1 火车行程(是)~个小时。 The train journey takes seven hours. *Le voyage en train dure sept heures.* 她心里~上八下，不知道如何是好。 She was so agitated that she didn't know what to do. *Elle était tellement agitée qu'elle ne savait que faire.* 他已经~老八十了。 He's already very old. *Il est déjà très âgé.*

期 qī S1 他上个学~病了。 He was ill during last term. *Il a été malade durant le trimestre dernier.* 这是最近一~文学杂志。 It's the current issue of the magazine of literature. *C'est le dernier numéro de la revue littéraire.* 星期一是最后(的) ~限 / 限~。 Monday is the absolute deadline. *C'est pour lundi dernier délai.*

妻子 qīzi H2, S2 这位是马丁先生和他的~。 That's Mr Martin and his wife. *Ce sont M. Martin et son épouse.* 他有一个好~。 She's been a good wife to him. *Elle a été une bonne épouse pour lui.*

骑 (騎) qí H3, S1 我不会~马。 I don't know how to ride a horse. *Je ne sais pas monter à cheval.* 她到哪儿都~(自行)车。 She rides her bike everywhere. *Elle se déplace toujours à vélo.* 他当时~着小摩托(车)。 He was riding a motorbike. *Il était à / en moto.*

骑车 (騎車) qíchē S1 你~上班吗？ Do you cycle to work? *Tu vas au travail en vélo?* 天很好，我 去~逛逛 / ~去逛逛。 The weather's nice, so I'm going to go for a bike ride. *Il fait beau, alors je vais faire du vélo.*

其 qí {书} D, S2 她是我同学，~父亲是商人。She's my schoolmate, her father is a businessman. *Elle est ma camarade de classe, son père est un homme d'affaires.* 拿这个盘子，将~放到桌子上。Take this plate and put it on the table. *Prenez cette assiette et mettez-la sur la table.*

其次 qícì H4, S1 这是~的。It's of secondary importance. *C'est secondaire.* 你先做作业，~再看电视。Do your homework first, then you can watch TV. *Fais d'abord tes devoirs, et ensuite tu pourras regarder la télé.*

其实（其實） qíshí H3, S1 ~我不是亲眼看见的。I didn't actually see it myself. *En réalité, je ne l'ai pas vu de mes propres yeux.* 他要求我们，~是命令我们住口。He asked us, in fact ordered us, to be quiet. *Il nous a demandé, ou plutôt ordonné, de nous taire.*

其他 qítā H3, S1 他不比~人傻。He is no more stupid than anyone else. *Il n'est pas plus bête qu'un autre.* 这只和~人有关。It always happens to other people. *Cela n'arrive qu'aux autres.* 他和~两个人被解雇了。He and two others got the sack. *Lui et deux autres ont été renvoyés.* 您还有~事要做吗? Have you anything else to do? *Avez-vous autre chose à faire?*

其它 qítā S1 [用于事物] 您还有~事要做吗? Have you anything else to do? *Avez-vous autre chose à faire?* 我在想 ~的 / 其他的 事儿。I was thinking of something else. *Je pensais à autre chose.*

其中 qízhōng H4, S1 这是~的办法之一。That's one solution. *C'est une solution parmi d'autres.* 好几个成员缺席，~有我。Several members abstained, myself amongst them. *Plusieurs membres se sont abstenus, dont moi.*

奇怪 qíguài H3, S1 真~! Well, that's odd! *Voilà qui est singulier!* 搞阴谋的(人中)有他并不叫人~。It wouldn't be surprising if he was in the plot. *Ça n'aurait rien de surprenant s'il était du complot.* 她是个~的姑娘。She's a strange girl. *C'est une fille bizarre.*

齐（齊） qí S1 请把书摆~。Put your books in order please. *Range tes livres, s'il te plaît.* 一~抬! All together now! *Tous ensembles! Ho hisse!* 客人都来~了。The guests are all present. *Les invités sont tous présents.*

起 qǐ D, S1 ~床了! Get up! Lève-toi! ~风了。The wind is rising. *Le vent se lève.* 那个人奇怪的行为使她~了疑心。That man's strange behaviour aroused her suspicion(s). *Le comportement étrange de cet homme a éveillé ses soupçons.*

起床 qi//change H2, S1 ~了! Get up! *Lève-toi!* 我一般七点~。I usually get up at seven. *J'ai l'habitude de me lever à sept heures.* 他周末不~，睡懒觉。He doesn't get up, and stay in bed (very) late at / on the weekend. *Il ne se lève pas et fait la grasse matinée le week-end.*

起飞（起飛） qǐfēi H4, S1 飞机四点五分~。The plane will take off at five past four. *L'avion décollera à quatre heures cinq.* 她~要去加勒比海过两个星期了。She's taken off for two weeks in the Caribbean. *Elle est partie passer deux semaines aux Caraïbes.*

起来（起來） qǐlai D, H5, S1 请站~! Stand up please! *Levez-vous, s'il vous plaît!* 她站了~要要把位子让给我。She stood up to offer me her seat. *Elle s'est levée pour m'offrir sa place.* 他周末不~，睡懒觉。He doesn't get up, and stay in bed (very) late at / on the weekend. *Il ne se lève pas et fait la grasse matinée le week-end.*

企业（企業） qǐyè N, H5, S2 这是一个制造~。It's a manufacturing firm. *C'est une entreprise de fabrication.* 这家~破产了。The company has been put into liquidation. *La société a été mise en liquidation.* 他拥有一个小的汽车修理~。He owns a small car repair business. *Il a une petite entreprise de réparation de voitures.* 这一计划完全是私人~提供的资金。The project is completely funded by private enterprise. *Le projet est totalement financé par des fonds privés.*

气（氣） qì (名) (1) T, S1 他用 煤~ / 天然~ 做饭。He uses gas for cooling. *Il fait la cuisine au gaz.* 让我先喘口~呀。Give me time to draw breath. *Donne-moi le temps de souffler.* 这让人松了口~。This was somewhat of a relief. *C'était en quelque sorte un soulagement.* 他一口~(没停)就说完了。He said it all in one breath. *Il l'a dit d'un trait.*

气（氣） qì (动) (2) T, S1 我~得走开了。Enraged, I left. *Furieux, je suis parti.* 别老~你妹

妹。Stop annoying your little sister. *Cesse de taquiner ta petite sœur.* 他的无礼把我~坏了。His insolence made me very angry. *Son insolence m'a mis hors de moi.*

气候（氣候） qìhòu H4, S1

这里的~很温和。The climate is mild here. *Le climat est doux ici.* 我对这种~ 很适合 / 不适合。This climate suits me / does not suite me. *Ce climat me convient / ne me convient pas.* 经济~不佳。The economic climate isn't good. *La conjoncture économique n'est pas bonne.*

气温（氣溫） qìwēn S1

~(是 / 有)三十多度。The temperature was in the thirties. *Le thermomètre marquait plus de trente degrés.* ~突然下降了。There was a sudden drop in temperature. *Il y a eu une brusque chute de température.*

汽车（汽車） qìchē S1

上~! Take your seats! *En voiture!* 咱们开~去。We'll go by car. *Nous y allons en voiture.* ~在车库里。The car is in the garage. *La voiture est dans le garage.*

千 qiān T, H2, S1

这个要两~欧元。It costs two thousand euros. *Ça vaut deux mille euros.* 当时有数~人。There were thousands of people. *Il y avait des milliers de personnes.* 我喜欢看 "一~零一夜"。I like reading the "Arabian Nights". *J'aime lire "Les Mille et une Nuits".*

千万（千萬） qiānwàn H4, S1

北京 1994 年(时)有一~人口 / 1994 年的人口是一~。Beijing had a population of ten million in 1994. *Beijing comptait dix millions d'habitants en 1994.* ~ (要 / 别忘) 把门关上! Make sure (that) the door is shut! *Assurez-vous que la porte est fermée!* ~要小心! Do be careful! *Surtout prenez vos précautions!*

铅笔（鉛筆） qiānbǐ H3, S2

这个请用~写。Please write that in pencil. *Veuillez écrire cela au crayon.* 问题在空白处用~标了出来。Question marks were pencilled in the margin. *On avait mis des points d'interrogation au crayon dans la marge.*

签证（簽證） qiānzhèng H4, S2

去中国需要~。You need a visa to go to China. *Il faut un visa pour aller en Chine.* 他提出了申请去美国的~。He has applied for an American visa. *Il a demandé un visa pour l'Amérique.*

钱（錢） qián H1, S1

我身上从不带很多~。I never carry much cash. *Je n'ai jamais beaucoup d'argent sur moi.* 你~也花得太多了。You spent too much money. *Tu as dépensé trop d'argent.* 这个我们得花一大笔~。It's going to cost us a considerable sum. *Ça va nous coûter très cher.*

钱包（錢包） qiánbāo S1

我~里没什么钱。I have very little money in my purse. *J'ai très peu d'argent dans mon porte-monnaie.* 拿着我的~，可别丢了。Take my purse, but don't lose it. *Prends mon porte-monnaie, et ne le perds pas.*

前 qián D, S1

往~看! Look in front of you. *Regardez devant vous!* 一直朝~走! Walk straight ahead! *Marchez tout droit devant vous!* 他们十年~搬到了这儿。They moved here ten years ago. *Ils ont emménagé ici il y a dix ans.* 这没有~例。There's no precedent for it. *Il n'y en a point d'exemple.*

前边（前邊） qiánbian S1

往~看! Look in front of you. *Regardez devant vous!* 她在电视~坐着。She was sitting in front of the TV. *Elle était assise devant la télé.* 一直朝~走! Walk straight ahead! *Marchez tout droit devant vous!*

前后（前後） qiánhòu S1

我十点~到。I'll arrive around 10 o'clock. *J'arriverai vers 10 heures.* 楼~都有树。There are trees both in front and at the back of the building. *Il y a des arbres devant et derrière le bâtiment.*

前进（前進） qiánjìn S1

继续~! Keep going straight forward! *Continuez tout droit!* 他们快速~。They're walking at full speed. *Ils marchent en toute allure.* 部队向那座城市~。The army advanced on that city. *L'armée avançait vers la ville.*

前面 qiánmiàn H1, S1 (= 前边 qiánbian)

前天 qiántiān S1

他是~来的。He came the day before yesterday. *Il est venu avant-hier.* 这是~晚上发生的。It happened the night before last. *Il s'est passé avant-hier soir.*

前往 qiánwǎng S1

代表团明天~纽约。The delegation is leaving for New York tomorrow. *La délégation part pour New York demain.* 他们~日

内瓦了。They are proceeding towards Geneva. *Ils se dirigent vers Genève.*

墙（牆）qiáng H4, S1
这是个砖~房子。It is a brick house. *C'est une maison aux murs de briques.* 一堵很高的~围着园子。There's a high wall around the garden. *Il y a un haut mur autour du jardin.*

强（強）qiáng S1
这个孩子个性很~。The child has a strong character. *L'enfant a du caractère.* 这个人能力很~。He's a man of considerable ability. *C'est un homme très doué.* 十九世纪世界~国瓜分了中国。In the 19th Century the great world powers carved up China. *Au 19th siècle les grandes puissances mondiales partagèrent la Chine.*

强大（強大）qiángdà S1
中国变得更~了。China has become more powerful. *La Chine a augmenté en puissance.* 获取利益是一个~的动机。Interest is a powerful motive. *L'intérêt est un puissant ressort.*

强调（強調）qiángdiào H5, S1
这一点要反复~。This point cannot be stressed enough. *On ne saurait trop insister sur ce point.* 她~需要谨慎。She emphasized the need for caution. *Elle a bien insisté sur la nécessité d'être prudent.* 我们社会过于~物质享受。There is too much emphasis on materialism in our society. *On accorde trop d'importance aux choses matérielles dans notre société.*

强烈（強烈）qiángliè H5, S1
我对这个感情很~。I have strong feelings about it. *Ça me tient très à cœur.* 他曾~地憎恨警察。He had an intense hatred of the police. *Il avait une haine profonde de la police.*

敲 qiāo H4, S2
钟~三点了。The clock was striking 3 (o'clock). *La pendule sonnait 3 heures.* 他们在~鼓。They're playing (the) drums. *Ils battent des tambours.* 他~去了我五美元。He stung me for $5. *Il m'a arnaqué de 5 dollars.*

桥（橋）qiáo H6, S1
他们在河上架起了一座~。They built / put a bridge across the river. *Ils ont construit /.jeté un pont sur le fleuve.* 他在两家公司之间起了~的作用。He acted as an intermediary between the two companies. *Il a servi d'intermédiaire entre les deux entreprises.*

巧克力 qiǎokèlì H4, S2
我喜欢吃 奶油~ / 白~。I like milk / white chocolate. *J'aime chocolat au lait / chocolat blanc.* 我来一杯热~。I'd like a cup of (hot) chocolate. *Je voudrais une tasse de chocolat (chaud).*

亲（親）qīn S1
~一个嘴! Give me a kiss! *Fais-moi un (gros) bisou.* 我是听他~口说的。I had it from his own lips. *Je l'ai appris par sa propre bouche.*

亲爱（親愛）qīn'ài H5, S1
你是~的! You darling! *Tu es un amour!* ~的，怎么了? What's the matter, dear? *Qu'y a-t-il, mon chéri / ma chérie?* ~的，过来看看奶奶。Come along with granny, sweetheart. *Viens voir mamie, mon petit chou.*

亲戚（親戚）qīnqi H4
他们之间不是~ / 不是 / 没有~关系。They're not related in any way. *Il n'y a aucune parenté entre eux.* 她在俄国有~。She has relatives in Russia. *Elle a de la famille en Russie.* 死者同您是什么~关系? What was your relationship to the deceased? *Quel était votre lien de parenté avec la personne décédée?*

亲切（親切）qīnqiè H5, S1
她~地看着我。She was looking at me fondly. *Elle me regardait d'un air affectueux.* 这是些很~的人。They are kind people. *Ce sont des gens aimables.*

亲人（親人）qīnrén S1
他的~住在农村。His parents live in the countryside. *Les siens habitent dans la compagne.*

亲自（親自）qīnzì H5, S1
我要~跟他说。I want to speak to him personally. *J'aimerais lui parler personnellement.* 这件事要自己~动手。One must do it oneself. *Il faut le faire soi-même.*

青年 qīngnián S1
~，听着! Listen to me, young man! *Ecoutez-moi, jeune homme!* ~(人)常用这个词。This expression is current among young people. *Cette expression est courante chez les jeunes.* 她不是~人了。She is past her first youth. *Elle n'est pas de la première jeunesse.*

青少年 qīng-shàonián H5, S1
她还是个~。She's still in her teens. *C'est encore une adolescente.* 访问的目的是结识中国的~。The aim of the visit was to get to know young Chinese. *Le but de la visite était de connaître des jeunes chinois.*

轻（輕）qīng H4, S1
这跟羽毛一样~。It's as light as a feather. *C'est léger comme une*

plume. 他的病很~。His illness is not at all serious. *Sa maladie n'est pas grave du tout.* ~点儿声说，他睡了。Lower your voice, he's sleeping. *Parle plus doucement, il dort.*

轻松（輕松）qīngsōng H4, S2 这是个
~的工作。It's a cushy job. *C'est une bonne planque.* 人们工作后需要~~。You need some relaxation after work. *On a besoin d'une détente après le travail.* 他轻轻松松地就做完了。He finished work with the utmost of ease. *Il a fini le travail avec la plus grande facilité.*

清楚 qīngchu H6, S1 要做什么他很~。He is quite clear about what has to be done. *Il sait parfaitement ce qu'il y a à faire.* 她对问题很~。She has got the problem clear in her head. *Elle comprend le problème.* 我把意思说~了吗? Have I made myself clear? *Est-ce que je me suis bien fait comprendre?*

晴 qíng H2, S2 明天天~。It will be fine tomorrow. *Il fera beau demain.* 天转~了。It's clearing up. *Le temps se lève.*

情感 qínggǎn S1 要用~来唱。We must sing with feeling. *Il faut chanter avec sentiment.* 现在可不是讲~的时候。This is no time to get sentimental. *Ce n'est pas le moment de faire du sentiment.* 她控制住了自己的~。She is in control of her emotions. *Elle a contrôlé ses émotions.*

情况（情況）qíngkuàng N, H4, S1 他的~相似。He is in the same situation. *C'est également son cas.* 我的经济~不佳。My financial situation is none too healthy. *Ma situation financière n'est pas brillante.* 那得看~而定。That depends. *Ça dépend.*

请（請）qǐng H1, S1 ~进。Come in, please. *Entrez, s'il vous plaît.* ~坐。Please sit down. *Veuillez-vous asseoir.* ~不要插话! Please don't interrupt! *Veuillez bien ne pas nous interrompre!* 我可以吗? --- ~吧! May I? –Please do. *Vous permettez? – Je vous en prie!*

请假（請假）qǐng//jià H4, S1 我请了两天假。I asked for two days' leave. *J'ai demandé deux jours de congé.* 我~从明天开始到星期一。I'm off (from) tomorrow till Monday. *Je suis en congé demain jusqu'à lundi.* 他请了病假。He's (away) on sick leave. *Il est en congé*

(de) maladie. 她请了产假。She's (away) on maternity leave. *Elle est en congé (de) maternité.*

请教（請教）qǐngjiào H6, S1 我想~你两、三的问题。I wish to consult you on two or three questions. *Je voudrais te consulter sur deux ou trois questions.* 你甚至没有~一下老王 / 甚至老王也没有~一下。You didn't even ask for Lao Wang's opinion. *Tu n'as même pas consulté Lao Wang.*

请进（請進）qǐng jìn H5, S1 王小姐，~。Miss Wang, come in, please. *Mlle Wang, entrez, s'il vous plaît.*

请客（請客）qǐng//kè H4, S2 朋友们，今天晚上我~吃饭。My friends, I'll invite you to a meal this evening. *Mes amis, je vous convie à un repas ce soir.* 你想喝点儿什么? 我~。What do you want to drink? It's on me. *Qu'est-ce que tu veux boire? Je t'invite.* 他们是请(来)的客人。They're the invited guests. *Ce sont les invités.*

请求（請求）qǐngqiú H5, S1 他~他们帮把忙。He asked them a favour. *Il leur a demandé un service.* 各方都~他的关照。He is very much in demand. *Il est sollicité de toutes parts.*

请问（請問）qǐngwèn S1 ~，旅行社怎么走? Where can I find a travel agency please? *Pouvez-vous m'indiquer une agence de voyage, s'il vous plaît?* ~，您是刘先生吗? Excuse me, (but) aren't you Mr Liu? *Excusez-moi, vous ne seriez pas M. Liu?*

请坐（請坐）qǐngzuò S1 夫人, ~。Please sit down, Madam. *Veuillez vous asseoir, Madame.*

庆祝（慶祝）qìngzhù H5, S1 咱们来~~! Let's celebrate! *Il faut fêter ça!* 运动员~他们获得了冠军。The players celebrated their win. *Les joueurs ont célébré leur victoire.* 军队在街上行进~胜利。The army celebrated its victory by marching in the street. *L'armée a fêté sa victoire en défilant dans les rues.*

穷（窮）qióng H4, S2 他~到什么程度? How poor is he really? *Jusqu'à quel point est-il pauvre?* 他们~得车都买不起。They're too poor to own a car. *Ils n'ont pas les moyens d'avoir une voiture.* 他们问题(问个)无~。They're asking endless questions. *Ils posent des questions à n'en plus finir.* 这个他们为什么要~究? Why do

they want to hold a thorough inquiry into it? *Pourquoi veulent-ils faire une enquête minutieuse sur cela?*

秋 qiū H3 我们快~收了。 We'll soon harvest the autumn crops. *Nous ferons bientôt la moisson d'automne.* 现在是深~了。 We're now in late autumn. *Nous sommes vers la fin de l'automne.* 我们生活在多事之~(的时代)。 We live in troubled times. *Nous vivons une époque troublée.*

秋天 qiūtiān S1 ~到了! Autumn has arrived! *L'automne est arrivé!* 这里~往往下雨。 It often rains here in autumn. *Il pleut souvent ici en automne.* 我三年前的~第一次见到了他。 I first met him three years ago in the fall. *Je l'ai rencontré pour la première fois il y a trois ans en automne.*

求 qiú S1 我~(~)您什么也不要说。 Say nothing, I beg you. *Ne dites rien, je vous en supplie.* 他在~人帮忙。 He's asking for help. *Il demande de l'aide.* 饶他一条命，我~您了。 Spare his life, I entreat you. *Epargnez sa vie, je vous en conjure.* 他在~成功。 He's striving for success. *Il est en train de se battre pour réussir.* 他们 ~得了 / 没有~得 一致。 They reached / They failed to reach a consensus (of opinion). *Ils ont obtenu un / Ils n'ont pas obtenu de consensus (opinion).*

球 qiú S1 他们在玩儿~。 They're playing ball now. *Ils jouent au ballon maintenant.* ~滚到了车子底下。 The ball rolled under the car. *La balle a roulé sous la voiture.* ~在你的场上。 The ball is in your court. *C'est à vous de jouer.* 这是我们的全~战略。 It's our global strategy. *C'est notre stratégie internationale.*

球场（球場） qiúchǎng S1 足~被淹了。 The football field is flooded. *Le terrain de foot est inondé.* 体育馆里有一个篮~。 There's a basketball court in the gym. *Il y a un terrain de basket dans le gymnase.*

球队（球隊） qiúduì S1 他们是个专业~还是业余~? Are they a professional team or an amateur one? *Sont-ils une équipe de professionnels ou d'amateurs?* 我们~赢了。 Our team won the match. *Notre équipe a gagné le match.*

球迷 qiúmí H5, S1 他是个足~。 He's a football maniac / a soccer maniac. *C'est un fan / un mordu de football.* 那儿有一群~。 There are a crowd of football fans there. *Il y a une foule de supporters de football là-bas.*

球鞋 qiúxié S1 我去度假要带~。 I'm taking my sneakers for the holidays. *J'emporte mes chaussures de sport pour les vacances.*

区（區） qū S1 这是一个农业~。 It's an agricultural region. *C'est une région agricole.* 我们呆在纽约~。 We're staying in the New York region. *Nous restons dans la région de New York.* 我住北京东城~。 I live in East City District of Beijing. *J'habite le quartier Cité Est de Beijing.*

区别（區別） qūbié H4, S1 要~这两种事。 One must distinguish these two things. *Il faut faire la distinction entre ces deux choses.* 我没看出有什么~。 I hadn't noticed the difference. *Je ne m'étais pas aperçu de la différence.* 姐妹俩很难叫人~开(来)。 The two sisters are difficult to tell apart. *Les deux sœurs sont difficiles à distinguer (l'une de l'autre).*

取 qǔ H4, S1 我去把行李~回来。 I'll fetch my luggage. *Je vais chercher mes bagages.* 他去银行~些钱。 He's going to draw out money from the bank. *Il va retirer de l'argent de la banque.* 你给孩子~名儿了吗? Have you chosen a name for the child? *As-tu choisi un nom pour l'enfant?*

取得 qǔdé S1 他们~了经验。 They've gained experience. *Ils ont acquis de l'expérience.* 她们~了投票的权力。 They won the right to vote. *Elles ont obtenu le droit de vote.*

取消 qǔxiāo H5, S1 这次航班~了。 The flight has been cancelled. *Le vol a été annulé.* 预定的假期只好~了吧。 The holiday will have to be called off. *Il faudra annuler les vacances.* 我认为斗牛应该~。 I think bullfighting should be abolished. *Je pense que les courses de taureaux devraient être abolies.*

去 qù D, H1, S1 我们~西班牙。 We're going to Spain. *Nous allons en Espagne.* 他到一个朋友家~了。 He went to a friend's house. *Il est allé chez un ami.* 我们是 开车~的 / 走着~的。 We went by car / on foot. *Nous sommes allés en voiture / à pied.* 上~! Going up! *On monte!* 咱们进~! Let's go in! *Entrons!* 让他睡觉~。 Let him sleep / Leave him to sleep. *Laisse-le dormir.*

去年 qùnián H2, S1 公司是~成立的。 The company was set up last year. *La société été*

établie l'année dernière. 我是~年初开始学习中文的。 I began to learn Chinese at the beginning of last year. *J'ai commencé à apprendre le chinois au début de l'année dernière.*

去世 qùshì H5, S1 他是在夜里~的。 He passed away during the night. *Il est décédé dans la nuit.* 她~了很长时间了。 She died a long time ago. *Elle est décédée depuis longtemps.* 可怜的孩子，他妈妈~了。 The poor little thing's lost his mother. *Pauvre petit, il a perdu sa mère.*

全 quán S1 ~都拿走吧。 Take it all. *Prenez tout.* 他没给你讲事情的~过程。 He didn't tell you the complete story. *Il ne t'a pas tout dit.* 我用了~天时间油漆厨房。 It took me a whole day to paint the kitchen. *J'ai mis une journée entière pour peindre la cuisine.*

全部 quánbù H4, S1 ~拿走吧。 Take it all. *Prenez tout.* 这就是你要带的~行李吗？ Is that all the luggage you're taking? *C'est tout ce que tu emportes de bagages?*

全场（全場） quánchǎng S1 ~起立热烈鼓掌。 The audience gave him a standing ovation. *Le public s'est levé pour l'ovationner.*

全国（全國） quánguó N, S1 ~人仍在问谁是杀人犯。 The whole country's still wondering who the murder might be. *Tout le pays se demande encore qui est l'assassin.* 这一讲话是在~播放的。 The speech was broadcast nationwide. *Le discours a été diffusé dans tout le pays.*

全家 quánjiā S1 来照个~福吧! Let's take a photograph of the whole family! *On va prendre une photo de toute la famille!* 我要把您介绍给我~人。 I must introduce you to my wife / husband and children. *Il faut que je vous présente à ma famille.*

全面 quánmiàn H5, S1 英国最后~的排列 是 / 在 第三(位)。 England came third overall. *Au classement général, l'Angleterre a fini troisième.* 他对这方面有~的了解。 He has comprehensive knowledge of the field. *Il a des connaissances étendues du domaine.*

全年 quánnián H5, S1 您~的收入是多少? What's your annual income? *Combien gagnez-vous par an?* 这是一份公司的~报告。 It's an annual report of the company. *C'est un rapport annuel de la compagnie.*

全球 quánqiú S1 他想去(搞 / 进行)~旅行。 He wants to travel all over the world. *Il veut voyager sur toute la planète.* 他们在研究~变暖的问题。 They're studying the problem of global warming. *Ils étudient le problème du réchauffement de la planète.*

全身 quánshēn S1 我~疼(痛)。 I ache all over. *J'ai mal partout.* 他~平卧在地上。 He was stretched out full-length on the floor. *Il était étendu de tout son long par terre.*

全体（全體） quántǐ S1 学校~人员都在。 The whole of the school were present. *L'école entière était présente.* ~工作人员都罢工了。 The whole staff is / are on strike. *Tout le personnel est en grève.* 我们十点开~会(议)。 We are holding a plenary session at ten. *Nous tiendrons une session plénière à 10 heures.*

缺 quē S1 我目前~钱花。 I'm a bit short of money at the moment. *Je suis un peu à court d'argent en ce moment.* 我们什么都不~。 We lack nothing. *Nous ne manquons de rien.* 一个人也不~。 No one is absent. *Personne n'est absent.*

缺点（缺點） quēdiǎn H4, S1 人人都有~。 Everyone has shortcomings. *Tout le monde a des défauts.* 这是他的一个~。 It's one of his weaknesses. *C'est là un de ses points faibles.* 规划的最大~是 成本 / 费用 过高。 The main drawback to the plan is its cost. *Le principal inconvénient du projet est son coût.*

缺少 quēshǎo H4, S1 还 ~ / 缺 三把叉子。 There are still three forks missing. *Il manque encore trois fourchettes.* 我们~ 吃的了 / 食品 了。 We're running short of provisions. *Les vivres commencent à manquer.* 这些工具不可~。 These Tools are essential / indispensable. *Ces outils sont indispensables / de première nécessité.*

却（卻） què H4, S2 他很穷，人~很老实。 Ha was poor but he was honest. *Il était pauvre mais honnête.* 他们的贪婪~人。 Their avarice repulses me. *Je trouve leur avarice choquante.* 她了(liǎo) ~了又作演员、又作母亲的心愿。 She fulfilled herself both as an artist and as a mother. *Elle s'est épanouie à la fois comme artiste et comme mère.*

确保（確保） quèbǎo H6, S1 这块表~防水。 The watch is guaranteed waterproof. *La montre est garantie étanche.* 他为了~她来能作的

都作了。He did everything to ensure that she came. *Il a tout fait pour qu'elle vienne.*

确定（確定） quèdìng H5, S1 您来~一个(对您)合适的时间。You decide on the time that suits you (best). *Vous fixerez votre heure.* 他们在~事故的原因。They're determining the cause of the accident. *Ils déterminent les causes de l'accident.*

确实（確實） quèshí H4, S1 很遗憾这都是~的。That's all too true I'm afraid. *Ce n'est que trop vrai, malheureusement.* 你~应该去干。You really MUST go to it. *Il faut absolument que tu y ailles.*

群 qún H4, S1 别在人~里走丢了。Don't get lost in the crowd! *Ne te perds pas dans la foule.* 他们四、五个人一~地走来了。They came in groups of four or five. *Ils sont venus par groupes de quatre ou cinq.*

群众（群眾） qúnzhòng N, H6, S1 大多数~ / ~的大多数 拥护这一(个 / 项)政策。The mass of the people are in favour of this policy. *La majorité des gens est favorable à cette politique.*

裙子 qúnzi H3 她有一条漂亮的红~。She has got a pretty red skirt. *Elle a une jolie jupe rouge.* 她~破了，沾满了泥。Her skirt was torn and covered with mud. *Sa jupe était déchirée et couverte de boue.*

R

然 rán D 我(对他)不以为~。I don't agree (with him). *Je ne suis pas d'accord (avec lui).* 这个人知其~，不知其所以~。That person knows the hows, but not the whys. *Cette personne sait le comment, et non le pourquoi.*

然而 rán'ér H4, S2 他说来，~我没看见他。He had promised to come, however, I didn't see him. *Il avait promis de venir, cependant, je ne l'ai pas vu.* 她回家时很累，~很高兴。She came home tired but happy. *Elle est rentrée fatiguée mais heureuse.*

然后（然後） ránhòu G, H3, S1 (你)先向右拐，~向左拐。Turn right (and) then left. *Tourne à droite puis à gauche.* ~他们回家去了。Afterwards they went home. *Ils sont rentrés ensuite chez eux.*

让（讓） ràng H2, S1 这个一百块钱我就~给您。I'll let you have it for a hundred yuan. *Je vous le céderai pour cent yuan.* 我还不想~她看见。I didn't intend her to see it yet. *Je ne voulais pas qu'elle le voie déjà.* 有什么事儿~他着急。Something is worrying him. *Il y a quelque chose qui le préoccupe.* 对不起，~您久等了。Sorry to have kept you waiting. *Excusez-moi de vous avoir fait attendre.* 他们终于~人抓住了。They finally got caught. *Ils ont fini par se faire prendre.*

热（熱） rè H1, S1 今天很~。It's hot today. *Il fait très chaud aujourd'hui.* 你的茶不够~。Your tea is barely warm. *Ton thé est à peine chaud.* 她是个~心人。She is very warm-hearted. *Elle est pleine de cœur.*

热爱（熱愛） rè'ài H5, S1 我~他的表演。I am an ardent admirer of his acting. *J'admire énormément la façon dont il joue.* 我不~自己的工作，只是挣钱过日子而已。I don't love my work, but just to earn a living. *Je n'aime pas mon travail, mais seulement pour gagner ma vie.*

热烈（熱烈） rèliè H5, S1 他~地爱上了她。He has fallen violently in love with her. *Il est tombé follement amoureux d'elle.* 观众~(地)鼓掌。The audience applauded a lot. *Les spectateurs ont beaucoup applaudit.*

热闹（熱鬧） rènao H4, S2 这场辩论很~。It was a very lively debate. *C'était un débat très animé.* 我喜欢 纽约的热(热)闹(闹) / 热(热)闹(闹)的纽约。I like the bustle of New York. *J'aime l'activité grouillante de New York.* 咱们~~吧! Let us liven up! *(Nous) allons nous animer un peu!* 我们昨天晚上痛快地~了一番。We had a very jolly time last night. *Nous nous sommes bien amusés hier soir.*

热情（熱情） rèqíng H3, S1 她看来真~。She looks really nice. *Elle a l'air vraiment sympathique.* 他对那个计划没什么~。He hasn't much enthusiasm for the project. *Il n'a pas beaucoup d'enthousiasme pour le projet.*

人 rén D, H1, S1 她~很好。She's very nice. *Elle est très sympa.* 他不可能是十全十美的~。。 He's only human / Nobody's perfect. *Il est humain, après tout / Personne n'est parfait.* 他正是我需要的~。He's just the man for me. *C'est l'homme qu'il me faut.*

人才 [人材] réncái H5, S1 她是个音乐~。She's a talented musician. *C'est une musicienne de talent.* 他是我们最有前途的年轻~之一。He is one of our most promising young talents. *C'est un de nos jeunes talents les plus prometteurs.*

人工 réngōng H6, S1 这是个~湖。It's a man-made lake. *C'est un lac artificiel.* 我们~不足。We don't have the necessary manpower. *Nous ne disposons pas des effectifs nécessaires.*

人家 rénjia G, H6, S1 这件事~都知道。Everybody else knows that. *Tous les autres le savent.* 我(去)把椅子还给~去。I'll give the chair back to him / her / them. *Je lui / leur rendrai la chaise.* 你把~吓了一大跳! You gave me a terrible fright! *Tu m'as vraiment fait peur!*

人口 rénkǒu H5, S1 中国~和印度~都很多。China and India both have a very large population. *La Chine et l'Inde sont très peuplées l'une comme l'autre.* 这个城市有五十万 ~左右 / 左右~。The city has a population of about half a million. *La ville compte environ un demi-million d'habitants.*

人类（人類） rénlèi H5, S1 这是一本关于~起源的书。It's a book about the origin of mankind. *C'est un livre sur l'origine du genre humain.* 这一攻击是反~罪。The attack was a crime against humanity. *Cette attaque a été un crime contre l'humanité.*

人们（人們） rénmen S1 这个~不会喜欢。People won't like it. *Les gens n'aiment pas ça.* 十年前~还不知道有这种病。This illness was unknown 10 years ago. *Il y a 10 ans, on ne connaissait pas cette maladie.* ~对政治丑闻厌倦了。The public is / are tired of political scandals. *La population est lasse des scandales politiques.*

人民 rénmín N, S1 权利属于~。Power belongs to the people. *Le pouvoir revient au peuple.* 这是一个~的政府。It's a government by the people. *C'est un gouvernement par le peuple.*

他声称代表~的声音。He claims to be the voice of the people. *Il se fait passer pour la voix du peuple.*

人民币（人民幣） rénmínbì H4, S1 你们接受~吗？Do you accept Renminbi (RMB)? *Vous acceptez Renminbi (RMB)?* 姚女士为这一事业捐赠了五十万元~。Ms Yao contributed 500 000 yuan (RMB) to the cause. *Mme Yao a versé 500 000 yuan (RMB) au profit de la cause.*

人生 rénshēng H5, S1 ~艰难。Life is hard. *La vie est dure.* 他们相信死后的~。They believe in life after death. *Ils croient à la vie après la mort.* 你是什么~观? What's your outlook on life? *Quelle est ta conception de la vie?*

人物 rénwù H5, S1 他变成了一个重要~。He's become quite an important personage. *Il est devenu un personnage important.* 他演了汉姆雷特那个~。He played the character of Hamlet. *Il a joué le rôle de Hamlet.*

人员（人員） rényuán H5, S1 工作~有多少? How many people are there on the staff? *Combien de personnes le personnel compte-t-il?* 他去年成了工作~。He joined the staff last year. *Il est entré dans le personnel l'année dernière.*

认可（認可） rènkě H4, S1 我不~这一方案。I don't approve of the plan. *Je ne suis pas d'accord avec ce projet.* 你同一个外国人结婚，他们会~吗? Will they consent to your marrying a foreigner? *Consentiront-ils à ce que tu épouses un étranger?*

认识（認識） rènshi H1, S1 ~您很高兴! Very pleased to meet you! *Très heureux de faire votre connaissance!* 他小的时候我就~他了。I knew him when he was a child. *Je l'ai connu tout petit.*

认为（認為） rènwéi N, H3, S1 说这种事儿她~不好。She considers it wrong to say such thing. *Elle pense qu'il est mauvais de dire de telles choses.* 最好就此为止，您不这样~吗? It's better, don't you think, to get it over? *Il vaut mieux en finir, vous ne croyez pas?*

认真（認真） rènzhēn H3, S1 她总是那么~。She was her usual conscientious self. *Elle était consciencieuse comme toujours.* 对这个别那么~了! Don't take it too much to heart! *Ne le prenez pas trop à cœur!*

任 rèn (动) (1) S1 老王(上)~经理了。 Lao Wang was appointed (to the post of) manager. *Lao Wang a été nommé directeur.* 他~调停者。 He has assumed the role of mediator. *Il a assumé le rôle de médiateur.*

任 rèn (连) (2) S1 ~你挑选一个。 Choose any one you like. *Choisis un que tu préfères.* ~你怎么说，谁也不会(相)信。 Whatever you say, nobody will believe it. *Quoi que tu dises, personne ne le croira.*

任何 rènhé H4, S1 ~一天你想来都行。 Come any day you like. *Viens n'importe quel jour.* ~医生都要告诉你这个。 Any doctor will tell you that. *N'importe quel médecin te le dira.* 这是秘密，不要跟~人说。 Don't tell anybody, it's a secret. *Ne le répète à personne, c'est un secret.*

任务 (任務) rènwù H4, S1 他担任了一项~。 He has been charged with a mission. *Il est chargé d'une mission.* 这是一个危险的~。 It is a dangerous assignment. *C'est une tâche dangereuse.*

扔 rēng H4, S2 把球~给我。 Throw me / Toss me the ball. *Lance-moi / Jette-moi le ballon.* 我们早就把相会的事儿~到脑后了。 We clean forgot about the appointment. *Nous avions complètement oublié le rendez-vous.* 他的东西~得到处都是。 He's left his things about everywhere. *Il laisse traîner ses affaires partout.*

仍 réng S1 这一规定~有效力。 This rule is still effective. *Cette règle est toujours en vigueur.* 我们~须努力。 We must continue to make efforts. *Il nous faut continuer à faire des efforts.*

仍然 réngrán H4, S1 我~没有做完。 I haven't finished yet. *Je n'ai pas encore fini.* 他~不会改变主意。 It still doesn't make him change his mind. *Il ne va pas pour autant changer d'avis.* 他虽然有错儿，我~爱着他。 In spite of his faults, I love him still. *Malgré ses fautes je l'aime toujours.*

日 rì H1, S1 ~出了 / 落了。 The sun is rising / setting. *Le soleil se lève / se couche.* 我们在海边过了一~。 We had a day at the seaside. *Nous sommes passés une journée au bord de la mer.* 来~见! See you later! *A bientôt!*

日报 (日報) rìbào S1 我常常 看 / 读 这个~。 I often read this daily (paper). *Je lis souvent ce quotidien.* 这是一家全国~。 It's a (major) national daily. *C'est un grand quotidien.*

日本 rìběn N ~首都是东京。 The capital of Japan is Tokyo. *La capitale du Japon est Tokyo.* 我母亲明天从~回来。 My mother is coming back from Japan tomorrow. *Ma mère reviendra du Japon demain.* 我喜欢吃~饭。 I love Japanese cuisine. *J'adore la cuisine japonaise.*

日常 rìcháng H5, S1 我学一些~法语。 I'm learning some everyday French. *J'étudie un peu le français de tous les jours.* 他负责公司的~事务。 He's charged of day-to-day management of the company. *Il est responsable de l'administration courante de l'entreprise.* 这都是些~琐事。 It's the daily routine / grind. *C'est le train-train quotidien.*

日记 (日記) rìjì H4, S2 你写~吗? Do you keep a diary? *Est-ce que tu tiens un journal?* 我把这个 记 / 写 在~本上了。 I've got it in my diary. *Je l'ai noté sur mon agenda.*

日期 rìqī H5, S1 现在能定下来一个~吗? Shall we fix a date now? *Est-ce que nous prenons date maintenant?* 这个~我有事儿。 I'm not free on that date. *Je ne suis pas libre à cette date.*

日子 rìzi S1 我这些~看见了她。 I saw her recently. *Je l'ai vue récemment.* 她走了有些~了。 She's been away for some time. *Elle est partie il y a quelque temps.* 他在那些~里很有名。 He was well-known in his day. *Il était connu de son temps.*

容易 róngyì H3, S1 这并不~。 It isn't easy. *Ce n'est pas facile.* 这是个~犯的错误。 It's an easy mistake to make. *C'est une erreur qui est facile à faire.* 说起来~做起来难。 Easier said than done. *Plus facile à dire qu'à faire.*

肉 ròu S1 她不吃~。 She doesn't eat meat. *Elle ne mange pas de viande.* 我去买些~馅儿。 I'll go and buy some minced meat. *Je vais acheter de la viande hachée.* 我们吃烤猪~。 We'll have roast pork. *On va manger du rôti de porc.*

如 rú (动) D, S2 我不~他。 I'm not as good as he is. *Je ne suis pas aussi bien que lui.* 人对他事事~命。 He commands strict obedience. *On lui obéit au doigt et à l'œil.* 愿万事~意。 All good wishes / every good wish. *Tous mes vœux.* 这一

104

地区有猛兽，~狮子。There are big cats in the region, for example the lion. *Il y a des fauves dans la région, par exemple le lion.*

如果 rúguǒ G, H3, S1 你~陪着我就去。I'll go if you come with me. *J'irai si tu m'accompagnes.* 我~事先知道，本来就去看他们了。If I had known, I would have visited them. *Si j'avais su, je leur aurais rendu visite.*

如何 rúhé H6, S1 近况~? How are things? *Comment ça va?* 这个电影你觉得~? How did you like / How was the film? *Comment as-tu trouvé le film?* 我不知道~是好。I don't know what to do. *Je ne sais quoi faire.*

入口 rùkǒu H4, S1 这个菜很难~。This dish has a bad taste. *Ce plat a un mauvais goût.* 我在~处等你。I'll meet you at the entrance. *Je te retrouverai à l'entrée.*

入门（入門） rùmén S1 我在上汉语~课。I'm doing an introductory course in Chinese. *Je fais un stage d'initiation au chinois.* 他是我希腊语的~老师。It was him who introduced me to Greek. *C'est lui qui m'a initié au grec.* 我需要两个星期才能掌握些文字处理(系统)的~。I need two weeks to teach myself to use a word processor. *J'ai besoin de deux semaines pour m'initier au traitement de texte.*

软（軟） ruǎn H4, S2 我双腿发~。My legs fell like cotton wool. *J'ai les jambes en coton.* 这些巧克力中间是~的。These chocolates have soft centres. *Ces chocolats sont mous à l'intérieur.* 他总欺~怕硬。He always bullies the weak and fears the strong. *Il malmène toujours les faibles et crains les forts.* 她心太~了。She's too tenderhearted. *Elle est trop bonne.*

S

三 sān H1, S1 今天~月十~号。Today is March 13th. *Aujourd'hui est le 13 mars.* 他~点~十走。He leaves at thirty past three. *Il part à trois heures trente.* 别~心二意了! Stop shilly-shallying (around)! *Décide-toi enfin!*

伞（傘） sǎn H3, S2 他打/撑开了~。He put up his umbrella. *Il a ouvert son parapluie.* 我合上了~。I put down my umbrella. *J'ai fermé mon parapluie.* 这个国家在联合国保护~下。This country is under the umbrella of the United Nations. *Ce pays est sous la protection des Nations Unies.*

散布（散佈） sànbù H4 他~流言。He's spreading slanderous gossip. *Il répand des calomnies.* 疾病由老鼠~开来了。The disease was spread by rats. *La maladie a été propagée par les rats.* 山腰间~着一些农户。There is a scatter of farms on the hillside. *Il y a quelques fermes éparpillées à flanc de coteau.*

散步 sàn//bù H4, S2 跟我去散散步吧。Come for a walk with me. *Viens te promener avec moi.* 他散着步朝我走来了。He strolled across to me. *Il s'est avancé tranquillement vers moi.*

森林 sēnlín H4, S2 这里是~区。It's a forest region. *C'est une région couverte de forêts.* 穿~是近路。It's shorter to go through the forest. *C'est plus court de passer par la forêt.* 多年来我们的很多~消失了。Many of our forests have disappeared over the years. *Beaucoup de nos forêts ont disparu au cours des années.*

沙发（沙發） shāfā H4, S2 这是个三人~。It's a three-settee sofa. *C'est un canapé trois places.* 在长~上睡觉我无所谓。I don't mind sleeping on the sofa. *Ça ne me dérange pas de dormir sur le canapé.*

沙子 shāzi S1 我喜欢在~上走。I like walking in the sand. *J'aime bien marcher sur le sable.* 孩子们玩儿了一下午~。The children played on the sand all afternoon. *Les enfants se sont amusés sur le sable tout l'après-midi.*

山 shān S1 我们在~里过了一个星期。We spent a week in the mountains. *On a passé une semaine à la montagne.* 他们爬上了小~。They walked up the hill. *Ils ont gravi la colline.*

商场（商場） shāngchǎng S1 她去~了。She has gone to (the) market. *Elle est allée au marché.* 他喜欢在~上讨价还价。He likes bargaining in a bazaar. *Il aime marchander au bazar.* 这个产品在~上还找不到。This item is not yet available on the market. *On ne trouve pas encore ce produit dans le marché.*

商店 shāngdiàn H1, S1 她出门去~了。 She's gone out to the shops. *Elle est sortie faire des courses.* 你能为我管几个小时~吗? Would you mind keeping the shop for me for a few hours? *Est-ce que tu veux bien me tenir le magasin pendant quelques heures?*

商量 shāngliang H4, S1 这件事儿咱们~一下吧。 Let's talk it over. *Discutons la chose.* 这件事儿我们以后再~。 I'll discuss with you later. *Nous en discuterons plus tard.*

商品 shāngpǐn H5, S1 ~准时到了。 The stuff got here all right. *La marchandise est arrivée à bon port.* 我不吹自己的~, 可是这个果饼确实很好吃。 My tart is good, though I say so myself. *Ce n'est pas à moi de vanter la marchandise mais ma tarte est bonne.*

商人 shāngrén S1 她是个大~。 She's a big businesswoman. *C'est une femme d'affaires importante.* 这里是~入口处。 It's tradesmen's entrance. *C'est l'entrée des fournisseurs.*

商业 (商業) shāngyè H5, S1 这可以促进~。 It's good for business. *Cela fait marcher le commerce.* 目前~不景气。 At present business is slow. *Actuellement le commerce marche mal.*

伤 (傷) shāng S1 他肩(膀)受~了。 He's wounded in the shoulder. *Il est blessé à l'épaule.* 她身上有三处刀~。 She had three knife wounds. *Elle avait reçu trois coups de couteau.* 你~了她的感情。 You've wounded her feelings. *Tu l'as froissée.*

伤心 (傷心) shāngxīn H4, S1 别~了! Don't be sad! *Ne sois pas triste!* 他病得那么重叫我很~。 It grieved me to see him so ill. *Ça m'a fait de la peine de le voir si malade.* 她死于~过度。 She died of a broken-heart. *Elle est morte le cœur brisé.*

上 shàng (动) (1) D, H4, S1 我~床睡觉。 I'm going up to bed. *Je monte me coucher.* 咱们坐电梯~楼。 Let's go up in the lift. *On va monter par l'ascenseur.* 他在~大学。 He's now at college. *Il est maintenant à l'université.* 她摆~了一个花瓶。 She has put down a flower vase. *Elle y a posé un vase.* 不久就下~雨了。 It soon began to rain. *Il n'a pas tardé à pleuvoir.* 我到底赶~了 / 差一点儿没~上。 I caught it just in time. *Je l'ai rattrapé de justesse.*

上 shàng (名) (2) D, H4, S1 他们是~星期一来的。 They came last Monday. *Ils sont venus lundi dernier.* 他~半年病了。 He was ill during the first six months. *Il a été malade durant les six premiers mois.* 她是中~水平。 She's above the average. *Elle est au-dessus du moyen.*

上班 shàngbān H2, S1 我每天骑车~。 I cycle to work everyday. *Je vais au travail en vélo tous les jours.* 她星期三不~。 She has Wednesdays off. *Elle a congé le mercredi.*

上边 (上邊) shàngbian S1 (=上面 shàngmian)

上车 (上車) shàng chē S1 ~! Going up! *On monte!* 他们在前门(车)站~了 / 上了车。 They got on at Qianmen Station. *Ils sont montés à la station Qianmen.*

上次 shàng cì S1 我们~见面时他身体不很好。 He wasn't very well last time I saw him. *La dernière fois que je l'ai vu, il n'allait pas très bien.*

上级 (上級) shàngjí H4, S2 我是他的~。 I'm his superior / senior. *Je lui suis hiérarchiquement supérieur.* 她是所有工作人员的~领导。 She has authority over all the staff. *Elle a autorité sur tout le personnel.*

上街 shàng jiē S1 她~去商店了。 She's gone out to the shops. *Elle est sortie faire des courses.* 他们~游行去了。 They've gone to demonstrate to the streets. *Ils sont descendus dans la rue pour manifester.*

上课 (上課) shàng//kè S1 今天八点开始~。 Today we are beginning our course at 8. *Aujourd'hui on commence le cours à 8 heures.* 她跟我上的课(程)一样。 She attends the same course as me. *Elle suit les mêmes cours que moi.* 学生们(上)课上得很认真。 The lectures are well attended. *Les cours sont très suivis.*

上来 (上來) shànglai S1 你快~! Come up fast! *Viens en haut vite !* 您是在哪儿~的? Where did you get on? *Où êtes-vous monté?* 这个问题你答得~答不~? --- 答得~。 Can you answer the question? -- Yes I can. *Arriveras-tu à répondre à la question? – Oui, j'y arriverai.*

上面 shàngmiàn S1 (= 上边 shàngbian) 城~升起了一股烟。 Smoke rose above the town. *De* la fumée s'élevait au-dessus de la ville. 你的书在那落(书)的最~。 Your book is on the top of the pile. *Ton livre est sur le dessus de la pile.* ~举的例子你们懂了吗? Do you understand the aforesaid examples? *Comprenez-vous les exemples ci-dessus ?*

上去 shàngque S1 快~! Let's hurry up to get on! *Dépêchons-nous d'y monter!* 他爬到树~了 / 爬上树去了。 He climbed (up) a tree. *Il est monté à / sur un arbre.* 她看~有二十岁(左右)。 At a rough guess, she could be about 20. *On lui donnerait 20 ans, à vue de nez.*

上升 shàngshēng S1 气温~了。 The temperature is going up. *La température s'élève.* 他的烧~到了四十度。 He's got a temperature of forty. *Il a quarante de fièvre.* 他崇拜着一个~的明星。 His star is in the ascendant. *Son étoile est à l'ascendant.*

上网 (上網) shàng//wǎng H3, S1 小心，别~! Be careful, it's a trap! *Attention, c'est un piège!* 我~(上)(了)两个小时了。 I've been surfing the Internet for two hours. *Ça fait deux heures que je surfe sur l'Internet.*

上午 shàngwǔ H1, S1 我整个(一)~都没看见他。 I haven't seen him all morning. *Je ne l'ai pas vu de toute la matinée.* 邮递员每天~过。 The postman comes every morning. *Le facteur passe tous les matins.* ~有一个航班。 There's a flight in the morning. *Il y a un vol dans la matinée.*

上学 (上學) shàngxué S1 你在哪个学校~? Which school do you go to? *Quelle école fréquentes-tu?* 我还在~。 I'm still at school. *Je vais encore à l'école.* 今天不~。 There's no school today. *Il n'y a pas (d')école aujourd'hui.* 我~时跟他同班。 I was at school with him. *J'étais en classe avec lui.*

上周 shàngzhōu S1 我~看见他了。 I saw him last week. *Je l'ai vu la semaine dernière.* 她~病了。 She was ill last week. *Elle a été malade la semaine dernière.*

稍微 shāowēi H4 请~等一会儿。 Please wait a moment. *Attendez un instant, s'il vous plaît.* 我~迟了点儿。 I'm a bit late. *Je suis un peu en retard.* 我觉得~好了些。 I feel slightly better. *Je me sens un petit peu mieux.* 我~花了点儿钱就买下来了。 I bought it for a trifle. *Je l'ai acheté pour une bouchée de pain.*

少 shǎo H1, S1 我们人很~。 We are few (in number). *Nous sommes peu nombreux.* 她因为睡得太~所以很累。 She was tired from lack of sleep. *Elle était fatiguée de n'avoir pas assez dormi.* 他们什么都不~。 They lack for nothing. *Ils ne manquent de rien.* (> 少... shào...)

少数 (少數) shǎoshù S1 他们是~。 They are in a minority. *Ils sont en minorité.* 只有~人(看)电视看得很晚。 Only a minority of people watch late-night TV. *Seule une minorité de gens regarde la télé tard le soir.*

少年 shàonián S1 他还是个~。 He is still in his teens. *Il est encore adolescent.* 我还记得我的~时代。 I remember when I was a teenager. *Je me souviens de mon adolescence.* (> 少 shǎo)

设备 (設備) shèbèi H5, S1 请自由使用各种~。 Feel free to use the facilities. *N'hésitez pas à utiliser toutes les installations.* 他们得到了各种~来进修外文。 They are given every facility for improving their foreign languages. *On leur accorde toutes facilités de se perfectionner en langues étrangères.*

设计 (設計) shèjì H5, S1 这些家具~精巧。 These items of furniture are well-designed. *Ces meubles sont aux lignes étudiées.* 出现的一切问题都是由于~很糟糕(造成的)。 The problems were all due to poor design. *Tous les problèmes viennent de ce que la conception est mauvaise.*

设立 (設立) shèlì H6, S1 新的表演你是怎么~的? What are your plans for new shows? *Quels sont tes projets de spectacle?* 一个艾滋病基金会为帮助患者而~了起来。 An AIDS Foundation has been set up to help patients. *Une fondation de sida a été fondée pour aider des patients.*

社会 (社會) shèhuì N, H4, S1 这对~造成了危险。 It is a danger to society. *Cela constitue un danger pour la société.* 我们生活在一个多文化的~里。 We live in a multicultural society. *Nous vivons dans une société multiculturelle.*

谁 (誰) shéi//shuí H1, S1 他是~? Who is he? *Qui est-ce, lui?* ~跟你去? Who's going with you? *Qui est-ce qui t'accompagne?* 你把自己当成

~了? Who do you think you are? *Tu te prends pour qui?* ~把雨伞忘了。Somebody has left their / his / her umbrella behind. *Quelqu'un a oublié son parapluie.* 我的两个兄弟~也不能来。Neither of my brothers can come. *Aucun de mes deux frères ne peut venir.*

伸 shēn H5, S1 她朝我~舌头。She stuck her tongue out at me. *Elle m'a tiré la langue.* 我~手可以摸到天花板。If I stretch up my hand I can reach the ceiling. *Si je tends la main je peux toucher le plafond.* 里面黑得~手不见五指。It was pitch-dark inside. *A l'intérieur, il faisait noir comme dans un four.*

深 shēn H4, S1 水七米~。The water was 7 meters deep. *L'eau avait 7 mètres de profondeur.* 这本书给孩子们看太~。The book is too difficult for children. *Ce livre est trop difficile pour les enfants.* 他给我留下了很~的印象。He make a good impression on me. *Il m'a fait une grande impression.*

深刻 shēnkè H5, S1 他给我留下了~的印象。He made a good impression on me. *Il m'a fait une grande impression.* 这次经历给我的教训太~了! The experience has taught me a lesson I won't forget! *Cette expérience m'a servi de leçon, croyez-moi!*

深入 shēnrù S1 ~巴黎人的日常生活不容易。It's not easy to penetrate Parisian society. *Il n'est pas facile de s'introduire dans la société parisienne.* 我需要时间~研究一下这个合同(后再签字)。I want time to study this contract thoroughly (before signing it). *J'ai besoin du temps pour étudier ce contrat de façon profonde (avant de le signer).*

申请 (申請) shēnqǐng H4, S2 去中国需要~签证。You'll need a visa to go to China. *Il faut obtenir un visa pour aller en Chine.* 他向研究会~了助学金。He applied to the Research Council for an award. *Il s'est adressé au conseil de la recherche pour obtenir une bourse.*

身份证 (身份證) shēnfènzhèng S1 您有~吗? Have you got any ID? *Est-ce que vous avez une pièce d'identité?* 我能看一下您的~吗? (Can I see) your identity card, please. *(Puis-je voir) votre carte d'identité, s'il vous plaît.*

身上 shēnshang S1 他~总是穿得很讲究。He always wears good clothes. *Il est toujours bien habillé.* 我~没带钱，能借我二十块吗? I

haven't got any money on me. Could you lend me 20 yuan? *Je n'ai pas d'argent sur moi. Pourrais-tu me prêter 20 yuans?*

身体 (身體) shēntǐ G, H2, S1 您~好吗? How are you? *Comment allez-vous?* 他~总是很(虚)弱。His health has never been good. *Il a toujours été fragile.* 抽烟会损坏你的~。Smoking is bad for your health. *Le tabac est mauvais pour ta santé.*

什么 (什麼) shénme G, H1, S1 这是~? What's that? *Qu'est-ce que c'est (que ça)?* 告诉我发生了~事。Tell me what's happened. *Dites-moi ce qui s'est passé.* 我给你带来了点儿~来。I've brought you a little something. *Je t'ai apporté un petit quelque chose.* ~都没决定。Nothing has been decided. *Rien n'a été décidé.* 他们~都卖。They sell everything. *Ils vendent de tout.*

什么样 (什麼樣) shénmeyàng S1 ~的人去那儿? --- ~的人都去。What kind of people go there? – Oh, all kinds. *Quel type de gens y va? – Oh, des gens très différents.* 那儿~的画儿都有。The place was packed with paintings of all kinds. *Il y avait là toutes sortes de tableaux.*

甚至 shènzhì H4, S2 她~连我都不相信。Even then she wouldn't believe me. *Même elle ne voulait pas me croire.* 我~要说他疯了。I'll go so far as to say that he's mad. *J'irai jusqu'à dire qu'il est fou.* 她~没有得到同意就干了。She did it without so much as asking permission. *Elle l'a fait sans même demander la permission.*

升 shēng H5, S1 太阳~起来了。The sun is rising. *Le soleil se lève.* 她~到地区经理(的岗位)了。She's been promoted (to) regional manager. *Elle a été promue (au poste de) directrice régionale.*

生 shēng (动) D, S1 她昨天夜里~了孩子。She had her baby last night. *Elle a accouché hier soir.* 很冷，他~了火。As it was cold, he lit fire. *Comme il faisait froid, il a fait du feu.* 她在这个地区~根了。She is firmly rooted in this region. *Elle est enracinée dans cette région.*

生 shēng (形) D, S1 我买了些~(的)蔬菜。I've bought some raw vegetables. *J'ai acheté des légumes crus.* 苹果可以煮着吃，也可以~吃。You can cook apples, or eat them raw. *Tu peux*

108

cuisiner les pommes, ou les manger crues. 我对他的字迹很~。 I'm unfamiliar with his writings. *Je connais mal ses écrits.*

生病 sheng//bìng H2, S1 她~了。 She's ill. *Elle est malade.* 去年他生了一场大病。 He was seriously ill last year. *Il a fait une grave maladie l'année dernière.* 你没有~还是怎么了？ Are you sick in the head or something? *Tu n'es pas un peu malade ?*

生产（生產） shēngchǎn N, H5, S1 我在~线上工作。 I work on a production line. *Je travaille à la chaîne.* 我们工厂~洗衣机零件。 Our factory produces spare parts for washing machines. *Notre usine fabrique des pièces détachées pour machines à laver.*

生存 shēngcún H5, S1 他们靠面包和水~了下来。 They subsisted on bread and water. *Ils ont survécu avec du pain et de l'eau.* 生命在一些这样的条件下能不能~? Can life exist under these conditions? *La vie est-elle possible dans ces conditions?*

生动（生動） shēngdòng H5, S1 这个词很~。 It's an expression which is very alive. *C'est une expression très vivante.* 他的演出~。 He had a lively performance. *Il a donné une interprétation enlevée.* 苏联电影曾经是很~、很有创新的。 Soviet cinema was once vital and innovative. *Le cinéma soviétique était autrefois vigoureux et novateur.*

生活 shēnghuó H4, S1 ~艰难。 Life is hard. *La vie est dure.* 我们~在多文化社会里。 We live in a multicultural society. *Nous vivions dans une société multiculturelle.* 我把这叫~! This is what I call living! *C'est ce que j'appelle vivre!*

生命 shēngmìng H4, S1 有十人在事故中丧失了~。 10 lives were lost in the accident. *On a eu 10 morts dans l'accident.* 大夫抢救了孩子的~。 The doctor saved the child's life. *Le docteur a sauvé la vie à l'enfant.* 他们相信死后的~。 They believe in life after death. *Ils croient à la vie après la mort.* 学习古汉语中有~的东西。 Learn whatever is alive in the classical Chinese language. *Apprendre ce qu'il y a de vivant dans le chinois classique.*

生气（生氣） shēng//qì H3, S1 他非常生(我的)气。 He's very angry (with me). *Il est très en colère (contre moi).* 这一地区商业很有~。 Trade is flourishing in the region. *Le*

commerce est prospère dans la région. 我父母都这个年龄了，仍很有~。 My parents are very dynamic for their age. *Mes parents sont très dynamiques pour leur âge.*

生日 shēngrì H2, S1 ~快乐! Happy birthday! *Joyeux anniversaire!* 他们为我的~要搞一个聚会。 They're giving me a birthday party. *Ils organisent une fête pour mon anniversaire.*

生意 shēngyì (1) S1 春天充满了~。 Spring is full of energy. *Le printemps est plein de vitalité.* 大自然~盎然。 Nature is full of life. *La nature est pleine de vie.*

生意 shēngyi (2) S1 她做~。 She's in business. *Elle est dans les affaires.* ~做得怎么样? How's business? *Comment vont les affaires?* ~搞得 不错 / 很糟。 Business is good / bad. *Les affaires vont bien / mal.* 他做一个小~。 He is the owner of a small business. *Il est propriétaire d'un petit commerce.*

生长（生長） shēngzhǎng S1 小麦~良好。 The wheat is growing well. *Le blé pousse bien.* 桔树在热带~得更好。 Orange trees grow best in a warm climate. *Les oranges poussent mieux au climat chaud.*

声明（聲明） shēngmíng H6, S1 她~对事情毫不所知。 She declared that she had never known anything about it. *Elle a déclaré qu'elle n'en avait jamais eu connaissance.* 您能确认这一~吗? Can you back that statement up? *Pouvez-vous confirmer cette déclaration?*

声音（聲音） shēngyīn G, H3, S1 听得出是你的~。 It recognizes the sound of your voice. *On reconnaît le son de ta voix.* 别出~! Don't make noise! *Ne fais pas de bruit!* 今晚我们将听到世界最美的~之一。 Tonight we welcome one of the finest voices in the world. *Nous accueillons ce soir une des plus belles voix du monde.*

省 shěng（名）(1) H4, S1 我父母住在黑龙江~。 My parents live in Heilongjiang Province. *Mes parents vivent en province Heilongjiang.* 他不久要去外~。 He'll soon be leaving town. *Il doit bientôt partir en province.*

省 shěng（动）(2) H4, S1 我~钱准备买辆车。 I'm saving money to buy a car. *Je fais des économies pour acheter une voiture.* 一台电脑可

以~去你很多时间。A computer would save you a lot of time. *Un ordinateur te ferait gagner beaucoup de temps.*

剩 shèng H4, S2 我们出口一些~货。We export some surplus goods. *Nous exportons des marchandises en surplus.* 这些~菜冷着吃就很好。The leftovers are just as good eaten cold. *On peut très bien manger froid les restes.*

胜（勝） shèng S1 我们~了! We won! *On a gagné!* 他们三比零~了。They're winning three nil. *Ils gagnent trois à zéro.* 他们作战得~而归。They came out victorious. *Ils sont sortis victorieux du combat.* 事实~于雄辩。Facts speak louder than words. *Les faits sont plus éloquents que les mots.*

胜利（勝利） shènglì H5, S1 我们取得了~。We gained a victory. *Nous avons remporté la victoire.* 军队在街上行进欢庆~。The army celebrated its victory by marching in the street. *L'armée a fêté sa victoire en défilant dans les rues.*

失败（失敗） shībài H4, S2 他们遭到了~。They suffered a defeat. *Ils ont connu une défaite.* 这个错误使他在比赛中~了。That mistake lost him the match. *Cette faute lui a coûté la partie.* ~是成功之母。Failure is the mother of success. *La défaite est la mère du succès.*

失去 shīqù H5, S1 她对自己~了信心。She has lost confidence in her own ability. *Elle a perdu la confiance en soi.* 他~了土地。His lands were forfeit. *On lui a confisqué ses terres.* 很多人在灾难中~了生命。Many lives were lost in the disaster. *La catastrophe a coûté la vie à de nombreuses personnes*

失望 shīwàng H4, S2 形势令人~。The situation is past / beyond hope. *La situation est sans espoir.* 这部电影有点儿叫人~。The film was rather disappointing. *Le film était plutôt décevant.* 他很叫我~。I'm very disappointed in him. *Il m'a beaucoup déçu.*

十 shí H1, S1 我在~号房间。I'm in the room number 10. *Je suis dans la chambre N° 10.* 三乘以~等于三~。Three tens are thirty. *Trois fois dix font trente.*

十分 shífēn H4, S1 我~理解。I fully understand. *Je comprends parfaitement.* 他~愚

蠢。He's utterly stupid. *Il est d'une bêtise extrême.* 地图~有用。The map is extremely useful. *La carte est extrêmement utile.* 这~叫人担心。That's what worries me (the) most. *C'est ce qui m'inquiète le plus.*

时（時） shí D, S1 我们上午八~出发。We're leaving at 8 o'clock in the morning. *On part à 8 heures du matin.* 他二十岁~离开了城市。He left town when he was twenty. *Il a quitté la ville quand il avait vingt ans.* 那~我根本不知道。I didn't know it at the time. *Je n'en savais rien à ce moment-là.* ~下她在写一部新小说。She's presently working on a new novel. *Elle travaille actuellement à un nouveau roman.*

时代（時代） shídài H5, S1 在那个~里, 我还是个学生。At that time, I was still a student. *A cette époque-là, j'étais encore un étudiant.* 她的当选标志一个政治生活的新~。Her election marked a new era in politics. *Son élection a marqué un tournant dans la vie politique.*

时候（時候） shíhou H1, S1 你用了多少~啦! You took your time about it! *Tu en as mis du temps!* 我十八岁的~离开了城市。I left town when I was eighteen. *J'ai quitté la ville quand j'avais dix-huit ans.* 他就是疼的~也不说。Though he is in pain, he says nothing. *Même lorsqu'il souffre, il ne le dit pas.* 现在是什么~了? What time is it now? *Quelle heure est-il maintenant?*

时间（時間） shíjiān N, G, H2, S1 他在这儿多长~了? How long has he been here? *Depuis combien de temps est-il ici?* ~过得太快了! Doesn't time fly! *Comme le temps passe vite!* 这是和~赛跑。It's a race against time. *C'est une course contre le temps.*

时刻（時刻） shíkè H5, S1 现在是关键的~。Now it's a critical moment. *Maintenant on est au moment décisif.* 他们的警惕性~没有放松。They've never become less vigilant. *Leur vigilance ne s'est jamais relâchée.* 去看一下(火车)~表! Let's go and look at the (railway) timetable! *Allons consulter l'horaire des trains!*

时期（時期） shíqī H5, S2 他正处在一个困难的~。He's going through a difficult period. *Il traverse une période difficile.* 我们做这个的~ / 期限 是两个月。We have a two-month period in which to do it. *Nous avons un délai de deux mois pour le faire.*

实（實）shí D ~说! Talk straight! *Parle franchement!* 他人很~。He's honest and sincere. *Il est honnête et sincère.* 池塘结冰结得很~。That's a pond frozen solid. *C'est un étang gelé jusqu'au fond.* 这是个~数。That's the actual number / a reel number. *C'est le nombre exact / un nombre réel.*

实际（實際）shíjì H4, S1 你应该面对~。You have to face reality. *Il faut que tu regardes la réalité en face.* 我姐姐是个很讲~的人。My older sister's the practical one. *S'il y a quelqu'un qui a le sens pratique, c'est bien ma sœur aînée.*

实际上（實際上）shíjìshang S1 这看上去很难，~并不难。It looks difficult, but in reality it isn't. *Ça a l'air difficile, mais en réalité ça ne l'est pas.* 他~说了些什么? What did he actually say? *Qu'est-ce qu'il a dit vraiment?* 他说需要两天，~他是对的。He said it'd take two days and he was in fact correct. *Il a dit que cela mettrait deux jours et en fait, il avait raison.*

实力（實力）shílì H6, S1 你们要保存~。You must keep up your force. *Il faut garder vos forces.* 她不了解自己的~。She doesn't know her own strength. *Elle ne connaît pas sa force.*

实习（實習）shíxí H5, S1 他在一家公司~。He is doing an internship in a company. *Il fait un stage en entreprise.* 我们将进行三个月的~。We'll do a three-month training period. *Nous ferons un stage de trois mois.*

实现（實現）shíxiàn H5, S1 我的愿望~了。My wish came true. *Mon souhait s'est accompli.* 她~了不可想象的业绩。She achieved the impossible. *Elle a accompli l'impossible.* 我们~了一项改革。We've brought about a reform. *Nous avons entraîné une réforme.*

实行（實行）shíxíng H5, S1 这是一个人人都要~的规定。The rule applies to everybody. *Le règlement s'applique pour tous.* 一些实验室仍~活体解剖。Vivisection is still carried out in some laboratories. *La vivisection est encore pratiquée dans certains laboratoires.*

实验（實驗）shíyàn H5, S1 他们用狗做~。They experiment on dogs. *Ils expérimentent sur les chiens.* 我们正在~一种新疫苗。We're experimenting with a new vaccine. *On est en train d'expérimenter un nouveau vaccin.*

实验室（實驗室）shíyànshì S1 我去分析~。I'm going to the analysis laboratory. *Je vais au laboratoire d'analyses.* ~对沙门氏菌进行了一次实验。The lab did a test for salmonella. *Le laboratoire a fait une analyse pour détecter la présence de salmonella.*

实在（實在）shízài (1) H4, S1 我~不知道。I really don't know. *Je ne sais vraiment pas.* 她是个心眼儿~的人。She's a trustworthy person. *C'est une personne de confiance.*

实在（實在）shízai (2) H4, S1 他干的活儿很~ / 活儿干得很~。His work is well-done. *Son travail est très bien fait.*

食品 shípǐn H4, S1 街角儿有一个~商店。There's a grocer's on the corner of the street. *Il y a un magasin d'alimentation au coin de la rue.* 他们缺乏基本~，如面包和牛奶。They lack basic foodstuffs, such as bread and milk. *Il leur manque des aliments de base, comme le pain et le lait.*

食物 shíwù H5, S1 我们得买些~。We need to buy some food. *Il faut qu'on achète à manger.* 我的工资都花在买~上了。My wages go towards the food bill. *Mon salaire sert à payer la nourriture.* 这是对他们很好的精神~。It will stimulate their mind. *C'est bon pour leur nourriture intellectuelle.*

石头（石頭）shítou H5, S1 他们朝我扔~。They threw stones at me. *Ils m'ont lancé des pierres.* 你怎么~心肠呢? Are you made of stone? *N'as-tu donc pas de cœur?*

石油 shíyóu H6, S1 中国进口~。China imports crude oil. *La Chine importe du pétrole.* 他们国家是一个~生产国。Their country is an oil-producing country. *Leur pays est un pays pétrolier.*

使 shǐ H3, S1 你~这枝笔吗? Are you using this pen? *Est-ce que tu te sers de ce stylo?* 我~他停了下来。I made him stop. *Je l'ai forcé à s'arrêter.* 是什么~她改变了主意? What caused her to change her mind? *Qu'est-ce qui l'a fait changer d'avis?* 刘先生是特~。Mr. Liu is a special envoy. *M. Liu est un envoyé extraordinaire.*

使用 shǐyòng H4, S1 这是日常~的餐具。The dishes are for everyday use. *C'est la vaisselle de tous les jours.* 这个~起来很容易。It's very easy to use. *C'est très facile à utiliser.* 你看~说明书了吗? Have you read the directions for use? *Est-ce que tu as lu le mode d'emploi?*

室 shì S1 这是我的卧~。It's my (bed)room. *C'est ma chambre (à coucher).* 这是个三~套间。It's a three-room(ed) flat / a three-room(ed) apartment. *C'est un (appartement de) trois pièces.* 他们在会客~里。They're in the reception room. *Ils sont dans la salle de réception / le salon.*

是 shì D, H1, S1 他们~谁? Who are they? *Qui sont-ils?* 她~我妹妹。She's my little sister. *Elle est ma petite sœur.* 他穿的~蓝(色)的。He is dressed in blue. *Il est habillé en bleu.* 他这样做完全~一片好心。He acted with the best and most honourable intentions. *Il a agi en tout bien (et) tout honneur.* 桌子上 ~ / 有 几本书。There are some books on the table. *Il y a des livres sur la table.*

是不是 shì bu shì S1 (= 是否 shìfǒu) 你~同意? Do you agree? *Es-tu d'accord?* 小王~来过了 ? Did Xiao Wang come earlier? *Est-ce que Xiao Wang était déjà venu?* 我去看看她~起床了。I'll see if she's up yet. *Je vais voir si elle est levée.*

试 (試) shì H4, A1 咱们(不妨)~一下! Let's have a try! *Essayons toujours!* 我能~(一)~吗 ? Can I have a try? *(Est-ce que) je peux essayer?* 我 / 老师 明天考(法语)口~。I'm having an oral exam (in French) tomorrow / The teacher is giving us an oral exam (in French) tomorrow. *J'ai un oral (en français) demain / Le professeur nous fera des oraux (en français) demain.*

试验 (試驗) shìyàn H6, S1 我们~了好几次。We had several tries. *Nous avons fait plusieurs essais.* 新药都要进行临床~。All new drugs undergo clinical tests. *Les nouveaux médicaments subissent des tests cliniques.*

市 shì S1 总有新产品上~。New products are always coming onto the market. *De nouveaux produits apparaissent constamment sur le marché.* 他们住在~里。They live in a town. *Ils habitent à la ville.* 他让我搭车到了~中心。He gave me a lift downtown. *Il m'a descendu au centre-ville.*

市场 (市場) shìchǎng N, H4, S1 这是~上最经济的汽车。It's the most economical car on the market. *C'est la voiture la plus économique dans le marché.* 这些产品没有~。There's no market for these products. *Ces produits ne se vendent pas.*

市长 (市長) shìzhǎng S1 她是位很忙的~。Her duties as Mayor / mayoress keep her very busy. *La mairie l'occupe beaucoup.* ~为新电影院举行了落成仪式。The mayor opened the new cinema. *Le maire a inauguré le nouveau cinéma.*

世纪 (世紀) shìjì H4, S1 这个房子有五个~了。This house is five centuries old. *Cette maison est vieille de cinq siècles.* 他是二十~最伟大的艺术家之一。He is one of the greatest artists of the twentieth century. *C'est un des plus grands artistes du vingtième siècle.*

世界 shìjiè N, H3, S1 她想改变~。She wants to change the world. *Elle veut changer le monde.* 这个消息震动了全~。The news shook the world. *La nouvelle a ébranlé le monde entier.* 我们生活在不同的~上。We live in different worlds. *Nous ne vivons pas sur la même planète.*

世界杯 shìjièbēi S1 我有几张~的票。I have tickets for the World Cup. *J'ai des billets pour la Coupe du Monde.* 他参加过~的比赛。He has played for the cup. *Il a joué pour la coupe.*

事 shì S1 我有~(儿) / 事情。I'm busy. *Je suis occupé.* ~(儿) / 事情 不要紧 / 这是小~(儿) / 小事情 一桩。It's no great matter. *Ce n'est pas grand-chose.* ~很糟糕。It was a sorry affair. *C'était une histoire lamentable.* 你把~(儿) / 事情 看得太重了。You take things too seriously. *Tu prends les choses trop au sérieux.* 她儿子开车出~了。Her son had a car accident. *Son fils a eu un accident de voiture.* 案子里也有他的~吗? Was he involved in the case too? *Etait-il aussi impliqué dans l'affaire?*

事故 shìgù H6, S1 ~很容易发生。Accidents happen so easily. *Un accident est si vite arrivé.* 她儿子开车出了~。Her son had a car accident. *Son fils a eu un accident de voiture.* 她在来这儿的路上出了个小~。She had a slight mishap on the way here. *Il lui est arrivé une petite mésaventure en venant ici.*

事件 shìjiàn H6, S1 比赛中发生了不少～。 The match was full of incidents. *De nombreux incidents ont eu lieu pendant le match.* 昨天发生了一起外交～。 A diplomatic incident happened yesterday. *Il s'est passé un incident diplomatique hier.*

事情 shìqing G, H5, S1 (= 事 shì) 小事情一桩。 It's no great matter. *Ce n'est pas grand-chose.* ～很糟糕。 It was a sorry affair. *C'était une histoire lamentable.* 你把～(儿) / 事情 看得太重了。 You take things too seriously. *Tu prends les choses trop au sérieux.* 她儿子开车出～了。 Her son had a car accident. *Son fils a eu un accident de voiture.*

事实 (事實) shìshí H5, S1 请跟我直讲～。 Just give me the facts. *Donnez-moi simplement les faits.* 我是从可靠来源得知的这一～。 I know it for a fact. *C'est un fait certain, je le sais de source sûre.* 他离开现场这一～本身就使他牵连了(进去)。 The fact that he left is in itself incriminating. *Le fait qu'il soit parti est compromettant en soi.*

事实上 (事實上) shìshí shang S1 这～是拒绝。 This is in effect a refusal. *De fait cela est un refus.* 他要求我们, ～是命令我们 什么也不说 / 保持沉默。 He asked us, in fact ordered us, to be quiet. *Il nous a demandé, ou plutôt ordonné, de nous taire.*

事业 (事業) shìyè H6, S1 这是一个好的～! It's all in good cause! *C'est pour une bonne cause!* 这一～根本无法实现。 It's a lost cause. *C'est une cause perdue (d'avance).* 我衷心支持他的～。 I support him whole heartedly. *Je suis tout acquis à sa cause.* 她是位忠心～的医生。 She is a dedicated doctor. *C'est un médecin dévoué à son travail.*

适合 (適合) shìhé H4, S1 黑色对她特别～。 Black really suits her. *Le noir lui va à merveille.* 我对这种气候不～ / 我不～这种气候。 This climate does not suit me. *Ce climat ne me convient pas.*

适应 (適應) shìyìng H4, S1 他特别会～。 He's very adaptable. *Il sait s'adapter.* 我们要～新的条件。 We must adapt (ourselves) to new conditions. *Nous devons nous adapter aux conditions nouvelles.*

适用 (適用) shìyòng S1 这个房子对成员多的家庭不～。 The house is not suitable for a large family. *La maison ne conviendrait pas à une famille nombreuse.*

收 shōu H4, S1 请～下作为纪念。 Please accept this as a souvenir. *Veuillez accepter comme souvenir.* 哈佛(大学)～下了她。 She's been accepted at / to Harvard. *Elle a été admise à Harvard.*

收到 shōudào S1 我～到了您的来信。 I have received your letter. *Votre lettre m'est parvenue.* 他～了预想不到的结果。 He achieved the impossible. *Il a accompli l'impossible.*

收费 (收費) shōufèi S1 你们一个小时～多少? How much do you charge for an hour? *Combien prenez-vous de l'heure?* 他们开始收水电费了。 They began to collect water and electricity bills. *Ils ont commencé à faire payer les factures de l'eau et de l'électricité.*

收看 shōukàn S1 他们大量～电视。 They watch a lot of television. *Ils regardent beaucoup la télévision.* 我不常～电视。 I don't watch much television. *Je ne regarde pas souvent la télévision.*

收入 shōurù H4, S1 她 ～很高 / ～很底。 She has a large / small income. *Elle a de gros / petits revenus.* 他们属于 高～ / 低～ 阶层。 They belong to the higher / lower income bracket. *Ils ont des revenus élevés / Ils sont des économiquement faibles.*

收拾 shōushi H4, S2 他把行李～好就出发了。 He packed his bags and left. *Il a fait ses bagages et il est parti.* 把那些书～到一个柜子里去。 Tidy those books into a cupboard. *Range ces livres dans un placard.* 需要把这个孩子～一下。 That child deserves to be punished. *Cet enfant mérite qu'on le corrige.*

收听 (收聽) shōutīng S1 我总～新闻。 I'm well up on current affairs. *Je suis à l'écoute de l'actualité.* 请～我们刚得到的新闻... Here is some last minute news... *Voici une information de dernière minute...*

收音机 (收音機) shōuyīnjī H6, S1 你常听～吗? Do you often listen to the radio? *Est-ce que tu écoutes souvent la radio?* 我的～坏了。 My radio isn't working. *Ma radio ne marche plus.*

113

手 shǒu S1 他们~拉着~。They're holding hands. *Ils se tiennent par la main.* 她用左~写字。She writes with her left hand. *Elle écrit de la main gauche.* 你的~冰凉。Your hands are frozen. *Tes mains sont glacées.*

手表（手錶）shǒubiǎo H2, S1 我的~十二点了。By my watch it's midday. *A ma montre, il est midi.* 你的~慢了。Your watch is slow. *Ta montre retarde.* 您的~快了十分钟。Your watch is / You are 10 minutes fast. *Votre montre avance / vous avancez de 10 minutes.*

手机（手機）shǒujī H2, S1 打他~。Call him on his mobile. *Appelle-le sur son portable.* 我打(给)你的~。I'll call you on your mobile phone. *Je t'appellerai sur ton portable.*

手续（手續）shǒuxù H5, S1 ~很简单。It's a mere formality. *C'est une simple formalité.* 我去办理必要的~。I'll go through required formalities. *Je vais régler toutes les formalités requises.*

手指 shǒuzhǐ H5, S1 他啃~。He is with his finger on his lips. *Il a le doigt sur la bouche.* 他用两个~(头)打字。He types with two fingers. *Il tape (à la machine) avec deux doigts.*

首都 shǒudū H4, S2 巴黎是法国的~。Paris is the capital of France. *Paris est la capitale de la France.* 伦敦曾经是世界金融~。London used to be the financial capital of the world. *Londres fut la capitale financière du monde.*

首先 shǒuxiān H4, S1 我是~看见的。I saw it first. *C'est moi qui l'ai vu le premier.* 最~的是，我不明白他为什么跟她结了婚。Above all, I don't understand why he married her. *Avant tout, je ne comprends pas ce qui a bien pu le pousser à se marier avec elle.*

瘦 shòu H3, B2 她很~。She's thin. *Elle est maigre.* 他骨~如柴。He's thin as a rake / as a rail. *Il est maigre comme un clou.* 我去买些~肉。I'll buy some lean meat. *Je vais acheter de la viande maigre.* 这件(衣服)有点儿~。It's a bit tight. *C'est un peu juste.*

受 shòu S1 你是在哪儿~教育的? Where were you educated? *Où as-tu fait ton éducation?* 他们~了饿。They suffered hunger. *Ils ont souffert la faim.*

受不了 shòu bu liǎo H4, S2 这个人叫我~。I can't bear that man. *Je ne supporte pas cet homme.* 他的心脏~那种打击。His heart can't stand the shock. *Son cœur ne supportera pas le choc.* 你叫她等着，她就~。She can't endure being kept waiting. *Elle ne souffre pas qu'on la fasse attendre.*

受到 shòudào H4, S1 他们~到了报复。They suffered retaliation. *Ils ont essuyé des représailles.* 士兵回来时，~了英雄一样的接待。When the soldiers returned, they were treated as heroes. *Quand les soldats revenaient, ils ont été traités comme héros.*

受伤（受傷）shòu//shāng H5, S1 您~了吗？Are you hurt? *Vous êtes blessé?* 她头部受了重伤。Her head is badly injured. *Elle est grièvement blessée à la tête.* 他受了三处刀伤。He had three knife wounds. *Il avait reçu trois coups de couteau.*

书（書）shū H1, S1 我喜欢看~。I like reading. *J'aime la lecture.* 这是一本中文~。It's a book in Chinese. *C'est un livre en chinois.* 你看这本~了吗？(书)(写得)好极了。Have you read this book? It's great. *Tu as lu ce livre? Il est génial.*

书包（書包）shūbāo S1 我刚买了一个新~。I just bought a new schoolbag. *Je viens d'acheter un nouveau cartable.*

书店（書店）shūdiàn S1 我家附近有一个~。There's a bookshop near my home. *Il y a une librairie près de chez moi.* 这本书~已经卖光了。It's a book which is no longer on sale. *C'est un livre qu'on ne trouve plus en librairie.*

书记（書記）shūji G, H6 他在公司当~。He clerks in the compagy. *Il travaille comme employé de bureau dans l'entreprise.* 老李是党委~。Lao Li is the secretary of the Party committee. *Lao Li est le secrétaire du comité du parti.*

书架（書架）shūjià H5, S1 他的~上有很多书。He has a bookshelf with a lot of books. *Il a une étagère avec beaucoup de livres.* 我买了个新~放我所有的连环画。I bought a new set of shelves for my comics. *J'ai acheté une nouvelle étagère pour mettre toutes mes BD (bande dessinée).*

输（輸）shū H4, S1 这个管道~原油。This pipeline carries crude oil. *Cet oléoduc / Ce pipeline transporte le pétrole brut.* 他们 比赛~了 / ~了比赛。They lost the game. *Ils ont perdu la partie.* 他们(被)打~了。They were beaten. *Ils ont été vaincus.*

输入（輸入）shūrù H5, S1 我们~的产品超过了输出的产品。We import more than we export. *Nos importations dépassent nos exportations.* 每打完一句话要按一下~键。After finishing a line, you need to hit the Enter key. *A la fin de chaque ligne, il faut taper sur la touche Entrée.*

舒服 shūfu H3, S1 我觉得不太~。I don't feel very well. *Je ne me sens pas très bien.* 这个扶手椅(坐着)会更~些。You will be more comfortable in this armchair. *Vous serez mieux dans ce fauteuil.*

叔叔 shūshu H3, S2 我的一个~是出租(汽)车司机。One of my uncles is a taxi driver. *Un de mes oncles est chauffeur de taxi.* 看门的~，我要去爸爸的办公室。Mr. the guard, I'd like to go to my daddy's office. *Monsieur le gardien, je voudrais aller au bureau de mon papa.*

熟 shú S1 西红柿~了。The tomatoes are ripe. *Les tomates sont mûres.* 米饭~了。The rice is done. *Le riz est cuit.* 我跟他 很~ / 不(很)~。I know him very well / don't know him (very) well. *Je le connais très bien / ne le connais pas (très) bien.*

熟人 shúrén S1 他是(我的)~。He is an acquaintance (of mine). *Je le connais.* 她是家里的一个~。She's a friend of the family. *C'est une amie de la famille.* 他在那儿有很多~。He has a wide circle of acquaintances there. *Il a des relations très étendues là-bas.*

数（數）shǔ H6, S1 ~了三次了。It took three counts. *Il a fallu compter trois fois.* 房子里我~的是十个人。I counted ten people in the room. *J'ai compté dix personnes dans la pièce.* 这个区里~这个房子最漂亮。It is the prettiest house in the area. *C'est la plus jolie maison du quartier.* (> 数 shù)

属（屬）shǔ S1 这是个金~盒子。It's a metal box. *C'est une boîte en métal.* 那家公司从~一个大集团。The company belongs to a large conglomerate. *L'entreprise appartient à un*

important conglomérat. 你~什么? --- 我~蛇。What sign are you / Were you born in the year of what animal? – I was born in the year of the serpent. *Tu es de quel signe / Tu es né sous le signe de quel animal? -- Je suis né dans l'année du serpent.*

属于（屬於）shǔyú H5, S2 这本字典是~她的。The dictionary belongs to her. *Le dictionnaire lui appartient.* 这块地是~那个房子的。The field belongs to that house. *Le champ dépend de cette maison.* 这不~我管。That's none of my business. *Ça ne me concerne pas.*

束 shù H6, S1 我送给了女主人一~鲜花。I offered the mistress a bunch of flowers. *J'ai offert un bouquet de fleurs à la maîtresse.*

树（樹）shù H3, S1 院子里有两棵果~。There are two fruit trees in the courtyard. *Il y deux arbres fruitiers dans la cour.* ~上长不出钱来! Money doesn't grow on trees! *L'argent ne pousse pas sur les arbres!* 他~了雄心。He has aimed high. *Il a visé haut.*

树林（樹林）shùlín S1 我们去~里散步了。We went for a walk in the woods. *Nous sommes allés nous promener dans le bois.* 他在~里迷了路。He got lost in the wood. *Il s'est perdu dans le bois.*

数量（數量）shùliàng H4, S1 您要的~是多少? What quantity do you want? *Quelle quantité (en) voulez-vous.* ~没有质量那么重要吗? Is quantity less important than quality? *La quantité est-elle moins importante que la qualité?* (> 数 shǔ)

数学（數學）shùxué H3 我没有~头脑。I haven't got a mathematical mind. *Je n'ai pas l'esprit mathématique.* 你学实用~还是纯~? Are you studying applied mathematics or pure mathematics? *Est-ce que tu étudies les mathématiques appliquées ou les mathématiques pures?*

数字（數字）shùzì H4, S1 这是个两位~。It's a two digit number. *C'est un nombre à deux chiffres.* 消费的~达五千元。Total expenditure amounts to 5000 yuan. *Le chiffre des dépenses s'élève à 5000 yuan.*

刷 shuā T, S2 好好地~一~平底锅。Give the pans a good scour. *Récurez bien les casseroles.* 这个周末我得~墙。I'll whitewash the walls this week-end. *Je vais blanchir les murs à la chaux ce week-end.* 他们 到 / 在 半决赛给~了下来。They were eliminated in the semifinals. *Ils ont été éliminés en demi-finale.*

刷牙 shuā yá H3, S2 别忘了~。Don't forget to brush your teeth. *N'oublie pas de te brosser les dents.* 我刚刷了牙。I just brushed my teeth. *Je viens de me brosser les dents.*

帅 shuài H4, S2 你(穿这套新西服)看上去真~! You do look smart (in your new suit)! *Comme tu es beau (avec ton nouveau costume)!* 他字写得很~。He writes a beautiful hand. *Il a une écriture élégante.* 她舞跳得真~。She is a graceful dancer. *Elle dance avec grâce.*

双 (雙) shuāng T, H3, S1 这是条~向马路。It's a two-way street. *Ça marche dans les deux sens.* 这~手套是我的。The pair of gloves are mine. *La paire de gants est à moi.* 他要是干夜班就能拿~份儿工资。They pay him double if he works nights. *On le paie (au tarif) double s'il travaille la nuit.*

双方 (雙方) shuāngfāng H5, S1 这是他们~的错。Both are to blame. *C'est leur faute à tous les deux.* 我们~达成了协议。We had a bilateral agreement. *Nous avons passé un accord bilatéral.*

水 shuǐ H1, S1 这儿的~ / 这种~ 可以喝吗? Is the water safe to drink? *Est-ce que l'eau est potable?* 我喝了(杯)~。I took a drink of water. *J'ai bu de l'eau / un verre d'eau.* 我鞋子进~了。My shoes let in water. *Mes chaussures prennent l'eau.* 我流口~了。My mouth is watering. *J'en ai l'eau à la bouche.*

水果 shuǐguǒ H2, S1 您想吃(个)~吗? Would you like some fruit? *Prendrez-vous un fruit?* 递给我一个~。Pass me a piece of fruit. *Passe-moi un fruit.* 这个~有核儿。It's a stone fruit. *C'est un fruit à noyau.* 多吃些~! Eat more fruit! *Mangez plus de fruits!*

水平 shuǐpíng H3, S1 他的~比我高得多。He's far above my level. *Il est d'un niveau bien supérieur au mien.* 她给我们定的~太高, 很难达到。She has set us a high standard. *Elle a établi un modèle difficile à surpasser.*

睡 shuì T, S1 好好~! Sleep tight! *Dors bien!* ~得好吗? Did you sleep well? *Tu as bien dormi?* 是

我不让你~吗? Am I keeping you up? *Je t'empêche de te coucher?* 我只~了两个小时。I only had two hours' sleep. *Je n'ai dormi que deux heures.* 她~得很沉。She slept through the storm. *La tempête ne l'a pas réveillée.*

睡觉 (睡覺) shuìjiào H1, S1 ~的时间到了。It's bedtime. *Il est l'heure d'aller se coucher.* 她在~。She's asleep. *Elle dort.* 别在办公桌上~! 把腰挺直! Don't slouch over your desk! Set up straight! *Ne te couche pas sur ton bureau! Tiens-toi droit!* 我周末常常睡懒觉。I often have a long lie (on) weekends. *Je fais souvent la grasse matinée le week-end.*

睡着 (睡著) shuìzháo S1 轻点儿! 他~了。Gently do it! He has dropped off / he is asleep / sleeping. *Allez-y doucement! Il s'est endormi / est endormi.* 我睡不着。I couldn't get to sleep. *Je n'arrivais pas à m'endormir.*

顺 (順) shùn T, S2 小船~流而下。The boat drifted downstream. *La barque dérivait au fil de l'eau.* ~着箭头走。Follow the arrows. *Suivez les flèches.* 他的举止需要~一~。His style needs polishing. *Son style manque de poli.* 这一点我只能~着他们了。I had to yield to them on that point. *J'ai dû leur céder sur ce point.* ~致崇高的敬意。Yours faithfully / sincerely / truly. *Veuillez agréer mes sentiments distingués.*

顺便 (順便) shùnbiàn H4 ~问一下, 他近况如何? Bu the way / In passing, how is he? *A propos / Entre parenthèse, qu'est-ce qu'il devient?* 我~想说一下你犯的错误。Incidentally, I wanted to have a word with you about your mistake. *En passant, je voulais dire un mot sur ton erreur.*

顺利 (順利) shùnlì H4, S1 一切都(进行得)很~。Everything's going smoothly. *Tout va comme sur des roulettes.* 有些不大~。There's been a hitch. *Il y a eu un problème.*

顺序 (順序) shùnxù H4, S2 你能把数字按~排列吗? Can you put the figures in the right order? *Peux-tu classer les chiffres dans le bon ordre?* 文物是按年代~展出的。The cultural relics are displayed in historical sequence. *Les vestiges culturels sont exposés par ordre chronologique.*

说 (說) shuō D, S1 大 / 小 点儿声~。Speak louder / Don't speak so loud. *Parle plus fort / Parle moins fort.* 整个晚上她一句话也没跟我~。 She never talked to me the whole evening. *Elle ne m'a pas dit un mot de la soirée.* 您只要~一句话就是了。 You have only to say the word. *Vous n'avez qu'à le dire.* 这个很容易~明白。 That is easily explained. *Cela s'explique facilement.* 他撒谎叫母亲~了(他)一顿。 He got a good scolding from this mother for lying. *Il s'est fait attraper par sa mère pour avoir menti.*

说话 (說話) shuōhuà H1, S1
别~! Do not speak! *Ne parlez pas!* 她来说了~。 She came over for a chat. *Elle est venue bavarder un peu.* 不要听别人说闲话。 Don't listen to gossip. *N'écoutez pas les racontars.*

说明 (說明) shuōmíng H4, S1
他对我们~了那台机器的用法。 He explained to us how the machine works. *Il nous a expliqué comment la machine marchait.* 这清楚地~改进很必要。 It clearly illustrates the need for improvement. *Cela montre bien que des améliorations sont nécessaires.* 我看了那幅画儿下面的~后才明白画儿的意思。 I didn't understand the drawing until I read the caption. *Je ne comprenais pas le dessin jusqu'à ce que j'ai lu la légende.*

硕士 (碩士) shuòshì H4
她是哲学~生。 She's doing a master's (degree) in philosophy. *Elle prépare une maîtrise / un master en philosophie.* 我是理工科~。 I'm a Master of Science. *Je suis titulaire d'une maitrîse / d'un master de sciences.* 他是文科~。 He's a Master of Arts. *Il est titulaire d'une maîtrise / d'un master de lettres.*

司机 (司機) sījī H3, S1
她是个好~。 She's a good driver. *Elle conduit bien.* 我给这些女士当了一天~。 I drove the ladies around all day long. *J'ai fait le chauffeur de ces dames toute la journée.* 他父亲是火车~。 His father is an engine driver. *Son père est conducteur / mécanicien (de locomotive).*

思想 sīxiǎng H5, S2
我跟你的~一样。 I am with you in thought. *Je suis avec toi en pensée.* 我希望让您随我的~方式。 I hope to bring you round to my way of thinking. *J'espère vous amener à mon opinion.* 这个作者的~不好理解。 It is difficult to understand what this author is trying to say. *La pensée de cet auteur est difficile à comprendre.*

死 sǐ H4, S1
他快~了。 He's dying. *Il est mourant.* 她~了。 She met her doom. *Elle a trouvé la mort.* 她~于癌症。 She died of cancer. *Elle est morte du cancer.* 数千人正~于饥饿。 Thousands are dying of hunger. *Des milliers de gens meurent de faim.* 我渴~了。 I'm dying for a drink. *Je meurs de soif.* 把我笑~了。 I nearly died laughing. *Je mourais de rire.* 我觉得无聊得要~。 I thought I would die of boredom. *J'ai cru mourir d'ennui.*

四 sì H1, S1
~五二十。 Four fives are twenty. *Quatre fois cinq font vingt.* 我是第~次给你打电话。 It's the fourth time I've called you. *C'est la quatrième fois que je t'appelle.* 我们~点半喝茶。 We have tea at half past four. *Nous prenons le thé à quatre heures et demie.*

送 sòng H2, S1
小李生日时我们~他一个光盘吧。 We could give Xiao Li a CD for his birthday. *On pourrait offrir un CD à Xiao Li pour son anniversaire.* 她来了火车站~我。 She came to see me off at the station. *Elle est venue à la gare me dire au revoir.* 您想叫人把报纸~上门吗? Do you want your newspaper (to be) delivered? *Est-ce que vous voulez qu'on vous livre votre journal?*

送到 sòngdào S1
您想叫人把报纸~家吗? Do you want your newspaper (to be) delivered? *Est-ce que vous voulez qu'on vous livre votre journal?* 她把我~了火车站。 She came to see me off at the station. *Elle est venue à la gare me dire au revoir.*

送给 (送給) sònggěi S1
我把书~了他。 I gave him the book. *Je lui ai donné le livre.* 我们~了主人一份礼物。 We gave our host a gift. *Nous avons offert un cadeau à notre hôte.*

速度 sùdù H4, S1
我们的~是多少? What speed are we going? *A quelle vitesse allons-nous?* 我开车的~是每小时一百公里。 I'm going at a speed of 100 km/h. *Je roule à 100 km/h.*

塑料袋 sùliàodài H4, S2
我还需要两个~。 I still need two more plastic bags. *J'ai encore besoin de deux sachets plastiques supplémentaires.*

酸 suān H4, S2
这个苹果很~。 This apple is very sour. *Cette pomme est très acide.* 听到他走了叫我心~。 I'm sad to learn that he's gone. *Je m'attriste d'apprendre qu'il est parti.* 我腰~背疼。 I have backache. *J'ai mal aux reins / au dos.*

算 suàn T, H4, S1 老师教学生脑~。The teacher taught his pupils to do mental arithmetic. *L'instituteur apprend à ses élèves à faire un calcul de tête.* 我~出来了要付多少钱。I calculated how much it was going to cost. *J'ai calculé combien ça allait coûter.*

虽 (雖) suī S2 S2 他~阔，但不大方。Although rich, he was hardly generous. *Quoique riche, il n'était guère généreux.* 她~不漂亮，但很可爱。Though not handsome, she was attractive. *Sans être belle, elle avait du charme.* 她房子~小，但很舒适。Small though it is, her house is nice. *Sa maison, bien que petite, est agréable.*

虽然 (雖然) suīrán H3, S1 ~没有太阳，但还是相当热。It's quite warm although there's no sun. *Il fait assez chaud bien qu'il n'y ait pas de soleil.* 我~不喜欢他，但是很尊敬他。I respect him (even) though I don't like him. *Je le respecte, bien qu'il ne me soit pas sympathique.*

随 (隨) suí S1 ~我来! Follow me! *Suivez-moi!* ~着这条路一直到邮局。Follow the road until you reach the post office. *Suivez la route jusqu'à la poste.*

随便 (隨便) suíbiàn H4, S1 我们在~闲谈。We are just chatting about this and that. *Nous causons de choses et d'autres.* 这个岗位~穿什么服装都行。Casual clothing is allowed at this job. *Une tenue informelle / décontractée est tolérée à ce poste.* 他们穿着很~。They're very casual about the way they dress. *Ils attachent très peu d'importance à la façon dont ils s'habillent.* (大家)~吃吧! Help yourself (yourselves)! *Servez-vous!*

随时 (隨時) suíshí H5, S1 有问题可以~问。Ask me questions whenever you have any. *Vous pouvez me poser des questions à tout moment.* 他们~都打算帮助别人。They try to help whenever possible. *Ils essaient de se rendre utiles quand c'est possible.*

随着 (隨著) suízhe H4, S2 我常常~海岸散步。I often walk along the shore. *Je me promène souvent le long de la plage.* ~干旱而来的是饥荒。Famine followed in the wake of the drought. *La famine a suivi la sécheresse.* 我们公司能不能~工业的发展而发展? Can our company keep pace with developments in the industry? *Notre société pourra-t-elle suivre le rythme des développements dans l'industrie?*

岁 (歲) suì T, H1, S1 小朋友，你几~了？The boy / The girl, how old are you? *Le petit / La petite, quel âge as-tu?* --- 他多大了? --- 他 22 ~了。-- How old is he? -- He is 22 (years old). -- *Quel âge a-t-il? -- Il a 22 ans.* 他们是五十~开外的人。They're people over the age of 50. *Ce sont les gens de plus de 50 ans.*

孙子 (孫子) sūnzi H4, S2 老王经常看(kān)她~。Lao Wang often looks after her grandson. *Lao Wang garde souvent son petit-fils.* 我们的~很喜欢吃爆玉米花。Our grandson loves eating popcorn. *Notre petit-fils adore manger du pop-corn.*

所 suǒ T, H5, S1 这是我的住~。It's my place of residence. *C'est le lieu de résidence que j'ai.* 那是一~儿童医院。That's a children's hospital. *Là c'est un hôpital pour enfants.* 她被他的体贴~感动。She was touched by his thoughtfulness. *Elle est touchée par sa délicatesse.* 我要把这个交给税务~。I have to send this to the tax office. *Je dois envoyer ça au centre des impôts.*

所长 (所長) suǒcháng S1 礼貌不是他的~。Politeness is not his strong point. *La politesse n'est pas son fort.* 她的~是数学。She's good at maths. *Elle est bonne en math.* 唱歌不是你的~吗? Is signing not your forte? *Le chant n'est-il pas ton fort?* (> 所长 suǒzhǎng)

所以 suǒyǐ G, H2, S1 我觉得不舒服，~我没有去。I didn't feel well. That's why I didn't go. *Je ne me sentais pas bien. C'est pourquoi je n'y suis pas allé.* 您是他的朋友，~也是我的朋友。You are his friend and therefore mine. *Vous êtes son ami et donc vous êtes aussi le mien.*

所有 suǒyǒu H4, S1 这个~是(归)老刘的。Lao Liu is possessed of the property. *Lao Liu possède ce bien.* 我们~八个人都想去。All eight of us want to go. *Nous voulons y allez tous les huit.*

所长 (所長) suǒzhǎng S1 老孙是~。Lao Sun is the managing director. *Lao Sun est le directeur général.* (> 所长 suǒcháng)

T

他 tā D, H1, S1 ~来了! There he is! Le voilà! 她比~大。She is older than he is. *Elle est plus âgée que lui.* ~说什么呢? What is he saying? *Que dit-il?* ~这个人很怪。He's a strange man. *C'est un homme étrange.*

他们 (他們) tāmen G, N, S1 ~还不知道。They still don't know about it. *Ils l'ignorent encore.* ~要对此负责。They are the ones who are responsible. *Ce sont eux les responsables.*

她 tā D, H1, S1 ~在干什么呢? What's she doing? *Qu'est-ce qu'elle fait?* ~个子很高。 She's tall. *Elle est grande.* 这个~可做不了。SHE can't do it. *Elle ne peut pas le faire.*

她们 (她們) tāmen S1 ~是护士。They're nurses. *Elles sont des infirmières.* 你可以信任~。You can have complete confidence in them. *Vous pouvez avoir confiance en elles.* 找~俩去问。Ask both of them. *Adressez-vous à toutes les deux.*

它 tā H2, S1 把那条狗叫来，咱们带~去散步。Fetch the dog and we'll go for a walk with it. *Va chercher le chien et on va se balader avec (lui).* 小王做的那个东西，并把~拿到了晚会上。Xiao Wang made the object and rought it to the party. *Xiao Wang a fait l'objet et l'a apporté à la soirée.*

它们 (它們) tāmen S1 把那些母鸡招来，喂~吃的。Fetch the hems and give them to eat. *Va chercher les poules et donne-leur à manger.*

抬 tái H4, S2 帮我~一下这个衣柜。Help me lift the wardrobe. *Aide-moi à soulever l'armoire.* 他被人用担架~走了。He was carried / taken off on a stretcher. *On l'a emmené sur une / en civière.* 他常打击别人，~高自己。He often attacks others so as to sell himself. *Il attaque souvent les autres pour se faire valoir.*

台 (臺) tái H4, S1 她和对手同~。She shared the platform with her rival. *Elle était à la même tribune que son rival / sa rivale.* 猫在窗~上。The cat is on the windowsill. *Le chat est sur le rebord de fenêtre.* 我买了个新写字~。I bought a new desk. *J'ai acheté un nouveau bureau.* 这~收音机是我的。This radio set is mine. *Ce poste (de) radio est le mien.*

台湾 (臺灣) táiwān N ~工业化程度很高。Taiwan is highly industrialized. *Taiwan est hautement industrialisé.* 我们下个月去~旅游。We're going to go sightseeing in Taiwan next month. *Nous allons faire du tourisme à Taiwan le mois prochain.*

太 tài H1, S1 她干得~累了。She works too hard. *Elle travaille trop.* ~感谢你了! Thank you very much indeed! *Merci infiniment!* 比萨饼好吃吗? --- 很好吃 / 不~好吃。Was the pizza good? – Very / Not very. *La pizza était-elle bonne? – Très / Pas très.*

太太 tàitai G, H5, S1 王~，您好吗? Mrs. Wang, how are you? *Mme Wang, comment allez-vous?* 这是位令人尊重的~。She's a real lady. *C'est une femme très comme il faut.* 这是位很傲慢的~。She's a bit of madam / She's really stuck-up. *C'est une pimbêche / Elle s'y croit vraiment. .*

太阳 (太陽) tàiyáng H3, S1 今天没有~。Today's a day with no sunshine. *Aujourd'hui est une journée sans soleil.* 不要老呆在~(底)下! Don't stay in the sun too much! *Ne reste pas trop au soleil!* 阳台一直到中午都有~。The balcony gets the sun until noon. *On a le soleil au balcon jusqu'à midi.*

态度 (態度) tàidu H4, S1 这个人~不怎么样。He's got no manners. *Il ne sait pas se tenir.* 她的~无可非议。Her attitude was beyond reproach. *Elle a eu une attitude irréprochable.*

谈 (談) tán H4, S1 这个我明天早上跟你~~。I'll talk to you about it tomorrow morning. *J'aurai deux mots à te dire à ce sujet demain matin.* 这里(的人)~得多，干得少! There's too much chat and not enough work going on here! *Il y a trop de bavardage et pas assez de travail ici.*

119

谈话 (談話) tán//huà S1 我跟他谈了话。I had a talk with him. *Je me suis entretenu avec lui.* 她同我妹妹~谈了很长时间。She was deep in conversation with my little sister. *Elle était en grande conversation avec ma petite sœur.*

谈判 (談判) tánpàn H5, S1 这个价格需要~。It's a price to be negotiated. *C'est un prix à débattre.* 他们拒绝~。They refuse to negotiate. *Ils refusent de négocier.* 他们开始了和平~。They have begun peace talks. *Ils ont commencé des négociations de la paix.*

弹钢琴 (彈鋼琴) tán gāngqín H4 她想学~。She wants to take up the piano. *Elle veut se mettre au piano.* 他很会~ / 他钢琴弹得很好。He plays the piano very well. *Il joue très bien au piano.*

汤 (湯) tāng H4, S1 这个 菜 / 洋葱 / 葱 / 鱼 ~很好喝。This vegetable / onion / leek / fish soup is very good. *Cette soupe aux légumes / à l'oignon / aux poireaux / de poisson est très bonne.*

糖 táng H3, S1 请使用~。Help yourself to sugar. *Prenez du sucre.* 我要奶，不加~。Milk, no sugar, please. *Avec du lait, sans sucre, s'il vous plaît.* 你~(块儿)吃得太多了! You eat too many sweets! *Tu manges trop de bonbons!*

躺 tǎng H4, S2 ~着别动! Lie still! Ne bouge pas! 他生病~在床上。He's lying ill in bed. *Il est (malade et) alité.* 她在沙滩上~了一整天。She lay on the beach all day. *Elle est restée allongée sur la plage toute la journée.*

讨论 (討論) tǎolùn H4, S1 这个我以后要跟你~一下。I'll discuss it with you later. *Nous en discuterons plus tard.* 这个进行了很长时间的~。There's been a lot of discussion about it. *Cela a été beaucoup débattu.*

讨厌 (討厭) tǎoyàn H4, S2 人们真要~他了。People are really going to hate him. *Il va se faire détester.* 好~的人! What a nasty / disagreeable man! *Quel homme désagréable / déplaisant!* 你这个~的男孩子! How disgusting little boy! *Espèce de petit dégoûtant!* 我很~坐飞机。I dislike flying. *Je n'aime pas prendre l'avion.* 我~喝牛奶。I loathe milk. *J'ai horreur du lait.*

套 tào H5, S1 枕头~一个星期要换一次。You should change the pillowcases once a week. *Il faut changer les taies d'oreiller une fois par semaine.* 我有一~百科全书。I have a full set of the encyclopedia. *J'ai une encyclopédie complète.* ~间面积是多少？--- 75 平方米。What's the surface area of the flat? – 75 square metres. *Quelle est la surface de l'appartement ? – 75 mètres carrés.*

特别 tèbié H3, S1 这是个~的情况。It's a special case. *C'est un car particulier.* 要~小心。Be very / especially careful! *Faites très / spécialement attention!* 我~喜欢听这支歌儿。I would specially like to hear that song. *J'aimerais beaucoup écouter cette chanson.*

特点 (特點) tèdiǎn H4, S1 这是他行事的~。It's typical of his way of doing things. *C'est caractéristique de sa part d'agir.* 每个地区都有自己的~。Each region has its own peculiarities. *Chaque région a ses particularités.*

特色 tèsè H6, S1 这是小说的~。This is a feature of the novel. *C'est un élément caractéristique du roman.* 她的写作风格很有~。She has a distinctive style of writing. *Elle a un style particulier dans son écriture.* 他的笔下人物没有什么~。He's very poor in characterization. *Ses personnages ne sont pas très convaincants.*

疼 téng H3, S1 我头~。I have a headache. *J'ai mal à la tête.* 您觉得~吗? Are you in pain? *Avez-vous mal?* 奶奶最~她孙子。Granny dotes on her grandson. *Mémé chérit le plus son petit-fils.*

踢足球 tī zúqiú H2 他们喜欢~。They like playing football. *Ils aiment jouer au football.* 他们每星期六都~。They play football every Saturday. *Ils jouent au football tous les samedis.*

提 tí H5, S1 搬运工把行李 ~上 / ~下 了楼。The porter carried the suitcases upstairs / downstairs. *Le porteur a monté / descendu les bagages.* 我能~一个问题吗? Can I ask a question? *Puis-je poser une question?* 这件事别再~了! Let's drop the subject! *Ne parlons plus de cela!*

提出 tíchū N, S1 他~了一个建议。He made a proposal. *Il a fait une proposition.* 她拒绝了他~结婚的建议。She refused his proposal. *Elle a refusé sa demande en mariage.* 这是向你~的一个警告。Let that be a warning to you. *Que cela te serve d'avertissement.*

提到 tídào S1
她~的话，你就装作不知道。If she mentions it in front of you, pretend you don't know anything (about it). *Si elle en parle devant toi, fais comme si tu ne savais rien.* 建议都要~协调委员会审查。All proposals must be submitted to the coordinating committee. *Toutes les propositions doivent être soumises au comité de coordination.*

提高 tígāo N, H3, S1
产品质量~了。The quality of products has been improved. *La qualité des produits a été améliorée.* 我们的目标是~全面的水平。Our aim is to raise overall standards. *Notre but est d'élever le niveau global.*

提供 tígōng H4, S2
我向他~了信息。I supplied him with the information. *Je lui ai fourni les informations.* 他们~了一辆汽车归她使用。They provide a car for her use. *Ils mettent une voiture à sa disposition.* 他们给我们~了翻译件。They furnished us with the translation. *Ils nous ont donné la traduction.*

提前 tíqián H4, S1
我们~到了。We arrived ahead of time. *Nous sommes arrivés en avance.* 会~到(了)明天开。The meeting has been brought forward to tomorrow. *La réunion a été avancée à demain.* 我们要~定票。We'll book the tickets in advance. *Nous réserverons les billets à l'avance.*

提问 (提問) tíwèn H5, S1
我能~吗? Can I ask questions? *Puis-je poser des questions?* 她被~要求表明观点。She was questioned on her views. *On l'a interrogé sur ses opinions.*

提醒 tí//xǐng H4, S2
付帐单的事能~我吗? Can you remind me to pay the bills? *Peux-tu me rappeler qu'il faut payer les factures?* 他们~要我避免危险。They warned me of a danger. *Ils m'ont averti d'un danger.* 我这是最后一次~你。I'm warning you for the last time. *Je te préviens pour la dernière fois.*

题 (題) tí H2, S1
咱们回到正~上来吧。Let's get back to the subject. *Revenons à nos moutons.* 考~是什么? What was the examination question? *Quel a été le sujet d'examen?* 今晚的辩论~是失业。Tonight's topic for debate is unemployment. *Le débat de ce soir porte sur le*

chômage. 这是小~大做。It was a tempest in a teapot. *C'est une tempête dans un verre d'eau.*

体会 (體會) tǐhuì H5, S1
我通过亲身~对问题有了了解。I know the problem from personal experience. *Je connais le problème d'après mon expérience personnelle.* 她在管理方面有大量的~。She has considerable management experience. *Elle a une expérience considérable de la gestion.*

体现 (體現) tǐxiàn H5, S1
他是愚蠢的~。He's stupidity incarnate. *C'est la bêtise incarnée.* 这个新建筑是现代化本身的~。The new building is the embodiment of modernity. *Ce nouveau bâtiment est la modernité même.*

体验 (體驗) tǐyàn H5, S1
你自己应该~一下。You need to have a feel for it? *Il faut l'avoir en soi.* 她~了离婚的痛苦。Her divorce was a very trying experience for her. *Son divorce l'a beaucoup éprouvée.*

体育 (體育) tǐyù H3, S1
搞搞 / 搞点儿~对你有好处。Some physical exercise would do you good. *Un peu de sport te ferait du bien.* 你不应该把~和政治混在一起。You shouldn't mix sport and politics. *Tu ne devrais pas mélanger sport et politique.*

体育场 (體育場) tǐyùchǎng S1
我们昨天晚上去~看了场(足)球赛。We went to see a football match in the stadium last night. *Nous sommes allés voir un match de foot dans le stade hier soir.*

体育馆 (體育館) tǐyùguǎn S1
我们星期日去~看体操锦标赛。We're watching the gymnastics championship in the gym next Sunday. *Nous irons voir le championnat de gymnastique dans le gymnase ce dimanche.*

天 tiān D, S1
~亮了。It's getting light already. *Il commence déjà à faire jour.* 我每~工作八个小时。I work an eight-hour day. *Je travaille huit heures par jour.* 我干这个花了三~。It took me three days to do it. *Ça m'a pris trois jours pour le faire.* ~哪! Good Heavens! *Mon Dieu!*

天空 tiānkōng H5, S1
今天~ 晴朗 / 有云。The sky is clear / cloudy today. *Le ciel est clair / nuageux aujourd'hui.* 一股烟升上了~。Smoke rose into the sky. *De la fumée s'élevait dans le ciel.*

天气（天氣） tiānqì H1, S1 今天~怎么样? What's the weather (like) today? *Quel temps fait-il aujourd'hui?* ~ 很好 / 很糟。 It's beautiful / terrible weather. *Il fait beau / mauvais.*

天上 tiānshang S1 ~乌云很多。 There is a grey overcast sky. *Le ciel est couvert de nuages gris.* 一只 食肉鸟 / 猛禽 在~盘旋。 A bird of prey was gliding high in the sky. *Un noiseau de proie planait dans le ciel.*

甜 tián H3, S2 这个点心我觉得太~了。 This cake is too sweet for me. *Ce gâteau est trop sucré pour moi.* 这个人~言蜜语地说了一番。 That man spoke in honeyed tones. *Cet homme parlait d'un ton mielleux.* 她睡得很~。 She's sound asleep / She's a very sound sleeper. *Elle est profondément endormie / Elle a le sommeil profond.*

填空 tián//kòng H4 请~空。 Please fill in the blanks. *Veuillez remplir les espaces vides.* 这个空你没有填对。 You didn't fill in this blank space well. *Tu n'as pas bien rempli ce blanc / ce vide.*

条（條） tiáo H3, S1 这~意见很有用。 It was a valid remark. *C'était une réflexion pertinente.* 这两~新闻很有意思。 They're two interesting pieces of news. *Ce sont deux nouvelles intéressantes.* 她留下便~说晚些时候还来。 She left a note to say she'd call back later. *Elle a laissé un mot pour dire qu'elle repasserait plus tard.*

条件（條件） tiáojiàn H4, S1 他向我提出了三个~。 He imposed three conditions on me. *Il m'a (im)posé trois conditions.* 我可以告诉你，~是要保密。 I'll tell you on condition that you keep it secret. *Je vais te le dire à condition que tu gardes le secret.*

调（調） tiáo S1 政府向下 / 上 ~了价。 The government has adjusted prices downwards / upwards. *Le gouvernement a baissé / relevé le prix.* 你的凉菜味儿~得太重了。 There's too much dressing on your salad. *Ta salade est trop assaisonnée.*

调整（調整） tiáozhěng H5, S1 座位的高度可以~。 The seat can be adjusted for height. *La hauteur du siège est réglable.* 我们需要把计划~一下。 We need to revise our plans. *Il nous faut réviser nos plans.* 政府向下 / 上 ~了价。 The government has adjusted prices downwards / upwards. *Le gouvernement a baissé / relevé le prix.*

跳 tiào S1 你能~过栅栏去吗? Can you jumped over the hedge? *Peux-tu sauter par-dessus la haie?* 他们高兴得~了起来。 They leaped for joy. *Ils ont sauté de joie.* 他吓得心直~。 His heart was beating with terror. *Son cœur palpitait de terreur.*

跳高 tiàogāo S1 他是~运动员。 He's a high jumper. *Il est sauteur en hauteur.* 她跳得很高。 She is good at the high jump. *Elle est bonne eu saut en hauteur.*

跳舞 tiào//wǔ H2, S1 你想~吗? Do you want to dance? *Tu veux danser?* 我下一轮可以跟您~吗? May I have the next dance? *Voulez-vous m'accorder la prochaine danse?*

跳远（跳遠） tiàoyuǎn S1 我~。 I do the long jump. *Je fais du saut en longueur.* 她是~运动员。 She's a long jumper. *Elle est sauteuse en longueur.*

铁（鐵） tiě S1 这是~栅栏。 These railings are made of iron. *Cette grille est en fer.* 菠菜含~量很高。 Spinach has a high iron content. *Les épinards contiennent beaucoup de der.* 他壮得象个~人。 He has an iron constitution. *Il a une santé de fer.*

铁路（鐵路） tiělù S1 他们在建一条新的~。 They're building a new railway. *Ils sont en train de construire un nouveau chemin de fer.* 我在~上工作。 I have a job on the railway. *Je travaille au chemin de fer.* 他们下星期六开始~旅行。 They're beginning to travel by railroad next Saturday. *Ils commenceront à voyager en chemin de fer samedi prochain.* 我从没在俄国~旅行过。 I'd never travelled by Russian railway. *Je n'avais jamais pris le train en Russie.*

听（聽） tīng H1, S1 注意~! Listen carefully! *Ecoutez-bien!* 你~新闻了吗? Did you listen to the news? *As-tu écouté les informations?* 我要是~母亲的话就好了! If only I'd listened to my mother! *Si seulement j'avais écouté ma mère!* 我说的你~进去了吗? Do you hear me? *Tu entends ce que je te dis?*

听到（聽到） tīngdào S1 她肯定~我跟他说的了。 She must have overheard me telling him. *Elle a dû m'entendre le lui dire.* ~朋友的去世大家都难过极了。We were very sad to hear of our friend's death. *Nous avons été désolés d'apprendre la mort de notre ami.*

听见（聽見）tīngjiàn S1
~我跟你说的了吗？Do you hear me? *Tu entends ce que je te dis?* 我~有人在哭。I can hear someone crying. *J'entends (quelqu'un) pleurer.*

听讲（聽講）tīng//jiǎng S1
他很~/不~。His attendance has been good / bad. *Il a été / Il n'a pas été assidu.* 她昨天在课上 不 / 没有 ~。She didn't pay attention in class yesterday. *Elle n'a pas été attentive en cours hier.*

听力（聽力）tīnglì S1
我英语~不很好。I'm not very good at English oral comprehension. *Je ne suis pas très fort en compréhension orale d'anglais.* 我们要多搞~训练。We must do more listening comprehension training. *Nous devons faire plus d'entraînement à la compréhension orale.*

听说（聽說）tīngshuō S1
我是听(人)说的。I know it by hearsay. *Je le sais par ce qu'on entendre dire.* 我~他走了。I heard that he had left. *J'ai entendu dire qu'il était parti.* 我这是第一次~。That's the first time I've heard of it. *C'est la première fois que j'entends (dire) ça.* ~他老婆离开了他。It's rumoured that his wife has left him. *On entend dire que sa femme l'a quitté.*

听众（聽眾）tīngzhòng S1
~都鼓起了掌来。The whole audience applauded. *Toute la salle applaudit.* ~中有个人笑起来了。Someone in the audience laughed. *Il y a eu un rire dans la salle.* 这个建议得到了地方~的欢迎。This proposal met with favourable reception from the local population. *Cette proposition a trouvé audience auprès de la population locale.*

停 tíng S1
雨~了下来。It has stopped raining. *Il a cessé de pleuvoir.* 那家公司~业了。The firm has ceased trading. *L'entreprise a cessé ses activités.* 他话 说了一半 / 没说一半 就~了下来。He was cut off in mid-sentence. *Il a été interrompu au milieu de sa phrase.*

停车（停車）tíng//chē S1
我们没找到~的地方。We didn't find room to park. *Nous n'avons pas trouvé de place pour nous garer.* 这里禁止~。Parking is prohibited here. *Le parking est interdit.*

停车场（停車場）tíngchēchǎng
S1 你把车停在~里了吗？Have you put your car in the car park? *As-tu mis ta voiture au parking?*

停止 tíngchǐ H4, S1
今天就到此~了。Let's call a halt for today. *Arrêtons-nous pour aujourd'hui.* 他们~了他的生活费。They cut off his allowance. *Ils lui ont coupé les vivres.*

挺 tǐng (副) (1) H4, S1
我~渴的。I'm very thirsty. *J'ai très soif.* 他当时~累。He was rather tired. *Il était assez fatigué.* 我~想去。I'd quite like to go. *Ça me plairait assez d'y aller.*

挺 tǐng (动) (2) H4, S2
她~起了腰杆。She straightened her back. *Elle s'est redressée.* 他心脏没能~住休克。His heart couldn't stand the shock. *Son cœur n'a pas résisté au choc.* 车能一直~到我们到家吗？Will the car hold out till we get home? *La voiture tiendra-t-elle (le coup) jusqu'à ce qu'on rentre?*

挺好 tǐnghǎo S1
电影~的。The film is quite good. *Le film est assez bon.* 她法文说得~。She speaks French very well. *Elle parle très bien (le) français.*

通 tōng S1
这条路仍然~着。The road is still open to traffic. *La route est toujours ouverte à la circulation.* 这个主意行得~。The idea will work. *Cette idée va marcher.* 他是个中国~。He's a Sinologue. *C'est un sinologue.*

通常 tōngcháng H5, S1
他~不这样。He's not quite normal. *Il n'est pas complètement normal.* 这是~的作法。It's the usual practice. *C'est la pratique courante.* 我上班~早到。I usually get to work early. *Généralement j'arrive tôt au bureau.*

通过（通過）tōngguò N, H4, S1
他顺利地~了检查。He passed through the checkpoint without any trouble. *Il a passé le poste de contrôle sans encombre.* 这儿太窄通不过(去)。There isn't enough room to get by. *Il n'y a pas assez de place pour passer.* 你笔试~了吗？Did you pass your written exam? *As-tu réussi ton examen écrit?*

通信 tōng//xìn S1
我和一个中国朋友~。I write to a Chinese friend. *Je corresponds avec un(e) ami(e) chinois(e).* 他们不再~了。They have stopped writing (to each other). *Ils ont cessé de se correspondre.*

通知 tōngzhī H4, S1 你们~当局了吗? Have you notified the authorities? *Avez-vous averti les autorités?* 您要把决定~给他吗? Will you inform him of your decision? *Allez-vous l'informer de votre décision?*

同 tóng D, S2 他和我~岁。He's the same age as I am. *Il a le même âge que moi.* 我很高兴和您~享喜悦。I'm pleased to be able to share my joy with you. *Je suis heureux de pouvoir vous faire partager ma joie.* 我能~您一起去吗? Can I go with you? *Puis-je aller avec vous?*

同情 tóngqíng H4, S2 我很~你, 因为我也曾有过同样的问题。I sympathize with you because I used to have similar problems. *Je compatis à ta douleur car j'ai connu des problèmes du même genre.* 我们收到了很多~者的来信。We have received many letters from sympathizers. *Nous avons reçu de nombreuses lettres de personnes compatissantes.*

同时 (同時) tóngshí N, H5, S1 我们是~到的。We arrived at the same time. *Nous sommes arrivés en même temps.* 在这~, 又有两千人失去了工作。Meanwhile, another 2,000 people have lost their jobs. *Entre-temps, 2 000 personnes de plus ont perdu leur emploi.*

同事 tóngshì H3, S1 我们~两年了。We've worked together for two years. *Nous travaillons ensemble depuis deux ans.* 我和~都很合得来。I get on very well with all my colleagues. *Je m'entends très bien avec tous mes collègues.*

同学 (同學) tóngxué H1, S1 他们是我的~, 小王是我同班~。They're my schoolmates, and Xiao Wang is my classmate. *Ce sont mes camarades d'école, et Xiao Wang est mon camarade de classe.*

同样 (同樣) tóngyàng S1 他跟我~大 / (是)~年龄。He's the same age as me. *Il est du même âge que moi.* 她工作得也~努力。She worked equally hard. *Elle a travaillé tout aussi dur.* 这两个课本的内容几乎是~的。These two textbooks are very similar in content. *Les contenus de ces deux manuels sont pratiquement identiques.*

同意 tóngyì H3, S1 我~您的意见。I agree with you. *Je suis de votre avis.* 我不~这个计划。I don't approve of the plan. *Je ne suis pas d'accord avec ce projet.* 我能得到您的~吗? Do I have your consent? *Est-ce que j'ai votre accord?* 我们在没有我父母的~下结婚了。We got married without my parents' consent. *Nous nous sommes mariés sans le consentement de mes parents.*

同志 tóngzhì H6, S1 ~们, 朋友们, 欢迎你们! Comrades and friends, you're welcome! *Camarades et amis, soyez les bienvenues!* 他的很多~在那场战斗中被打死了。Many of his comrades were killed in the battle. *Beaucoup de ses camarades ont été tués dans le combat.*

痛 tòng (形) S1 我头~。I have a headache. *J'ai mal à la tête.* 您觉得~吗? Are you in pain? *Avez-vous mal?* 我腰~了几天了。I had a backache for a few days. *J'ai mal au dos depuis quelques jours.* 她~哭了起来。She began to cry bitterly. *Elle a commencé à pleurer amèrement.* 我把他~骂了一顿。I roundly cursed him. *Je l'ai maudit sévèrement.*

痛苦 tòngkǔ H5, S1 我忍受不了~。I can't stand pain. *Je ne supporte pas la douleur.* 他在事故以后忍受了很大的~。His suffering was great after the accident. *Il a beaucoup souffert après l'accident.*

头 (頭) tóu (名) (1) S1 她比我高一~。She stands head and shoulders above me. *Elle fait une tête plus que moi.* 我~晕。I'm suffering from vertigo / I haven't got a head for heights. *J'ai le vertige.*

头 (頭) tóu (量) (2) S1 他养了两~驴和二十来~牛。He raises two donkeys and about twenty head of oxen. *Il élève deux ânes et à peu près vingt bœufs.*

头 (頭) tóu (形) (3) S1 饭菜是~等的。The food was first-class. *La nourriture était excellente.* 我要一张~等舱 / 车厢 的票。I'd like a ticket first class. *Je voudrais un billet en première classe.*

头发 (頭髮) tóufa H3, S2 她的~真漂亮。She's got such beautiful hair. *Elle a vraiment de beaux cheveux.* 我去剪~。I'll get my hair cut. *Je vais me faire couper les cheveux.* 别碰他一根~! Don't you dare touch him! *Ne touchez pas un cheveu de sa tête!*

头脑 (頭腦) tóunǎo S1 她很有~。She has a good brain. *Elle est intelligente.* 他是家中最有~的。He's the brains of the family. *C'est lui le plus intelligent de la famille.*

-头 (-頭) -tou S1 我去买(烧火)取暖的木~。I'll buy some firewood. *Je vais acheter du bois à brûler.* 这个枕~太软。The pillow is too soft. *L'oreiller est trop mou.* 里~什么也没有。Inside there's nothing. *Il n'y rien dedans.* 这本书有看~。The book is worth reading. *Ça vaut la peine de lire ce livre.*

投资 (投資) tóuzī N, H5, S2 那家公司在世界各地都有~。The company has investments all over the world. *La société a des capitaux investis dans le monde entier.* 他把所有钱向一家机械企业~了。He invested all his money in an engineering business. *Il a placé tout son argent dans une entreprise de mécanique.*

突出 tūchū H5, S1 她打网球很~。She plays outstanding tennis. *Elle joue un tennis excellent.* 我们一直~生产力的重要。The stress has always been on productivity. *Nous avons toujours mis l'accent sur la productivité.*

突然 tūrán D, H3, S1 天气~变了。There was an abrupt change in the weather. *Le temps a changé brutalement.* 这实在很~。This is all very sudden / It is completely unexpected. *C'est plutôt inattendu / On ne s'y attend pas du tout.* 她~改变的主意。She very suddenly changed her mind. *Elle a changé d'avis très soudainement.*

图 (圖) tú S1 她画了个草~。She drew a sketch. *Elle a fait un croquis.* 不要只~一时的痛快。Don't do it to seek momentary satisfaction. *Ne le fais pas pour un moment de satisfaction.*

图画 (圖畫) túhuà S1 我学(画)~。I study drawing / painting. *J'étudie le dessin / la peinture.* 他在讲座中运用了~。He used pictures to illustrate his talk. *Il a illustré sa conférence à l'aide d'images.*

图书馆 (圖書館) túshūguǎn H3, S1 他喜欢在~工作。He likes working in the library. *Il aime bien travailler à la bibliothèque.* 我去大学~借几本书。I'll go and borrow some books from the university library. *Je vais emprunter quelques livres à la bibliothèque de l'université.*

土 tǔ S1 这里是肥~。There's good farming soil here. *Il y a de la bonne terre agricole ici.* 他浑身是~。He was covered in dirt. *Il était tout sale.* 她说话是~音。She speaks with a local accent. *Elle a l'accent local.* 他们有不少~办法。They have quite a few indigenous methods. *Ils ont pas mal de méthodes indigènes.*

团 (團) tuán H5, S1 刺猬缩成了一~。The hedgehog was curled up in a ball. *Le hérisson était roulé en boule.* 政府派了一个代表~。The government sent a delegation. *Le gouvernement a envoyé une délégation.*

团结 (團結) tuánjié H6, S1 ~就是力量。Unity is strength. *L'union fait la force.* 他们好像~了起来反对我。They seem to have united against me. *Ils semblent s'être unis contre moi.* 我们都~在一起。We all stand together. *Nous sommes tous solidaires.* ~起来反对共同的敌人! Let us unite against a common enemy! *Unissons-nous contre un ennemi commun!*

团体 (團體) tuánjié H6, S1 这是一个政治~。It's a political group. *C'est un groupe politique.* 我们获得了~冠军。We won the team title. *Nous avons gagné le champion par équipe.*

推 tuī H4, S1 别~我! Don't push me! *Ne me pousse pas!* 会~到了明天开。The meeting has been put off until tomorrow. *La réunion a été remise à demain.*

推迟 (推遲) tuīchí H4, S2 会议~到明天举行。The meeting has been put off / postponed until tomorrow. *La réunion a été renvoyée / remise à demain.* 起飞~了两个小时。The flight was delayed (for) two hours. *Le vol a été retardé de deux heures.* 他们~做出决定。They deferred a decision to a later date. *Ils ont reporté une décision à plus tard.*

推动 (推動) tuīdòng S1 他们决定~学校扩建的计划。They decided to push ahead with the plans to extend the school. *Ils ont décidé d'activer les projets d'extension de l'école.* 这项研究工作是我自己~的。This piece of research (work) has been carried by / under my own impetus. *Ce travail de recherche a été entraîné par mon propre élan.*

推广 (推廣) tuīguǎng H5, S1 贸易使这一新技术~到了亚洲。Trade helped to spread the new technology to Asia. *Le commerce a facilité la diffusion de cette nouvelle technologie en Asie.*

推进 (推進) tuījìn S1 他们继续~改革。They're pushing on with the reforms. *Ils* *poursuivent leurs efforts pour faire passer les réformes.* 这项研究工作是自我~的。This piece of research (work) has been carried by / under my own impetus. *Ce travail de recherche a été entraîné par mon propre élan.*

推开（推開）tuīkāi S1 她把流氓~了。

She managed to drive off a hooligan. *Elle parvint à repousser son agresseur.* 他不讲情地~了我。He shoved me out of the way. *Il m'a écarté sans ménagement.*

腿 tuǐ H3, S1 她有一双健美的~。She's got a good (strong) pair of legs. *Elle a de bonnes jambes.* 他仍有双年轻人的~。He's still very spry. *Il a (encore) des jambes de vingt ans.*

退 tuì H5, S1 往后~一步! Take one step backwards! *Recule d'un pas!* 他不是那种见困难就往后~的人。He is not the kind of man to shrink back in the face of difficulties. *Il n'est pas homme à reculer devant les difficultés.*

退出 tuìchū S1 她决定~政界。She has decided to withdraw from politics. *Elle a décidé de se retirer de la politique.* 他们投票~了联邦。They voted to secede from the federation. *Ils ont voté en faveur de leur sécession de la fédération.*

退休 tuìxiū H5, S1 他 65 岁时~了。He retired at 65. *Il a pris la retraite à 65 ans.* 您想提前~吗? Would you like to take early retirement? *Voudriez-vous prendre votre retraite anticipée?*

脱（脱）tuō H4, S2 孩子把衣服~了。The child took his clothes off. *L'enfant s'est déshabillé.* 你~皮了。You're peeling. *Tu pèles.* 他头发要~光了。He's going bald. *Il devient chauve.* 他差点儿没有~险。He narrowly escaped death. *Il a échappé de justesse à la mort.*

托 tuō S1 她双手~着一个盘子走了进来。She came in holding a tray on her palm. *Elle est entrée en portant un plateau sur la paume.* 这件事你可以~他干。You can rely on his for the job. *Tu peux compter sur lui pour la mission.*

托儿所（托兒所）tuō'érsuǒ S1 我们大学有一个~。There are crèche / day-care in our university. *Notre université est pourvue d'une crèche.* 她把两个孩子放在了~。She puts her two children in the crèche. *Elle met ses deux enfants à la crèche.*

W

袜子（襪子）wàzi H4, S2 这对~有窟窿了。This pair of socks have got holes in them. *Cette paire de chaussettes ont des trous.* 他们的那个孩子能自己穿~了。Their child can put his socks on all by himself. *Leur enfant peut mettre les chaussettes lui-même.*

外 wài H2, S1 我从窗户往~看。I'm looking out of the window. *Je regarde par la fenêtre.* 她每天都换~衣。She appears in a new outfit every day. *Elle porte une tenue différente chaque jour.* 我在她眼里成了个~人。I'm like a stranger to her now. *Je suis devenu un étranger pour elle.*

外边（外邊）wàibian S1 (= 外面 wàimiàn) ~很冷。It's cold outside. *Il fait froid dehors.* 您能在~等吗? Can you wait outside? *Pouvez-vous attendre dehors?* 办公室~的人绝不能知道。Nobody outside the office must know. *Personne ne doit mis au courant en dehors du bureau.*

外地 wàidì S1 你住在北京吗? --- 不, 我住~。Do you live in Beijing? – No, I live in a province. *Est-ce que tu vis à Beijing? – Non, je vis en province.* 他快要去~了。He'll soon be leaving for other parts of the country. *Il doit partir bientôt en province.*

外国（外國）wàiguó S1 他去~了。He went abroad. *Il est allé à l'étranger.* 这是从~来的。It comes from abroad. *Ça vient de l'étranger.* 她能说三门~语。She can speak three foreign languages. *Elle peut parler trois langues étrangères.*

外国人（外國人）wàiguórén S1 我在这儿觉得是个~。I feel like a foreigner here. *Je me sens étranger ici.* ~没有权利投票。Foreigners are not allowed to vote. *Les étrangers n'ont pas le droit de voter.*

外交 wàijiāo H5, S2 两国 1964 年建立了~关系。The two countries established diplomatic relations in 1964. *Les deux pays ont établi les relations diplomatiques en 1964.* 要使一点儿~手

段 / 要讲点儿~。You have to use a bit of diplomacy. *Il faut être un peu diplomate.*

外面 wàimiàn S1 (= 外边 wàibian)

外文 wàiwén S1 (= 外语 wàiyǔ)

外语 (外語) wàiyǔ S1 (= 外文 wàiwén) 他能流利地说两门~。He speaks two foreign languages fluently. *Il parle deux langues étrangères couramment.* 姐妹俩都学~。Both sisters are studying a foreign language / foreign languages. *Toutes les sœurs étudient une langue étrangère / des langues étrangères.* 这个职位要求至少会讲三门~。You have to speak at least three foreign languages for this post. *Il faut parler au moins trois langues étrangères pour ce poste.*

完 wán H2, S1 您~没有~? Are you through? *Avez-vous fini?* 他钱都用~了。He's run out of money. *Il n'a plus d'argent.* 晚会开~了。The party's over. *La fête est finie.* 请让我把话说~。Please let me finish [speaking]. *S'il te plaît, laisse-moi finir (de parler).*

完成 wánchéng H3, S1 他把任务~了。He performed his duty. *Il a accompli son devoir.* 你能~好这次采访吗? Will you be able to get through this interview? *Sauras-tu mener à bien cette entrevue?*

完美 wánměi H5, S1 他举止~。He's got perfect manners. *Il a des manières parfaites.* 她离~还差得很远。She's far from perfect. *Elle est loin d'être parfaite.*

完全 wánquán H4, S1 我~同意你的主意。I fully agree with you. *Je suis tout à fait d'accord avec ton avis.* 将~赔偿您受的损失。You will be wholly compensated for the damage. *Les dommages vous seront intégralement remboursés.*

完善 wánshàn H5, S1 他计划(得很)~。He did the plan to perfection. *Il a fait son projet à la perfection.* 医院进行心脏病手术的设备~。The hospital is well equipped to perform heart surgery. *L'hôpital est bien équipé pour pratiquer la chirurgie du cœur.*

完整 wánzhěng H5, S1 他有一套~的莎士比亚著作集。He has got the complete works of Shaespeare. *Il possède les œuvres complètes de Shakespeare.* 这个文物~地保存下来了。This antiquity has been preserved intact. *Cette antiquité a été conservée intacte.*

玩 wán H2 他们在~扑克。They are playing poker. *Ils jouent au poker.* 这个人跟我~了个手段。That man played a trick on me. *Cet homme m'a joué un tour.*

玩具 wánjù H5, S1 弟弟的房间里到处都是~。My little brother's room is full of toys. *La chambre du petit frère est remplie de jouets.*

玩儿 (玩兒) wánr S1 他们在~扑克。They are playing poker. *Ils jouent au poker.* 这个人跟我~了个手段。That man played a trick on me. *Cet homme m'a joué un tour.*

碗 wǎn H3, S1 我要一个~。I'd like to have a bowl. *Je voudrais avoir un bol.* 我要(一)~米饭。I'd like a bowl of rice. *Je voudrais un bol de riz.* 猫把一~牛奶都喝了。The cat drank a bowl of milk. *Le chat a bu tout un bol de lait.* 我摆~筷。I'll lay the table. *Je mets la table.*

晚 wǎn S1 今~咱们下饭馆。We're eating out this evening. *On va manger dehors ce soir.* 我们~了。We're late. *Nous sommes en retard.* ~做总比不做好。Better late than never. *Mieux vaut tard que jamais.*

晚安 wǎn'ān S1 --- 我去睡觉。--- ~! I'll go to bed. -- Good night! – *Je vais dormir. -- Bonne nuit!*

晚报 (晚報) wǎnbào S1 我去买一份~。I'll go and buy an evening paper. *Je vais acheter un journal du soir.*

晚点 (晚點) wǎn//diǎn S1 列车~了。The train is late. *Le train est en retard.* 北京开往巴黎的飞机将~两个小时。A two-hour delay is expected on the Beijing to Paris flight. *L'avion Beijing-Paris est annoncé avec deux heures de retard.*

晚饭 (晚飯) wǎnbào S1 (吃)~了! (It's) dinner time! *(C'est) l'heure de dîner!* ~吃什么? What' for dinner? *Qu'y a-t-il au dîner?* 请她下个星期来吃~。Ask her round for dinner next week. *Invite-la à venir dîner la semaine prochaine.* 他们刚刚吃完~。They are just getting up from dinner. *Ils sortent à peine de table.*

晚会 (晚會) wǎnhuì S1 他们有一个
音乐~。They're having a musical evening. *Ils ont
une soirée musicale.* 除夕~过得很痛快。The New
Year's Eve party was superb. *Le réveillon de fin
d'année était superbe.*

晚上 wǎnshang H2, S1 女士们、先生们，~
好，欢迎你们! Good evening, ladies and
gentlemen, and welcome! *Bonsoir, mesdames et
messieurs, soyez les bienvenus!* 我们有几个礼拜
~都没出去了。It's weeks since we had a night
out. *Ça fait des semaines que nous ne sommes
pas sortis le soir.*

万 (萬) wàn H3, S1 这值一~欧元。It
costs ten thousand euros. *Ça vaut dix mille
euros.* 你去过~里长城吗? Have you been to the
Great Wall of 10000 li? *As-tu été à la Grande
Muraille de 10000 li?* 苏格兰有五百多~人口。The
population of Scotland is more than five million.
L'Ecosse a plus de cinq millions d'habitants.

万一 (萬一) wànyī H5, S1 我要是~有
运气就好了。Chance would be a fine thing! *Ah, si
seulement je pouvais!* 我还是带着伞，~下雨可就
遭了。I'll take my umbrella (just) in case. *Je vais
prendre mon parapluie au cas où.* 我们要预防~。
We must provide for all eventualities. *Nous
devons parer à toute éventualité.*

往 wǎng H4, S1 人们来来~~，穿流不息。
People are constantly coming and going. *Il y a un
va-et-vient continuel.* 我们~柏林开去了。We
headed towards Berlin. *Nous avons pris la
direction de Berlin.* 这是~事了。It is a thing of
the past. *C'est le passé.*

往往 wǎngwǎng H4, S1 这里秋天~下雨。It
often rains here in autumn. *Il pleut souvent ici en
automne.* 我~考虑要走了。I've often thought of
leaving. *J'ai souvent pensé à partir.* 这种人~要
出事儿 / 出事故。These kind of people are prone
to accidents. *Ce genre de personnes est sujet
aux accidents.*

网 (網) wǎng S1 他们撒~打鱼。They fish
with nets. *Ils pêchent avec des filets.* 他上~被抓
了。He was caught in the net. *Il a été pris au
piège.* 我常上~查阅一些有关汉语学习的信息。I
often surf the net to get some information about
Chinese learning. *Je surfe souvent le web pour
avoir des informations sur l'apprentissage du
chinois.*

网络 (網絡) wǎngluò H6, S1 电脑~
现在不通。The network of computers is not
going now. *Le réseau des ordinateurs ne marche
pas maintenant.* 只有~管理员才能使用这些功
用。Only the network administrator can
authorise this. *Seul l'administrateur réseau peut
accéder à ces fonctionnalités.*

网球 (網球) wǎngqiú S4, S1 谁想打
~? Anyone wants to play tennis? *Qui veut jouer
au tennis?* 他们昨天打了室内~。They played
indoor tennis yesterday. *Ils ont joué au tennis en
salle hier.*

网上 (網上) wǎngshang S1 你是在~
买的吗? Did you buy it online? *Est-ce que tu l'as
acheté en ligne?* ~学习使我结交了新朋友。
Online learning helped me reach out to new
friends. *L'apprentissage en ligne m'a aidé à faire
connaissance avec de nouveaux amis.*

网友 (網友) wǎngyǒu S1 我有很多
~。I have a lot of net friends / online friends. *J'ai
beaucoup de cyberamis / d'amis en ligne.*

网站 (網站) wǎngzhàn H4 请在我们
的~阅读信息。Please peruse the information in
our web site. *Veuillez lire attentivement les
informations dans notre site.* 我们公司~的网址
是: www.____.com。Our web site may be found
at: www.____.com. *Notre site internet peut être
trouvé dans: www.____.com.*

忘 wàng S1 就~了吧! Forget it! *Il n'y pas de
quoi!* 别~了他只有十岁。Don't forget that he's
only ten years old. *N'oubliez pas qu'il n'a que dix
ans.* 我~了他的名字。I forgot his name. *J'ai
oublié son nom.* 你为我做的我将永远不~。I'll
never forget what you've done for me. *Je
n'oublierai jamais ce que tu as fait pour moi.* 他
好象~了我可能(会)遇到困难。He seemed to
have overlooked the fact that I might have
difficulties. *L'idée que je puisse avoir des
difficultés semble lui avoir échappé.*

忘记 (忘記) wàngjì H3, S1 (= 忘
wàng)

危害 wēihài H5, S1 这只能~你。It can only
do you harm. *Ça ne peut que te nuire.* 他们试图
~她。They tried to compromise her. *Ils ont tenté
de la compromettre.* 这个事件对他的名声有很大
的~。The incident did a great deal of harm to his

reputation. *Cet incident a beaucoup nui à sa réputation.*

危机（危機）wēijī H6, S1
这是一场信任的~。It's a crisis of confidence. *C'est une crise de confiance.* 我们处在~的形势中。We've got a crisis in our hands. *Nous sommes dans une situation critique.* 国家遇到了经济~。The country has an economy in crisis. *Le pays a une économie en crise.*

危险（危險）wēixiǎn H4, S1
有没有发生火灾的~? Is there any danger of fire? *Y a-t-il un danger d'incendie?* 这个人给社会造成了~。He's a danger to society. *C'est un danger public.* 这家公司有倒闭的~。This firm is dangerously close to bankruptcy. *Cette entreprise est au bord de la faillite.*

围（圍）wéi S1
高墙~着花园。The garden is enclosed with a high wall. *Le jardin est entouré de hauts murs.* 他们~桌子坐着。They were sitting around the table. *Ils étaient assis autour de la table.* 我们~着湖走了一圈。We walked around the lake. *Nous avons fait le tour du lac en marchant.*

为（為）wéi S1
我尽力而~。I'll do my best. *Je ferai le mieux possible.* 他被选~总统。He was elected President. *Il a été élu président.* 一公里~二(华)里。One kilometre is equivalent to two (Chinese) li. *Un kilomètre vaut deux li (chinois).* (> 为 wèi)

伟大（偉大）wěidà H5, S1
这是一项相当~的事业。It's quite a great undertaking. *C'est vraiment une grande entreprise.* 李白、杜甫是唐代 (618 – 907) 两位~的诗人。Li Bai (Bo) and Do Pu were two great poets in the Tang Dynasty (618 – 907). *Li Bai (Bo) et Du Pu furent deux grands poètes à la dynastie de Tang (618 – 907).*

委员（委員）wěiyuán N, H6
~会中有七名~。There are seven members in the committee. *Il y a sept membres dans le comité.* 王先生是(~会)~。Mr Wang is a committeeman. *M. Wang est membre du comité.* 李夫人是(~会)(女)~。Ms Li is a committeewoman. *Mme Li est membre (femme) du comité.*

喂 wèi (动) (1) H1, S1
我每天~母鸡。I feed the hens every day. *Je donne à manger aux poules tous les jours.* 那个母亲给娃娃~瓶奶。The mother is giving her baby its bottle. *La mère donne le biberon à son bébé.*

喂 wèi (叹) (2) H1, S2
~! 停下(来)! Hey! Stop it! *Hé! Arrêtez!* ~! 起床了! Hello there, wake up! *Holà! Debout!* ~，是小王吗? Hello, is that Xiao Wang? *Allô, c'est Xiao Wang?*

为（為）wèi D, H3, S1
这个按钮是~什么的？--- ~调节音量的。What's the knob for? – It's for adjusting the volume. *A quoi sert ce bouton ? – Ça sert à régler le volume.* 他们~孩子才没有分手。They stayed together for the sake of the children. *Ils sont restés ensemble à cause des enfants.* (>为 wéi)

为了（為了）wèile H3, S1
我~不迷路买了张地图。I bought a map so as not to get lost. *J'ai acheté une carte pour ne pas me perdre.* 他们~孩子才没有分手。They stayed together for the sake of the children. *Ils sont restés ensemble à cause des enfants.*

为什么（為什麼）wèi shénme H2, S1
他~从不打电话? Why is it that he never phones? *Pourquoi est-ce qu'il ne téléphone jamais?* 这一点您~没有说? Why (ever) didn't you say so? *Pourquoi ne l'avez-vous pas dit?* ~不呢? Why not? *Pourquoi pas?* ~难过呢? Why get upset? *A quoi bon se rendre malade?* 我不知道~。I don't know the reason why. *Je ne sais pas le pourquoi.* 我告诉你~。I'll tell you why. *Je vais te dire pourquoi.*

位 wèi H3, S1
您是哪一~? Who's speaking? *Qui est à l'appareil?* 他 / 她 即~了。He / she came to the throne. *Il est monté / Elle est montée sur le trône.* 这是(个)六~数。It's a six-figure number. *C'est un nombre de six chiffres.* 国家是两~数的通货膨胀。The country has double digit inflation. *Le pays a une inflation à deux chiffres.* 我们昨天晚上有六~客人。We had six guests last night. *Nous avions six invités hier soir.*

味道 wèidào H4, S1
饭菜~很好，谢谢。The meal was delicious, thank you. *Le repas était délicieux, merci.* ~真恶心。It tastes really nasty. *Ça a vraiment mauvais goût.*

卫生（衛生）wèishēng S1
他 很不 / 毫不 讲个人~。He doesn't bother about personal hygiene. *Il n'a aucune hygiène.* 别用指头抓着

129

吃，这不~。Don't eat with your fingers, it's not hygienic. *Ne mange pas avec tes doigts, ce n'est pas propre.*

卫星（衛星）wèixīng H4, S1 这是一个~直播的节目。It's broadcast live by satellite. *Il est transmis en direct par satellite.* 这是一个美国的~国。The country is a satellite of the United States. *C'est un pays satellite des Etats-Unis.*

温度（溫度）wēndù H4, S1 ~有三十多度。The temperature was in the thirties. *Le thermomètre marquait plus de trente degrés.* 一夜之间~降了许多。The temperature fell overnight. *La température a baissé du jour au lendemain.*

温暖（溫暖）wēnnuǎn H5, S1 今天天气~。It's mild today. *Il fait doux aujourd'hui.* 我焦急地等待着~的天气。I can't wait for the warm weather. *J'ai hâte qu'il fasse beau.* 她有一颗~的心。She is very warm-hearted. *Elle est pleine de cœur.*

闻（聞）wén H5, S1 真好~! That smells nice! *Ça sent bon!* 你~到那股怪味儿了吗？Can you smell that strange smell? *Est-ce que tu sens cette odeur bizarre?* 他总是听而不~。He's the one who listens but not hears. *C'est quelqu'un qui écoute sans entendre.* 这是(个／条)要~。It's (a piece of) important news. *C'est une nouvelle importante.*

文化 wénhuà N, H3, S1 中国~迷住了他。The Chinese civilization fascinates him. *La civilisation chinoise le passionne.* 她是个有~的人。She is a person of culture. *C'est une personne cultivée.* 我甚至开始怀疑他学没学过~。I am beginning to doubt even his literacy. *Je commence même à douter qu'il sache lire et écrire.*

文件 wénjiàn H5, S1 对此我们有~证明。We have documents to prove it. *Nous avons des documents pour le prouver.* 我复印了八份这个~。I duplicated eight copies of this document. *J'ai photocopié huit exemplaires de ce document.*

文明 wénmíng H5, S1 中国和印度一样是两个~古国。China and India are both a country with an ancient civilization. *La Chine et l'Inde sont tous les deux un pays de civilisation ancienne.* 真是个懂~的小姑娘。The little girl is really quite civilized. *La petite fille est très bien élevée.* 你吃饭不能~点儿吗？Can't you eat in a civilized manner? *Tu ne peux pas manger convenablement?*

文学（文學）wénxué H5, S1 他搞~(这一行)。He makes a career in writing. *Il fait carrière dans la littérature.* 这一(个)题材有大量的~作品。There's a wealth of literature on this subject. *Il existe une abondante littérature sur ce sujet.*

文章 wénzhāng S1 你看那篇~了吗? Have you read the article? *Tu as lu l'article?* 这是在作你的~(呢)。That makes an illusion to you. *C'est à toi que s'adresse cette allusion.* 他在作什么~呢? What is he hinting? *Quelles sont ces insinuations (de sa part)?*

文字 wénzì S1 中文是一种表意~。Chinese is a kind of ideographic writing. *Le chinois est une écriture idéographique.* 欧洲语言是拼音~。European languages are alphabetic writing. *Les langues européennes sont des écritures alphabétiques.* 你(写)的~叫人看不懂。I can't read your writing. *Je ne peux pas déchiffrer ton écriture.*

问（問）wèn H2, S1 我能~您一个问题吗? May I ask you a question? *Puis-je vous poser une question?* 她~您的消息。She asked after you. *Elle a demandé de vos nouvelles.* 这个事故从法律上看可能唯他是~。He can be held legally responsible for the accident. *Il est peut-être légalement responsable de l'accident.*

问路（問路）wènlù S1 我只得~。I had to ask my way. *Il a fallu que je demande mon chemin.* 我不知道在哪儿，咱们去问一下路吧。I don't know where it is, let's ask the way. *Je ne sais pas où il se trouve, allons demander notre chemin.* 我为了去图书馆跟人问了路。I asked the way to the library. *J'ai demandé le chemin pour aller à la bibliothèque.*

问题（問題）wèntí G, N, H2, S1 我能问您几个~吗? May I ask you some questions? *Puis-je vous poser quelques questions?* 这可能会是个小~。That's going to be a bit of a problem. *Ça va poser un petit problème.* 你现在真有~了! You're really in trouble now! *Tu es dans de beaux draps maintenant!*

我 wǒ G, H1, S1 ~到了。Here I am. *Me voici.* ~喜欢滑冰。I like skiing. *J'aime skier.* 是~找到

130

的，不是你。I found it, not you. *C'est moi qui l'ai trouvé, pas toi.* ~说什么来着? What have I said? *Qu'ai-je dit?*

我们（我們）wǒmen G, N, H1, S1 ~俩谢谢您。We both thank you. *Nous vous remercions tous (les) deux.* ~是英国人，他们是法国人。We are English, they are French. *Nous, nous sommes anglais, eux, ils sont français.*

握手 wò//shǒu H4, S1 他们握了握手。They shook hands. *Ils se sont serré la main.* 请允许我跟您~。Let me shake you by the hand. *Permettez-moi de vous serrer la main.*

污染 wūrǎn H4, S2 这里空气~很厉害。The air is much polluted here. *L'air est très pollué ici.* 河流被有毒废物~了。The rivers are polluted with toxic waste. *Les cours d'eau sont pollués par les déchets toxiques.* 专家们正试图找到~的来源。Experts are trying to identify the source of the pollution / the contamination. *Les experts tentent de localiser la source de la pollution / la contamination.*

无（無）wú H4, S2 这里~人。There's nobody here. *Il n'y a personne ici.* 公司的失败是由于总经理~方。The company failed because of the general manager's mismanagement. *La société n'a pas réussi à cause de la mauvaise gestion du directeur général.* ~风不起浪。There's no smoke without fire. *Il n'y pas de fumée sans feu.*

无法（無法）wúfǎ S1 您做的一切我~报答。I can never repay you for all you've done. *Je ne pourrai jamais vous remercier assez pour tout ce que vous avez fait.* 她好象根本~懂。She seems totally unable to understand. *Elle semble tout à fait incapable de comprendre.* 喝醉后他暂时什么也~做。The alcohol had temporarily incapacitated him. *L'alcool l'avait temporairement rendu incapable de faire quoi que ce soit.*

无聊（無聊）wúliáo H4, S2 她~得要死。She is bored to death. *Elle s'ennuie comme un rat mort.* 对不起说这种~的事儿。I'm sorry, it was silly thing to say. *Excusez-moi, c'était bête de dire ça.* 真是~地浪费时间! What a senseless waste of time! *Quelle perte de temps stupide!*

无论（無論）wúlùn H4, S1 ~谁都没我清楚。Nobody knows better than I do. *Personne ne sait mieux que moi.* 你~做什么他都不满意。No matter what you do he's never

satisfied. *Quoi qu'on fasse, il n'est jamais content.* ~有什么危险他们都要继续。Regardless of the danger they'll carry on. *Sans se soucier du danger ils continueront.*

五 wǔ H1, S1 他~点离开办公室。He leaves his office at five. *Il quitte son bureau à cinq heures.* 我们要一张~个人的桌子。We'd like a table set for five. *Nous voudrions une table de cinq couverts.* 这是个~星宾馆。It's a five-star hotel. *C'est un palace.*

午饭（午飯）wǔfàn S1 我们每天十二点半吃~。I have lunch at 12.30 every day. *Je déjeune à 12:30 tous les jours.*

午睡 wǔshuì S1 他每天都~半个小时。Everyday he has an afternoon nap for half an hour. *Tous les jours il fait la sieste pendant une demi-heure.* --- 老刘去哪儿了? --- 他去~去了。-- Where is Lao Liu? -- She went to have a snooze. *Où est Lao Liu? -- Elle est allée faire un petit somme.*

舞台（舞臺）wǔtái S1 他(是)去年第一次上(的)~。He first appeared on the stage last year. *Il a commencé à faire du théâtre l'année dernière.* 他把那本书搬上了~。He adapted the book for the stage. *Il a adapté le livre pour la scène.*

武器 wǔqì H5, S1 ~上肩! Shoulder arms! *Portez armes!* 拿起~来! To arms! *Aux armes!* 放下~! Lay down your arms! *Déposez vos armes!* 带~是非法的。Carrying a weapon is illegal. *Le port d'arme est illégal.*

武术（武術）wǔshuì H5, S1 我练~。I do martial art. *J'exerce des arts martiaux.* 那个老头儿很会~。That old man knows how to practice martial arts quite well. *Cette vieille personne sait bien pratiquer les arts martiaux.* ~是打拳和使用兵器的技术，几千年前起源于中国。Martial arts are styles of unarmed and armed combat originated in China thousands years ago. *Les arts martiaux sont des styles de combats non-armés et armés dont la naissance fût en Chine il y a des milliers d'années.*

误会（誤會）wùhuì H4, S2 她~了你说的话。She has misconstrued what you said. *Elle a mal interprété ce que tu as dit.* 这场争吵完全是由于~造成的。The whole dispute hinges on a misunderstanding. *Cette discussion repose toute entière sur un malentendu.* 我把他的羞怯~

131

成了傲慢。I mistook his shyness for arrogance. *J'ai pris sa timidité pour de l'arrogance.*

X

西 xī H3, S1 往~看。Look towards the west. *Regardez vers l'ouest.* 这座房子朝~。It's a house facing (the) west. *C'est une maison exposée à l'ouest.* 现在是~风。The wind is coming from the west. *Le vent vient de l'ouest.*

西北 xīběi S1 刮~风了。The northwest wind is rising. *Le vent du nord-ouest se lève.* 我吃~风了。I've got nothing to eat. *Je n'ai rien à manger.*

西边 (西邊) xībian S1 他们 住在北京~ / 在北京~住。They live in west Beijing. *Ils habitent dans l'ouest de Beijing.* 在伦敦~的方向。It's west of London. *C'est à l'ouest de Londres.*

西部 xībù S1 他们住在北京~ / 在北京~住。They live in west Beijing. *Ils habitent dans l'ouest de Beijing.* 电视上只要有~片他都看。He watches all the westerns on TV. *Il regarde tous les westerns à la télévision.*

西餐 xīcān S1 您吃~还是(吃)中餐? Which food would you prefer, Western-style food or Chinese? *Quelle cuisine préfériez-vous, occidentale ou chinoise?*

西方 xīfāng S1 太阳升于东方，落于~。The sun rises in the east and sets in the west. *Le soleil se lève à l'est et se couche à l'ouest.* 我对中~关系很赶兴趣。I'm interested in the Sino-Western relations. *Je suis intéressé aux relations sino-occidentales.*

西瓜 xīguā H2, S2 他们夏天常吃~。They often have watermelon in summer. *Ils mangent souvent de la pastèque en été.*

西红柿 (西紅柿) xīhóngshì H4, S2 买一些很熟的~。Buy some nice ripe tomatoes. *Achète des tomates bien mûres.* 调味汁是~味道的。The sauce tastes strongly of tomatoes. *La sauce a un goût de tomate très prononcé.*

西南 xīnán S1 我打算去中国~旅行。I'm going to travel to southwest China. *Je compte aller voyager au sud-ouest de la Chine.*

西医 (西醫) xīyī S1 您学的是~还是中医? Did you study Western medicine or Chinese? *Avez-vous étudié la médecine occidentale ou celle chinoise?*

吸引 xīyǐn H4, S2 那个建议很~人的注意。The proposal attracted a lot of attention. *La proposition a attiré l'attention.* 她被我的故事~住了。She was fascinated by / with my story. *Elle était fascinée par mon histoire.*

希望 xīwàng H2, S1 (我)~能(和您)重新见面。I hope to see you again. *J'espère vous revoir.* 我们~能有最好的结果。We'll just have to hope for the best. *Nous n'avons plus qu'à espérer que tout aille pour le mieux.* 你的~将得以实现。Your wish will come true. *Ton vœu se réalisera.* 电影比我~的还要好。The movie was better than I expected (it to be). *Le film était meilleur que je ne m'y attendais.*

习惯 (習慣) xíguàn H3, S1 你慢慢会~起来的。You'll get used to it. *Tu t'y habitueras.* 我没有起得那么早的~。I'm not accustomed to getting up so early. *Je n'ai pas l'habitude de me lever si tôt.* 睡觉前看书是她的~。It's her custom to read before going to sleep. *Elle a l'habitude de lire avant de s'endormir.*

洗 xǐ H2, S1 去~~手。Go and wash your hands. *Va te laver les mains.* 她把头发~了。She washed her hair. *Elle s'est lavé les cheveux.*

洗手间 (洗手間) xǐshǒujiān H3, S1 ~在哪儿? Where's the toilet? *Où sont les toilettes?* 他把东西在~扔掉了。He threw it down the toilet. *Il l'a jeté dans les toilettes.*

洗衣机 (洗衣間) xǐyījī S1 他们有一台自动~。They have an automatic washing-machine. *Ils ont une machine à laver automatique.* 我们的~坏了。Our washing machine has broken down. *Notre lave-linge est tombé en panne.*

洗澡 xǐzǎo S1 我去洗个澡。I'll take a bath. *Je vais prendre un bain.* 我们 在海里 / 在河里 洗

132

了个澡。We bathed in the sea / the river. *Nous avons pris un bain de mer / un bain dans la rivière.*

喜欢（喜歡） xǐhuan H1, S1 我~跳
舞。I like dancing / to dance. *J'aime danser.* 我最~老李。I like Lao Li best. *C'est Lao Li que je préfère.* 她特别~甜食。She's very fond of sweet things. *Elle est très friande de sucreries.* 这个主意我不大~。I'm not so keen on the idea. *L'idée ne m'enchante pas vraiment.*

系 xì H5, S1 他是中文~学生。He's a student in the department of Chinese language. *Il est étudiant du département de la langue chinoise.* 他们是直~亲属。They're blood relations. *Ce sont des parents en ligne directe.* 他~好了马。He tethered his horse. *Il a attaché son cheval.*

夏 xià H3 我们快开始~收了。We'll begin summer harvest soon. *On fera bientôt la moisson d'été.* 我去买些～衣 / ~装。I'll go and buy some summer clothes. *Je vais acheter des habits / vêtements d'été.* 很多国家从春季到秋季实行~时。Many countries practice summer time from spring to autumn. *Beaucoup de pays pratiquent l'heure d'été entre le printemps et l'automne.*

夏天 xiàtiān S1 今年~会很热。The summer will be hot this year. *L'été sera chaud cette année.* 我最喜欢(的季节是)~。Summer is my favourite season. *L'été est ma saison préférée.* 他们每年都去海滨过~。They spend every summer at the seaside. *Ils passent tous leurs étés au bord de la mer.*

下 xià (动) (1) D, H1, S1 我们下一站~车。We get off at the next stop. *On descend au prochain arrêt.* 我总是走楼梯~楼。I always go down by stairs. *Je descends toujours par l'escalier.* 昨天~了冰雹。It hailed yesterday. *Il est tombé de la grêle hier.*

下 xià (名) (2) D, H1, S1 ~星期一是节假日。Next Monday is a public holiday. *Lundi prochain est férié.* 不要总呆在太阳~。Don't stay in the sun too much. *Ne reste pas trop au soleil.*

下 xià (量) (3) D, H1, S1 吃一口尝一~。Just a mouthful to taste. *Juste une bouchée pour goûter.* 她敲了三~门。She gave three knocks on the door. *Elle a frappé trois fois à la porte.* 我对形势仔细地考虑了一~。I've done some serious

thinking about the situation. *J'ai sérieusement réfléchi à la situation.*

下班 xià//bān S1 我们五点~。We knock off at 5. *On finit à 17 h.* 您几点~? What time do you get off? *A quelle heure finissez-vous?* 你明天能不能早点儿~? Can you get off early tomorrow? *Peux-tu quitter le travail de bonne heure demain?*

下边（下邊） xiàbian S1 (= 下面 xiàmiàn) 呆在~。Remain below. *Restez en bas.* 我裤子~湿了。The bottom of my trousers is wet. *Le bas de mon pantalon est mouillé.* ~该谁了？-- (~)该我了。Who's next? – I('m next). *A qui le tour? – (C'est [à]) mon tour.* 我(的级别)在他~。I am subordinate to him. *Mon grade est inférieur au sien.*

下车（下車） xià chē S1 咱们在下一站~。We're getting off at the next station. *On descend à la prochaine station.* 帮女病人~。Help the patient down. *Fais descendre la malade.*

下次 xià cì S1 我走了，~见! I'm going. See you (soon)! *Je m'en vais. A la prochaine!* ~你可不会有这样好的机会了。You may not be so lucky next time. *Tu pourrais avoir moins de chance la prochaine fois.* 下一次是不可能的。There isn't going to be next time. *Il n'y aura pas de prochaine fois.*

下课（下課） xià//kè S1 现在~了，再见! That's all for today. Goodbye! *C'est tout pour aujourd'hui. Au revoir!* ~后来吧。Come when you've finished your class. *Viens quand tu auras terminé ton cours.*

下来（下來） xiàlai G, S1 从树上~! Come down from that tree! *Descends de cet arbre!* 风静~了。The wind grew quiet. *Le vent s'est apaisé.* 你讨价还价的话，他还可以降~几欧元。He'll come down a few euros if you bargain. *Il baissera son prix de quelques euros si tu marchandes.* 这个习俗是从罗马人那里传~的。This custom comes down from the Romans. *Cette coutume vient des Romains.*

下面 xiàmiàn S1 (= 下边 xiàbian)

下去 xiàqu G, S1 ~开门。Go down and answer the door. *Descends ouvrir.* 咱们在下一站~。We're getting off at the next station. *On descend à la prochaine station.* 洪水退~了。The flood has receded. *L'inondation s'est retirée.* 我们

133

要坚持~! We must stick it out! *Nous devons tenir le coup jusqu'au bout!*

下午 xiàwǔ H1, S1
~好! Have a nice afternoon / Good afternoon! *Bon après-midi / Bonjour!* 我明天~来。I'll come tomorrow afternoon. *Je viendrai demain dans l'après-midi.* ~三点了。It's three in the afternoon / It's 3 p.m. *Il est trois heures dans l'après-midi.*

下雨 xià yǔ H1, S1
好象要~了。It looks like rain. *On dirait qu'il va pleuvoir.* ~了。It rains / It is raining. *Il pleut.* 正在下大雨。It is raining hard. *Il pleut à verse.* 当时下着小雨。A light rain was falling. *Il tombait une pluie fine.*

下周 xiàzhōu S1
~见! See you next week! *A la semaine prochaine!* 我~去看她。I'll go and see her next week. *J'irai la voir la semaine prochaine.*

先 xiān T, H3, S1
（进门时）您~进。After you (going through door). *Après vous (par la porte).* 我是最~看见的! I saw it first! *C'est moi qui l'ai vu le premier!* 他~到了五分钟。He arrived five minutes (too) earlier. *Il est arrivé avec cinq minutes d'avance.* 我们只得~付了两个星期的钱。We had to pay two weeks in advance. *Il a fallu qu'on paie deux semaines d'avance.*

先后（先後）xiānhòu S1
事多时你要按(轻重)缓急分(个)~办。You should get your priorities right. *Il faudrait que tu apprennes à distinguer ce qui est important de ce qui ne l'est pas.* 自从她来了以后，事儿~出个没完。It's been one crisis after another ever since she arrived. *On va de crise en crise depuis son arrivée.*

先进（先進）xiānjìn H4, S1
他有些特别~的主意。He holds very advanced ideas. *Il a des idées très avancées.* 这个系统 技术 / (在)技术上 非常~。The system is very advanced technologically. *Le système est très en avance au niveau technologique.* 警察拥有最新的~技术。The police have all the latest technology. *La police dispose de la technologie la plus avancée.*

先生 xiānsheng G, H1, S1
王~，您好! Good morning Mr. Wang! *Bonjour Monsieur Wang!* ~们，请安静! Gentlemen, would you please be quiet! *Messieurs, un peu de silence s'il vous plaît.* 小朋友，可以把笔借给~用一下吗? Boy, could you lend the gentleman your pen for a minute? *Mon petit, peux-tu prêter un instant ton style à*

Monsieur? 总统~，通货膨胀情况如何? Mr. President, what about inflation? *Monsieur le Président, et l'inflation?*

鲜（鮮）xiān T, S2
这是从菜园刚摘的~蔬菜。The vegetables are fresh from the garden. *Les légumes viennent directement du jardin.* 这块布颜色太~。This cloth is too bright. *La couleur de cette étoffe est trop vive.* 这个菜(肴)真~。It's a tasty dish. *C'est un plat savoureux.*

咸（鹹）xián H4, S2
汤太~了。There's too much salt in the soup. *La soupe est trop salée.* 你想吃~花生吗? Do you want some salted peanuts? *Tu veux des cacahuètes salées?* 他们能喝的只是有些~的水。All they had to drink was brackish water. *Tout ce qu'ils pouvaient boire était l'eau saumâtre*

显得（顯得）xiànde H5, S1
他都七十了，可是不~(那个年龄)。He's 70, but he doesn't look it. *Il a 70 ans mais il n'en a pas l'air.* 她人~很好。She seems very nice. *Elle a l'air très gentille.* 他~很紧张。He appeared nervous. *Il avait l'air nerveux.*

显然（顯然）xiǎnrán H5, S1
他~ / ~他 错了。It's obvious that he's wrong. *Il est évident qu'il a tort.* 她很~不感兴趣。It is quite evident that she's not interested. *On voit bien qu'elle ne s'y intéresse pas.* 他拒绝了吗? --- ~没有。Did he refuse? – Evidently not. *A-t-il refusé? – Non apparemment.*

显示（顯示）xiǎnshì H5, S1
这正~出没有不可能的事儿。It just goes to show that nothing's impossible. *C'est la preuve que rien n'est impossible.* 国家~了其军事力量。The country displayed its military might. *Le pays a montré sa puissance militaire.*

现（現）xiàn D, T
这里他不会再~了。He won't show his face here again. *Il ne se montrera plus ici.* 她~了原形。She showed her true colours. *Elle s'est montrée sous son vrai jour.* ~阶段还没有更好的办法。At the present stage we still can't find a better solution. *Dans l'étape actuelle on ne pourra pas encore trouver une meilleure solution.*

现场（現場）xiànchǎng H6, S1
警察很快赶到了~。The police were soon on the scene. *La police est rapidement arrivée sur les*

lieux. 施工~必须戴安全帽。Helmets must be worn on the site. *Le port du casque est obligatoire sur le chantier.*

现代（現代） xiàndài H4, S1 他是个~画家。He is a modern painter. *Ce peintre est un moderne.* 我更喜欢~家具。I prefer modern furniture. *Je préfère les meubles modernes.*

现金（現金） xiànjīn H5, S1 我付~。I'll pay by cash. *Je paye en espèces.* 我从不带很多~。I never carry mush cash. *Je n'ai jamais beaucoup d'argent sur moi.*

现实（現實） xiànshí H5, S1 你要面对~。You have to face reality. *Il faut que tu regardes la réalité en face.* 我举一个~的例子。I'll take a topical example. *Je prendrai un exemple actuel.*

现象（現象） xiànxiàng H5, S1 ~有时是骗人的。Appearances can be deceptive. *Les apparences sont parfois trompeuses.* 大众通讯是而二十世纪的一个~。Mass communication is a 20th-century phenomenon. *La communication de masse est un phénomène du XXe siècle.*

现在（現在） xiànzài G, N, H1, S1 我们~干什么？What shall we do now? *Qu'est-ce qu'on fait maintenant?* ~够了。That's enough for the present. *Ça suffit pour le moment.* 她~要比十年前受欢迎。She's more popular today than she was 10 years ago. *Elle est plus populaire aujourd'hui qu'il y a 10 ans.*

羡慕（羨慕） xiànmù H4 我很~她的成功。I envy her her succcess. *Je lui envie son succès.* 你不能不~他的韧性! You have to admire his persistence! *On ne peut qu'admirer sa persévérance!* 这种处境并不值得~。It's an unenviable situation. *C'est une situation peu enviable.*

线（線） xiàn S1 我需要(根)~补 / 钉这个扣子。I need some thread to sew this button on. *J'ai besoin de fil pour coudre ce bouton.* 我跟不上你的思考~。I don't follow your line of thinking. *Je ne suis pas ton raisonnement.*

限制 xiànzhì H4, S2 对从中国的进口有~吗? Is there the limit on Chinese imports? *Y a-t-il la limitation des importations chinoises?* 各航空公司~人带箱子的数量。Airlines restrict the amount of luggage you can take. *Les lignes aériennes*

limitent la quantité de bagages qu'on peut apporter.

香 xiāng H4, S1 她(~水洒得)很~。She's wearing perfume. *Elle est parfumée.* 这个梨(味儿)真~。It's a deliciously scented pear. *C'est une poire délicieusement parfumée.*

香港 xiānggǎng N 他们在~。They are in Hong Kong. *Ils sont à Hong Kong.* ~中文的意思是"芬芳的港口"。Hong Kong means a "sweet-smelling harbour" in Chinese. *Hong Kong signifie un "port odorant" en chinois.*

香蕉 xiāngjiāo H3, S2 请拿两公斤~。Two kilos of bananas, please. *Deux kilos de bananes, s'il vous plaît.* 在甜点心上部摆上些~片。Decorate the dessert with sliced banana. *Décorez le dessert avec de la banane en tranche.*

相比 xiāngbǐ S1 他不能同您~。He can't compare with you. *Il ne vous est pas comparable.* 法国汽车能跟意大利汽车~。The French car compares well with the Italian one. *La voiture française tient bien la comparaison avec l'italienne.*

相当（相當） xiāngdāng H5, S1 今天~冷。It's quite cold today. *Il fait assez froid aujourd'hui.* 他的傲气实在跟父亲~。His arrogance is matched only by that of his father. *Son arrogance n'a d'égale que celle de son père.* 小李是这个工作最~的人。Xiao Li is the most suitable candidate for the post. *Xiao Li est la candidate la plus apte à occuper ce poste.*

相反 xiāngfǎn H4, S2 我的意见~。I take the opposite view. *Je suis de l'avis contraire.* 他的行动与接到的指示~。He acted contrary to instructions. *Il a contrevenu aux ordres reçus.*

相关（相關） xiāngguān H5, S1 这毫不 / 毫无 ~! But that's got nothing to do with it! *Mais ça n'a aucun rapport!* 他的决定与这里的事不~。His decision is unrelated to what's going on here. *Sa décision est sans rapport avec ce qui se passe ici.* 贫困的程度与通货膨胀~。There's an interrelation between poverty levels and inflation. *Il y a une corrélation entre les niveaux de pauvreté et l'inflation.*

相互 xiānghù S1 我们的感情是~的。The feeling is mutual. *Le sentiment est réciproque.* 你们~了解吗? Do you know each other? *Est-ce que vous vous connaissez?* 小宋和我~帮助。Xiao

Song and I help one another. *Xiao Song et moi, nous nous entraidons.*

相似 xiāngsì H5, S1
没有两个~的。No two are alike. *Il n'y en a pas deux de pareil.* 他们惊人地~。They are as like as two peas (in a pod). *Ils se ressemblent comme deux gouttes d'eau.* 其他顾客也有~的问题。Other customers have had similar problems. *D'autres clients ont eu des problèmes similaires.*

相同 xiāngtóng H3, S1
与从前~。It's the same as before. *C'est comme avant.* 她们穿着~的裙子。They were wearing identical dresses. *Elles portaient la même robe.*

相信 xiāngxìn H3, S1
我~奇迹。I believe in miracles. *Je crois aux miracles.* 他不大~自己。He lacks conviction. *Il manque de conviction.* 她不再~大夫了。She has lost (all) faith in the doctors. *Elle n'a plus aucune confiance dans les médecins.* 这(令人)难以~。It's unbelievable. *C'est incroyable.*

详细（詳細）xiāngxì H4, S2
请 ~点说 / 说得~点。Please explain in greater detail. *Veuillez expliquer de manière plus précise.* 他~地讲述了这件事。He gave a detailed account of the story. *Il a raconté cette histoire en détail.*

想 xiǎng D, H1, S1
让我~(一)~。Let me think. *Laisse-moi réfléchir.* 我反复~了后才接受的。I thought twice before accepting. *J'ai réfléchi à deux fois avant d'accepter.* 您~他们会不会同意？--- 我~大概会的。Do you think they'll agree? – I should think so. *Croyez-vous qu'ils accepteront? – Je pense que oui.*

想到 xiǎngdào G, S1
这个主意是谁~的? Who thought of the idea? *Qui a eu cette idée?* 你为什么没打个电话？--- 我没~。Why didn't you telephone? – I didn't think of it. *Pourquoi n'as-tu pas téléphoné? – Je n'y ai pas pensé.*

想法 xiǎngfǎ S1
我有个~。I've had an idea. *J'ai une idée.* ~太好了! What a good idea! *Quelle bonne idée!* 我想知道你的~(是什么)。I'd like your opinion. *J'aimerais avoir ton opinion.* 这样的~他从没有过。Such a thought had never entered his mind. *Une telle pensée ne lui était jamais venue à l'esprit.*

想起 xiǎngqǐ S1
我~来了。I remember now. *Je m'en souviens maintenant.* 您想不起我来

了 / 您想不起我是谁了? Don't you remember me? *Vous ne vous souvenez pas de moi?* 地址我想不起来了。I can't think of the address. *Je n'arrive pas à me rappeler l'adresse.*

响（響）xiǎng H4, S1
什么~(儿)都听不见。There was not a sound to be heard. *On n'entendait pas le moindre bruit.* 在空房子里他们的声音非常~。Their voices sounded very loud in the empty house. *Leurs voix résonnaient bruyamment dans la maison vide.* 警报~(起来)的话就马上逃离。If the alarm sounds, run. *Si vous entendez l'alarme, enfuyez-vous.*

像 xiàng (动) (1) H1, S1
他俩很~。They resemble each other greatly. *Ils se ressemblent beaucoup.* 她 ~全好了 / ~全部恢复健康了。She seems to have recovered completely. *Elle a l'air d'être tout à fait remise.* 像画得不太~。It is not a very good likeness. *Le portrait n'est pas très ressemblant.*

像 xiàng (名) (2) H1, S1
~画得不太像。It is not a very good likeness. *Le portrait n'est pas très ressemblant.* 你照~了吗? Did you take any pictures? *As-tu fait des photos?* 他真上~。He takes a good photo. *Il est très bien en photo.*

向 xiàng T, H3, S1
风~变了。The wind is changing. *Le vent tourne.* 我们~天津开去。We headed towards Tianjin. *Nous avons pris la direction de Tianjin.*

向（嚮）xiàng T
这是~南的房子。The house faces south. *La maison est orientée au sud.* 她~往着爱情。She yearned for love / to be loved. *Elle aspirait à l'amour / Elle avait très envie d'être aimée.*

项（項）xiàng H6, S1
不讲钱，讲的是一~原则。It's not the money, it's the principle. *Ce n'est pas pour l'argent, c'est pour le principe.* 日程中有两~很重要。There are two important items on the agenda. *Il y a deux points importants à l'ordre du jour.*

项目（項目）xiàngmù H5, S1
她演的仍是那个老~。She went into her usual routine. *Elle a fait son numéro habituel.* 整个~将花费二千万元。The whole project will cost 20 million yuan. *L'entreprise tout entière coûtera 20 millions de yuan.*

相机（相機）xiàngjī S1
我对~一无所知。I know nothing about cameras. *Je n'y*

connais rien en appareils photos. 请站到~前面来。Please be on camera. *Soyez à l'écran, s'il vous plaît.*

消费 (消費) xiāofèi H5, S1
这是个~社会。It's a consumer society. *C'est une société de consommation.* 这辆车~很多汽油。This car uses a lot of petrol. *Cette voiture consomme beaucoup d'essence.*

消失 xiāoshī H5, S1
他在人群中~了。He disappeared into the crowd. *Il s'est perdu dans la foule.* 她最后的希望~了。She saw her last hope vanish. *Elle a vu s'évanouir son dernier espoir.* 我的目光~在远方。I have a faraway look in my eyes. *Mon regard se perd dans le lointain.*

消息 xiāoxi H4, S1
有什么~吗? What's the news? *Quelles nouvelles?* 这条~令/叫人担心。The piece of information is worrying me. *Cette information m'inquiète.*

小 xiǎo (1) D, S1
这是个~问题。It's a minor question. *C'est une question secondaire.* 他办(着)一个~农场。He's a farmer in a small way. *Il tient une petite exploitation agricole.* 我们现在有了自己的~房子。We've got our own little house now. *Nous avons notre petite maison à nous maintenant.* 她比我~。She is younger than I am. *Elle est plus jeune que moi.* 他们是~资产者。They're petty bourgeois. *Ce sont des petits-bourgeois.*

小 (小李) xiǎo (xiǎolǐ) (2) S1
~王不大相信自己。Xiao Wang lacks conviction. *Xiao Wang manque de conviction.* ~刘(香水洒得)很香。Xiao Liu is wearing perfume. *Xiao Liu est parfumée.* ~李是这个工作最合适的人。Xiao Li is the most suitable candidate for the post. *Xiao Li est la candidate la plus apte à occuper ce poste.*

小孩儿 (小孩兒) xiǎoháir S1
她有三个~。She has 3 children. *Elle a 3 enfants.* 我不是~! I'm not a child! *Je ne suis pas un môme!* 他还跟~一样。He has stayed very childlike. *Il est resté très enfant.*

小姐 xiǎojiě H1, S1
李~，谢谢您。Thank you, Miss Li. *Merci, mademoiselle Li.* ~们，你们好。Good morning, young ladies. *Bonjour Mesdemoiselles.* ~，您把什么东西落下了。Excuse me Miss, you've forgotten something. *Mademoiselle, vous avez oublié quelque chose.*

小朋友 xiǎopéngyǒu S1
~，过来。我能问个路吗? Come here (my) little boy / girl. Can I ask the way? *Viens, mon tout petit / ma toute petite. Puis-je demander le chemin?* ~，唱得真好! 我为你骄傲。Young man / Young lady, how well you sang! I'm proud of you. *Mon petit / Ma petite, comme tu as bien chanté! Je suis fier de toi.*

小声 (小聲) xiǎo shēng S1
请~([一]点儿)说! Speak in a low voice please! *Parle à voix basse, s'il te plaît.* 他~跟她说了几句话。He whispered a few words in her ear. *Il lui a chuchoté quelques mots à l'oreille.*

小时 (小時) xiǎoshí H2, S1
这出剧(演/要)一个~。The play is an hour long. *La pièce dure une heure.* 我们等了几个~了。We've been waiting for hours. *Ça fait des heures que nous attendons.* 每~正点都有一列火车。There's a train every hour, on the hour. *Il y a un train toutes les heures à l'heure juste.*

小时候 (小時候) xiǎoshíhou S1
我~就认识他。I have known him from a child / when I was a child. *Je le connais depuis mon enfance.* 这是我~的纪念。It's my childhood memory. *C'est mon souvenir d'enfance.*

小说 (小說) xiǎoshuō H4, S1
我喜欢看侦探~/探险~。I love detective novels / adventure stories. *J'adore des romans policiers / des romans d'aventures.* 这本~我觉得(写得)很糟。It sounds something out of a cheap novel. *On dirait un mauvais roman.*

小心 xiǎoxīn H3, S1
过马路要~。Take care when you cross the road. *Fais attention en traversant la rue.* 现在我们再怎么~也不过分。You can't be too careful these days. *De nos jours, on n'est jamais trop prudent.* ~，别自找好看! Wait, you'll make a fool of yourself! *Attention, tu vas te ridiculiser!*

小学 (小學) xiǎoxué S1
中学比~难。It's more difficult at secondary school than at primary school. *C'est plus difficile à l'école secondaire qu'à l'école primaire.* 我是~老师。I'm a primary school teacher. *Je suis instituteur / institutrice.*

小学生 (小學生) xiǎoxuéshēng S1
一个班有三十个~。There are 30 pupils in a class. *Il y a 30 élèves dans une classe.* 史密斯小

姐给~上私人课，教唱歌和弹钢琴。Miss Smith takes private schoolchildren in singing and piano-playing. *Mlle Smith donne des cours privés de chant et de piano aux élèves d'école primaire.*

小组（小組）xiǎozǔ S1
我们常分~工作。We often work in group. *On travaille souvent en groupe.* 学生们三人一~分开了。The pupils are arranged in groups of three. *Les élèves sont disposés en groupes de trois.* 老师把八岁的孩子组成了一个~。The teacher grouped all the eight-year-olds together. *L'institutrice a groupé tous les enfants de huit ans.*

笑 xiào H2, S1
别~! Don't smile! *Ne ris pas!* 没什么可~的。It's not funny. *Ce n'est pas drôle.* 你(别)让我~死了! Don't make me laugh! *Laisse-moi rire!* 你带着那顶帽子真好~。You looked so funny in that hat. *Tu étais si amusant avec ce chapeau.* 人们要~她的。People will laugh at her. *Les gens vont se moquer d'elle.*

笑话（笑話）xiàohua H4, S1
他总被别人~。He's an object of ridicule. *Il est un objet de risée.* 人们要~她的。People will laugh at her. *Les gens vont se moquer d'elle.*

笑话儿（笑話兒）xiàohuar S1
我只是说(了)(个)~而已。I was only joking. *Je ne faisais que plaisanter.* 这绝不是~! That's no joke! *Ce n'est pas de la blague!* 你跟这个人可不能讲~。He's not a person to jest with. *On ne plaisante pas avec lui.*

效果 xiàoguǒ H4, S1
~糟极了。The results were disastrous. *Les conséquences ont été désastreuses.* 我们的政策开始显示出了一些~。Our policy is beginning to show results. *Notre politique commence à porter ses fruits.* 这一行动产生了降低价格的~。The effect of the action was to bring the prices down. *Cette action a eu effet de faire baisser les prix.*

校园（校園）xiàoyuán S1
我住在~外。I live off campus. *J'habite en dehors du campus.* 他们的那个孩子住在~里。Their child lives on campus. *Leur enfant habite sur le campus.*

校长（校長）xiàozhǎng H3, S1
~到我们班上来了。The headmaster came into our classroom. *Le proviseur est venu dans notre classe.* 大学~讲了话。The chancellor of the university made a speech. *Le président de l'université a fait un discours.* ~把一个学生传唤到他办公室里。The headmaster summoned a pupil into his office. *Le principal a convoqué un élève dans son bureau.*

些 xiē D, H1, S2
这~天他工作得很努力。He's worked hard these days. *Il a beaucoup travaillé ces jours.* 那儿有那么~大学生! There were that many students there! *Il y avait tant d'étudiants là-bas.* 我去买~东西。I'll go and do some shopping. *Je vais faire des courses.* 好~了没有? Are you better? *Tu vas mieux?*

鞋 xié H3, S1
我把~穿上了 / 脱下来了。I have had my shoes on / off. *J'ai été chaussé / déchaussé.* 他(当时)穿着凉~。He was shod in sandals. *Il était chaussé de / Il portait des sandales.* 这双~我穿上大小正合适。These shoes are just my size. *Cette paire de chaussures est tout à fait à ma pointure.*

写（寫）xiě H1, S1
他~得一手好字。He writes a good hand. *Il a une belle écriture.* 这不是我~的。This was not written by me. *Cela n'est pas écrit de ma main.* 他中文说得不很好，但是能~。He can't speak Chinese very well, but he can write it. *Il ne parle pas très bien le chinois, mais il peut l'écrire.*

写作（寫作）xiězuò H5, S1
他开始了~。Ha has taken up writing. *Il s'est mis à l'écriture.* 她用散文~。She writes (in) prose. *Elle écrit en prose.* 这一~很出色。It's a fine piece of writing. *C'est une œuvre bien écrite.*

血 xiě [口] S1
你膝盖上有~。You have blood on your knee. *Tu as du sang sur le genou.* 她咬他把~都咬出来了。She bit him and Drew blood. *Elle l'a mordu (jusqu')au sang.* 流了一点儿~，没关系。There was just a little bleeding. Nothing serious. *Ça a un peu saigné, ce n'est rien.* (> 血 xuè)

谢谢（謝謝）xièxie H1, S1
~您了! Thanks / Thank you. *Merci / Je vous remercie.* 对您(为我)所做的，我不知道怎么谢(谢)才好。I can't thank you enough for what you've done. *Je ne sais comment vous remercier pour ce que vous avez fait pour moi.* 你安然无事，~老天爷了! Thank heaven(s) you're safe! *Dieu merci tu es sain et sauf!*

新 xīn H2, S1
这条连衣裙不是~的。This dress isn't new. *Ce n'est pas une nouvelle robe.* 我们搬进了(一所)~房子。We've moved to a new house.

Nous avons emménagé dans une maison neuve. 他第一次穿上了那套~西服。He's wearing his new suit for the first time. *Il porte son nouveau costume pour la première fois.*

新年 xīnnián S1 ~好! Happy New Year!
Bonne année! 我们~除夕来了个吃饱喝足的。We had too much to eat and drink on New Year's Eve. *Nous avons trop bien réveillonné.*

新闻 (新聞) xīnwén H3, S1 我错过了 (听 / 看) ~。I missed the news. *J'ai raté les informations.* 您有他的~吗? Have you any news of him? *Avez-vous de ses nouvelles?* 我有~要告诉你。I've got news for you. *J'ai du nouveau à t'annoncer.* 没有~就是好~。No news is good news. *Pas de nouvelles, bonnes nouvelles.*

新鲜 (新鮮) xīnxiān H3, S2 这是些今天早上刚下的~鸡蛋。These are eggs newly laid this morning. *Ce sont des œufs frais de ce matin.* 我需要呼吸一下~空气。I need some fresh air. *J'ai besoin de prendre l'air.* 牛奶不~了。The milk is off. *Le lait a tourné.* 她的主意也太~了! She has some really strange ideas! *Elle a des idées vraiment bizarres!*

心 xīn D, S2 他~ 非常好 / 非常狠。He has a big heart / a heart of gold // a heart of stone. *Il a un très bon cœur / un cœur d'or // un cœur de pierre.* 她有羞耻之~。She felt a sense of shame. *Elle s'est sentie honteuse.* 我们有~取胜。We mean to win. *Nous avons (bien) l'intention de gagner.* 对不起,我~不在这儿。Excuse me, my thoughts were elsewhere. *Excusez-moi, j'avais l'esprit ailleurs.*

心里 xīnli S1 (= 心中 xīnzhōng) 他~很难过。He felt sad at heart. *Il avait le cœur triste.* 她~想的是其他的事儿。Her thoughts were elsewhere. *Elle avait l'esprit ailleurs.* 要把这一点记在~。You must keep it in mind. *Il faut le retenir par cœur.*

心情 xīnqíng H4, S1 他~ 很好 / 不好。He is in a good / bad mood. *Il est de bonne / mauvaise humeur.* 这里叫人~舒畅。I'm very comfortable here. *Je suis très à l'aise ici.* 她~好的时候可以开些玩笑。She can be quite funny when the mood takes her. *Elle peut être plutôt drôle quand l'envie lui en prend.*

心中 xīnzhōng S1 (= 心里 xīn1i) 信写的是~的话。The letter was written straight from the

heart. *La lettre était écrite du fond du cœur.* 他在我~是一个真正的人。He's a man after my own heart. *C'est un homme selon mon cœur.* 看到他们结合了我~舒畅。It does my heart good to see them together. *Cela me réchauffe le cœur de les voir ensemble.*

辛勤 xīnqín H4 他是一个很~的工人。He is a very industrious worker. *C'est un ouvrier très laborieux.* 她作出了~的努力。She made unremitting efforts. *Elle a fourni des efforts assidus.*

信 xìn (动) (1) H3, S1 这是真的,我~。I believe that it is true. *Je crois que c'est vrai.* 他~得过吗? Can he be trusted? *Peut-on lui faire confiance?* 他~上帝。He believes in (one) God. *Il croit en (un seul) Dieu.* 我~佛(教)。I profess Buddhism. *Je crois au bouddhisme.*

信 xìn (名) (2) H3, S1 我收到了他(写的)一封~。I've had a letter of him. *J'ai reçu une lettre de lui.* 您要给他留个~(儿)吗? Would you like to leave a message for him? *Voulez-vous lui laisser un message?*

信号 (信號) xìnhào 4 H5, S1 我发了~后,你们就开机器。When I give the signal switch on the machine. *Quand je donne le signal, mettez la machine en marche.* 她向我们发出了出发的~。She gave the signal for us to leave. *Elle nous a donné le signal de départ.*

信任 xìnrèn H4, S1 我~你。I trust you. *J'ai confiance en toi.* 她~不得。She's not to be trusted. *On ne peut pas se fier à elle.*

信息 xìnxī H5, S1 恐怕您的~有误。I'm afraid your information is wrong. *Je crains qu'on vous ait mal renseigné.* 他们讨论了我们这个时代~的重要性。They discussed the importance of information in our time. *Ils ont parlé de l'importance de l'information à notre époque.*

信心 xìnxīn H4, S1 你对自己有没有~? Are you feeling confident? *Tu te sens sûr de toi?* 我对他们的诺言失去了~。I've lost faith in their promises. *Je ne crois plus à leurs promesses.*

信用卡 xìnyòngkǎ H4, S1 你们接受~吗? Do you accept bank cards / credit cards / Visa Card? *Acceptez-vous les cartes bancaires / les cartes de crédit / la Carte Bleue / la carte Visa?*

兴奋（興奮）xīngfèn H4, S2 不要太~了。Don't get too excited. *Ne t'excite / t'emballe pas trop.* 这个一定叫你特别~。You must be very excited about / at it. *Tu dois être follement excité par ça.* 和有才能的人一块儿工作很让人~。It's stimulation to work with talented people. *C'est stimulant de travailler avec des gens qui ont du talent.*

星期 xīngqī H1, S2 今天~几? --- ~二。What day is it today? – (It's) Tuesday. *Quel jour sommes-nous aujourd'hui? – (C'est) mardi.* 我一个~后回来。I'll be back in a week('s time). *Je serai de retour dans une semaine.* 我有几个~都没看见她了。I haven't seen her for weeks. *Je ne l'ai pas vue depuis des semaines.*

星期日 xīngqīrì S1 我这个~见他。I expect him this (coming) Sunday. *Je l'attends dimanche.* 她每个~都来。She comes every Sunday. *Elle vient tous les dimanches.* 他们穿着讲究的~服装。They were dressed in their Sunday best. *Ils étaient tout endimanchés.*

星期天 xīngqītiān S1 (= 星期日 xīngqīrì)

星星 xīngxin S1 今天晚上~很多。There are a lot of stars tonight. *Il y a beaucoup d'étoiles ce soir.* 那天夜里天上没有~。It was a starless night. *C'était une nuit sans étoiles.*

行 xíng D, H4, S1 我步~去。I'll go on foot. *J'y irai à pied.* 以后再说，~吗? --- ~。We'll speak about it later, all right? – All right. *Nous en reparlerons plus tard, d'accord? – D'accord.* 质量上有人~骗。The quality hasn't been described accurately. *Il y a tromperie sur la qualité.* (> 行 háng)

行动（行動）xíngdòng H5, S1 用拐杖~起来很不方便。It's hard to move about on crutches. *C'est dur de se déplacer avec des béquilles.* 我们要的是~，而不是言谈。We want action not words. *Nous voulons des actes non des paroles.*

行李 xíngli S1 打~的时间到了。It's time to pack our bags. *C'est le moment de plier bagage.* 我~很多。I have lots of luggage. *J'ai beaucoup de bagages.* 他有两件~。He has two pieces of luggage. *Il a deux bagages.*

行李箱 xínglixiāng H3 我把~准备好了。I've packed (my bags). *J'ai fait mes valises / Mes valises sont faites.* 他把~里的东西都拿了出来。He has unpacked (his bags). *Il a défait ses valises.*

行人 xíngrén H5, S1 "~专道", "Pedestrians only", *"Réservé aux piétons";* ~有一个地下通道。There's a subway for pedestrians. *Il y a un passage souterrain pour les piétons.*

行为（行為）xíngwéi H5, S1 你要对自己的~负责。You must be responsible for your actions. *Tu dois être responsable de tes actions.* 她对母亲的~不可原谅。Her behaviour towards her mother was unforgivable. *La façon dont elle s'est comportée avec sa mère était impardonnable.*

形成 xíngchéng H5, S1 房间~了一个三角形。The room is triangular in shape. *La pièce était de forme triangulaire.* 他正在~自己的风格。His style is forming. *Son style se fait.*

形式 xíngshì H5, S1 这只是走个~。It is a mere matter of form. *C'est une pure formalité.* ~最好更简明些。A more concise form would be preferable. *Une forme plus concise serait préférable.* 这是不同~(下)反映的同一种感情。It's the same feeling expressed in several different ways. *C'est le même sentiment sous plusieurs formes.*

形象 xíngxiàng H5, S1 这个人考虑的只是自己的~。That man only thinks about his image. *Cet homme ne pense qu'à son image.* 他~地描写了那个村庄。He described the village vividly. *Il a décrit le village d'une manière vivante.*

形状（形狀）xíngzhuàng H5, S1 那个东西是什么~的? What shape was the thing? *La chose avait quelle forme?* 那座房子~很怪。The house is an odd shape. *La maison a une drôle de forme.*

醒 xǐng H4, S2 快~~! Wake up! *Réveille-toi!* 你一直~着吗? Are you still awake? *Tu ne dors pas encore / Tu n'es pas encore endormi?* 我~过来时才发现已经是星期一了。I awoke to the realization that it was Monday. *Je me suis rendu compte, en me réveillant, que c'était lundi.*

姓 xìng H2, S1 (您)贵~? What's your (venerable) family name? *Quel est votre*

140

(vénérable) nom de famille? 您~什么叫什么? What are your surname and first name? *Quels sont vos nom et prénom?* 王、李、张是中国人的常用(家)~。 Wang, Li and Zhang are common Chinese surnames. *Wang, Li et Zhang sont des noms de famille chinois ordinaires.*

性 [积极性 (積極性)] xìng

[jījíxìng] S1 您必须发挥自己的积极(主动)~。 You'll have to use your initiative. *Vous devrez prendre des initiatives.* 这个软件我喜欢的是其灵活~。 What I like about this software is its flexibility. *Ce qui me plaît dans ce logiciel, c'est sa flexibilité.* 不可能分析这些数据的准确~。 It is impossible to question the correctness of the data. *Il est impossible de questionner l'exactitude des données.* 恐怕你没看到形势的严重~。 I don't think you appreciate the gravity of the situation. *Je n'ai pas l'impression de que tu te rendes compte de la gravité de la situation.* 灾害的规模是全国~的。 The scale of the disaster has been national. *L'étendu du sinistre est national.*

性别 xìngbié H4, S2 不分~都可以参加这个
俱乐部。 The club is open to both sexes. *Le club est ouvert aux personnes des deux sexes.* 我们反对~歧视。 We are opposed to sexism. *Nous sommes opposés au sexisme.*

性格 xìnggé H4, S1 我哥哥~很好。 My older
brother is good-tempered. *Mon frère aîné a bon caractère.* 她没有奋斗的~。 It's not in her nature to struggle. *Ce n'est pas dans sa nature de lutter.* 他~开朗。 He's of a cheerful disposition. *Il est d'un naturel enjoué.*

幸福 xìngfú H4, S1 我要你~(地生活)。 I
want you to be happy. *Je veux que tu sois heureux / heureuse.* 用钱是买不来~的 / ~不是用钱买来的。 Money can't buy you happiness. *L'argent ne fait pas de bonheur.*

幸运 (幸運) xìngyùn H5, S1 祝(您 /
你 / 你们)~好! Good luck! *Bonne chance!* ~朝他微笑了。 Fortune smiled upon him. *La chance lui a souri.* 您是个很~的人。 You're a very lucky person. *Vous avez beaucoup de chance.*

兴趣 (興趣) xìngqù H3, S2 我的~很
广泛。 I have many interests. *Beaucoup de choses m'intéressent.* 她对这个不感~。 She wasn't interested. *Elle n'était pas intéressée / Ça ne l'intéressait pas.* 我们要使他们对数学 感~ / 产生~。 We've got to give them a taste / a liking for maths. *Il faut leur donner le goût des maths.*

熊猫 (熊貓) xióngmāo H3 ~生活在中
国森林中，食用竹子。 Pandas live in forests in China and eat bamboo. *Les pandas vivent dans des forêts en Chine et mangent du bambou.*

修 xiū H4, S1 他~那辆车花了一大笔钱。 The
repairs of the car cost him a fortune. *Les réparations sur la voiture lui ont coûté une fortune.* 我们打算叫人~一个新车库。 We are planning to build a new garage. *Nous avons l'intention de faire construire un nouveau garage.*

修改 xiūgǎi H5, S1 这是一个~版。 It's a
revised edition. *C'est une édition revue.* 他~了陈述。 He modified his statement. *Il a modéré les termes de sa déclaration.* 你应该把导言~一下。 You should change the instruction a bit. *Tu devrais modifier un peu l'introduction.*

休假 xiū//jià S1 我一个星期以后(去)~。 I'm
going on holiday in a week. *Je pars en vacances dans une semaine.* 他们去年是去意大利~的。 They went to Italy on holiday / on vacation last year. *Ils ont passé leurs vacances en Italie l'année dernière.*

休息 xiūxi H2, S1 咱们~一会儿。 Let's have
a rest for a while. *Allons-nous reposer un instant.* 你去~一个小时。 Go and rest for an hour. *Va te reposer une heure.* 蒸气浴使你觉得是~。 A sauna is restful. *Ça repose, le sauna.*

需求 xūqiú H6, S1 您的~都满足了吗? Is
that all you require? *C'est tout ce qu'il vous faut?* 这不符合我们的~。 This doesn't meet our requirements. *Ceci ne répond pas à nos exigences.*

需要 xūyào H3, S1 我~更多的时间。 I need
more time. *J'ai besoin de plus de temps.* 车你用吧，我今天晚上不~。 You take the car, I won't be needing it this evening. *Prends la voiture, je n'en aurai pas besoin ce soir.* 这件大衣~好好地洗一下。 This coat wants cleaning very badly. *Ce manteau a besoin d'un bon nettoyage.* 他很~别人的爱。 He makes a lot of emotional demands. *Il a une très grande demande*

许多 (許多) xǔduō H4, S1 我们见过
~次。 We met a good many times. *On s'est vu bien des fois.* 还有~事儿要决定。 There's still much to be decided. *Il reste encore beaucoup de choses à décider.* 您说的~是事实。 There's a

great deal of truth in what you say. *Il y a beaucoup de vrai dans ce que vous dites.*

宣布（宣佈）xuānbù H5, S1
我~会议开始。I declare this meeting officially open. *Je déclare la séance ouverte.* 他们~了独立。They proclaimed independence. *Ils ont proclamé l'indépendance.* 明天将~结果。The results will be announced tomorrow. *Les résultats seront annoncés demain.*

宣传（宣傳）xuānchuán H5, S1
你为我做了很好的~! You're a good advert for my cause! *Tu me fais de la propagande!* ~画中北极熊成了地球变暖的受害象征。Polar bears have become the poster children of global warming. *Les ours polaires sont devenus les symboles incontournables du réchauffement climatique.*

选（選）xuǎn S1
他被~为总统 / 议员。He was elected President / M.P. *Il a été élu président / député.* 她希望被~代表中国参加比赛。She hopes to be selected to play for China. *Elle espère faire partie de la sélection qui jouera pour la Chine.*

选举（選舉）xuǎnjǔ H5, S1
选民~他为总统 / 议员。The electors have elected him President / M.P. *Les électeurs l'ont élu président / député.* 这是一个被操纵的~。It was a rigged election. *C'était une élection bidon.*

选手（選手）xuǎnshǒu H6, S1
他 / 她是一名~。He / she is a contestant. *Il est concurrent / Elle est concurrente.*

选择（選擇）xuǎnzé H3, S2
他不知道~什么。He doesn't know what to choose. *Il ne sait pas quoi choisir.* 我的~是参加。I've opted in. *J'ai choisi de participer.* 从书架上~您要的书。Make your selection from among the books on the shelf. *Faites votre choix parmi les livres de l'étagère.*

学（學）xué D, S1
她~ 医 / 历史。She's studying medicine / history. *Elle fait des études de médecine / d'histoire.* 活到老，~到老。It's never too late to learn. *Il n'est jamais trop tard pour apprendre.* 他很会~同事的样子。He does a good imitation of his colleagues. *Il imite très bien ses collègues.*

学费（學費）xuéfèi S1
~涨了。School fees have increased. *Les frais de scolarité ont augmenté.* 没什么人付得起每学期 12000 美元的~。Few can afford the tuition of $12000 a term. *Peu de gens arrivent à payer les frais scolaires de $12000 par semestre.*

学期（學期）xuéqī H5, S1
她第一个~的成绩很好。She got good results in the first term (three months) / in the first semester (half-year). *Elle a eu de bons résultats au premier trimestre (trois mois) / au premier semestre (six mois).* 这个~我选修三门课。I'm taking three courses this term / semester. *Je prends trois cours pendant ce trimestre / semestre.*

学生（學生）xuésheng N, H1, S1
他还只是个~。He's only a schcoolchild. *Ce n'est qu'un écolier.* 他女儿是班上最好的~。His daughter is the best student in the class. *Sa fille est la meilleure élève de la classe.* 那里有一群高中~。There's a group of secondary school pupils / of high shcool students. *Là il y a un groupe de lycéens.* 他是学医的(大)~。He's a medical student. *C'est un étudiant en médecine.* 合法结束~身份的年龄定在十六岁。The school-leaving age was raised to 16. *L'âge légal de fin de scolarité a été porté à 16 ans.*

学习（學習）xuéxí H1, S1
我~德文。I'm learning German. *J'apprends l'allemand.* 她~拉小提琴。She's learning the violin. *Elle étudie le violon.* 他把全部时间都用来~。He spends all his time in study. *Il consacre tout son temps à l'étude.*

学校（學校）xuéxiào H1, S1
你上的是哪个~? Which school do you go to? *A quelle école vas-tu?* 他今天没有去~。He wasn't at school today. *Il n'était pas à l'école aujourd'hui.* 你离开~以后打算做什么? What are you going to do when you leave school? *Qu'est-ce que tu comptes faire quand tu auras quitté l'école?*

学院（學院）xuéyuàn S1
我上师范~。I go to a College of Education. *Je vais à l'IUFM (institut universitaire de formation des maîtres).* 她是音乐~的学生。She's a student of a conservatoire / a conservatory. *C'est une étudiante d'un conservatoire de musique.* 他是这所高等技术~的学生。He's a student in this College of Advanced Technology. *Il est étudiant de cet IUT (Institut universitaire de technologie).*

雪 xuě H2, S1
看，下~了! Look, it's snowing! *Tiens, il neige!* 预ِ报将下大~。Heavy snow is forecast. *La météo prévoit d'abondantes chutes de neige.* 我们被~困住了。We were snowed in.

142

Nous étions bloqués par la neige. 由于降~，比赛取消了。The match was snowed off. *Le match a été annulé à cause de la neige.* 他要向敌人~耻。He intends to avenge himself on his enemy. *Il a l'intention de se venger de son ennemi.*

血 xuè H4 我献了~。I donated / gave blood. *J'ai fait un don de / J'ai donné mon sang.* ~浓于水 [亲人总比外人亲]。Blood is thicker than water. *La voix du sang est la plus forte.* 他们没有使平民流~就夺取了政权。They came to power without shedding civilian blood. *Ils ont pris le pouvoir sans faire couler le sang des civiles.* (> 血 xiě)

训练 (訓練) xùnliàn H5, S1 公司要举办一个~班。The company is going to conduct a training course. *La société va organiser un cours professionnel.* 今天他对学生进行法语动词口头~。He will drill pupils in French verbs today. *Il va faire faire aux élèves des exercices oraux sur les verbes français aujourd'hui.* 他接受过使用炸药的~。He had been trained in the use of explosives. *Il a été formé au maniement des explosifs.*

Y

压 (壓) yā S1 要~在上面。Try pressing it. *Essayez d'appuyer dessus.* 树枝被果子~弯了。The branches are weighed down with fruit. *Les branches sont surchargées de fruits.* 她~低声音告诉了我。She told me in a low voice. *Elle me l'a dit à voix basse.* 别让他~着你。Don't let him intimidate you. *Ne le laisse pas t'intimider.*

压力 (壓力) yālì H4 我最近觉得~很大。I've been a lot of pressure lately. *Je suis très stressé depuis peu.* 他每天都在很大的~下工作。He works at full / high pressure everyday. *Il travaille à plein régime / au plus fort tous les jours.*

牙膏 yágāo H4 该死，我忘了买~! Damn, I forgot to buy the toothpaste! *Zut, j'ai oublié d'acheter le dentifrice.*

亚洲 (亞洲) Yàzhōu H4 ~是最大的洲。Asia is the largest of the continents. *L'Asie*

est le plus grand des continents. 我在~工作过两年。I worked in Asia for two years. *J'ai travaillé pendant deux ans en Asie.*

呀 ya H4, S2 [«啊»受前一韵母 a, e, i, o, ü 的影响而发生的变音] 真漂亮的花~(huā-ya)! What beautiful flowers! *Quelles belles fleurs!* 你的信叫我们乐~(lè-ya)。Your letter made us laugh. *Ta lettre nous a fait rire.* 得了，别这么小气~(qì-ya)! Go on, don't be mean! *Allez, ne sois pas vache!* 我对，你错~(cuò-ya)! I'm right, and you're wrong! *J'ai raison, et tu as tort!* 你怎么没去~(qù-ya)? Why didn't you go? *Pourquoi n'es-tu pas allé?*

烟 (煙) yān S1 他每天抽二十枝~。He smokes twenty a day. *Il fume vingt cigarettes par jour.* 这个酒吧里~太重。There's too much smoke in this bar. *Il y a trop de fumée dans ce bar.*

盐 (鹽) yán H4, S2 这是~饼。It's a cake of salt. *C'est une galette salée / un salignon.* 汤里~放得太多了。There's too much salt in the soup / the soup is too salty. *Il y a trop de sel dans la soupe / la soupe est trop salée.* 菜里的~放的不够。There isn't enough salt in the dish. *Il n'y pas assez de sel dans le plat.*

严格 (嚴格) yángé H4, S2 你对他们要很~。You must be very strict with them. *Il faut être très strict avec eux.* 这从~意义上来说不是真(实)的。It's not entirely / strictly true. *Ce n'est pas rigoureusement vrai.* 有必要采取~的财政措施。There is a need for financial stringency. *Des mesures d'austérité doivent s'imposer.*

严重 (嚴重) yánzhòng H4, S2 事态~。The situation is grave. *La situation est grave.* 他病情~。He's in a critical condition. *Il est dans un état critique.* 这对机场的安全造成了~的威胁。It poses a serious threat to airport security. *Cela constitue une menace sérieuse pour la sécurité des aéroports.*

研究 yánjiū N, S1 我需要时间~一下这个问题。I want time to study this problem. *J'ai besoin du temps pour étudier ce problème.* 这个~(工作)很杰出。It's an excellent piece of research. *C'est un excellent travail de recherche.* 她~罕见的细菌。She's engaged in research into rare viruses. *Elle fait des recherches sur les virus rares.*

研究生 yánjiūshēng H4, S2 她是(我们大学的)~。She's a postgraduate (student) (at our university). *C'est une étudiante de troisième cycle (dans notre université).* 他去牛津作了~研究犯罪学。 He went to Oxford as a postgraduate to study criminology. *Titulaire de licence, il est allé à Oxford pour étudier la criminologie.*

研制 yánzhì S1　他们~出了一个新产品。 They've developed a new product. *Ils ont développé un nouveau produit.*

颜色 (顏色) yánsè H2, S1　他眼睛什么~？ What colour are his eyes? *De quelle couleur sont ses yeux?* 你的车是什么~的? What colour is your car? *De quelle couleur est ta voiture?* 我喜欢绿~。 My favourite colour is green. *Ma couleur préférée est le vert.*

演 yǎn S1　他~李尔王。 He's acting (the part of) King Lear. *Il joue le rôle du Roi Lear.* 她~得好极了。 She gave a superb performance. *Son interprétation était fantastique.* 电影中是谁~的教父? Who played the godfather in the film? *Qui jouait le rôle du parrain dans le film?*

演唱会 (演唱會) yǎnchànghuì S1　那位明星的~八点开始。 The star's performance starts at eight o'clock. *La représentation de la vedette commence à huit heures.*

演出 yǎnchū H4, S1　他们的乐队今晚~。 Their orchestra is performing tonight. *Leur orchestre donne un concert ce soir.* 这位演员在我市首次~。 It's the first performance of the actor in our town. *C'est la première représentation de l'acteur dans notre ville.* 她在电视上~了好几次。 She's made a number of television appearances. *Elle est passée plusieurs fois à la télévision.*

演员 (演員) yǎnyuán H4, S1　他是个有名的~。 He's a famous actor. *C'est un acteur célèbre.* 她像个~。 She looks like an actress. *Elle a l'air d'une actrice.* 这才是~的生涯! That's show business! *C'est ça la vie d'artiste!*

眼 yǎn S1　我是亲~看见的。 I saw it with my own eyes. *Je l'ai vu de mes propres yeux.* 他困得睁不开~了 / ~睁不开了。 He could not keep his eyes open. *Il dormait debout.* 他~中只有她。 He has eyes for nobody but her. *Il n'a d'yeux que pour elle.* 她一~就看到一笔好生意。 She has an eye for a bargain. *Elle reconnaît tout de suite une bonne affaire.* 在大家~中他是有罪的。 In the eyes of all he is guilty. *Aux yeux de tous il est coupable.*

眼镜[儿] (眼鏡[兒]) yǎnjìngr H3, S2　wx 他得戴~。 He has to wear glasses. *Il doit porter des lunettes.* 这 付 / 副 ~是我的。 These glasses / This pair of spectacles are mine. *Ces lunettes sont / Cette paire de lunettes est à moi.*

眼睛 yǎnjing H2, S2　他把~睁得大大的。 He has opened his eyes wide. *Il a ouvert les yeux tout grands.* 我闭着~也能作。 I could do it with my eyes closed. *Je pourrais le faire les yeux fermés.*

眼前 yǎnqián S1　就在你~! Before your very eyes! *Sous tes yeux!* 这是在我~发生的。 It took place before my (very) eyes. *Cela s'est passé sous mes yeux.* ~有什么就用什么。 Use whatever is to hand. *Utilisez ce que vous avez sous la main.* 东西~够了。 That's enough for the present. *Ça suffit pour le moment.*

阳光 (陽光) yángguāng H4, S1　现在有~。 The sun is shining now. *Il y a du soleil maintenant.* ~把我眼睛照花了。 The sun is in my eyes. *J'ai le soleil dans les yeux.* 这个要避免~的直射。 Keep it out of the sun. *Protégez-le du soleil.* 那个孩子给我的生活带来了~。 That child has brought a ray of sunshine into my life. *Cet enfant, c'est mon rayon de soleil.*

羊 yáng S1　一群绵~在过公路。 A flock of sheep is crossing the road. *Un troupeau de moutons traverse la route.* 他们乖得像一群~。 They're just a load of sheep. *Ils se portent comme un troupeau de moutons.* 我喜欢吃山~奶酪。 I love goat's cheese. *J'adore le fromage de chèvre.*

羊肉 yángròu H2　我们晚饭吃的是~和豆角。 We ate mutton with beans at dinner. *Nous avons mangé du mouton avec des haricots au dîner.* 他们在饭馆儿点了烤~串。 They ordered lamb kebabs at the restaurant. *Ils ont commandé du mouton en brochettes / des kébabs de mouton au restaurant.*

养 (養) yǎng S1　我~花儿。 I grow flowers. *Je cultive des fleurs.* 她~了三个孩子。 She has three children to support. *Elle a trois enfants à charge.* 我们家里不~动物。 We don't keep pets. *Nous n'avons pas d'animaux à la maison.*

养成（養成）yǎngchéng H4, S2
要~大方的行为方式。Try to cultivate an easy manner. *Essaye d'arrondir vos manières.* 喝葡萄酒的口味是慢慢~的。Wine is an acquired taste. *Le vin c'est quelque chose qu'on apprend à aimer.*

样（樣）yàng D, S2
几年没见，她还是那个(老)~儿。It's years since I last saw her, but she is exactly the same. *Ça fait des années que je ne l'ai pas vue, mais elle n'a pas changé du tout.* 两个兄弟~儿长的差不多。The two brothers are very alike. *Les deux frères se ressemblent beaucoup.* 你喜欢这个~的连衣裙吗? Do you like this dress pattern? *Aimes-tu le patron de robe?*

样子（樣子）yàngzi H4, S1
我喜欢这件大衣的~。I like the cut of this coat. *J'aime la coupe de ce manteau.* 他那个~我不喜欢。I don't like his manner. *Je n'aime pas ses façons.* 天象是要下雨的~。It looks like rain. *On dirait qu'il va pleuvoir.* 她看~在说谎。It looks like she was lying. *J'ai l'impression qu'elle mentait.*

邀请（邀請）yāoqǐng H4, S1
她是应我的~来的。She's here at my invitation. *Elle est venue sur mon invitation.* 老王夫妇~我们去他们家做客。The Wang have invited us over. *Les Wang nous ont invités chez eux.* 我们~她当主席。We invited her to become president. *Nous lui avons demandé de devenir présidente.*

要求 yāoqiú H3, S1
我~他们不要出声。I asked them to be quiet. *Je leur ai demandé de ne pas faire de bruit.* 他~对他讲事实。He demanded to be told the truth. *Il exigeait qu'on lui dise la vérité.*

药（藥）yào H2, S1
现在吃~。Take your medicine now. *Prends tes médicaments maintenant.* 您目前服什么~吗? Are you taking any kind of medication? *Est-ce que vous prenez des médicaments?* 我吃过这种中~。I've taken this traditional Chinese medicine before. *J'ai déjà pris ce médicament traditionnel chinois auparavant.*

药片（藥片）yàopiàn S1
医生要我早上吃 两个~ / 两片药(片)。The doctor told me to take two tablets in the morning. *Le médecin m'a dit de prendre deux comprimés le matin.*

药水（藥水）yàoshuǐ S1
我有很好的止咳~。I have some very good cough syrup. *J'ai un très bon sirop contre la toux.*

要 yào (动) (1) D, H2, S1
我~一杯咖啡。I want a cup of coffee. *Je voudrais une tasse de café.* ~他等着。Ask him to wait. *Priez-le d'attendre.* 这个我~人做完。I want it to be done. *Je désire que cela soit fait.* 您~见经理吗? Do you wish to see the director? *Désirez-vous voir le directeur?* ~下雨了。It's going to rain. *Il va pleuvoir.*

要 yào (连) (2) D, H2, S2
~有可能，就在星期四做好。Have it done by Thursday, if at all possible. *Faites-le pour jeudi si possible.* 这事~真发生了呢? Just supposing it DID happen. *Supposons que ça se produise.* 万一~下雨，我还是带上一把伞吧。I'll take an umbrella, just in case. *Je prends un parapluie au cas où.*

要是 yàoshì H5, S1
~一个孩子能做，那么我也能(做)。If a child can do it so can I. *Si un enfant peut le faire, je peux le faire aussi.* 您~病了怎么办? Suppose you were ill? *Supposez que vous soyez malade?* 我占了一个位子, 你~来晚了呢? I kept a place for you, in case you were late. *Je t'ai gardé une place, au cas où tu serais en retard.*

钥匙（鑰匙）yàoshi H4
车~在哪里? Where are the car keys? *Où sont les clés de la voiture?* 小李丢了~没法进家了。Xiao Li lost his key; he can't get into his house. *Xiao Li a perdu sa clé, il ne peut pas rentrer chez lui.* 这是他成功的~。It was the key to his success. *Cela lui a ouvert les portes du succès.*

爷爷（爺爺）yéye H3, S1
~开过出租(车)。My grandfather was a taxi driver. *Mon grand-père était chauffeur de taxi.* ~, 能给我讲一个故事吗? Will you tell me a story, Grandad / Grandpa? *Peux-tu me raconter une histoire, pépé / papi?*

也 yě D, H2, S1
他~看见了。He also saw it. *Il l'a vu également.* 这个很有效，~很便宜。It's very efficient and also very cheap. *C'est très efficace et de plus, très bon marché.* 您~(要)来。You're coming too. *Vous venez aussi.* 我~要一个。I'd like one too. *J'en voudrais un aussi.* 我(即)没见他, ~没见他兄弟。I've met neither him nor his brother. *Je n'ai rencontré ni lui ni son*

frère. 一个人~没懂。Nobody understood. *Personne n'a compris.*

也许（也許） yěxǔ H4, S1 他~来。Perhaps he will come. *Il viendra peut-être.* ~你错了。You're probably wrong. *Tu as probablement tort.* 这~对，~不对。That may or may not be true. *Cela est peut-être vrai ou peut-être pas.*

页（頁） yè H4, S1 打开书第七~。Open your book on page 7. *Ouvrez votre livre (à la) page 7.* 翻过这一~。Turn over this page. *Tournez cette page.* 这是我们历史上光辉的一~。It's a glorious page in our history. *C'est une page glorieuse de notre histoire.* 由此结束了他们历史上暴力的一~。This closed a violent chapter in their history. *Ceci a marqué la fin d'un chapitre violent de leur histoire.*

夜 yè H5, S1 冬天~长。It gets dark earlier in winter. *L'hiver, la nuit tombe plus tôt.* 她一~也没睡着。She had a sleepless night. *Elle a passé une nuit d'insomnie.* 他白天黑~地干。He works night and day. *Il travaille nuit et jour.* 这是一个暖和的~。It was a warm night. *La nuit était douce.*

夜里（夜裡） yèli S1 我昨天~听到有声音。I heart some noise last night. *J'ai entendu du bruit cette nuit.* 她的病情在~恶化了。Her condition worsened during the night. *Son état a empiré pendant la nuit.*

叶子（葉子） yèzi H4, S2 树长着~。The trees are in leaf. *Les arbres sont en feuilles.* 这是一棵长~的植物。It's a foliage plant. *C'est une plante à feuillage.* 树开始落~了。The leaves are beginning to fall. *Les feuilles commencent à tomber.*

依据（依據） yījù H6, S1 一切都是~计划进行的。Everything went according to plan. *Tout s'est passé comme prévu.* 他的决定没有任何合理的~。There was no rational basis for his decision. *Sa décision n'a aucun fondement rationnel.*

依靠 yīkào H6, S1 她是我重要的~。She's been a great support to me. *Elle m'a été d'un grand soutien.* 他们从来~不得。You can never rely on them. *On ne peut jamais compter sur eux.* 我们在资金上~他。We depend financially on him. *Nous dépondons de lui financièrement.*

衣服 yīfu H1, S1 他在 穿 / 脱 ~。He is putting on / taking off his clothes. *Il s'habille / se déshabille.* 她爱买~。She loves buying clothes. *Elle adore acheter des vêtements.* 带足保暖的~。Take plenty of warm clothing. *Prends beaucoup de vêtements chauds.*

衣架 yījià S1 他把 夹克 / 外衣 挂在了~上。He's put his jacket on a (clothes) hanger. *Il a suspendu sa veste à un cintre.*

医生（醫生） yīshēng H1, S1 ~说我得休息。The doctor said that I should rest. *Le médecin / docteur a dit que je devais me reposer.* 谁是负责您的~? Who is your (regular) doctor? *Qui est votre médecin traitant?* 他是位军队~ / 军医。He's a medical officer. *C'est un médecin militaire.*

医院（醫院） yīyuàn H1, S1 她只好去~了。She had to go (in) to (the) hospital. *Elle a dû aller à l'hôpital.* 他被(人)送到了~。He was taken to hospital / the hospital. *Il a été emmené à l'hôpital.*

一 yī H1, S1 ~点了。It's one o'clock. *Il est une heure.* 我们意见不~。Opinions differ between us. *Les avis sont partagés entre nous.* 咱们大家~(yì)准备好就出发。We'll go (just) as soon as everybody's ready. *Nous partirons dès que tout le monde sera prêt.*

一半 yíbàn S1 十二的~是多少? What is half of twelve? *Quelle est la moitié de douze?* 咱们各分~(儿)。We'll go halves. *On partage.* 你 只有~是对的 / 只对了~。You're only half right. *Tu n'as qu'à moitié raison.* 她只懂了~。She only half understands. *Elle ne comprend qu'à moitié.* 问题~(是)来自误解。The problem stems in part from misunderstanding. *Le problème vient en partie d'un malentendu.*

一步 yíbù N 这至少是走上正道的~。At least it's a step in the right direction. *C'est au moins un pas sur la bonne voie.* 有时退~是有帮助的。Sometimes it helps to step back and look at things. *Il est parfois bon de prendre du recul.* 要~~重复(进行)实验。The experiment must be repeated step by step. *Il faut refaire l'expérience pas à pas.*

一部分 yí bùfen S1 花园的~被淹了。Part of the garden is flooded. *Une partie du jardin est inondée.* 我们把最难的~搞完了。We've finished the hardest part. *Nous avons fait le plus dur.* 中国南方的一大部分下了雪。There has been snow over large sections of Southern China. *Il a neigé sur une grande partie du sud de la Chine.*

一次 yícì G 我已经去过~了。I've been there once befoire. *J'y suis déjà allé une fois.* 我三个月见~她。I see her every three months. *Je le vois tous les trois mois.* 这只发生过~。It happened only once. *C'est arrivé une fois seulement.*

一定 yídìng G, H3, S1 这些都是~的花费。These are all fixed costs. *Ce sont tous des coûts fixes.* 明天~准备好。It will certainly be ready tomorrow. *Cela sera prêt demain sans faute.* 他们~能成功。They will surely succeed. *Ils réussiront sûrement.* 这一点(上)有~程度的混乱。There's been a certain amount of confusion over this. *Il y a eu une certaine confusion à ce sujet.*

一个 (一個) yígè N, G 这是~个错儿。It's a mistake. *C'est une erreur.* 请讲~ / 讲个 故事。Please tell a story. *Raconte une histoire, s'il vous plaît.* 我去 洗~ / 洗个 澡。I'll take a bath. *Je vais prendre un bain.* 他走了整(整)~月了。He went a month ago today. *Il est parti il y a aujourd'hui un mois.*

一共 yígòng H3, S1 ~三十个人。There are 30 people in all. *Il y a 30 personnes en tout.* 我~该他一千块钱。I owe him 1000 yuan altogether. *Je lui dois 1000 yuan en tout.* 您~拥有四千欧元。In total you are entitled to 4,000 euros. *Au total, il vous revient 4 000 euros.*

一会儿 (一會兒) yíhuìr (1) H3, S1 我~(工夫)就来。I'll be coming in a moment. *Je viens à l'instant.* 这我得干好~(时间)。It will take me quite a while. *Cela me prendra un certain temps.*

一会儿 (一會兒) yíhuìr (副) (2) H3, S1 他~伤心，~愉快。He is now sad, now gay. *Il est tantôt triste, tantôt gai.* 天~情，~阴。The weather is now clear, now cloudy. *Le temps est tantôt clair, tantôt couvert.*

一块儿 (一塊兒) yíkuàir S1 你们是~的吗? Are you together? *Etes-vous ensemble?* 我们~行动。We'll act together. *Nous allons agir de concert.* 全家圣诞节将聚在~。The family will all be together at Christmas. *La famille sera réunie à Noël.*

一路 yílù S1 婴儿~哭个没完。The baby cried all the way. *Le bébé a pleuré tout le long du chemin.* 她们~说说笑笑。They chatted cheerfully all the way. *Elles ont bavardé avec gaieté tout le long de la route.* 客队~领先。The visiting team led from the beginning. *L'équipe invitée mène depuis le début.*

一路平安 yílù píng'ān H5, S1 祝你 / 您 / 你们~! Have a pleasant journey! *Bon voyage!*

一切 yíqiè G, H4, S1 我有的~都给了。I gave all I had. *J'ai donné tout ce que j'avais.* 我们有成功的~机会。There's every chance that we'll succeed. *Nous avons toutes les chances de réussir.* 金钱并非就是~。Money isn't everything. *Il n'y a pas que l'argent qui compte.*

一下儿 (一下兒) yíxiàr S1 我亲了她~。I gave her a kiss. *Je l'ai embrassée.* 每个人都干了~。Everyone did their bit. *Tout le monde y a mis du sien.*

一下子 yíxiàzi S1 [口] (= 一下儿 yíxiàr)

一样 (一樣) yíyàng H3, S1 他们的儿子跟我们的(儿子)~大。Their son is the same age as ours. *Leur fils a le même âge que le nôtre.* 她数学成绩好，历史课的成绩也~好。She did well in maths, and she did equally well in history. *Elle a eu de tout aussi bons résultats en math qu'en histoire.* 没有两个是~的。No two are alike. *Il n'y en a pas deux pareils.*

一致 yízhì H5, S1 公众~表示同意。The audience was unanimous in its approval. *Le public a approuvé à l'unanimité.* 他说的与事实不~。His story is not consistent with the known facts. *Son histoire ne correspond pas aux faits.* 他们~谴责了他。They were unanimous in accusiong him. *Ils étaient unanimes à l'accuser.*

以 yǐ D, H4, 我是~你的毛衣为式样的。I used your sweater as a pattern. *J'ai utilisé ton pull comme modèle.* 我们要~防万一。We must prepare for / guard against any contingency. *Il nous faut parer à toute éventualité.* 我这样做~简化事情。I've done it in order to simplify things. *Je l'ai fait afin de simplifier les choses.* ~其人之

道，还治其人之身。 Deal with a man as he deals with you. *Traite les gens comme ils te traitent.*

以后 (以後) G, G3, S1 ~见! See you later! *A plus tard!* 我在他走了~到了。 I came after he had left. *Je suis arrivé après qu'il soit parti.* 事情~我又觉得很遗憾。 I regretted it afterwards. *Par la suite, je l'ai regretté.*

以来 (以來) yǐlái H5, S1 几天~他觉得不舒服。 He hasn't been on form for the past few days. *Il n'est pas en forme depuis quelques jours.* 三个月~我们一直在排戏。 We've been rehearsing the play for three months. *Nous répétons la pièce depuis trois mois.*

以前 yǐqián H3, S1 我们~没见过吗？ Haven't we met before? *Ne nous sommes-nous pas déjà rencontrés?* 我~已经知道了。 I've had prior knowledge of it. *J'en ai déjà été au courant.* ~这里有个中世纪的城堡。 There used to be a mediaeval castle here. *Autrefois s'élevait ici un château médiéval.*

以上 yǐshàng S1 这个(价钱)五十美元~。 It costs much more than $50. *Ça coûte bien plus de 50 dollars.* 水到了他们膝盖~。 The water reached above their knees. *L'eau leur montait jusqu'au-dessus des genoux.* 她在各党派~。 She's politically neutral. *Elle se situe au-dessus des partis.*

以外 yǐwài S1 绝不能让办公室~的人知道。 Nobody outside the office must know. *Personne ne doit être mis au courant en dehors du bureau.* 山脉~是印度。 Beyond mountains lies India. *Au-delà des montagnes se trouve l'Inde.*

以为 (以為) yǐwéi H3, S1 我 这样~ / 不这样~。 I believe so / believe not. *Je crois que oui / que non.* 是你呀! 我还~是老刘呢。 Oh, it's you. I thought it was Lao Liu. *Tiens, c'est toi. Je croyais que c'était Lao Liu.* 她~说这样的事儿不对。 She considers it wrong to say such things. *Elle pense qu'il est mauvais de dire de telles choses.*

以下 yǐxià S1 他的分儿在平均分数~。 His grades are below average. *Ses notes sont au-dessous de la moyenne.* 我们接受~付款方式。 The following methods of payment are acceptable. *Sont acceptés les modes de paiement suivants.*

已经 (已經) yǐjīng G, N, H2, S1 ~十点了! Ten o'clock already! *Déjà dix heures!* 你~做完了吗? Have you already finished? *Tu as déjà fini?* 他四岁的时候就~能看书了。 He already knew how to read at the age of 4. *Il savait déjà lire à l'âge de 4 ans.*

椅子 yǐzi H1, S1 有四把木(头)~。 There're four wooden chairs. *Il y a quatre chaises en bois.* 小王，你坐这把~。 Xiao Wang, sit down on this chair. *Xiao Wang, assieds-toi sur cette chaise.*

亿 (億) yì H4, S1 这个规划花了二十~欧元。 This project cost two billion euros. *Ce projet a coûté deux milliards d'euros.* 全世界有七十~人口。 There are seven billion people in the world. *Il y a sept milliards de personnes dans le monde.*

一般 yìbān H3, S1 他们俩~大。 The two of them are the same age. *Tous les deux sont du même âge.* 他得了~的感冒。 He has the common cold. *Il a le rhume.* 她~不迟到。 She's not usually late. *Il est rare qu'elle soit en retard.* 他们是很~的人。 They're very ordinary people. *Ce sont des gens très ordinaires.*

一边 (一邊) yìbiān H3, S1 他(站)在哪~? Whose side is he on? *De quel côté est-il?* 他们只是站在~看(热闹)。 They just stood aside and watched. *Ils sont juste restés sur le côté à regarder.* 她~看报，~等汽车。 She was reading the paper while waiting for the bus. *Elle lisait le journal en attendant l'autobus.*

一点儿 (一點兒) yìdiǎnr G, S1 有~贵。 It's a bit more expense. *C'est un peu plus cher.* 我说~法文。 I speak a little French. *Je parle quelques mots de français.* 她比他大~。 She's a bit older than he is. *Elle est un peu plus âgée que lui.* 我们打扰您了吗？--- ~也没有。 Are we bothering you? – Not a bit! *On vous dérange ? – Pas du tout.* 他~赢的机会也没有。 He hasn't the faintest chance of winning. *Il n'a pas la moindre chance de gagner.*

一点点 (一點點) yì diǎndiǎn S1 有~贵。 It's a little bit more expense. *C'est un tout petit peu plus cher.* 我要~威士忌(wēishìjì)。 I'd like a wee drop of whisky. *Je voudrais une larme de whisky.*

一方面 yì fāngmiàn S1 她有好的~。She has her good side. *Elle a ses bons côtés.* 他从他那~给我讲了事情。He told me his side of the story. *Il m'a donné sa version de l'affaire.*

一起 yìqǐ H2, S1 (= 一块儿 yíkuàir) 我们很喜欢在~。We enjoy one another's company. *Nous aimons être ensemble.* 我们~行动。We'll act together. *Nous allons agir de concert.* 我们~去买了东西。We went shopping together. *Nous sommes allés faire des courses ensemble.* 全家圣诞节将聚在~。The family will all be together at Christmas. *La famille sera réunie à Noël.*

一生 yìshēng S1 我辛苦地工作了~。I've worked hard all my life. *J'ai travaillé dur toute ma vie.* 他的~是从做工开始的。He began life as a labourer. *Il a débuté dans la vie comme ouvrier.* 他移居国外开始了新的~。He emigrated in order to make a new life for himself. *Il a émigré pour commencer une nouvelle vie.*

一些 N, S1 别忘了买~啤酒。Don't forget to buy some beer. *N'oublie pas d'acheter de la bière.* 我们只有~人。We were few in number. *Nous étions en petit nombre.* 这一点有~混乱。There's been a certain amount of confusion over this. *Il y a une certaine confusion à ce sujet.*

一直 yìzhí G, H3, S1 他~朝前看。He looked straight ahead. *Il a regardé droit devant lui.* 她~带眼镜。She has always worn glasses. *Elle a toujours porté des lunettes.*

一种 yìzhǒng G 这是另~问题。It's a different kind of problem. *C'est un problème d'un aute ordre.* 那是~很怪的电影。That's a strange sort of film. *C'est un drôle de film.* 你知道这(一)种事情。You know the type of thing. *Tu vois le genre de choses.*

意见 (意見) yìjiàn H4, S1 这个看来是普遍接受的~。That seems to be the generally accepted view. *Ceci semble être l'opinion générale.* 他~总提个没完。He's always complaining. *Il se plaint toujours.* 我打开窗户, 谁有~吗? Does anyone have any objections if I open the window? *Est-ce que quelqu'un a une objection si j'ouvre la fenêtre?*

意思 yì si H2, S1 这是什么~? What's the meaning of this? *Qu'est-ce que ça veut dire?* 你说的是什么~? What do you mean? *Qu'est-ce que tu veux dire?* 这没有任何~! That doesn't mean a thing! *Ça ne veut (strictement) rien dire!* 我的~是你不要说个没完! I wish you wouldn't talk so much! *Tu ne peux pas te taire un peu?* 你既然想知道我的~，那就告诉你。Well, if you want my honest opinion, I'll tell you. *Puisque tu veux savoir le fond de ma pensée, je vais te le dire.* 这是我给你的一点儿小~。I'd like to give a small present. *Je voudrais te faire un peitit cadeau.* 有一点儿春天的~了。There's a hint of spring in the air. *Il y a du printemps dans l'air.*

意外 yìwài H5, S1 我们~地相遇了。It was purely by accident that we met. *Nous nous sommes rencontrés tout à fait par accident.* 他们的结婚叫人完全感到~。Their marriage was completely unexpected. *Leur mariage était totalement inattendu.*

意义 (意義) yìyì H5, S1 我不知道这个字的~。I don't know the meaning of this word. *Je ne connais pas le sens de ce mot.* 我认为我们从实质~上抓住了问题。I think we have, in a very real sense, grasped the problem. *Je crois que nous avons parfaitement saisi le problème.*

艺术 (藝術) yìshù H5, S1 这是个~品。It's a work of art. *C'est une œuvre d'art.* 知道怎么做是一门~。There's an art to doing. *C'est tout un art que de (savoir) faire.* 这种说法实在没什么~口味。That wasn't a very tasteful thing to say. *Cette remarque n'était pas de très bon goût.*

义务 (義務) yìwù H5, S1 您有~去做。You are (in) duty bound to do it. *Votre devoir vous y oblige.* 我把去看成~。I shall make it my duty to go. *Je considèrerai de mon devoir d'y aller.* 我没有陪同他们的~。I am under no obligation to go with them. *Rien ne m'oblige à les accompagner.* 他 / 她 是~工作者。He / She a voluntary worker. *C'est un / une bénévole.*

阴 (陰) yīn H2, S2 ~历对中国农民很重要。The lunar calendar is very important for Chinese farmers. *Le calendrier lunaire est très important pour les agriculteurs chinois.* 天~了下来。The sky has become overcast. *Le ciel s'est assombri.* 这个家伙很~。He's an underhand little devil. *C'est un petit sournois.* ~和阳是中国哲学领域的两个基本原理。Yin and yang are the two basic principles of the universe in Chinese philosiphy. *Le yin et le yang sont les deux principes fondamentaux de l'univers dans la philosophie chinoise.*

因此 yīncǐ H4, S1 您是他的朋友，~也是我的朋友。You are his friend and therefore mine. *Vous êtes son ami et donc vous êtes aussi le mien.* 飞机晚点了，~他们没赶上联运飞机。The plane was late and, consequently, they missed the connection. *L'avion était en retard et, par conséquent, ils ont raté la correspondance.*

因为（因為）yīnwèi G, H2, S1 ~暴风雨我们没有去。We didn't go account of there being a storm. *Nous n'y sommes pas allés à cause de la tempête.* 她~很疼而睡不着。She couldn't sleep for the pain. *Elle ne pouvait pas dormir à cause de la douleur.* ~得病人们让他退休了。He has been retired because of his illness. *On l'a mis à la retraite à cause de sa maladie.*

音乐（音樂）yīnyuè H3, S1 她搞~。She plays. *Elle fait de la musique.* 我不太会欣赏~。I'm not very musical. *Je n'ai pas tellement l'oreille musicale.* ~能使品行变得柔和。Music has a civilizing influence. *La musique adoucit les mœurs.*

音乐会（音樂會）yīnyuèhuì S1 明天晚上市里有一个~。There's a concert in town tomorrow evening. *Il y a un concert en ville demain soir.*

银（銀）yín H5, S1 他／她 头发~白。He / She has silver hair. *Il / Elle a des cheveux argentés.* 她有一个漂亮的~戒指。She has a beautiful silver ring. *Elle a une belle bague en argent.* 在月光下湖面~白。The moon silvered the lake. *La lune donnait au lac des reflets d'argent.*

银行（銀行）yínháng H3, S1 附近有~吗？Is there a bank nearby? *Y a-t-il une banque par ici?* 您在哪家~有户头? Who do you bank with? *A quelle banque êtes-vous?* 您在我们~有户头吗? Do you bank with us? *Avez-vous un compte chez nous?* 我要~借给我一笔款了。I asked the bank for a loan. *J'ai demandé un crédit à ma banque.*

银行卡（銀行卡）yínhángkǎ S1 他有三张~。He has three bank cards. *Il a trois cartes bancaires.* 你们接受~吗? Do you accept bankcard? *Acceptez-vous les cartes bancaires?*

引起 yǐnqǐ H4, S2 这个声音~了他们的好奇。The sound aroused their curiosity. *Le bruit a éveillé leur curiosité.* 这句话~了笑声。This

remark raised / evoked a smile. *Cette observation a provoqué / suscité un sourire.* 这一决定~了华尔街的恐慌。The decision led to panic on Wall Street. *La décision a semé la panique à Wall Street.*

饮料（飲料）yǐnliào H4, S2 想跟我一块儿去喝杯~吗? Will you join me in a drink? *Tu prends un verre avec moi?* 我要杯冷~。I'd like a cool drink. *J'aimerais une boisson fraîche.* 我们不出售(含)酒精~。We do not sell alcoholic beverages. *Nous ne vendons pas de boissons alcooliques.*

印象 yìnxiàng H4, S1 我兄弟给他们留下了很好的~。They got good impression of my brother. *Mon frère leur a fait bonne impression.* 我的~是他不讲实话。I have a feeling that he isn't telling the truth. *J'ai l'impression qu'il ne dit pas la vérité.*

应当（應當）yīngdāng S1 (= 应该 yīnggāi)

应该（應該）yīnggāi G, H3, S1 您~马上做。You should do it at once. *Vous devriez le faire tout de suite.* 你不~笑话他。You shouldn't laugh at him. *Tu as tort de te moquer de lui.* 我认为~叫您知道。I thought I ought to let you know about it. *J'ai cru devoir vous en faire part.* 我们现在~做什么? What must we do now? *Que devons-nous faire maintenant?*

英国（英國）yīngguó * 这是她的~护照。That's her British passport. *C'est son passeport britanique.* 皮特是从~来的。Pitt comes from Great Britain. *Pitt vient de la Grande Bretagne.* 你在学~英语还是美国英语? Are you studying British English or American English? *Est-ce que tu étudies l'anglais britannique ou l'anglais américain?*

英文 yīngwén S1 (英语 = yīngyǔ)

英雄 yīngxióng H5, S1 你的作为不是~。You weren't exactly heroic. *Tu ne t'es pas comporté en héros.* 他把那个女孩儿从火中救了出来，是个~。He was a hero for saving the girl from the fire. *Il avait agi en héros en sauvant cette fille de l'incendie.* ~所见略同。Great mind think alike. *Les grands esprits se rencontrent.*

英语（英語）yīngyǔ S1 (= 英文 yīngwén) 您讲~吗? Do / Can you speak English? *Parlez-vous (l')anglais?* 他讲标准~。He speaks the King's / Queen's English. *Il parle l'anglais correct.* 她美国~说得特别好。 She speaks excellent American English. *Elle parle très bien (l')anglais américain.* 我们是用~交谈的 / 对话的。 We spoke (in) English to each other. *Nous nous sommes parlé en anglais.* 他不但能看~，而且说得也不错。 He can not only read in English, but also speak it quite well. *Non seulement il lit en anglais, mais aussi parle assez bien cette langue.*

赢（贏）yíng H4, S2 他们连续~了三次。
They had three wins in succession. *Ils ont emporté trois victoires consécutives.* 她打网球总~。 She always wins at tennis. *Elle gagne toujours au tennis.* 你打扑克(牌) 打得~她 / 打不~她。 You can / can't beat her at poker. *Tu peux / ne peux pas la battre au poker.*

迎接 yíngjiē H5, S1 她来火车站~了我们。
She came to meet us at the station. *Elle est venue à notre rencontre à la gare.* 他对我们的~很冷淡。 He gave us a very cold welcome. *Il nous a reçus froidement.*

营养（營養）yíngyǎng H5, S1 香蕉很
有~。 Bananas are very nutritious. *Les bananes sont très nutritives.* 糙米~丰富。 Brown rice is full of nourishment. *Le riz complet est très nourrissant.* 他是~学家。 He's a dietary expert. *C'est un spécialiste de la nutrition.*

影片 yǐngpiàn S1 我在几部~里看见了她。
I've seen her in films / in movies. *Je l'ai vue dans des films.* 你看他最新的~了吗？ Did you see his last film? *Est-ce que tu as vu son dernier film?*

影视（影視）yǐngshì S1 我们在~上常
看到这个演员。 We see the actor quite often in films and on TV. *On voit souvent l'acteur dans des films et en télévision.*

影响（影響）yǐngxiǎng H3, S1 这是个
有~的人。 He's a man of influence. *C'est un homme influent.* 他对我很有~。 He's had great influence over me. *Il a eu beaucoup d'influence sur moi.* 坏天气对周末的体育比赛有~。 The bad weather has affected sporting events this weekend. *Le mauvais temps a eu des répercussions sur les événements sportifs du week-end.*

硬 yìng H4, S2 我得用一个~刷子。 I'll have to
use a stiff brush. *Il me faut utiliser une brosse à poils durs.* 老板对迟到的人措施很~。 The boss

takes a tough line with people who are late. *Le patron ne plaisante pas avec les retardataires.* 她对我们心肠很~。 She was hard-hearted towards us. *Elle était dure avec / envers nous.* 他~要自己一个人做。 He tried obstinately to do it by himself. *Il s'est obstiné à le faire tout seul.*

应用（應用）yìngyòng H5, S1 我们对
所有学生~同一规则。 We apply the same rule to all students. *Nous appliquons la même règle à tous les étudiants.* 这个词我这样~对吗？ Am I using the term correctly? *Est-ce comme ça qu'on utilise le terme?* 他学习(进行)管理的~电脑学。 He's studying computer technology applied to management. *Il étudie l'informatique appliquée à la gestion.*

勇敢 yǒnggǎn H4, S2 ~些，再坚持一会
儿。 Be brave for a little bit longer. *Courage, il n'y en a plus pour très longtemps.* 她很~，什么都不怕。 She is very courageous, she isn't afraid of anything. *Elle est très courageuse, elle n'a peur de rien.* 他极~地没有喊出来。 He made a valiant effort not to cry out. *Il a fait un gros effort pour ne pas crier.*

永远（永遠）yǒngyuǎn H4, S1 我们~
不分手。 We shall never part. *Nous ne nous séparerons jamais.* 我将~感谢您。 I shall be eternally grateful to you. *Je vous serai éternellement reconnaissant.*

用 yòng D, H3, S1 ~~脑袋! Use your head!
Ne sois pas si bête! 看，这个工具~时很不爱护。 Look, this tool has been roughly used. *Regarde, cet outil a été maltraité.* 这本书对我很有~。 This book was very useful to me. *Ce livre m'a été très utile.* 讨论一下也没~。 It's useless even trying to discuss it. *Ce n'est même pas la peine d'essayer d'en discuter.*

优点（優點）yōudiǎn H4, S1 他的~是
什么？ What are his strong points? *Quels sont ses points forts?* 这件商品的~是便宜。 This article has the advantage of cheapness. *Cet article se recommande par son bon marché.* 她提的意见至少有很坦率的~。 Her remarks at least had the merit of being frank. *Au moins, ses remarques avaient le mérite d'être franches.*

优势（優勢）yōushì H5, S1 他们赞扬
公共交通的~。 They praise the superiority of public transport. *Ils vantent la supériorité des transports en commun.* 在科学专业的课程里男生人数占~。 There was a preponderance of boys in

the science subjects. *Les garçons étaient majoritaires dans les disciplines scientifiques.*

优秀 (優秀) yōuxiù H4, S2 她打网球技术~。 She plays outstanding tennis. *Elle joue un tennis excellent.* 我觉得他是个~的厨师。 I think he's a splendid cook. *Je trouve que c'est un cuisinier splendide.* 我们要求学生努力达到~的水平。 Students are expected to strive for excellence. *On demande aux étudiants de s'efforcer à atteindre l'excellence.*

幽默 yōumò H4, S2 我觉得形势可以说是~的。 I find the situation rather humorous. *Je trouve la situation plutôt comique.* 他缺乏~感。 He has no sense of humour. *Il n'a pas le sens de l'humour.* 我喜欢她的~感。 I like her sense of humour. *J'aime son sens de l'humour.*

由 yóu H4, S1 ~此入内。 This way in. *Par ici l'entrée.* ~她去吧。 Let her do as she pleases. *Laissez-la faire comme bon lui semble.* 她~米兰出发去了都林。 From Milan she went to Turin. *De Milan, elle est allée à Turin.*

由于 (由於) yóuyú H4, S1 ~你，我们失去了这个合同。 Thanks to you, we lost the contract. *A cause de toi, nous avons perdu le contrat.* 这是~他的疏忽而造成的。 It is due to his negligence. *C'est sa négligence qui en est (la) cause.*

邮局 (郵局) yóujú H5, S1 ~关门了吗？ Is the post office closed? *La poste est-elle fermée?* 我去~寄这封信。 I'll mail the letter. *Je vais mettre cette lettre à la poste.*

邮票 (郵票) yóupiào S1 这封信的~(费)不够。 This letter is not sufficiently stamped. *Cette lettre n'est pas suffisamment affranchie.* 寄到中国的信~(要)多少钱？ How much is a stamp for China? *Combien coûte un timbre pour la China?*

游 yóu (1) S1 她(~泳)~得很快。 She swims very fast. *Elle nage très vite.* 他们(~泳)~过河去了。 They swam over the stream. *Ils ont traversé la rivière à la nage.* 咱们~(着)回去! Let's swim back! *Rentrons à la nage!*

游 [遊] yóu (2) S1 我们明天去~长城。 We'll go for a hike at the Great Wall tomorrow. *Nous ferons une excursion à la Grande Muraille demain.* 他周~了世界。 He travelled round the world. *Il a fait le tour du monde.* 他交~甚广。 He

has a wide circle of acquaintances. *Il a des relations très étendues.*

游客 (遊客) yóukè S1 我们城市今年夏天将有二十万~。 Our town will have 200,000 visitors this summer. *200 000 personnes visiteront notre ville cet été.* 这里的~太多了! There are too many tourists around here! *Il y a trop de touristes ici.*

游戏 (遊戲) yóuxì H3, S1 这个~两个人可以玩儿。 Two can play at that game. *On peut jouer à deux à ce petit jeu.* 他整天都玩儿电脑~。 He spends his days playing computer games. *Il passe ses journées à jouer à des jeux électroniques.* 这是个和外星人玩儿的影视~。 It's a video game with aliens. *C'est un jeu vidéo avec extraterrestres.*

游泳 yóu//yǒng H2, S1 我不会~! I can't swim! *Je ne sais pas nager.* 我们每星期三~。 We swim on Wednesdays. *Nous faisons de la natation le mercredi.* 湖水太冷游不了泳。 The lake was too cold to swim in. *Le lac était trop froid pour qu'on s'y baigne.*

油 yóu S1 你们有牛~吗? Do you have (any) butter? *Vous avez du beurre?* 我给车轮子抹些~。 I'll oil the wheels. *Je vais graisser les roues.* 他要把门~成红色(的)。 He wants to paint the door red. *Il veut peindre la porte en rouge.* 他嘴很~ / 嘴~得很。 He has a glib tongue. *Il a la langue bien pendue.*

尤其 yóuqí H4, S2 他很喜欢鸟，~(喜欢/是)鹦鹉。 He likes birds, especially parrots. *Il aime les oiseaux, spécialement les perroquets.* 我要她~要小心。 I asked her to be particularly careful. *Je lui ai demandé de prendre particulièrement soin.*

有 yǒu D, H1, S1 您~车吗 / 您~没~车? --- ~, ~两辆。 Do you have / Have you got a car? – Yes, I do / I have, I have (got) two. *Avez-vous une voiture / des voitures? – Oui, j'en ai deux.* 他~一双大手。 He has big hands. *Il a de grosses mains.* 我们明天~客人。 We're having visitors tomorrow. *Nous attendons des invités demain.* 她没~朋友。 She had no friends. *Elle n'avait pas d'amis.*

有的 yǒu de S1 他们分开了，~朝这边走，~朝那边走。 They went off, some one way, some another. *Ils se sont dispersés, les uns d'un côté,*

152

les autres de l'autre. 你们~好象没有懂。Some of you seem not to have understood. *Certains d'entre vous semblent ne pas avoir compris.*

有的是 yǒudeshì S1
我们~时间。We've got plenty of time. *Nous avons largement le temps.* 他~朋友。He has friends in plenty. *Il ne manque pas d'amis.* 志愿者~。There's no lack of volunteers. *Ce ne sont pas les volontaires qui manquent.*

有点[儿](有點[兒]) yǒudiǎr G
这~难。 it's somewhat difficult. *C'est assez difficile.* 这~(这有一点点儿)贵。It's a (little) bit more expensive. *C'est un (tout petit) peu plus cher.* 她长得~一般。She is rather plain. *Elle n'est pas très jolie.* 这要花多少钱您必须要~概念。 You must have some idea of how much it will cost. *Vous devez avoir une petite idée de combine ça va coûter.*

有关 (有關) yǒuguān N, S2
听一下! 这个讨论跟你~。Listen! This discussion concerns you. *Écoute un peu! Cette discussion te concerne.* 这与事情 ~ / 无关。It has a bearing on / It has no bearing on the matter. *Cela a un rapport / n'a aucun rapport avec l'affaire.* 这与我刚才说的~。This relates to what I was just saying. *Ceci est en rapport avec ce que je viens de dire.*

有空儿 (有空兒) yǒu kòngr S1
~到我这儿来。Come over when you have time. *Viens chez moi quand tu auras du temps.* 那样的人实在没~伺候! I've got no time for people like that! *Les gens comme ça me cassent les pieds!*

有利 yǒulì H5, S1
时间对对方~。Time is on the other side. *Le temps travaille pour nos adversaires.* 竞选的时机对政府非常~。The election will be held at the time most favourable to the government. *Les élections auront lieu au moment (qui sera) le plus favorable au gouvernement.*

有名 yǒu//míng H3, S1
他是个~的画家。He is a very famous painter. *C'est un peintre très célèbre.* 这是本~的小说。It's a celebrated novel. *C'est un romain célèbre.* 她对这一政策持异议是很~的。It is well-known that she disagrees with the policy. *Tout le monde sait qu'elle n'est pas d'accord avec cette politique.*

有趣 yǒuqù H4, S2
我觉得电影很~。I found the film very interesting. *J'ai trouvé le film*

très intéressant. 他的讲话很~。His speech was fascinating. *Son discours était fascinant.* 我非常~地听他讲了奇遇。I was greatly amused to hear about his adventures. *Cela m'a beaucoup amusé d'entendre parler de ses aventures.*

有时候|有时 (有時候|有時) yǒushíhou | yǒushí S1
你看得见他吗？--- ~看得见。Do you see him? – Sometimes. *Tu le vois? – Quelques fois.* ~很难得到幸福。Happiness is sometimes difficult to find. *Le bonheur est parfois difficile à trouver.*

有效 yǒuxiào S1
这些药片(儿)不太~。These tablets aren't very effective. *Ces cachets ne sont pas très efficaces.* 这个行车执照~吗? Is it a valid driving licence? *Est-ce un permis de conduire valable?*

有(一)点儿 (有[一]點兒) yǒu (yì) diǎnr S1
这~难。It's somewhat difficult. *C'est un peu difficile.* 我~饿。I'm a bit hungry. *J'ai un peu faim.* 我还~别的。I've some others. *J'en ai d'autres.*

有(一)些 yǒu (yì) xiē G, S1
这~难。It's somewhat difficult. *C'est un peu difficile.* 我~饿。I'm a bit hungry. *J'ai un peu faim.* 我还~别的。I've some others. *J'en ai d'autres.* 他们分路走了，~人朝这边走，~人朝那边走。They went off, some one way, some another. *Ils se sont dispersés, les uns d'un côté, les autres de l'autre.*

有意思 yǒu yìsi S1
这笔生意很~。It's a very good deal. *C'est une affaire intéressante.* 他实在没~。He's not worth bothering with. *Il n'est vraiment pas intéressant.* 这本杂志有一篇很~的文章。There's an interesting article in this magazine. *Il y a un article intéressant dans ce magazine.*

有用 yǒuyòng S1
这对我很~。It will come in very handy. *Cela m'est bien utile.* 去~吗? Is there any use in going? *Est-il utile d'y aller?* 认识那个人很~。That's a useful man to know. *C'est un homme qu'il est bon d'avoir dans ses relations.* 我能做点儿什么~的事吗? Is there anything I can usefully do? *Y a-t-il quoi que ce soit que je puisse faire pour me rendre utile?*

友好 yǒuhǎo H4, S1
他们是多年的~了。They've been friends for years. *Ils sont des amis depuis des années.* 他~地向我招了(个)手。He gave me a friendly wave. *Il m'a fait un signe amical de la main.* 她对我不太~。She wasn't

very nice to me. *Elle n'a pas été très agréable avec moi.*

友谊（友誼）yǒuyì H4, S2 我们同他们建立了~。We formed a friendship with them. *Nous nous sommes liés d'amitié avec eux.* 我从不想危害同他的~。I would never jeopardize my friendship with him. *Pour rien au monde je ne compromettrais notre amitié.* 目的是推进不同民族之间的~。The aim is to promote friendship between nations. *Le but est de promouvoir l'amitié entre les nations.*

又 yòu H3, S1 这个我跟你说了~说。I've told you so again and again. *Je t'ai dit vingt fois.* 他既会读，~会写。He could read and write. *Il savait lire et écrire.* 他从一个门进去，~从另一个门出来了。He went in at one door and out at the other. *Il est entré par une porte et sorti par l'autre.*

右 yòu S1 到红绿灯后向~拐。Turn right at the traffic lights. *Tournez à droite aux feux.* 他们属于~翼党派。They're right-wing. *Ils sont de droite.*

右边（右邊）yòu bian H2, S1 这里在~开车。You drive on the right-hand side here. *On conduit à droite ici.* 电影院~有一个中国饭馆。To the right of the cinema there's a Chinese restaurant. *A droite du cinéma il y a un restaurant chinois.*

鱼（魚）yú H2, S1 他捕到了两条大~。He caught two big fish. *Il a attrapé deux gros poissons.* 她养了十多条金~。She has more than ten goldfish. *Elle a plus de dix poissons rouges.* 我不喜欢吃~。I don't like fish. *Je n'aime pas le poisson.*

于（於）yú D, S2 第二次世界大战结束~一九四五年。The Second World War came to an end in 1945. *La Deuxième Guerre mondiale a pris fin en 1945.* 他们年度大会~柏林举行的。They held their annual meeting in Berlin. *Ils ont tenu leur assemblée annuelle à Berlin.* 我们在这里求助~人。We're asking people for help here. *Ici nous demandons de l'aide aux gens.* 她的成功在~意愿。She succeeded by force of will. *Elle a réussi à force de volonté.*

于是（於是）yúshì G, H4, S2 他被拒绝入内，~离开了。He was refused entry, thereupon he left. *On lui a refusé l'entrée, sur*

quoi il est parti. 他圣诞节那天出生，~起的名是诺埃尔。He was born on Christmas Day, hence the name Noël. *Il est né le jour de Noël, d'où son nom.*

与（與）yǔ H4, S1 工业~农业都很重要。Both industry and agriculture are important. *L'industrie et l'agriculture sont importantes toutes les deux.* 你看过小说«红~黑»吗? Did you read the novel «Scarlet and Black»? *As-tu lu le roman «Le rouge et le noir»?*

语（語）yǔfǎ T 俄~是她的母~。Russian is her mother tongue. *Le russe est sa langue maternelle.* 昨天的笔~测验比口~测验容易。The written test was easier than the oral test yesterday. *L'épreuve écrite était plus facile que l'épreuve orale hier.* 他们总是那个口头~。With them it's always the same tune. *Avec eux c'est toujours la même rengaine.*

语法（語法）yǔfǎ H4, S2 这是本德语~(书)。It's a German grammar (book). *C'est une grammaire / un livre de grammaire allemande.* 他写东西~很糟。He writes bad grammar. *Il écrit de façon peu grammaticale.* 你说的不合~。That's not (good) grammar. *Ce que tu dis là n'est pas grammatical.*

语言（語言）yǔyán H4, S1 她能流利地说三门~。She speaks three languages fluently. *Elle parle trois langues couramment.* 我从来没学过说这门~。I never learned to speak the language. *Je n'ai jamais appris à parler la langue.* 比起文学来我更喜欢学~。I prefer language to literature. *Je préfère l'étude des langues à celle de la littérature.*

语音（語音）yǔyīn S1 他法文~很好 / 很糟。His French pronunciation is good / bad. *Il a une bonne / mauvaise prononciation en français.* 汉语~的四声对西方人比较难。Westerns find the four tones of Chinese pronunciation quite difficult. *Les Occidentaux trouvent assez difficiles les quatre tons de la prononciation chinoise.*

羽毛球 yǔmáoqiú H4, S2 他们每星期日都打~。They play badminton every Sunday. *Ils jouent au badminton tous les dimanches.* 我们上星期六看了场~赛。We watched a badminton match last Saturday. *Nous avons regardé un match de badminton samedi dernier.*

雨 yǔ T, S1 下~了。It rains / it is raining. *Il pleut.* 下大~了 / ~下得很大。It is raining hard. *It pleut à verse.* 他们度假时有一些~天。They had some rain during their holiday. *Ils ont eu de la pluie pendant leurs vacances.*

预报（預報）yùbào H5, S1
你听今天的天气~了吗? Did you listen to the weather forecast for today? *As-tu écouté la prévision météo(rologique) pour aujourd'hui?* 天气~员说明天大幅度降温。The weatherman says there will be a drop in temperature tomorrow. *La météo dit qu'il y aura une forte chute de la température demain.*

预防（預防）yùfáng H5, S1
他们要~(疾)病的传染。They want to prevent the disease from spreading. *Ils veulent empêcher la maladie de s'étendre.* 我们采取了~火灾的措施。We've taken precautions against fire. *Nous avons pris des précautions contre l'incendie.*

预计（預計）yùjì S1
这仅仅是(一个)~。It's only an estimate. *Ce n'est qu'une estimation.* 我~这需要三年。I estimate that it will take three years. *J'estime que cela prendra trois ans.*

预习（預習）yùxí H4
对一个学生来说~很重要。It's important for a student de prepare lessons before class. *Il est important pour un étudiant de préparer une leçon avant la classe.*

遇到 yùdào H3, S2
猜猜今天早上我 ~ / 遇见 谁了。Guess who I met this morning. *Devine qui j'ai rencontré ce matin.* 我们~了困难。We ran into difficulties. *Nous avons rencontré des difficultés.* 我们半路上~(天下)雨了。We got caught in a shower halfway. *Nous avons été surpris par une averse à moitié chemin.* 他们~了一个很有趣的问题。They came across an interesting problem. *Ils ont été confrontés à un problème intéressant.*

育 yù T
她生儿~女了。She gave birth to children. *Elle a donné naissance à des enfants.* 那个农民在~秧。That peasant is raising rice seedlings. *Le paysan est en train de cultiver les plants de riz.* 德~与智~一样重要。Moral education is as important as intellectual one. *L'éducation morale est aussi importante que celle intellectuelle.*

元 yuán T, H4, S1
我在银行存了五千~。I made a deposit of 5000 yuan. *J'ai déposé 5000 yuan en banque.* 我想把一百欧~换成美~。I'd like to change a hundred euros into dollars. *Je voudrais changer cent euros en dollars.*

...员（...員）yuán S1
她是售货~。She's a saleswoman. *Elle est vendeuse.* 他是公务~。He's a civil servant. *Il est fonctionnaire.* 李先生是炊事~，他爱人是理发~。Mr Li is a cook, and his wife is a hairdresser. *M. Li est cuisinier, et sa femme est coiffeuse.*

员工（員工）yuángōng S1
公司有八十名~。The company has a staff of eighty. *L'effectif de la société est de quatre-vingt personnes.* 我们公司~不足。Our company hoesn't have enought staff. *Notre entreprise n'a pas assez de personnel.*

圆（圓）yuán H2, S2
他是~脸。He has a round face. *Il a la figure ronde.* 你有~锯吗? Do you have a circular saw? *Est-ce que tu as une scie circulaire?* 他告知消息的口气 很~ / 不~。He broke the news tactfully / tactlessly. *Il a annoncé la nouvelle avec / sans tact.* 他不能自~其说。He was not able to justify himself. *Il ne pouvait pas se justifier.*

原 yuán T, S2
这个词的~意是什么? What's the original meaning of the word? *Quel est le sens d'origine du mot?* 这部新电影是~班人马。The new film has the former staff. *Le nouveau film a la même équipe.* 这是个情有可~的错误。It was a pardonable mistake. *C'était une erreur pardonnable.*

原来（原來）yuánlái H4, S1
我~想开车去。Mon original intention was to drive there. *Ma première intention était d'y aller en voiture.* 他说的~都是些假话。His statement turned out to be false. *Sa déclaration s'est révélée fausse.*

原谅（原諒）yuánliàng H4, S2
请~我迟到了。Excuse my being late. *Excusez-moi d'être en retard.* 他请求我~他。He asked me to forgive him. *Il m'a demandé de le pardonner.* 请~我持不同见解。Pardon my contradicting you / ardon me for contradicting you. *Pardonnez(-moi) si je vous contredis.*

原因 yuányīn H4, S1
他不在的~ / 缺席的~是什么? What is the reason of his absence? *Quelle est la raison de son absence?* 我们那些麻烦的~都是他造成的。He was the cause of all our trouble. *C'est lui qui a été la cause de tous nos ennuis.* 疾病的~还没有找到。The cause of the

155

disease is not yet known. *La cause de la maladie demeure inconnue.*

园 (園) yuán T, S2 他周末搞花~(儿)。He does the garden at / on the weekend. *Il fait du jardinage le week-end.* 她每天都去公~散步。She goes for a walk in the park every day. *Elle se promène dans le parc tous les jours.* 城里有一个植物~。There is a botanical garden in town. *Il y a un jardin botanique en ville.*

远 (遠) yuǎn T, H2, S1 他住得很~。He lives far away. *Il demeure au loin.* 您(是)~道而来的吗? Have you come far? *Etes-vous venu de loin?* 我们从宾馆可以看到~~的海。We had a distant view of sea from the hotel. *On pouvait voir la mer au loin depuis l'hôtel.*

院 yuàn T, S1 他在前~等你呢。He's waiting for you in the front yard. *Il t'attend dans la cour de devant.* 孩子们在~儿里玩儿。The children are playing in the yard. *Les enfants jouent dans la cour.*

院长 (院長) yuànzhǎng S1 他是法院~。He's the president of legal tribunal. *Il est le président du tribunal.* 她是商学院~。She's the director of the business school. *Elle est la directrice de l'école commerciale.*

院子 yuànzi S1 孩子们在~里玩儿。The children are playing in the yard. *Les enfants jouent dans la cour.* 我们在城堡的~里照了像。We took some photos in the courtyard of the castle. *Nous avons pris des photos dans la cour du château.*

怨 yuàn T, S2 我~你，不~她。I blame you, not her. *C'est à toi que je fais reproche, pas à elle.* 这不要~我。Don't blame me for it! *Ne rejetez pas la responsabilité sur moi!* 我跟那个人结下了~。I've harboured resentment against that man. *J'ai gardé rancune à cet homme.*

愿 (願) yuàn T, S2 ~您新年快乐! I wish you a Happy New Year! *Je vous souhaite une bonne année!* 他丝毫不~来看你。He had not the least / slightest desire to come and see you. *Il n'avait nullement / pas la moindre envie de venir te voir.* 您~不~跟我们合作? Are you willing to cooperate with us? *Êtes-vous prêt à collaborer avec nous?*

愿望 (願望) yuànwàng H5, S1 他的~得到了满足。His wishes have been met. *Ses désirs ont été satisfaits.* 我唯一的~就是您的幸福。My one desire is that you should be happy. *Mon seul désir, c'est que vous soyez heureux.* 她的~是走上舞台。She has ambitions to go on the stage. *Elle a des aspirations à la scène.*

愿意 (願意) yuànyì H3, S1 我能够也~帮助他们。I am able and willing to help them. *Je peux les aider et je le ferai très volontiers.* 我很~去。I should very much like to go. *J'aimerais beaucoup y aller.* 他们不~要我。They don't want to have me. *Ils ne veulent pas de moi.*

约 (約) yuē T, S1 我~了他吃午饭。I invited him for lunch. *Je l'ai invité à déjeuner.* 我给你~了一个时间去看大夫。I've made an appointment with the doctor for you. *Je t'ai pris un rendez-vous chez le docteur.* 他们~五十人。They're about fifty. *Ils sont à peu près cinquante.*

约会 (約會) yuēhuì H4, S2 他下午四点有一个~。He has a 4 o'clock appointment. *Il a un rendez-vous à 16 heures.* 他由于事先的一个~而来不了。He couldn't come, owing to a prior / previous engagement. *Il n'a pas pu venir car il était déjà pris.* 父母不让她去跟男孩子~。Her parents don't let her go out on dates. *Ses parents ne la laissent pas sortir avec des garçons.*

越 yuè T, H3, S1 你能~过篱笆吗? Can you jump over the hedge? *Peux-tu sauter par-dessus la haie?* 那个人~过了自己的权力范围。That man overstepped his authority. *L'homme a outrepassé ses pouvoirs.* 你~犹豫，就~做不成。The more you think, the less you'll manage to do it. *Plus tu réfléchiras, moins tu y arriveras.*

越来越 (越來越) yuè lái yuè S1 我~累。I was growing more and more tired. *J'étais de plus en plus fatigué.* 事情~好! Things are (getting) better and better! *Ça va de mieux en mieux.* 近年来森林火灾~严重。Forest fire has become more and more serious for the last few years. *Le feu de forêt devient de plus en plus grave ces dernières années.*

月 yuè T, H1, S1 她每~挣多少钱? How much does she earn a month? *Combien gagne-t-elle par mois?* 我一~去。I'll go in January. *J'y irai en janvier.* 我不喜欢二~。I don't like February. *Je n'aime pas le mois de février.* 两个~以后他就三十岁了。 He will be thirty in two months. *Il aura trente ans dans deux mois.*

月份 yuèfèn S1
我不喜欢六~。 I don't like June. *Je n'aime pas le mois de juin.* 我一~去。 I'll go in January. *J'y irai en janvier.* 这是历史上降雨量最多的五~。 This has been the wettest May on record. *Cela a été le mois de mai le plus pluvieux qu'on ait jamais vu.*

月亮 yuè liang H3, S1
今晚有~。 There's a moon tonight. *On voit la lune ce soir.* 那天夜里没有~。 There was no moon that night / It was a moonless night. *C'était une nuit sans lune.*

阅读 (閱讀) yuèdú H4, S2
他很喜欢~。 He likes reading. *Il aime la lecture.* 我带了些~的去旅行。 I took some reading matter for my travelling. *J'ai emmené de quoi lire pour mon voyage.* 她~量很大 / 大量地~。 She is a great reader. *Elle lit beaucoup.*

云 (雲) yún T, H3, S2
看那些乌~，要下雷阵雨了。 Look at those black clouds, there's going to be a thunderstorm. *Regarde ces nuages noirs, il va y avoir un orage.* 下午 有很多~ / ~层密布。 It clouded over in the afternoon. *Ça s'est couvert dans l'après-midi.* 他人~亦~。 He parrots what others say. *Il répète comme un perroquet.*

允许 (允許) yǔnxǔ H4, S2
这个(事)老板不~。 The boss won't permit it. *Le patron ne le permettra pas.* 他被~抽了最后一枝烟。 He was allowed a final cigarette. *On lui a permis (de fumer) une dernière cigarette.*

运 (運) yùn T, S2
他们把设备~过了桥。 They carried the equipment across the bridge. *Ils ont porté le matériel de l'autre côté du pont.* 他们 空~ / 水~ 食品。 They fly / ship food supplied. *Ils transportent des vivres par avion / par bateau.*

运动 (運動) yùndòng H2, S1
她搞很多(体育)~。 She does a lot of sport. *Elle fait beaucoup de sport.* 我是跳高~员。 I'm a high jumper. *Je suis sauteur en hauteur.* 他领导反毒品的~。 He's conducting a campaign against drugs. *Il mène une campagne contre la drogue.*

运输 (運輸) yùnshū H5, S1
他们 空中~ / 空运 食品。 They're flying food supplies. *Ils*

transportent des vivres par avion.* 公司每年铁路~数百万吨的货物。 The company transports millions of tons of goods by rail each year. *Chaque année, l'entreprise transporte des millions de tonnes de marchandises par chemin de fer.* 这艘油轮~海湾的石油。 The tanker carries oil from the Gulf. *Ce pétrolier transporte du pétrole du Golf.*

Z

杂 (雜) zá T, S2
他们总谈~事儿。 They always make miscellaneous conversation. *Ils font toujours la conversation sur des sujets divers.* 她桌子上总堆满了~七~八的东西。 Her desk is always covered with odds and ends. *Son bureau est toujours encombré de tout un bric-à-brac.* 她常常因为什么~事儿发火。 She often takes offence over nothing. *Elle se fâche souvent pour une bagatelle.* 很多不同的风格都(混)~在一起了。 It's a mixture of too many different styles. *On a un peu trop mélangé les genres.*

杂志 (雜志) zázhì H4, S1
这是一本医学~。 It's a medical journal. *C'est un magazine médical.* 他订了一本文学~。 He has taken out a subscription to a literary magazine / review. *Il s'est abonné à un magazine / une revue littéraire.* 我是在一本~上读到的。 I read it in a magazine. *Je l'ai lu dans un magazine.*

灾 (災) zāi T, S2
我们的城市连续受~。 Our town has suffered one disaster after another. *Notre ville a subi désastre après désastre.* 庄稼遭了水~。 The crops have been ruined by the floods. *Les récoltes ont été perdues à cause des inondations.* 他们遇到了三~八难。 They met with many adversities. *Ils ont eu bien des malheurs.*

在 zài (动、介) D, T, H1, S1
他不~，别人都~。 He's not in, and all the others are there. *Il est absent, et tous les autres sont là.* 旅馆~河旁边。 The hotel is next to the river. *L'hôtel se trouve près de la rivière.* 这~(看)他是否同意。 It depends on whether she accepts. *Ça dépend si elle accepte.* 他们~花园里玩儿。 They're playing in the garden. *Ils jouent dans le jardin.* ~红(绿)

灯处往左拐。Turn left at the traffic lights. *Tournez à gauche au feu.* 他~胳臂下夹着一份报纸。He was carrying a paper under his arm. *Il portait un journal sous le bras.*

在 zài (副) D, T, H1, S1 她~唱歌儿。She is singing. *Elle est en train de chanter.* 我~做饭。I'm (busy) cooking. *Je suis en train de cuisiner.*

在家 zàijiā S1 我~工作。I work at home / from home. *Je travaille à domicile / chez moi.* 随便些，就象在您家一样。Make yourself at home. *Faites comme chez vous.* 她到处都像~一样! She feels at home everywhere! *Elle est à l'aise partout.* 他有多长时间不~了? How long has he been missing at home? *Depuis combien de temps a-t-il disparu de la maison?*

再 zài T, H2, S1 您能~说一遍吗? Can you say it again? *Pouvez-vous répéter?* ~给我点儿。Give me some more. *Donne-moi davantage.* 我不能~等下去了。I can't wait any longer. *Je ne peux plus attendre.* (你)先做功课，~看电视。Do your homework first than you can watch TV. *Fais d'abord tes devoirs, et ensuite tu pourras regarder la télé.*

再见 (再見) zàijiàn H1, S1 ~! Goodbye! *Au revoir!* 希望近期能~! See you soon! *A bientôt!* 我们北京 ~ / 再会! See you (again) in Beijing! *On se (re)verra à Beijing!*

咱 zán T, S1 ~学生钱不多呀! We students don't have much money. *Nous, étudiants, on n'a pas beaucoup d'argent.* ~(们)每个人都可能犯错误。We all make mistakes. *Tout le monde peut se tromper.*

咱们 (咱們) zánmen H4, S1 ~快点儿吧! Let's hurry! *Dépêchons-nous!* ~别干蠢事了! Now, don't let's have any nonsense! *Allons, on ne fera pas de bêtises!*

暂 (暫) zàn T 他~住这里。He'll stay here temporarily. *Il reste ici temporairement.* 我~不告诉他事实真相。I kept putting off telling him the truth. *Je continuais à repousser le moment de lui dire la vérité.*

暂时 (暫時) zànshí H4, S2 这至少~能让你喘一口气。This will at least give you temporary relief. *Cela te soulagera au moins pour le moment.* 市里有大批~留住的人。The city has

a large transient population. *La ville a beaucoup de gens transitoires.*

脏 (髒) zāng H4, S1 他把衬衣弄~了。He got his shirt dirty. *Il a sali sa chemise.* 这条连衣裙~得很快。This dress really shows the dirt. *Cette robe fait vite sale.* 这是件很~的生意。It's a dirty business. *C'est une sale affaire.*

早 zǎo S1 我早饭吃得很~。I had an early breakfast. *J'ai déjeuné de bonne heure.* 现在起床太~了。It's too early to get up. *Il est trop tôt pour se lever.* 我得~点儿睡觉。I need an early night. *Je dois me coucher de bonne heure.* 我从~到晚地工作。I work from morning till night. *Je travaille du matin au soir.*

早晨 zǎochen S1 这是~发生的。It happened first thing in the morning. *C'est arrivé au début de la matinée.* 这是我明天~要做的第一件事。I'll do it first thing in the morning. *Je le ferai demain à la première heure.*

早饭 (早飯) zǎofàn S1 我八点吃~。I have breakfast at 8. *Je prends le petit déjeuner à 8 heures.* 你~要吃什么? What do you want for breakfast? *Que veux-tu pour ton petit déjeuner?*

早就 zǎo jiù S1 我~做完了。I have been finished for a long time. *Il y a longtemps que j'ai fini.* 这~发生了。It happened long ago. *Cela s'est passé il y a longtemps.* 他~住在这里了。He has been living here (for) a long time. *Cela fait longtemps qu'il habite ici.*

早上 zǎoshang H2, S1 (= 早晨 zǎochen) ~好! (Good) morning! *Bonjour!* ~七点了。It's seven o'clock in the morning. *Il est sept heures du matin.* ~有一个航班。There's a flight in the morning. *Il y a un vol le matin.*

早已 zǎoyǐ S1 (= 早就 zǎojiù)

造 zào S1 "中国(制)~", "Made in China", "Fabriqué en Chine"; 他们在~房子。They're building houses. *Ils bâtissent des maisons.* 这纯粹是假~。This is pure invention. *C'est une pure invention.*

造成 zàochéng H5, S1 他们~了动乱。They've created a disturbance. *Ils ont porté atteinte à l'ordre public.* 他给我们~了很多烦恼。He has caused us a lot of trouble. *Il nous a créé beaucoup d'ennuis.* 这可能~在短期内失去视力。

It can cause temporary loss of vision. *Cela peut entraîner une perte momentanée de la vue.*

责任 (責任) zérèn H4, S1 您有~做这个。 You are (in) duty bound to do it. *Votre devoir vous y oblige.* 他能负起这些~来吗? Can he handle all that responsibility? *Est-il capable d'assumer toutes ces responsabilités?* 您有养家的 ~。 You have a responsibility to your family. *Vous avez une responsabilité envers votre famille.* 他对事故的发生不承认有任何~。 He refused to accept any responsibility for the accident. *Il a décliné toute responsabilité au sujet de l'accident.*

怎么 (怎麼) zěnme G, H1, S1 这个~写? How do you write it? *Comment est-ce que ça s'écrit?* 他~从不打电话? Why is it that he never phones? *Pourquoi est-ce qu'il ne téléphone jamais?* 你觉得~对就~做。 Act as you see fit. *Fais comme bon te semble.*

怎么办 (怎麼辦) zěnme bàn S1 ~? What's to be done? *Que faire?* 且看他~。 Let's see how he should do. *Voyons comment il s'y prendra.* 她不知道~。 She is at a loss (to know) what to do. *Elle ne sait que faire.* 整整这两个星期我们跟你父亲~? What are we going to do with your father for two whole weeks? *Qu'allons-nous faire de ton père pendant deux semaines entières?*

怎么样 (怎麼樣) zěnmeyàng H1, S1 我们什么时候去? --- 星期一~? When shall we go? – What about Monday. *Quand est-ce qu'on y va? – Et si on disait lundi?* 今天晚上出去~? How about going out tonight? *Si on sortait ce soir?* 我觉得她不~。 I don't think much of her. *Je n'ai pas une très haute opinion d'elle.* 跟他水平比他做得不~。 His work is not up to his normal standard. *Son travail n'est pas aussi bon que d'habitude.*

怎样 (怎樣) zěnyàng S1 这个 ~写 / 怎么样写? How do you write it? *Comment est-ce que ça c'écrit?* 她知道~才能取得效果。 She knows how to get results. *Elle sait comment s'y prendre pour obtenir ce qu'elle veut.*

增加 zēngjiā H4, S1 犯罪~了。 Crime is on the increase. *La criminalité est en hausse.* 花费要~一千块钱。 It will add (on) another 1000 yuan to the cost. *Cela augmentera le coût de 1000 yuan.* 我们的产量~到每星期九百个部件。 We've increased output to 900 units a week. *Nous*

avons augmenté la production à 900 unités par semaine.*

增长 (增長) zēngzhǎng H4, S1 生产 / 通货膨胀 有所~。 Production / Inflation has increased. *La production/ L'inflation a augmenté.* 学习~了我们的才干。 Learning has developed our abilities. *L'apprentissage a développé nos compétences.*

窄 zhǎi H4 这条路太~，两辆车不能对开。 This path is too narrow for two cars. *Ce chemin est trop étroit pour deux voitures.* 他肩膀很~。 He has narrow shoulders. *Il est petit de carrure / Il n'est pas large d'épaules.* 她心眼儿很~。 She's petty(-minded). *Elle est mesquine.*

展开 (展開) zhǎnkāi H5, S1 他在桌子上~了地图。 He has unfolded the map on a table. *Il a étalé la carte sur une table.* 她~了详细的解释。 She set off on a long explanation. *Elle s'est lancée dans une longue explication.*

站 zhàn (动) H3, S1 ~起来! Stand up! *Debout!* 他~着吃饭。 He's eating standing up. *Il mange debout.* 她~了起来把位子让给了我。 She stood up to offer me her seat. *Elle s'est levée pour m'offrir sa place.*

站 zhàn (名) H3, S1 你能来公交车~等我吗? Can you wait for me at the bus shelter? *Peux-tu m'attendre à l'abribus?* 我到车~接你。 I'll meet you at the station. *Je te retrouverai à la gare.* 火车进~了。 The train came into the station. *Le train est entré en gare.*

占 (佔) zhàn S1 看书~了他很多时间。 Reading keeps him occupied. *Ça l'occupe de lire.* 她~第三位。 She is ranked number 3. *Elle est classée numéro 3.*

张 (張) zhāng (量) H2, S1 我们预定了一~桌子。 We've booked a table. *Nous avons retenu une table.* 给我一~纸，我把地址记下来。 Pass me a piece of paper, I'm going to write the address down. *Passe-moi un papier, je vais noter l'adresse.* 我们要了(一个)有两~床的房间。 We asked for a room with two beds. *Nous avons demandé une chambre à deux lits.*

张 (張) zhāng (动) H2, S1 他~开了双臂。 He's opened his arms. *Il a ouvert les bras.* ~开嘴呼吸。 Breathe through your mouth. *Respirez par la bouche.* 现在是您自己~开翅膀的时候了。

It's time you spread your wings. *Il est temps que vous voiliez de vos propres ailes.*

长（長）zhǎng S1
我是家中~兄。I'm the eldest brother of the family. *Je suis le frère aîné de la famille.* 王小姐是家里的~女。Miss Wang is the eldest daughter of her family. *Mlle Wang est la fille aînée de la famille.* 老马是我们代表团团~。Lao Ma is the head of our delegation. *Lao Ma est le chef de notre délégation.* 你~高了。You've grown. *Tu as grandi.* 他们的小女儿 ~成大姑娘了 / ~大(成人)了，而且~得很漂亮。Their youngest daughter is an adult now / has grown into a woman, and she's quite pretty. *Leur fille est adulte maintenant / est devenue femme, et elle est très jolie.* (> 长 cháng)

长 [秘书长]（長 [秘書長]）zhǎng [mìshūzhǎng] H3, S2
他是警~。He's the police chief. *C'est le chef de la police.* 校~要家~都来。The headmaster told all the parents to come. *Le directeur a dit à tous les parents de venir.* 公司秘书~先生，见到您很高兴! Mr. Company Secretary, please to meet you! *M. le Secrétaire général, enchanté de faire votre connaissance!* 联合国秘书~发表了讲话。The Secretary-General of the UN made / delivered a speech. *Le secrétaire général de l'ONU a fait / a prononcé un discours.*

长大（長大）zhǎngdà S1
我~后想当医生。I want to be a doctor when I grow up. *Je veux être médecin quand je serai grand.* 这个男孩子看来 ~懂事儿了 / 长成大人了 。He seems to be a well brought-up young man. *Il a l'air d'être un jeune homme bien élevé.*

掌握 zhǎngwò H5, S1
这个现在大家都能~了。It is now within everyone's grasp. *C'est maintenant à la portée de tout le monde.* 她十个月就把中文~(下来)了。She mastered Chinese in only 10 months. *10 mois lui ont suffi pour maîtriser le chinois.* 她很喜欢~时装的信息。She likes to keep (herself) abreast of the latest fashions. *Elle aime se tenir au courant de la dernière mode.* 他以为自己~着真理。He believed that he possesses the truth. *Il se croit posséder la vérité.*

丈夫 zhàngfu H2, S2
他们是~、妻子关系吗? Are they husband and wife? *Sont-ils mari et femme?* 玛丽的~很会开玩笑。Mary's husband is very funny. *L'époux de Marie est très drôle.*

招聘 zhāopìn H4, S2
他们目前不~人。They're not hiring anyone / There are no vacancies at their company. *Il n'y a pas d'embauche chez eux.* 公司~电脑工程师。The company is recruiting computer engineers. *La société recrute des ingénieurs en informatique.*

招生 zhāo//shēng S1
你们大学怎么~? How do you enroll new students in your university? *Comment vous immatriculez les nouveaux étudiants dans votre université?* 这是一所招了六百个学生的学校。It's a school with an enrolment of 600. *C'est une école avec un effectif de 600 élèves.*

招手 zhāo//shǒu S1
我们~再见了。We waved goodbye. *Nous avons fait au revoir de la main.* 我~叫他们过来。I beckoned them over to me. *Je leur ai fait signe d'approcher.* 邻居向我们友好地招了招手。Our neighbour gave us a friendly wave. *Notre voisin nous a fait un signe amical.*

着急（著急）zhāo//jí H3, S1
你实在叫我~了。You really worried me. *Je me suis vraiment inquiété à cause de toi.* 王太太为他们的安全很~。Mrs Wang is anxious for their safety. *Madame Wang est inquiète pour leur sécurité.*

找 zhǎo H2, S1
你~(人)打架吗? Are you looking for fight? *Tu cherches la bagarre?* 我们最好~人帮助。We'd better seek help. *Il vaut mieux aller chercher de l'aide.* 有人~你。Someone wants to see you. *Quelqu'un veut te voir.* ~我有什么事儿? What can I do for you? *Que puis-je vous être utile?*

找到 zhǎodào S1
你要找的东西~了吗? --- 我哪儿 也找不到 / 也没有~。Did you find what you were looking for? – I couldn't find it anywhere? *As-tu trouvé ce que tu cherchais? – Je ne le trouvais nulle part.*

照 zhào S1
太阳~着。The sun was shining. *Le soleil brillait.* 陆小姐在~镜子。Miss Lu is looking at herself in the mirror. *Mlle Li est en train de se regarder dans le miroir.* 晚上马路(被)~得通亮。The streets are lit up in the evening. *Les rues sont illuminées le soir.*

照顾（照顧）zhàogù H3, S1
这个周末奶奶~孩子。Granny's looking after the children this weekend. *Mamie garde les enfants ce week-end.* 她有一个得病的母亲要~。She has a sick

mother to look after. *Elle a une mère malade à charge.*

照片 zhàopiàn H3 我在这张~上。 I'm in this photograph. *Je suis dans cette photo.* 他叫人拍了张~。 He had his photograph taken. *Il s'est fait photographier.*

照相 zhào//xiàng S1 我给小马照了一张相。 I took a photo of Xiao Ma. *J'ai pris Xiao Ma en photo.* 您能给我~吗? Can you take my picture / a picture of mine? *Pourriez-vous me prendre en photo?*

照相机 (照相機) zhàoxiàngjī H3 她圣诞节时得了一台(作为礼物的)~。 She got a camera (as a present) for Christmas. *Elle a eu un appareil photo (comme cadeau) pour Noël.* 我对~一窍不通。 I know nothing about cameras. *Je n'y connais rien en appareils photos.*

这 (這) zhè / zhèi D, H1, S1 ~是我(的)母亲。 This is my mother. *Je vous présente ma mère.* ~是什么? What's this? *Qu'est-ce que c'est (que ça)?* ~是我说过的那个地方。 This is the place I was talking about. *C'est l'endroit dont je parlais.*

这边 (這邊) zhèbiān S1 请从~走。 This way please. *Par ici s'il vous plaît.* 运气在我们~。 Luck is on our side. *La chance est avec nous.*

这个 (這個) zhège N, G (1), ~是我的,那个是你的。 This one is mine and that one is yours. *Celui-ci est le mien, et celui-là est le tien.* 由于~原因我没来。 I didn't come for this reason. *Je ne suis pas venu pour cette raison.* (2), [口] 我们玩儿得~痛快! We had such a good time! *On s'est tellement bien amusé(s)!* 我~饿呀,本来能都吃掉。 I was so hungry I could have eaten it all. *J'avais si faim que j'aurais pu tout manger.* 我做了后~遗憾啊! How I regret having done it! *Comme je regrette de l'avoir fait.*

这里 (這裡) zhèli S1 小刘在~吗? Is Xiao Liu here? *Est-ce que Xiao Liu est là*? 她昨天离开了~。 She left here yesterday. *Elle est partie d'ici hier.* 我在~住了两年了。 I've lived here for two years. *Ça fait deux ans que j'habite ici.*

这么 (這麼) zhème G, S1 她~叫人生气。 She makes me so angry. *Elle a le don de me mettre en colère.* 他~勇敢! He has such courage! *Il a un de ces courages!* 我~做。 I do it this way.

Voilà comment je fais. 别跟我~说话! Don't talk to me like that! *Ne me parle pas sur ce ton!*

这儿 (這兒) zhèr S1 小刘在~吗? Is Xiao Liu here? *Est-ce que Xiao Liu est là?* 她昨天离开了~。 She left here yesterday. *Elle est partie d'ici hier.* 从~起,你得听我的! From now on you do as you're told! *A partir de maintenant, tu dois obéir!* 打~以后,他就没回过村子。 He hasn't been back to the village since then. *Il n'est pas retourné au village depuis lors.*

这时候|这时 (這時候|這時) zhè shíhou | zhè shí S1 我~不大注意。 I didn't pay much attention at the time. *Sur le moment je n'ai pas fait beaucoup attention.* ~他们在说中国话。 They were talking in Chinese at that moment. *Ils parlaient en chinois à ce moment-là.*

这些 (這些) zhèxiē G, N, S1 ~书是谁的? Whose are these books? *A qui sont ces livres?* 现在~日子存钱不容易。 Saving money isn't easy these days. *Faire des économies n'est pas facile de nos jours.* 你认识~人吗? Do you know these people? *Connais-tu ces gens?*

这样 (這樣) zhèyàng G, S1 (1) (定语、状语) (= 这么 zhème) 他~勇敢! He has such courage! *Il a un de ces courages!* 我~做。 I do it this way. *Voilà comment je fais.* 别跟我~说话! Don't talk to me like that! *Ne me parle pas sur ce ton!*
(2) (补语、谓语) 您如果喜欢~的东西,就没有问题。 It's all right, if you like that kind of thing. *C'est bien si vous aimez ce genre de chose.* 你知道他总(是)~。 You know how he always gets his own way. *Tu sais bien comment il est.*

这种 (這種) zhèzhǒng G ~电影很怪。 It's a strange sort of film. *C'est un drôle de film.* 你开~车吗? Do you drive this type of cars? *Est-ce que tu conduis ce modèle de voiture?* 我看透了你~人! I know your kind! *Je connais les gens de ton espèce!*

着 (著) zhe D, H2, S1 你听~! You just listen! *Ecoute bien!* 我一整天都 站~ / 是站~的。 I've been standing all day. *Je suis resté debout toute la journée.* 她听~收音机做功课。 She was listening to the radio while doing her homework. *Elle écoutait la radio tout en faisant ses devoirs.* (> 着 zháo; zhuó)

真 zhēn H2, S1 您 / 你 / 你们~好! How kind of you! *Comme c'est aimable!* 我~以为他是无辜的。It is my genuine belief that he is innocent. *Je suis intimement persuadé de son innocence.* 这~是你说的吗？Did you really say that? *As-tu vraiment dit ça?* 他们~以为能成功。They truly believe they'll succeed. *Ils croient réellement qu'ils vont réussir.* 一些演员咬字不~是时髦。It is the fashion among certain actors to slur their speech. *C'est la mode chez certains acteurs de ne pas prononcer clairement.*

真的 zhēnde S1 他们~是情人吗？Is it true that they were lovers? *Est-ce vrai qu'ils étaient amants?* 这~是你说的吗？Did you really say that? *As-tu vraiment dit ça?* 他们~以为能成功。They truly believe they'll succeed. *Ils croient réellement qu'ils vont réussir.* 很遗憾这确实是~。That's all too true, I'm afraid. *Ce n'est que trop vrai, malheureusement.*

真实（真實） zhēnshí H5, S1 这是~的(故)事。It's a true story. *C'est une histoire vraie.* 我们永远也不能知道她的~感情。We'll never know her real feelings. *Nous ne saurons jamais quels étaient vraiment ses sentiments.*

真正 zhēnzhèng H4, S1 他是我~的朋友。He has been a true friend to me. *Il a été un vrai ami pour moi.* 这是~的波斯地毯。It's a genuine Persian rug. *C'est un authentique tapis persan.*

争（爭） zhēng S1 别~了! Stop fighting / arguing! *Arrêtez de vous disputer!* 有几家公司~着做运动会的赞助者。Several companies were vying with each other to sponsor the games. *Plusieurs firmes se battaient pour parrainer les jeux.*

争取（爭取） zhēngqǔ H5, S1 她为成功而~了一生。All her life she strove for success. *Toute sa vie, elle s'est battue pour réussir.* 我可不去为你~什么。I'm not going to fight your battles for you. *C'est à toi de te débrouiller.* 我们终于把他~了过来。We won him over in the end. *Nous avons fini par le convaincre.*

整 zhěng S1 六点~了。It's 6 o'clock sharp. *Il est 6 h pile / précises.* 她一~夜没合眼。She didn't close her eyes all night long. *Elle n'a pas fermé l'œil de la nuit.* 我油漆厨房花了一~天。It took me a whole day to paint the kitchen. *J'ai mis une journée entière pour peintre la cuisine.* 他仪

容不~。He has an untidy appearance. *Il a une tenue débraillée.* 他犯了错误要挨~。He will be punished for his mistakes. *Il sera puni pour ses erreurs.*

整个（整個） zhěnggè H5, S1 他没有给你讲~经过。He didn't tell you the complete story. *Il ne vous a pas tout dit.* ~湖都结冰了。The lake was completely frozen. *Le lac était complètement gelé.*

整理 zhěnglǐ H4, S1 走以前~一下你的桌子。Straighten your desk before you leave. *Range ton bureau avant de partir.* 你能把自己的东西~~吗? Can you put your affaires in order? *Peux-tu mettre tes affaires en ordre?*

整齐（整齊） zhěngqí H4, S1 他把书摆得很~。He has put his books in order. *Il a rangé ses livres.* 小齐(的)字写得清楚~。Xiao Qi has a clear and neat handwriting. *Xiao Qi a une écriture nette et régulière.*

整体（整體） zhěngtǐ H5, S1 我从~上同意。I agree with that on the whole. *Je suis d'accord dans l'ensemble.* 书从~上讲述了那件事。The book tells the story in its entirety. *Le livre raconte l'histoire dans son entier.*

整天 zhěngtiān S1 我花了一~做。It took me a whole day to do it. *J'ai mis une journée entière pour le faire.* 我忙忙碌碌了一~。I've had a long day. *J'ai eu une journée bien remplie.*

整整 zhěngzhěng S1 我等了~ / ~等了一个小时。I've been waiting for a good hour. *J'ai attendu une bonne heure.* 电影要~演三个小时。The film is three hours long. *Le film dure trois heures.* 她同当局~斗了五年。She did her five-year-long battle with the authorities. *Elle a mené sa lutte de cinq années contre les autorités.* 那座房子离城市~有十公里。The house is a full 10 kilometres from town. *La maison est à 10 bons kilomètres de la ville.*

正 zhèng (副) H5, S1 这~是我需要的。That's just what I needed. *C'est exactement ce qu'il me fallait.* 这~在你后面。It's right behind you. *C'est juste dernière toi.*

正 zhèng (形) H5, S1 你写字时要坐~。Set up straight when you're writing. *Tiens-toi droit quand tu écris.* 画儿挂得不~。The picture isn't straight. *Le tableau n'est pas droit.* 他从~门进了房子。He went into the house by the main

162

entrance. *Il est entré dans la maison par la porte principale.* 他上了~路。 He's well on the way to doing it. *Il est en bonne voie de le faire.*

正常 zhèngcháng H4, S1 这样做很~。 It's normal to do. *C'est normal de faire.* 用支票付款很~。 It's regular practice to pay by cheque. *Les paiements par chèque sont pratique courante.* 他不大~。 He's not quite normal. *Il n'est pas complètement normal.* 形势恢复了~。 The situation has returned to normal. *La situation est redevenue normale.* 这是些使心跳~化的药片。 These are pills which regulate the heartbeat. *Ce sont des pilules qui régularisent le rythme cardiaque.*

正好 zhènghǎo H4, S1 这个她穿~。 It fits her nicely. *Cela lui va bien.* 你(迎接客人)来得~。 You're just in time (to greet our guests). *Tu arrives juste à temps (pour accueillir nos invités).* 我~和经理同桌。 I chanced to be at the same table as the manager. *Je me suis trouvé par hasard à la même table que le directeur.* 你说的人~是我的父亲。 The man you're talking about happens to be my father. *Il se trouve que l'homme dont tu parles est mon père.*

正确 (正確) zhèngquè H4, S1 句子听起来不大~。 The sentence doesn't sound quite right. *La phrase sonne un peu bizarre.* 她的猜想完全~。 She was quite correct in her assumptions. *Ses suppositions étaient parfaitement justes.* 您的作法不~。 You're not doing it in a proper way. *Vous ne vous y prenez pas comme il faut.*

正式 zhèngshì H4, S1 她总是很~。 She's always very formal. *Elle est toujours très à cheval sur les conventions.* 我实在不懂这种~的行话。 I can't understand this official language. *Je ne comprends rien à ce jargon administratif.* 他们~开始离婚(的手续)了。 It's official, they're getting a divorce. *C'est officiel, ils divorcent.*

正是 zhèng shì S1 这~是我需要的。 That's just what I needed. *C'est exactement ce qu'il me fallait.* 这~我对她生气的原因。 That's precisely / exactly why I'm annoyed with her. *C'est justement pour cela que je lui en veux.*

正在 zhèngzài H2, S1 她 ~ / 在 / 正 唱歌儿。 She is singing. *Elle est en train de chanter.* 舆论~转变。 Public opinion is changing. *L'opinion publique est en train d'évoluer.*

政策 zhèngcè N, H5, S2 做这个大概是一项好的 / 坏的~。 It would be good / bad policy to do that. *Ce serait une bonne / mauvaise politique de faire cela.* 公司这方面的~是什么? What is the company policy on this matter? *Quelle est la ligne suivie par la compagnie à ce sujet?* 我的~向来是等着瞧。 My policy has always been to wait and see. *J'ai toujours eu pour règle d'attendre et de voir venir.*

政府 zhèngfù N, H5, S1 这一规划是~投资的。 The project is financed by the government. *Le projet est financé par l'Etat.* 他在市~工作。 He works for the (local) council. *C'est un employé de mairie.* 社会党人参加了联合~。 The Socialists have joined the coalition government. *Les socialistes sont entrés dans le gouvernement de coalition.* ~垮台了。 The government has fallen. *Le gouvernement est tombé.*

政治 zhèngzhì N, H5, S1 他的~观点到底是什么? What exactly are his politics? *Quelles sont ses opinions politiques au juste?* 她在大学学的是~学。 She studied politics at university. *Elle a étudié les sciences politiques à l'université.* 他一直对~很感兴趣。 He's always very political. *Il s'est toujours intéressé à la politique.* ~对他们从没 / 未 有过什么吸引力。 Politics has never attracted them. *La politique ne les a jamais intéressés.*

证 (證) zhèng S1 您要出示身份~。 You need proof of identify. *Vous devez fournir une pièce d'identité.* 这是我的身份~。 It's my identity card. *C'est ma carte d'identité.* (法律) 他作了~。 (Law) He bore testimony to the truth. *(Droit) Il a porté / rendu témoignage de la vérité.*

证件 (證件) zhèngjiàn H5, S1 警察要看他的~。 The policeman asked to see his credentials. *Le policier lui a demandé ses papiers (d'identité).* 请出示~。 Please show your papers. *Présentez vos papiers, s'il vous plaît.* 我能看您的行车~吗? May I see your logbook / your motor license? *Les papiers de véhicules / La carte grise, s'il vous plaît.*

证据 (證據) zhèngjù H5, S1 您有什么~吗? Do you have any proof? *Avez-vous la preuve / des preuves?* ~对他不利。 The evidence is against him. *Les preuves pèsent contre lui.*

证明 (證明) zhèngmíng H4, S1 事实~他是有罪的。The facts prove him (to be) guilty. *Les faits prouvent qu'il est coupable.* 结果~不了这一假设。The results don't bear out the hypothesis. *Les résultats ne confirment pas l'hypothèse.*

只 zhī H4, S1 我有两~手。I have two hands. *J'ai deux mains.* 我奶奶养了三~猫。My grandmother has three cats. *Ma grand-mère a trois chats.* 他在会上~字不提。He didn't say a single word about it in the meeting. *Il n'en a pas dit un mot dans la réunion.* (> 只 zhǐ)

之 zhī D, H4 我知道为什么要我走，你要取而代~。I know why you want me to go -- you will replace me. *Je sais pourquoi tu veux que je parte -- tu veux me remplacer.* 这是他们拒绝的原因~一。That's one of the reasons (why) they refused. *C'est une des raisons de leur refus.* 我们要以我~长，攻敌~短。We must utilize our strong points to attack the enemy at his weak points. *Il faut profiter de nos points forts pour attaquer l'ennemi sur ses points faibles.*

之后 (之後) zhīhòu S1 我吃完早饭~来。I'll come after breakfast. *Je viendrai après le petit déjeuner.* 进门~关上门。Close the door after you. *Fermez la porte dernière vous.*

之间 (之間) zhījiān S1 这发生在早上三点和四点~。It happened between 3 and 4 a.m. *Cela s'est passé entre 3 h et 4 h du matin.* 他们~把赃物分掉了。They shared the loot between them. *Ils se sont partagé le butin.* 这个词在青年人~很常用。This expression is current among young people. *Cette expression est courante chez les jeunes.*

之内 (之內) zhī nèi S1 这在范围~。It's inside the limit. *C'est (dans) la limite.* 这在他的职权范围~。This comes within his competence. *Cela entre dans ses attributions.* 我(在)一个星期~把情况告诉您。I'll let you know within a week. *Je vous dirai ce qu'il en est dans le courant de la semaine.*

之前 zhīqián S1 她三天~去的。She went three days ago. *Elle y est allée il y a trois jours.* 他们在我们~到的。They arrived before us. *Ils sont arrivés avant nous.* 她把儿子放在一切~。Her son has a prior claim on her attention. *Son fils passe avant tout.*

之外 zhī wài S1 这在我的能力~。It's beyond my power. *Cela passe ma capacité.* 绝不能让办公室~的人知道。Nobody outside the office must know. *Personne ne doit être mis au courant en dehors du bureau.* 山脉~是印度。Beyond mountains lies India. *Au-delà des montagnes se trouve l'Inde.*

之下 zhī xià S1 她是处在压力~作的。She did it under pressure. *Elle l'a fait contrainte et forcée.* 这是一项在李教授领导~的计划。It's a project carried out under the leadership of Prof. Li. *C'est un projet sous la direction de Pr. Li.*

之一 zhī yī S1 这只是办法~。That's one solution. *C'est une solution parmi d'autres.* 这是全国最大的城市~。It's one of the most important towns in the country. *C'est une des plus importantes villes du pays.* 他是最伟大的艺术家~。He is one of the greatest artists. *C'est un des plus grands artistes.*

之中 zhī zhōng S1 他们~有个又高有瘦的人。There was a tall, thin man among them. *Parmi eux se trouvait un grand homme maigre.* 希望您不久会来到我们~。We hope you'll soon be with us. *Nous souhaitons vous voir bientôt parmi nous.*

支 zhī (量) H5, S1 他有三~笔。He has three pens. *Il a trois stylos.* 我给你们唱一~歌儿。I'll sing you a song. *Je vais vous chanter une chanson.* 派了那~队伍介入。The army was sent in. *On a fait intervenir la troupe.*

支 zhī [动] H5, S2 他们~起了一个帐篷。They put up / pitched a tent. *Ils ont monté une tente.* 他~着耳朵听。His ears pricked up. *Il a dressé l'oreille.* 她疼得~不住了。She couldn't bear the pain anymore. *Elle ne pouvait plus supporter la douleur.* 这次我不能在把他~开了。I can't put him off again. *Je ne peux pas encore annuler un rendez-vous avec lui.*

支持 zhīchí N, H4, S1 我 ~不下去了 / ~不住了。I'm ready to drop. *Je ne me soutiens plus.* 你在会上~我吗? Will you back me up in the meeting? *Tu vas me soutenir dans la réunion?* 他们靠仅有的果干和水~了下去。They had only dried fruit and water to sustain them. *Ils n'avaient que des fruits secs et de l'eau pour subsister.* 民主党将~这一法案。. The Democrats will support this bill. *Les Démocrates appuieront ce projet de loi.*

知道 zhīdào G, H5, S1 你~她的电话号码吗? Do you know her phone number? *Tu connais son numéro de téléphone?* 我不~这么晚了。 I didn't realize how late it was. *Je ne m'étais pas rendu compte qu'il était si tard.* 那些风险他~得很清楚。 He's well aware of the risks. *Il sait très bien quels sont les risques.*

知识 (知識) zhīshi H4, S1 他很有~ / 他~渊博。 He's erudite / scholarly. *Il est érudit / savant.* 她有技术~。 She has technical know-how. *Elle a des connaissances techniques.* 他有电脑的基础~。 He has a basic knowledge of computing. *Il a un minimum de connaissances en informatique.*

直 zhí (形、动) (1) H5, S1 这里路很~。 The road is straight here. *La route est droite ici.* 他人很(正)~。 He's fair-minded. *Il est équitable.* 她~了~腰。 She straightened her back. *Elle s'est redressée.*

直 zhí (副) (2) H5, S1 我能~说吗? Can I speak frankly? *Puis-je parler franchement?* 他冻得~哆嗦。 He was so cold that he kept shivering. *Il avait tellement froid qu'il n'arrêtait pas de trembler.* 他~乐得流眼泪 / 他乐得~流眼泪 / 他乐得眼泪~流。 He laughed till he cried. *Il a ri jusqu'aux larmes.*

直播 zhíbō H6, S1 (电视、广播)节目是~的, 你看 / 听 了吗? The (TV, Radio) programme was broadcast live. Did you watch it / listen to it? *Le programme (TV, Radio) a été diffusé en direct. Tu l'as regardé / écouté?*

直到 zhídào S1 她~昨天才到。 She didn't arrive until yesterday. *Elle n'est arrivée qu'hier.* 水(一)~了她的膝盖。 She was up to her knees in water. *Elle avait de l'eau jusqu'aux genoux.*

直接 zhíjiē H4, S1 这事与我有~关系。 The affair concerns me directly. *Cette affaire me concerne directement.* 财务由她~控制。 She has direct control over the finances. *Les questions financières relèvent directement de sa responsabilité.*

值 zhí S1 这幅画儿~多少钱? How much is the picture worth? *Combien vaut le tableau?* 这~不了多少钱。 It isn't worth much. *Cela ne vaut pas grand-chose.* 这不~一提。 It is not worth mentioning. *Cela ne vaut pas la peine de le mentionner.*

值得 zhídé H4, S1 这 ~不~ / 值不~? Is it worthwhile? *Cela (en) vaut-il la peine?* 这~考虑考虑。 It's worth thinking about. *Cela mérite réflexion.* 别这样难过, 为他不~。 Don't get upset, he isn't worth it. *Ne te rends pas malade, il n'en vaut pas la peine.*

职工 (職工) zhígōng S1 企业有数百名~。 The company has several hundred employees. *L'entreprise a plusieurs centaines d'employés.* ~罢工了。 The staff are on strike. *Le personnel est en grève.* 所有~都将得到一笔奖金。 Everybody on the payroll will receive a bonus. *Tout le personnel touchera une prime.*

职业 (職業) zhíyè H4, S1 他是什么~? What's his occupation? *Qu'est-ce qu'il fait comme travail / dans la vie?* 我不是~演员。 I'm not an actor by occupation. *Je ne suis pas acteur de métier.* 她的~是律师。 She's a lawyer by profession. *Elle exerce la profession d'avocat / Elle est avocate (de profession).*

植物 zhíwù H4, S2 这种(开花儿的)~长得很快。 It's a (flowering) plant that grows very fast. *C'est une plante (à fleurs) qui pousse très vite.* 我们下午去参观一个~园。 We'll visit a botanical garden this afternoon. *Nous allons visiter un jardin botanique cet après-midi.*

指 zhǐ H4, S1 他用手~了~门。 He gestured towards the door. *Il a désigné la porte d'un geste.* 我们~着你呢。 We're counting on you. *Nous comptons sur toi.* 控告~向了他。 The accusation was directed to him. *L'accusation le visait.* 我不知道你~的是什么。 I don't know what you are referring to. *Je ne sais pas à quoi tu fais allusion.*

指出 zhǐchū S1 报界没有~这一问题。 The newspapers didn't mention the problem. *Les journaux n'ont pas mentionné le problème.* 她向我们~了好几个错。 She pointed out several mistakes to us. *Elle a attiré notre attention sur plusieurs erreurs.*

指导 (指導) zhǐdǎo H5, S1 我由您(来)~。 I'll be guided by you. *Je me laisserai guider par vous.* 她~那个学生选择了化学(专业)。 She encouraged the pupil to take up chemistry. *Elle a orienté l'élève vers la chimie.*

只 zhǐ D, H3, S1 你要白酒吗？--- ~要一点点。Do you want some alcohol? – Just a drop. *Est-ce que tu veux de l'alcool? – Juste une goutte.* 我一个星期~剩下二十英镑过日子了。I only left myself £20 a week to live on. *Je n'avais plus que 20 livres par semaine pour me nourrir.* (> 只 zhī)

只好 zhǐhǎo H4, S1 我~走了。I had to go away. *J'ai dû m'en aller.* 我~考虑一下了。I'll have to think about it. *Il va falloir que j'y réfléchisse.* 他~做出了个笑脸。He gave a forced laugh. *Il a ri du bout des lèvres.*

只能 zhǐ néng S1 我~跟你说。I can only speak to you. *Je ne peux parler qu'à toi.* 你这样~使他更担心。You can merely cause anxiety to him more by that. *Tu ne peux que l'angoisser encore davantage par cela.*

只是 zhǐshì S1 他~个孩子！He's only a child! *Ce n'est qu'un enfant!* 我~跟她讲了事实罢了。I simply told her the truth. *Je lui ai tout simplement dit la vérité.* 她人很好，~有点儿傻。She is kind, but she is a bit silly. *Elle est gentille, seulement elle est un peu sotte.*

只要 zhǐyào H4, S1 你~还就可以拿去用。You can have it as long as you give me back. *Tu peux le prendre à condition que tu me le rendes.* 你~考试及格就可以去。You can go provided you pass your exam. *Tu peux y aller à condition de réussir ton examen.*

只有 zhǐyǒu G, S1 ~我们知道。We are the only people who know it. *Nous en sommes seuls à le savoir.* ~他相信我。He's the only one who believes me. *Il est le seul à me croire.* ~奇迹才能救我们。Nothing but a miracle can save us. *Seul un miracle pourrait nous sauver.*

纸 (紙) zhǐ S1 你有白~吗? Do you have any blank sheets of paper? *As-tu des feuilles de papier blanc?* 这是~扇子。This fan is made of paper. *Cet éventail est en papier.* 这张礼物~真不错。This wrapping paper is very nice. *Ce papier cadeau est très joli.* 给张~，我把地址记下来。Pass me a piece of paper, I'm going to write the address down. *Passe-moi un papier, je vais noter l'adresse.*

治 zhì S1 她在医院~病。She is being treated in hospital. *Elle reçoit des soins à l'hôpital.* 那个

医生~了我的风湿病。That doctor treated me for rheumatism. *Ce docteur m'a soigné pour le rhumatisme.* 这是一个自~区。It is an autonomous region. *C'est une région autonome.* 他有一些~国的经验。He has some experience of administration of a country. *Il a une certaine expérience de l'administration d'un pays.*

制定 zhìdìng H5, S1 他们应该~一个计划。They should formulate a plan. *Ils devraient élaborer un plan.* 我们~好了计划。We've worked out a plan. *Nous avons dressé un plan.* 你知道~的操作规程吗？Do you know the operating rules laid down? *Connais-tu les règles d'opérations établies?*

制度 zhìdù H5, S1 我们在民主~中生活。We live in a democratic system. *Nous vivons dans un système démocratique.* 这里星期日休息真成了~。Sunday as a day of rest is a real institution here. *Ici le repos dominical est une véritable institution.*

制造 (製造) zhìzào H4, S1 公司~汽车零件。The company manufactures spare parts for cars. *La société fabrique des pièces détachées pour automobiles.* 把东西给~商退回去。Send it back to the manufacturers. *Renvoyez-le au fabriquant.* 那个人~骚乱。That person created a disturbance. *Cette personne a porté atteinte à l'ordre public.* 他们在试图~舆论。They're trying to mould public opinion. *Ils essaient de façonner l'opinion publique.*

制作 (製作) zhìzuò H5, S1 她给自己~衣服。She makes her own clothes. *Elle fait ses vêtements elle-même.* 这是两个手工~的轮子。These are two wheels wrought by hand. *Ce sont deux roues façonnées à la main.*

至今 zhìjīn H5, S1 ~一切顺利。So far so good. *Jusqu'ici ça va bien.* 我~仍然记得。I remember it to this (very) day. *Je m'en souviens encore aujourd'hui.*

至少 zhìshǎo H4, S1 我~能试一试。I can at least try. *Je peux au moins essayer.* 这~花了他两千块钱。It cost him at least 2,000 yuan. *Cela lui a coûté 2 000 yuan au bas mot.*

质量 (質量) zhìliàng H4, S2 这个工作的~很高 / 很差。It's the high / poor quality of the workmanship. *C'est la bonne / mauvaise qualité du travail.* ~比数量更重要。Quality matters more than quantity. *La qualité importe plus que la quantité.*

志愿 (志願) zhìyuàn S1
讲到帮助我，他总是~的。When it comes to helping me, he always volunteers. *Quand il s'agit de m'aider, il propose toujours ses services.* 他是~为受灾的人工作的。He did voluntary work for the disaster victims. *Il a travaillé bénévolement pour les personnes sinistrées.*

志愿者 (志願者) zhìyuànzhě H5, S1
他们是为受水灾的人工作的~。They're volunteers for the flood victims. *Ce sont des volontaires pour les personnes sinistrées.*

钟 (鐘) zhōng H5, S1
吃晚饭的~响了。There goes the dinner bell. *C'est la cloche qui annonce le dîner.* 家里有一个杜鹃挂~。There's a cuckoo clock at home. *Il y a une pendule à coucou à la maison.* 我们几点(~)去? --- 九点(~)去。What time are we going? – Nine o'clock. *Quelle heure y va-t-on? – Neuf heures.*

终于 (終於) zhōngyú H3, S1
我们~到了那儿。We got there in the end. *Finalement nous y sommes arrivés.* 他~同意来了。He finally agreed to come. *Il a fini par accepter de venir.* 她~找到了自己喜欢的工作。At (long) last she's found a job she enjoys. *Elle a enfin trouvé un emploi qui lui plaît.*

中 zhōng D, S1
我十月~去的。I went in the middle of October. *J'y suis allé à la mi-octobre.* 她住在市~(心)。She lives in the city centre. *Elle habite dans le centre-ville.* 他心~有事(儿)。There's something on his mind. *Il y a quelque chose qui le tracasse.* 这正在讨论~。It's in the process of being discussed. *C'est en cours de discussion.* (> 中 zhòng)

中餐 zhōngcān S1
(1), 她吃~ / 吃中午饭去了。She's gone out for lunch. *Elle est partie déjeuner.* 欧洲人几点吃~? What time do the Europeans have lunch? *A quelle heure est-ce que les Européens prennent leur déjeuner?* (2), 您喜欢吃~吗? De you like Chinese? *Vous aimez bien manger chinois?* 我今天晚上想吃~。I feel like Chinese food tonight. *J'ai envie de manger chinois ce soir.* 这条街上有一家很好的中(国)餐馆。There's a good Chinese restaurant in this street. *Il y a un bon restaurant chinois dans cette rue.*

中国 (中國) Zhōngguó G, N, H1, S1
~是世界人口最多的国家。China is the most populated country in the world. *La Chine est le pays le plus peuplé du monde.* 我四月去~旅行。I'll take a trip to China in April. *Je ferai un voyage en Chine en avril.*

中华民族 (中華民族) Zhōnghuá Mínzú S1
~有四千二百多年有考证的文明。Chinese nation has had an attested civilization of more than 4,200 years long. *La nation chinoise a eu une civilisation attestée de plus de 4 200 ans.*

中级 (中級) zhōngjí S1
他们是~班(英语)的学生。They're students at intermediate (English) level. *Ce sont des étudiants (d'anglais) au niveau intermédiaire.* 现在正在进行~谈判。Talks are being held at the intermediate level. *On négocie au niveau intermédiaire.* 他父亲是~军官。His father is an officer of middle rank. *Son père est un officier de grade moyen.*

中间 (中間) zhōngjiān H3, S1
她在人群~走丢了。She was lost amongst the crowd. *Elle était perdue dans la foule.* 我在两个对手~干预。I'm standing between two opponents. *J'interviens entre deux adversaires.* 他在马路~行驶。He was driving down the middle of the road. *Il roulait au milieu de la route.*

中年 zhōngnián S1
一位~商人想见您。A middle-aged businessman wants to see you. *Un homme d'affaires d'un certain âge veut vous voir.* 这是对~夫妇，孩子都长大了。They're a middle-aged couple, with grown-up children. *C'est un couple d'âge mûr, dont les enfants ont grandi.*

中文 zhōngwén H4, S1
您讲 ~ / 汉语吗? Do you speak Chinese? *Parlez-vous (le) chinois?* 玛丽(说)~说得很好。Mary speaks Chinese very well. *Marie parle très bien chinois.* 他~一句话 都 / 也 不会说。He doesn't speak a word of Chinese. *Il ne parle pas un mot de chinois.* "这里讲~", "Chinese spoken", *"Ici on parle chinois";* 我学了一些基础 ~ / 汉语。I have learned some basic Chinese. *J'ai appris les bases du chinois.*

中午 zhōngwǔ H1, S1
~十二点了。It's midday / twelve (noon). *Il est midi.* 我~(十二点)停下来。I stop at lunchtime. *Je m'arrête à midi.*

中心 zhōngxīn H5, S1 她住在市~。She lives in the city centre. *Elle habite dans le centre-ville.* 他直入~。He went straight to the heart of the matter. *Il est allé droit au cœur du problème.* 她把自己看成世界的~。She thinks the universe revolves around her. *Elle se croit le centre du monde.* 这里是全社区活动~。The centre is a social hub for the entire community. *Le centre est un lieu de convivialité pour toute la communauté.*

中学 (中學) zhōngxué S1 这孩子过年该上~了。The child is going to secondary school next year. *L'enfant ira à l'école secondaire l'année prochaine.* 她在~教书。She teaches at the secondary school. *Elle enseigne dans le secondaire.*

中学生 (中學生) zhōngxuéshēng S1 他们是~。They're secondary school pupils (UK) / high school students (US). *Ce sont des collégiens (âgés de 12 à 14 ans) / des lycéens (âgés de 15 à 17 ans).*

中央 zhōngyāng N, H6, S1 他是~委员会委员。He's a member of the central committee of the party. *Il est membre du comité central du parti.* 我们把塑像摆到了大厅~。We put the state in the centre of the hall. *Nous avons mis la statue au centre de la grande salle.*

中医 (中醫) zhōngyī S1 你学的是~还是西医? Which have you studied, Chinese medicine or Western one? *Qu'est-ce que tu as étudié, la médecine chinoise ou occidentale?* 老王是一位~。Lao Wang is a doctor of traditional Chinese medicine. *Lao Wang est un praticien de médecine traditionnelle chinoise.*

种 (種) zhǒng D, H3, S1 他是黄~人。He's of the yellow race. *Il est de la race jaune.* 这是另一~问题。It's a different sort of problem. *C'est un autre type de problème.* 我们有几百本各~各样的书。We have hundreds of different kinds of books. *Nous avons des centaines de livres de toutes sortes.* (> 种 zhòng)

种子 (種子) zhǒngzi H6, S1 我播下了向日葵 / 生菜 ~。I sowed some sunflower / lettuce seeds. *J'ai semé des graines de tournesol / de laitue.* 你这个小流氓种儿! You little lout! *Graine de voyou!*

种 (種) zhòng D, S2 我~洋白菜。I plant cabbages. *Je plante des choux.* 他们~了五年地了。They've cultivated lands for 5 years. *Ça fait cinq ans qu'ils cultivent la terre.* 这个地区的农民~小麦。In this region, farmers grow wheat. *Dans cette région, les agriculteurs cultivent du blé.* (> 种 zhǒng)

重 zhòng H5, S1 这条鱼一公斤~。The fish weighs one kilo. *Le poisson pèse un kilo.* 我的手提箱太~了。My suitcase is too heavy. *Ma valise est trop lourde.* 她对他情意很~。She has (a) deep affection for him. *Elle a une profonde affection pour lui.* 我是用~金购买的。I paid a high price for it. *Je l'ai payé cher.* (> 重 chóng)

重大 zhòngdà S1 她动了一个~的手术。She underwent major surgery. *Elle a subi une grosse opération.* 没有取得任何~进展。No significant progress has been made. *Aucun progrès notable n'a été réalisé.* 他在职业中取得了~的成功。He made a great success of his career. *Il a bien réussi dans son métier.*

重点 (重點) zhòngdiǎn H4, S1 为什么~放到了笔头(作业)上? Why is the emphasis on written work? *Pourquoi l'accent est-il mis sur le travail écrit?* 辩论的~是 金融危机 / 财政危机。The focal point of the debate was the financial crisis. *Le point central du débat a été la crise financière.* 我们一直把~放在生产率上。The stress has always been on productivity. *Nous avons toujours mis l'accent sur la productivité.*

重视 (重視) zhòngshì H4, S1 我对她说的不大~。I paid little attention to what she said. *J'ai accordé peu d'attention à ce qu'elle a dit.* 我们要~这一次调查。We should attach importance to this survey. *Nous devrions accorder de l'importance à cette enquête.*

重心 zhòngxīn H6 这是问题的~。It's the heart of a matter. *C'est le cœur d'un problème.* 会议的~是人权。The focus of the conference is on human rights. *Le point central de la conférence, ce sont les droits de l'homme.*

重要 zhòngyào N, H3, S1 这不大~。It is of no great importance. *Cela importe peu.* 最~的是什么? What is the most important? *Qu'est-ce qui est le plus important?* 他们之间有很~的差别。They are importantly different. *Il y a une différence considérable entre eux.* 友谊是一桩很

~的事儿。Friendship is a very important thing. *L'amitié est une chose très importante.*

周 zhōu S1
圆~(有 / 是)三十米。There are thirty metres in circumference. *Il y a trente mètres de circonférence.* 我们围着场地转了一~。We made a circuit of the grounds. *Nous avons fait le tour des terrains.* 下~见。See you next week. *A la semaine prochaine.* 这一工作计划不~。The work has not been well planned. *Le travail n'a pas été bien planifié.* 她对我们照顾不~。She wasn't very attentive to our every need. *Elle n'était pas très attentive à tous nos besoins.*

周末 (週末) zhōumò H3, S2
~快乐! Have a good weekend! *Bon week-end!* 我~闲着。I have my weekends free. *Je suis libre le week-end.* 他~出门。He's going away for the weekend. *Il part pour le week-end.* 这个她~做。She'll do it at the weekend. *Elle le fera pendant le week-end.* 你这个~打算做什么? What are you doing this weekend? *Quels sont tes projets pour le week-end?*

周年 zhōunián H6, S1
今天是父母结婚~的日子。It's my parents' wedding anniversary. *C'est l'anniversaire de mariage de mes parents.* 明天是革命四十~纪念日。Tomorrow is the fortieth anniversary of the revolution. *Demain sera le 40ème anniversaire de la révolution.*

周围 (周圍) zhōuwéi H4, S1
他不远,就在~。He's around somewhere. *Il n'est pas loin.* 他们围在老师~。They were all grouped round the teacher. *Ils étaient tous rassemblés autour du professeur.* ~环境这么漂亮, 实在令人愉快。It's a pleasure to be in such lovely surroundings. *C'est un vrai plaisir de se trouver dans un cadre aussi joli.*

猪 (豬) zhū H4, S2
他们主要养~。They mainly raise pigs / hogs. *Ils élèvent principalement des cochons / des porcs.* 那是只野~。That was a wild pig. *C'était un sanglier.* 她不吃~肉。She doesn't eat pork. *Elle ne mange pas de porc.*

逐渐 (逐漸) zhújiàn H4, S2
天~冷起来了。It's getting colder and colder. *Il fait de plus en plus froid.* 这是很~地发生的。It happened very gradually. *Ça s'est produit très progressivement.* 他~察觉到妻子再也不爱他了。He realized, by degrees, that his wife no longer loved him. *Petit à petit il s'est rendu compte que sa femme ne l'aimait plus.*

主 zhǔ D
我心里没~。I don't know what to do. *Je ne sais que faire.* 预防为~。Prevention is better than cure. *Mieux vaut prévenir que guérir.* 他们~战 / ~和。They advocate war / peace. *Ils préconisent la guerre / la paix.*

主持 zhǔchí H5, S1
这里由谁~? Who's in charge here? *Qui est-ce qui commande ici?* 他们叫我~调查。I was put in charge of the investigation. *On m'a confié la responsabilité de l'enquête.* 会议由王先生~。Mr Wang is in the chair. *C'est M. Wang qui préside.*

主动 (主動) zhǔdòng H4, S1
你们必须采取~。You'll have to use your initiative. *Vous devez prendre des initiatives.* 他们在外国企业的竞争下失去了~。They lost the initiative to foreign competitive. *Ils ont été dépassés par la concurrence étrangère.*

主人 zhǔrén H5, S1
他是这个房子的~。He's the master / the owner of the house. *Il est le maître / le propriétaire de maison.* 我送给了女~一束鲜花。I offered the mistress a bunch of flowers. *J'ai offert un bouquet de fleurs à la maîtresse.*

主任 zhǔrèn S1
田先生是公司~。Mr Tian is the managing director. *M. Tian est l'administrateur délégué.* 他是财政 / 地区 / 人事~。He's a financial / regional / personnel manager. *C'est le directeur financier / régional / du personnel.*

主席 zhǔxí N, H5, S1
王女士是会议~。Ms Wang is the chairperson of the meeting. *Mme Wang préside la réunion.* 今天上午十点中国国家~会见了美国总统。The Chinese chairman met with the American president this morning at 10 o'clock. *Le président chinois a rencontré son homologue américain ce matin à 10 heures.*

主要 zhǔyào N, H3, S1
你平安无事, 这是最~的。You're safe, that's the main thing. *Tu es sain et sauf, c'est le principal.* 这是不是~的原因? Is it the chief reason? *Est-ce la raison majeure?* 他是~的有关人员。He's the principal person concerned. *C'est la personne principale concernée.* 我把~的时间用来搞政治。The major portion of my time is devoted to politics. *La plus grande partie de mon temps est consacrée à la politique.*

主义 (主義) zhǔyì N ~是一个信念的系统。An ism is a set of beliefs. *Un isme est en ensemble de doctrines.* 他表现出了现实~。He is realistic. *Il fait preuve de réalisme.* 别那么浪漫~了，那种完美是不存在的。Stop romanticizing! Nothing's that perfect. *Arrête tes idées romanesques, Rien n'est tellement parfait.* 那些人是恐怖~分子。Those people are terrorists. *Ces gens sont des terroristes.*

主意 zhǔyi H4, S1 真是好~! What a good idea! *Quelle bonne idée!* 干这个是谁的~? Whose idea was it to do that? *Qui a eu l'idée de faire cela?* 这可不是我的~! It wasn't MY idea! *L'idée n'était pas de moi.* 我从未有过离开你的~。The idea of leaving you never entered my head. *L'idée de te quitter ne m'a jamais effleuré.*

主张 (主張) zhǔzhāng H5, S1 能不能解释一下您对这个问题的~? Could you make your position clear on this point? *Pouvez-vous préciser votre position à ce sujet?* 我们~男女平等。We are in favour of sexual equality. *Nous sommes pour l'égalité des sexes.* 他~裁减军费。He advocates reducing defence / defense [US] spending. *Il préconise une réduction des dépenses militaires.*

祝 zhù H3, S1 ~一切顺利! Let's hope everything goes all right! *Souhaitons que tout aille bien!* (~)生日快乐! Happy birthday! *Bon anniversaire!* ~您有好运(气)。I wish you (good) luck. *Je vous souhaite bonne chance.* ~她旅途愉快 / (旅行)一路顺风。I wished her a pleasant journey. *Je lui ai souhaité (un) bon voyage.*

祝贺 (祝賀) zhùhè H4, S2 ~您(的成功)! Congratulations! (I congratulate you on / for having succeeded!) *Félicitations! (Je vous complimente sur votre succès).* 父母~她考试通过了。Her parents congratulated her on passing her exams. *Ses parents l'ont félicitée d'avoir réussi à ses examens.*

住 zhù H1, S1 我们 ~(在)北京 / 在北京~。We live in Beijing. *Nous habitons (à) Beijing.* 他们~一个套间。They live in a flat. *Ils habitent (dans) un appartement.* 站~! Halt! *Halte!* 谢谢你这个建议，我牢牢记~。Thanks for the suggestion, I'll bear it in mind. *Merci de ta suggestion, j'en tiendrai compte.* 你经受得~时间的考验吗? Can you withstand the test of time? *Peux-tu résister à l'épreuve du temps?*

住房 zhù//fáng S1 我在找~。I'm looking for somewhere to live. *Je cherche un logement.* 这是一套 三室~ / 三室套间。It's a 3-room flat. *C'est un logement de 3 pièces.*

住院 zhù//yuàn S1 他昨天 ~了 / 住了院。He was taken to hospital yesterday. *Il a été hospitalisé hier.* 他有没有~保险? Does he have hospitalization insurance? *A-t-il une assurance couvrant l'hospitalisation?*

注意 zhù//yì H3, S1 ~，(别)烫着(手)! Look out, it's hot! *Attention, c'est chaud.* "~台阶", "Mind the step", *"Attention à la marche";* 现在(你们)能~听我说吗? May I have your attention for a moment? *Puis-je avoir votre attention un instant?* 我说的你从不~(听)! You never take any notice of what I say! *Tu ne fais jamais attention à ce que je dis!*

著名 zhùmíng H4, S2 我知道这个人很~。I know the person by (high) repute. *Je connais la personne de renommée / d'une haute réputation.* 这个作家不太~。This writer isn't very well-known. *Cet écrivain n'est pas très connu.* 很多~的人士在这里逗留过。Many famous / celebrated names have stayed here. *Beaucoup de personnages célèbres / réputés ont séjourné ici.*

抓 zhuā S1 猫~疼了我的手。The cat scratched my hand. *Le chat m'a griffé la main.* 他把绳子~得更紧了。He tightened his grip on the rope. *Il a serré plus fort la corde.* 一个骑摩托的小子一把~走了她的提包。A boy on a motorbike snatched her bag. *Un garçon en moto lui a arraché son sac.*

抓住 zhuāzhù S1 她~了我的胳臂。She grabbed my arm. *Elle m'a attrapé par le bras.* 他~了问题的要害。He has a good grip of the subject. *Il connaît bien son sujet.* 要~一切可能的机会。Seize any opportunity that comes your way. *Saute sur la moindre occasion qui se présentera.*

专家 zhuānjiā H5, S1 她是这个领域的~。She is an expert in this field. *Elle est experte en la matière.* 他是癌症(学)~。He's a cancerologist. *C'est un cancérologue.* 这要求有~的能力。It requires specialist skills. *Ça demande les compétences d'un spécialiste.*

专门 (專門) zhuānmén H4, S1 他~来看了我们。He came specially to see us. *Il est* venu spécialement pour nous voir. 要~注意细节。Pay special attention to the details. *Faites particulièrement attention aux détails.*

专题（專題）zhuāntí H6, S1
学校有一个关于莫扎特一生的~讲座。There's a conference about the life of Mozart at school. *Il y a une conférence sur la vie de Mozart à l'école.* 他们要组织一个交流技巧的~讨论会，你想参加吗？They'll hold a seminar on communication skills, do you want to attend it? *Ils vont organiser un séminaire sur les techniques de communication, veux-tu y assister?*

专业（專業）zhuānyè H4, S2
汉语是她的~。Her speciality is Chinese. *Elle est spécialisée en chinois.* 您大学的~是什么，英文还是法文? What is your major, English or French? *Quelle est votre matière principale, l'anglais ou le français?* 他有电脑的~知识。He has a specialized knowledge of computing. *Il a des connaissances spéciales en informatique.*

转（轉）zhuǎn S1
她~了~椅子，脸朝向了窗户。She turned her chair towards the window. *Elle a tourné sa chaise face à la fenêtre.* 不要~话题呀! Don't change the subject! *Ne change pas de sujet!* (> 转 zhuàn)

转变（轉變）zhuǎnbiàn H5, S1
她在国外过了一年后彻底~了。Her year abroad has completely transformed her. *Son année à l'étranger l'a complètement métamorphosée.* 人们对核动力的看法有了~。There has been a change in thinking regarding nuclear power. *Il y a eu un changement d'opinion concernant l'énergie nucléaire.*

赚（賺）zhuàn H4, S2
他们亏就是我们~。Their loss is our gain. *Leur perte est notre gain.* 我们这次卖~了五百欧元。We made a €500 profit on the sale. *Nous avons réalisé un bénéfice de 500 euros sur cette vente.*

装（裝）zhuāng H5, S1
她~成了一个小丑。She dressed up as a clown. *Elle s'est déguisée en clown.* 他们~病。They pretended to be ill. *Ils ont fait semblant d'être malades.* 船正在~粮食。The ship is loading grain. *On est en train de charger le navire de céréales.* 她每天都换~。She appears in a new outfit every day. *Elle porte une tenue différente chaque jour.*

状况（狀況）zhuàngkuàng H5, S1
我~不佳。I'm out of condition. *Je ne suis pas en forme.* 国家处于受冲击的~。The country is in a state of shock. *Le pays est en état de choc.* 财政贸易~良好。Finance and trade are in a good state. *La finance et le commerce sont en bon état.*

状态（狀態）zhuàngtài H5, S1
到处是混乱的~。A state of confusion prevailed everywhere. *La confusion régnait partout.* 军队处于戒备~。Armed forces have been on the alert. *Les forces armées sont en état d'alerte.*

追 zhuī S1
~上他! Catch up with him! *Rattrapons-le!* 是两辆警车~一辆小卡车的。Two police cars chased the van. *Deux voitures de police ont pris la camionnette en chasse.*

准（準）zhǔn S1
这块表走得不~。The watch doesn't keep good time. *Cette montre ne va pas juste.* 她(算)数算得很~。She's very accurate in her calculations. *Elle est très précise dans ses calculs.*

准备（準備）zhǔnbèi H2, S1
~好了吗? Are you ready? *Etes-vous / es-tu prêt?* 他做了一切~。He is ready for anything. *Il est prêt à tout.* 我们~明天出发。We are preparing to leave tomorrow. *Nous nous préparons à partir demain.* 您~怎么做? How do you intend to do it? *Comment avez-vous l'intention de vous y prendre?*

准确（準確）zhǔnquè H4, S1
她很喜欢音乐，~地说，喜欢古典音乐。She likes music, or to be exact, classical music. *Elle aime la musique, ou plus précisément la musique classique.* 他的叙述很~。He was very precise in his description. *Il a donné une description très précise.*

准时（準時）zhǔnshí H4, S2
他总是很~。He's always punctual. *Il est toujours ponctuel.* 公交车~不~? Is the bus on time? *Est-ce que le bus est à l'heure?* 火车 很~ / 不~。The train is on schedule / is running behind schedule. *Le train est à l'heure / a du retard.*

桌子 zhuōzi H1, S1
我有一张小~。I have a small table. *J'ai une petite table.* 我们围着~坐了下来。We sat down to table. *Nous nous sommes mis à table.* 这张~太大，放在卧室里不合适。The desk is too big for this bedroom. *Le bureau est trop grand pour cette chambre.*

资格 (資格) zīgé H5, S1 她有当翻译的~。 She has formal qualifications in translation. *Elle possède un diplôme de traducteur.* 他在四年内没有开车的~。 His disqualification from driving will last for four years. *Il aura un retrait de permis (de conduire) de quatre ans.*

资金 (資金) zījīn H5, S1 ~很少。 Funds are low. *Les fonds sont bas.* 他们为地震灾民捐助了~。 They've set up a fund for the earthquake victims. *Ils ont ouvert une souscription en faveur des victimes du séisme.*

子女 zǐnǚ S1 我们的~都长大了。 We have grown-up children. *Nous avons de grands enfants.* 他们没有~。 They're childless. *Ils n'ont pas d'enfants.*

...子 [刀子] ...zi (dāozi) D, S1 小心，别叫刀~割着手! Be careful, don't cut yourself with that knife! *Attention, ne te coupe pas avec ce couteau!* 我们围着桌~坐了下来。 We sat down to table. *Nous nous sommes mis à table.* 我播下了向日葵种~。 I sowed some sunflower seeds. *J'ai semé des graines de tournesol.*

仔细 (仔細) zǐxì H4, S1 她做起事情来很~。 She's very careful in what she does. *Elle est très soigneuse dans ce qu'elle fait.* 她~关心我们的各种需要。 She was attentive to our every need. *Elle était attentive à tous nos besoins.* 王太太花钱很~。 Madam Wang is very frugal with her money. *Madame Wang est près de ses sous.*

字 zì H1, S1 这个~(是)什么意思? What does this word / this Chinese character mean? *Que veut dire ce mot / ce caractère chinois?* 他写得一手好~。 He has good handwriting. *Il a une belle écriture.* 你的~我看不懂。 I can't read your writing. *Je ne peux pas déchiffrer ton écriture.* 咬~清楚一点儿，我听不懂。 Speak more clearly, I don't understand. *Articule, je ne comprends rien.*

字典 zìdiǎn H3, S1 (你)查一下~。 Look it up in the dictionary. *Cherche dans le dictionnaire.* 我有一本同义词~。 I have a dictionary of synonyms. *J'ai un dictionnaire des synonymes.* 你没有法英~吗? Don't you have a French-English dictionary? *N'as-tu pas un dictionnaire français-anglais?* 这是一本地名~。 It's a gazetteer. *C'est un répertoire géographique.* 他是一本活~。 He's a walking encyclopaedia. *C'est un dictionnaire ambulant / vivant.*

自 zì D, S2 这是你~找的嘛! You asked for it! *Tu l'as cherché!* 他 ~不量力 / 不~量力。 He overestimates his strength. *Il surestime ses propres forces.* 这项规则~即日起生效。 The rule becomes effective (as) from this date. *La règle entre en vigueur à partir de ce jour.* 一年之内我们~三个雇员增到了十二个。 We went from 3 employees to 12 in a year. *Nous sommes passés de 3 à 12 employés en un an.*

自从 (自從) zìcóng H5, S1 他~昨天就谈这个。 He has been talking about it since yesterday. *Il en parle depuis hier.* 我~六岁开始就带眼镜。 I've worn glasses since I was six. *Je porte des lunettes depuis que j'ai six ans.*

自动 (自動) zìdòng H5, S1 这门课(学生)~参加。 Attendance on the course is purely voluntary. *La participation au cours est facultative.* 她~提出要帮忙。 She spontaneously offered to help. *Elle a spontanément proposé son aide.* 今天上午我让飞机~驾驶的。 I was on automatic pilot this morning. *J'ai été sur le pilotage automatique / J'ai marché au radar ce matin.*

自己 zìjǐ G, N, H3, S1 我可以~拿吗? May I help myself? *Puis-je me servir?* 你~看看吧。 See for yourself. *Tu n'as qu'à voir par toi-même.* 他们只好~来了。 They had to come themselves. *Ils ont dû venir eux-mêmes.*

自觉 (自覺) zìjué H5, S1 他~到了那些风险。 He's well aware of the risks. *Il sait très bien quels sont les risques.* 使您生了气，我没有~到。 I wasn't conscious of having annoyed you. *Je n'étais pas conscient de vous avoir fâché.*

自然 zìrán H4, S1 我(喜)爱大~。 I love nature. *J'aime la nature.* ~可能是很残酷的。 Nature can be cruel. *La nature peut être cruelle.* 你回答得很~。 You answered very naturally. *Tu as répondu de manière très naturelle.* 这个她~要说。 But she's bound to say that. *Mais il est certain que c'est cela qu'elle va dire.*

自身 zìshēn S1 在阳光照射下要~保护。 You have to shield yourself from the sun. *Vous devez vous protéger contre le soleil.* 她不过是她~的影子而已了。 She's only a shadow of her former self. *Elle n'est plus que l'ombre d'elle-même.*

自行车 (自行車) zìxíngchē H2,

S1 你骑车 / 骑~上班吗? Do you cycle to work? *Tu vas au travail en vélo?* 他的新~真棒! His new bike is really great! *Son nouveau vélo est vraiment génial!*

自由 zìyóu H5, S1

你今天下午~安排吗? Are you free this afternoon? *Es-tu libre cet après-midi?* 我不能~(给予)评论。I'm not at liberty to comment. *Je n'ai pas le droit de / Il ne m'est pas permis de faire de commentaires.* 他让我~使用他的房子。He gave me the freedom of his house. *Il m'a permis de me servir comme je voulais de sa maison.*

自主 zìzhǔ H6, S1

我~做的。I did it (all) on my own / by myself. *Je l'ai fait tout seul.* 男女婚姻~。Men and women shall marry the partners of their choice. *Hommes et femmes sont maîtres de choisir leurs époux.* 我们不由~地笑了起来。We couldn't help but laughing / but laugh. *Nous ne pouvions pas nous empêcher de rire.*

总 zǒng S1 (= 总是 zǒngshì)

总结 (總結) zǒngjié H4, S1

这事儿用一个字就可以~。One word sums that matter up. *Un mot suffit à résumer la question.* 我们~一下你刚说的。Let's summarize you just said. *Récupituons ce que tu viens de dire.* 他把形势给我们作了一个简单的~。He gave us a brief summary of the situation. *Il nous a donné un bref résumé de la situation.*

总理 (總理) zǒnglǐ H5, S1

记者问了~一些问题。The journalists asked the Prime Minister some questions. *Les journalistes ont posé des questions au Premier ministre.* 他作~期间去过好几次德国。During his prime ministership, he went to Germany several times. *Pendant qu'il était premier ministre, il est allé en Allemagne plusieurs fois.*

总是 zǒng(shì) H3, S1

她总 / ~抱怨个没完。She's always complaining. *Elle est toujours en train de se plaindre.* 他总 / ~迟到。He would invariably arrive late. *Il arrivait immanquablement en retard.* 不管你说什么，我总~要去的。I don't care what you say, I'm going anyway. *Tu peux dire ce que tu veux, j'y vais quand même.* 这总 / ~要发生的。It is bound to happen sooner or later. *Cela doit arriver tôt ou tard.*

总统 (總統) zǒngtǒng N, H5, S2

法兰西共和国~会见了美利坚合众国~。The President of the French Republic met with the President of the United States of America. *Le président de la République française a rencontré le président des Etats-Unis d'Amérique.* John F 肯尼迪是美国最年轻的、第一个信罗马天主教的~。John F Kennedy was the America's youngest president and the first Roman Catholic ever to be elected. *John F Kennedy a été le plus jeune président et aussi le premier président catholique aux Etats-Unis.*

走 zǒu H2, S1

~吧! Let's go! *On y va!* 咱们去~~吧! Let's walk a little! *Si nous marchions un peu?* 我的表不~了。My watch has stopped. *Ma montre (s')est arrêtée.* 我们~上了成功的道路。We've been on the road to success. *Nous sommes sur le chemin de réussite.* 我决心定下来了，决不~回头路。My mind is made up, there is no turning back. *Ma décision est prise, je n'y reviendrai pas.*

走过 (走過) zǒuguò S1

他从我旁边~(去)，一句话也没说! He passed by without a word! *Il est passé à côté de moi sans dire un mot!* 你既然~面包店，带回来个面包吧。Seeing as you're going past the baker's, pick up some bread. *Puisque tu passes devant la boulangerie, rapporte du pain.*

走进 (走進) zǒujìn S1

他们~了那个建筑 / 树林。They went into that building / the woods. *Ils sont entrés / pénétrés dans cet immeuble / dans les bois.* 我们~了新的十年。We've entered a new decade. *Nous sommes entrés dans une nouvelle décennie.* 谈判~了死胡同。The talks are deadlocked. *Les négociations sont dans l'impasse.*

走开 (走開) zǒukāi S1

(你)(给我)~! Get away from me! *Fiche-moi le camp!* 大家别~，咱们马上就要出发了。Don't go away, we're leaving now. *Ne vous éloignez pas, on part maintenant.*

走路 zǒulù S1

我~来的 / 走来的。I came on foot. *Je suis venu à pied.* 我每天跟小王~去上班 / 上班去。I walk to work with Xiao Wang every day. *Chaque jour je vais au travail à pied avec Xiao Wang.* 我们走了弯路。We took a roundabout route. *Nous avons pris un chemin détourné.*

租 zū H4, S1 "出~", "For hire", *"A louer"*; 他们度假~了一辆车。 They rented a car for the holidays. *Ils ont loué une voiture pour les vacances.* 这个套间房~每月三百美元。 This apartment rents for $300 a month. *Cet appartement se loue 300 dollars par mois.*

足够 (足夠) zúgòu S1 这~他们吃(的)。 This is sufficient to feed them. *Cela suffit pour les nourrir.* 您有~的钱来付吗？ Do you have enough money to pay? *Avez-vous de quoi payer?* 你做完有~的时间。 You'll have ample time to finish. *Tu auras largement le temps de finir.*

足球 zúqiú S1 你看~(比赛)了吗？ Did you watch the football? *Tu as regardé le football?* 他们每星期六都踢~。 They play football every Saturday. *Ils jouent au football tous les samedis.* 堕胎问题各政党 互相踢~ / 总把~踢到对方。 The abortion issue has become a political football. *Les partis politiques se renvoient la balle à propos de l'avortement.*

组 (組) zǔ H6, S1 他们每三个人分成一~。 They're in groups of three. *Ils sont en groupes de trois.* 我们分成~工作。 We work as a team. *Nous travaillons en groupe.*

组成 (組成) zǔchéng H4, S1 我们~了组。 We formed into groups. *Nous nous sommes mis en groupes.* 内阁由十三名部长~。 The cabinet is made up of 13 ministers. *Le cabinet est composé de 13 ministres.*

组合 (組合) zǔhé H5, S1 这个团体主要是由老年人~起来的。 This community is made up primarily of old people. *Cette communauté est constituée essentiellement de personnes âgées.* 我们的组织是不同种族集团~而成的。 There are different ethnic groups that make up our organization. *Il y a de différents groupes ethniques qui constituent notre organisation.*

组织 (組織) zǔzhī N, H4, S1 老孙~我们参观了一家农场。 Lao Sun organized a visit to a farm for us. *Lao Sun a organisé la visite d'une ferme à notre intention.* 她参加了好几个~。 She belongs to several organizations. *Elle est membre de plusieurs organisations.*

嘴 zuǐ H4, S1 请张开~。 Open your mouth please. *Ouvrez la bouche, s'il vous plaît.* ~里吃东西时不要说话! Don't talk with your mouth full! *Ne parle pas la bouche pleine!* 他的~闭不住。 He's incapable of keeping his mouth shut. *Il ne sait pas tenir la langue.* 她在会上根本没有张~。 She didn't open her mouth once during the meeting. *Elle n'a pas ouvert la bouche pendant toute la réunion.*

最 zuì H2, S1 她~聪明。 She's the cleverest. *C'est la plus intelligente.* 这是我看见过的~漂亮的房子。 It's the most beautiful house I've ever seen. *C'est la plus belle maison que j'aie jamais vue.* 他~紧急的需要是找到一份工作。 His most urgent need is to find a job. *Son besoin le plus urgent est de trouver un emploi.* 这是我所听到的~愚蠢的事儿! This is the most idiotic thing I ever heard! *C'est la chose la plus idiote que j'aie entendue!*

最好 zuìhǎo H4, S1 她是我~的朋友。 She's my best friend. *C'est ma meilleure amie.* 这是我看过的~的电影之一。 It's one of the best films I've ever seen. *C'est un des meilleurs films que j'aie jamais vus.* 他们认为~不回答。 They think it best not to answer. *Ils croient qu'il vaut mieux ne pas répondre.*

最后 (最後) zuìhòu H4, S1 这是你的~答复吗？ Is that your final answer? *C'est ta réponse définitive?* 这是您~的一次机会。 That's your last chance. *C'est votre dernière chance.* 我相信党~将胜利。 I believe in the party's ultimate victory. *Je crois à la victoire finale du parti.*

最近 zuìjìn H3, S1 他~不大舒服。 He hasn't been feeling well lately. *Il ne se sent pas très bien ces temps-ci.* 我只是~才听说的。 I hadn't heard of it until very recently. *Je n'en ai entendu parler que très récemment.* 她~要来。 She'll be here soon / in the near future. *Elle sera ici sous peu / dans un proche avenir.*

尊重 zūnzhòng H4, S2 我特别~她的能力。 I have (an) enormous respect of her competence. *Je respecte infiniment sa compétence.* 他~您的意见吗？ Does he value your opinion? *Votre opinion lui importe-t-elle?*

昨天 zuótiān H1, S1 ~下了一天雨。 It rained all (day) yesterday. *Il a plu toute la journée d'hier.* ~的报纸(在哪儿)呢？ Where's yesterday's newspaper? *Où est le journal d'hier?*

左 zuǒ S1 到了路口 往 / 向 ~拐。 Turn left at the junction. *Tournez à gauche au croisement.* 她比她丈夫还~。 She is further to the left than her husband. *Elle est (politiquement) plus à gauche que son mari.*

左边（左邊）zuǒbian H2, S1
他们在~开车。They drive on the left. *Ils roulent à gauche.* 东西在壁炉的~。It's to the left of the fireplace. *C'est à gauche de la cheminée.*

左右 zuǒyòu H6, S1
这个花了两千块钱~。It cost around 2,000 yuan. *Ça a coûté dans les 2 000 yuan.* 我~迟疑后作出了决定。After changing my mind several times, I made a decision. *Après bien des vacillations, j'ai pris ma décision.* 他能~形势。He's the master of the situation. *Il est maître de la situation.*

坐 zuò H1, S1
请~! Please sit down! *Asseyez-vous, s'il vous plaît / Assieds-toi, s'il te plaît!* 我们将~飞机旅行。We'll travel by air. *Nous voyagerons en avion.* 这个房子~北朝南。The house faces south. *La maison est orientée au sud.* 这个房子向后~了。This house is beginning to slope backwards. *Cette maison commence à s'affaisser vers l'arrière.*

坐下 zuòxia S1
我们围着桌子~了。We sit down to table. *Nous nous sommes mis à table.* 双方决定在谈判桌前~。The two sides have decided to sit down together at the negotiation table. *Les deux camps ont décidé de s'asseoir à la table des négociations.*

坐在 zuòzài G
咱们~地上吧。Let's sit on the floor. *Asseyons-nous par terre.* 他们围~桌子旁。They were sitting at (the) table. *Ils étaient assis à table.* 不要光~那儿，讲几句话呀! Don't just sit there, say something! *Ne restez pas bouche cousue, dites quelque chose!*

做 zuò H1, S1
你~什么呢? What are you doing? *Qu'es-tu en train de faire?* 她给自己~衣服。She makes her own clothes. *Elle fait ses vêtements elle-même.* 他饭做得很好。He cooks well. *Il cuisine bien.* 小李经常~诗。Xiao Li often writes poems. *Xiao Li écrit souvent des poèmes.*

做到 zuòdào S1
我说过的就一定要~。I abide by what I said. *Je maintiens mon dire.* 我觉得我们把事情~了。I feel that we have achieved something. *J'ai le sentiment que nous sommes arrivés à quelque chose.*

做法 zuòfǎ S1
我们的~不一样。We don't do things (in) the same way. *Nous ne faisons pas les choses de la même manière.* 这是惯常的~。It's the usual practice. *C'est l'usage.* 他们进行调查的~遭到的批评。Their methods of investigation have come under fire. *La façon dont ils mènent leurs enquêtes a été critiquée.*

做生意 zuò shēngyi H4
我不大会~。I'm not a very good businessman / businesswoman. *Je ne suis pas très doué / douée en affaires.* 您喜欢为自己~吗? Would you like to have / to run your own business? *Aimeriez-vous travailler à votre compte?*

座 zuò H4, S1
给我留个~(儿)。Keep a seat for me. *Gardez-moi une place.* 请大家就~。Everyone of you, sit down / take a seat please! *Tout le monde ici présent, asseyez-vous / prenez un siège, s'il vous plaît!* 这是~出租套房住宅楼。It's a block of rented flats. *C'est un immeuble à usage locatif.* 这是~(活 / 死)火山。It's a volcano (an active / extinct volcano). *C'est un volcan (en activité / éteint).*

座位 zuòwèi H4, S1
这个~有人了。This seat is taken. *Cette place est prise.* 请坐 / 留在你们的~上别动。Please stay in your seats. *Restez assis, s'il vous plaît.*

作 zuò D, S2
你现在为什么不~功课? Why aren't you doing your homework? *Pourquoi ne fais-tu pas tes devoirs?* 她喜欢~画儿。She like painting pictures. *Elle aime faire des dessins.* 这是他的新~。It's his new work. *C'est son nouvel ouvrage.* 我们把他看~专家。We regard him as an expert. *Nous le considérons comme un expert.* 她~口译。She acts as interpreter. *Elle sert d'interprète.*

作家 zuòjiā S1
你喜欢哪个~? Who is your favourite writer? *Qui est ton écrivain préféré?* 他是一个有名的小说~。He's a well-known writer of novels. *C'est un romancier connu.*

作品 zuòpǐn H5, S1
这部~很有意思。It's an interesting piece of work. *C'est une œuvre intéressante.* 她的~很畅销。Her work sells well. *Ses ouvrages se ventent bien.* 这是莫加特最杰出的~之一。That's one of Mozart's finest compositions. *C'est une des plus belles œuvres de Mozart.*

作为 (作為) zuòwéi H5, S1 他的~是可耻的。His conduct was disgraceful. *Sa conduite était honteuse.* 我是~法官行事的。I acted in my capacity as a magistrate. *J'ai agi en ma qualité de magistrat.* 她的~是多方面的，包括法语能熟练的口头表达。Speaking fluent French is just one of her many accomplishments. *Elle parle français couramment, entre autres talents.*

作文 zuòwén H5, S1 他很会~。He writes well. *Il rédige bien.* 我们在学校常~。We have to write essays regularly at school. *Nous faisons régulièrement des dissertations à l'école.*

作业 (作業) zuòyè H3, S1 我在做~。I'm doing my homework. *Je suis en train de faire mes devoirs.* 三月将开始隧道~。Work on the tunnel is to start in March. *Les travaux sur le tunnel doivent commencer en mars.*

作用 zuòyòng H3, S1 感到什么~了吗? Feeling the effects, are you? *Alors, on se sent de ses excès?* 你的眼泪对我没什么~了。Your tears don't have any effect on me anymore. *Tes larmes n'agissent plus sur moi.* 她在规划中起了很重要的~。She played an important role in this project. *Elle a joué un rôle important dans ce projet.*

作者 zuòzhě H4, S1 您读过这个~的作品吗? Have you ever read this author? *Avez-vous déjà lu des livres de cet auteur?* 这是一个中国~写的文章。It's a text written by a Chinese writer. *C'est un texte écrit par un écrivain chinois.*

中文索引 Chinese index *Index chinois*

二级 Level 2 Niveau A2 -- G, N, D, T, H1, H2
四级 Level 4 Niveau B2 -- H3, H4, S1
[六级 Level 6 Niveau C2 -- H5, H6, S2]

A

p.1
阿姨 āyí H3, S2
啊 ā H3, S1
矮 ǎi H4, S2
爱(愛) ài T, H1, S1
爱好 (愛好) àihào H3, S1
爱情 (愛情) àiqíng H4, S1
爱人 (愛人) àiren S1
碍 ài T
安静(安靜) ānjìng H3
安排 ānpái H4, S1
安全 ānquán N, H4, S1
安装 (安裝) ānzhuāng H5, S1
暗 àn T, H4, S2
案 àn T
按 àn S1
p.2
按时 (按時)
按照 ànzhào H4, S1

B

八 bā T, H1, S1
巴 bā T
把 bǎ (介) T, H3, S1
把 bǎ (量) T, H3, S1
爸爸 | 爸 bàba | bà T, H1, S1
吧 ba T, H2, S1
白 bái (形) (1) T, H2, S1
白 bái (副) (2) T, H2, S1
白菜 báicài S1
白酒 báijiǔ S1
白人 báirén S1
白色 báisè S1
白天 báitiān S1
百 bǎi H2, S1
p.3
搬 bān H3, S2
班 bān H3, S1
班长 (班長) bānzhǎng S1
板 bǎn T, S1
半 bàn H3, S1
半年 bànnián S1

半天 bàntiān S1
半夜 bànyè S1
办 (辦) bàn T, S1
办法 (辦法) bànfǎ H3, S1
办公室 (辦公室) bàngōngshì
S1
办理 (辦理) bànlǐ S1
帮 (幫) bāng T, S1
帮忙 (幫忙) bāng//máng H3,
S1
帮助 (幫助) bāngzhù H2, A1
p.4
包 bāo T, H3, S1
包括 bāokuò H4, S2
包子 bāozi H5, S1
饱 (飽) bǎo T, H3, S2
宝 (寶) bǎo T, S2
保 bǎo T, S1
保安 bǎo'ān S1
保持 bǎochí H5, S1
保存 bǎocún H5, S1
保护 (保護) bǎohù H4, S1
保留 bǎoliú H5, S1
保险 (保險) bǎoxiǎn H5, S1
保证 (保證) bǎozhèng H4, S1
抱 bào H4, S1
抱歉 bàoqiàn H4, S2
报 (報) bào (名) S1
p.5
报到 (報到) bào//dào H6, A1
报道 (報道) bàodào
报导 (報導) bàodǎo N, H4, S1
报告 (報告) bàogào H5, S1
报名 (報名) bàomíng H4, S1
报纸 (報紙) bàozhǐ H2, S1
背 bēi S1
杯子 bēizi H1, S1
北 běi S1
北边 (北邊) běibian S1
北部 běibù S1
北方 běifāng H3, A1
北京 běijīng N, H1, S1
被 bèi H4, S1
被子 bèizi H5, S1
背 bèi (动) H4, S1

背 bèi (名) H4, S1
背后 (背後) bèihòu S1
p.6
本 běn (量) H1 S1
本 běn (代、副) H1, S2
本报 běnbào N
本来 (本來) běnlái G4, S1
本领 (本領) běnlǐng H5, S1
本事 běnshi H6, S1
本子 běnzi S1
鼻子 bízi H3, S2
比 bǐ H2, S1
比方 bǐfang H6, S1
比较 (比較) bǐjiào H3, S1
比例 bǐlì H5, S1
比如 bǐrú H5, S1
比如说 (比如說) bǐrú shuō S1
比赛 (比賽) bǐsài H3, S1
笔 (筆) bǐ S1
p.7
笔记本 (筆記本) bǐjìběn H4, S1
必然 bìrán S1
必须 (必須) bìxū H3, S1
必要 bìyào H5, S1
毕业 (畢業) bì//yè H4, S2
边 (邊) biān S1
遍 biàn H4, S1
变 (變) biàn S1
变化 (變化) biànhuà H3, S1
变为 (變為) biànwéi S1
变为 (變為) biànwéi S1
标题 (標題) biāotí H6, S1
标准 (標準) biāozhǔn H4, S1
表 biǎo S1
表达 (表達) biǎodá H4, S1
表格 biǎogé H4, S2
p.8
表面 biǎomiàn H5, S1.
表明 biǎomíng H5, S1
表示 biǎoshì N, H3, S1
表现 (表現) biǎoxiàn H5, S1
表演 biǎoyǎn H3, A1
表扬 (表揚) biǎoyáng H4, S2
别 (別) bié (1) H2, S1
别 (別) bié (动) (2) H2; S1 .

别的 (別的) biéde S1
宾馆 (賓館) bīnguǎn H3, S2
冰箱 bīngxiāng H3, S2
并 (並) bìng (副, 连) S1
并 (並) bìng (动) S1
并不 bìngbù G
并且 (並且) bìngqiě H4, S1

p.9

病 bìng S1
播出 bōchū S1
播放 bōfàng H6, S1
薄 bó T
不必 búbì H5, S1
不大 búdà S1
不但 búdàn H4, S1
不断 (不斷) búduàn H5, S1
不够 (不夠) búgòu S1
不过 (不過) búguò H4, S1
不客气 (不客氣) bú kèqi H1
不论 (不論) búlùn S1
不太 bútài S1
不要 búyào S1
不用 búyòng S1

p.10

补 (補) bǔ S1 S1
补充 (補充) bǔchōng H5, S1
不 bù D, H1, S1
不安 bù'ān H5, S1
不得不 bù dé bù H4, S1
不管 bùguǎn H4, S1
不光 bùguāng S1
不好意思 bù hǎoyìsi H5, S1
不久 bùjiǔ S1
不满 (不滿) bùmǎn S1
不能 bùnéng G
不如 bùrú H5, S1
不少 bù shǎo S1
不同 bùtóng S1
不行 bùxíng S1
不一定 bù yídìng S1

p.11

不一会儿 (不一會兒) bù yíhuìr S1
不知 bùzhī G
布 bù H5, S1
步 bù S1
部 bù S1
部分 bùfen H4, S1
部门 (部門) bùmén H5, S1
部长 (部長) bùzhǎng S1

C

擦 cā H4, S2

猜 cāi H4, S2
才 cái (副) (1) H3, S1 他
才 cái (名) (2) H3, S2
才能 cáinéng S1

p.12

材料 cáiliào H4, S2
采取 (採取) cǎiqǔ H5, S1
采用 (採用) cǎiyòng S1
彩色 cǎisè S1
菜 cài H1, S1
菜单 (菜單) càidān H3, S1
参观 (參觀) cānguān H6, S1
参加 (參加) cānjiā H3, S1
草 cǎo H3, S1
草地 cǎodì S1
层 (層) céng H3, S1
曾经 (曾經) céngjīng H5, S1
茶 chá H1, S1
查 chá S1
差 chà H3, S1
差不多 chàbuduō H4, A1
产量 (產量) chǎnliàng S1

p.13

产生 (產生) chǎnshēng H5, S1
长 (長) cháng H2, S1
长城 (長城) chángchéng H4, S1
长处 (長處) chángchù S1 他有很多~。
长江 chnágjiāng H4, S2
长期 (長期) chángqī S1
尝 (嘗) cháng H4, S2 .
常 cháng S1
常常 chángcháng S1
常见 (常見) cháng jiàn S1
常用 cháng yòng S1
厂 (廠) chǎng S1
场 (場) chǎng H6, S1
场合 (場合) chǎnghé H6, S1
场所 (場所) chǎngsuǒ H6, S1

p.14

唱 chàng S1
唱歌 chàng gē H2, S1
超过 (超過) chāoguò H4, S1
超级 (超級) chāojí H6, S1
超市 chāoshì H3, S1
朝 cháo H5, S1
炒 chǎo H4, S2
吵 chǎo H4, S2
车 (車) chē S1
车辆 (車輛) chēliàng S1
车票 (車票) chēpiào S1
车上 (車上) chē shang S1
车站 (車站) chēzhàn S1

车主 (車主) chēzhǔ S1
衬衫 (襯衫) chènshān H3
称 (稱) chēng H5, S1
称为 (稱為) chēngwéi S1
乘坐 chéngzuò H4, S2
承认 (承認) chéngrèn H5, S1

p.15

城 chéng S1
城市 chéngshì H3, S1
成 chéng D, S1 ·
成功 chénggōng H4, S1
成果 chéngguǒ H5, S1
成绩 (成績) chéngjì H3, S1
成就 chéngjiù H5, S1
成立 chénglì H5, S1
成熟 chéngshú H4, S1
成为 (成為) changé D, H4, S1
成员 (成員) chéngyuán H6, S1
成长 (成長) chéngzhǎng H5, S1
程度 chéngdù H5, S1
诚实 (誠實) chéngshí H4, S2
吃 chī H1, S1
吃饭 (吃飯) chīfàn S1

p.16

吃惊 (吃驚) chī//jīng H4, S2
迟到 (遲到) chídào H3, S2 .
持续 (持續) chíxù H5, S1
冲 (沖) chōng H5, S1
充满 (充滿) chōngmǎn H5, S1
重 chóng S1
重复 (重複) chóngfù H5, S1
重新 chóngxīn H4, S1
抽烟 (抽煙) chōu yān H4, S2
出 chū D, H2, S1
出差 chū//chāi H4, S2
出发 (出發) chūfā H4, S1
出国 (出國) chū//guó S1
出口 chūkǒu (1) H5, S1
出口 chū//kǒu (2) H5, A1
出来 chūlai G, S1

p.17

出门 chū//mén S1
出去 chūqu S1
出生 chūshēng H4, S1
出现 (出現) chūxiàn H3, S1
出院 chū//yuàn S1
出租 chūzū S1
出租车 (出租車) chūzūchē H1, S1 chū S1
初 [初一] chū (chūyī) S1
初步 chūbù H6, S1
初级 (初級) chūjí H5, S1
初中 chūzhōng S1

178

除了 chúle H3, S1
厨房 (廚房) chúfáng H3, B2
处理 (處理) chǔlǐ H5, S1
穿 chuān H2, S1
船 chuán H2, S1
p.18
传 (傳) chuán S1
传播 (傳播) chuánbō H5, S1
传来 (傳來) chuánlái S1
窗户 (窗戶) chuānghu H4, S2
窗子 chuāngzi S1
床 chuáng S1
创新 (創新) chuàngxīn H6, S1
创业 (創業) chuàngyè H6, S1
创造 (創造) chuàngzào H5, S1
创作 (創作) chuàngzuò H6, S1
吹 chuī H5, S1
春 chūn H3
春节 (春節) Chūn jié S1
春天 chūntiān S1
词 (詞) cí S1 这个~很难。
p.19
词典 (詞典) cídiǎn H4, S1
词语 (詞語) cíyǔ H3, S2
次 cì (量) (1) H2, S1
次 cì (形) (2) H2, S1
聪明 (聰明) cōngmíng H3, S2
从 (從) cóng H4, S1
从来 (從來) cónglái H4, S1
从前 (從前) cóngqián H5, S1
从小 (從小) cóngxiǎo S1
粗心 cūxīn H4, S2
村 cūn S1
存 cún T, H5, S1
存款 cúnkuǎn S1 这是
存在 cúnzài H5, S1
寸 cùn T, S2
p.20
错 (錯) cuò H2, S1
错误 (錯誤) cuòwù H5, S1

D

答应 (答應) dāying H5, A1
答案 dá'àn H4, S2
达到 (達到) dádào H5, S1
打 dǎ (动) (1) S1
打扮 dǎban H4, S2
打车 (打車) dǎ //chē S1
打电话 (打電話) dǎ diànhuà H1, S1
打工 dǎ//gōng H5, S1
打篮球 (打籃球) dǎ lánqiú H2
打开 (打開) dǎkāi S1

打破 dǎpò S1
打球 dǎ qiú S1
p.21
打扰 (打擾) dǎrǎo H4, S2
打扫 (打掃) dǎsǎo H3, S2
打算 dǎsuàn H3, S1
打听 (打聽) dǎting H5, S1
打印 dǎyìn H4, S1
打针 (打針) dǎ//zhēn H4, S2
大 dà D, H1, S1
大部分 dà bùfen S1
大大 dàdà S1
大多数 (大多數) dàduōshù S1
大概 dàgài H4, S1
大规模 (大規模) dà guīmó S1
大家 dàjiā G, H2, S1
大姐 dàjiě S1
大量 dàliàng S1
大陆 (大陸) dàlù N, S2
p.22
大妈 (大媽) dàmā S1
大人 dàren S1
大声 (大聲) dà shēng S1
大使馆 (大使館) dàshǐguǎn H4, S2
大象 dàxiàng H5, S1
大小 dàxiǎo S1
大学 (大學) dàxué S1
大学生 (大學生) dàxuéshēng S1
大衣 dàyī S1
大约 (大約) dàyuē H4, S1
大众 (大眾) dàzhòng S1
大自然 dàzìrán S1
带 (帶) dài H3, S1
带动 (帶動) dàidòng S1
带来 (帶來) dàilái S1
带领 (帶領) dàilǐng H6, S1
p.23
代 dài (动) (1) T, S1 请
代 dài (名) (2) S1
代表 dàibiǎo N, H4, S1
代表团 (代表團) dàibiǎotuán S1
代替 dàitì H4, S2
大夫 dàifu H4, S1
单位 (單位) dānwèi H5, S1
蛋 dàn S1
蛋糕 dàngāo H3, S2
但 dàn D, S1
但是 dànshì G, H2, S1
当 (當) dāng H4, S1
当地 (當地) dāngdì H4, S1
p.24

当然 (當然) dāngrán G, H3, S1
当时 (當時) dāngshí H4, S1
当中 (當中) dāngzhōng S1
刀 dāo H4, S1
倒 dǎo S1
导演 (導演) dǎoyǎn H5, S1
导游 (導游) dǎoyóu H4, S2
倒 dào H5, S1
到 dào D, H2, S1
到处 (到處) dàochù H4, S1
到达 (到達) dàodá H5, S1
到底 dàodǐ H4, A1
道 dào D, S1
道理 dàolǐ H5, S1
p.25
道路 dàolù S1
道歉 dào//qiàn H4, S2
得 dé D, S1
得出 déchū S1
得到 dédào S1
得分 défēn S1
得意 déyì H4, S1
地 de H3, S1
的 de D, H1, S1
的话 (的話) dehuà S1
得 de H2, S1
得 děi H4, S2
灯 (燈) dēng H3, S1
等 děng (动) H2, S1
等 děng (助) H3, S1
等待 děngdài H5, S1
p.26
等到 děngdào S1
等于 (等於) děngyú H5, S1
低 dī H3, S1
底 dǐ H4, S2
底下 dǐxia S1
地 dì D, S1
地点 (地點) dìdiǎn S1
地方 dìfāng (1) D, H3, S1
地方 dìfang (2) D, H3, S1
地球 dìqiú H4, S1
地区 (地區) dìqū N, H5, S1
地上 dìshang S1 地铁 (地鐵) dìtiě H3, S1
地铁站 (地鐵站) dìtiězhàn S1
地图 (地圖) dìtú H3, S1
地址 dìzhǐ H4, S2
弟弟|弟 dìdi | dì H2, S1
p.27
第 dì S1
第一 dìyī G, N, H2
点 (點) diǎn H1, S1
点头 (點頭) diǎn//tóu H5, S1

电 (電) diàn S1
电话 (電話) diànhuà G, S1
电脑 (電腦) diànnǎo H1, S1
电视 (電視) diànshì H1, S1
电视机 (電視機) diànshìjī S1
电视剧 (電視劇) diànshìjù S1
电视台 (電視臺) diànshìtái S1
电台 (電臺) diàntái H5, S1
电梯 (電梯) diàntī H3, S2
电影 (電影) diànyǐng H1, S1
电影院 (電影院) diànyǐngyuàn S1
电子邮件 (電子郵件) diànzǐ yóujiàn H3, S1

p.28
掉 diào H4, A1
调 (調) diào S1
调查 (調查) diàochá H4, S1
定 dìng D, S1
定期 dìngqī H6, S1
丢 (丢) diū H4, S2
冬 dōng H3
冬天 dōngtiān S1
东 (東) dōng H3, S1
东北 (東北) dōngběi S1
东边 (東邊) dōngbian S1
东部 (東部) dōngbù S1
东方 (東方) dōngfāng S1
东西 (東西) dōngxī (1) G, H1
东西 (東西) dōngxi (2) G, H1

p.29
懂 dǒng H2, S1
懂得 dǒngde S1
动 (動) dòng D, S1
动力 (動力) dònglì H6, S1
动人 (動人) dòngrén S1
动物 (動物) dòngwù H2, S1
动作 (動作) dòngzuò H4, S1
都 dōu D, H1, S1
读 (讀) dú H1, S1
读书 (讀書) dúshū S1
读者 (讀者) dúzhě S1
度 dù S1
肚子 dùzi H4, S2

p.30
短 duǎn H3, S1
短处 (短處) duǎnchu S1
短期 duǎnqī S1
短信 duǎnxìn H5, S1 .
段 duàn H3, S1
断 (斷) duàn H4, S1
锻炼 (鍛煉) duànliàn H3, S2
对 (對) duì (形) D, H2, S1
对 (對) duì (介、动) D, H2, S1

对不起 (對不起) duìbuqǐ H1, S1
对待 (對待) duìdài H5, S1
对方 (對方) duìfāng H5, S1
对话 (對話) duìhuà H4, S1
对面 (對面) duìmiàn H4, S1
对手 (對手) duìshǒu H5, S1
对象 (對象) duìxiàng H5, S1

p.31
对于 (對於) duìyú H5, S1
队 (隊) duì
队员 (隊員) duìyuán S1
队长 (隊長) duìzhǎng S1
顿 (頓) dùn H5, S1
多 duō (形) (1) H1, S1
多 duō (副) (2) H1, S1
多久 duō jiǔ S1
多么 (多麼) duōme H3, S1
多少 duōshao H1, S1
多数 (多數) duōshù S1
朵 duǒ H4, S2

E

饿 (餓) è H3, S1
而 ér D, H4, S2
而且 érqiě G, H3, S1

p.32
儿童 (兒童) értóng H4, S2
儿子 (兒子) érzi G, H1, S1
耳朵 ěrduo H3, S2
二 èr H1, S1

F

发 (發) fā D, H4, S1
发出 (發出) fāchū S1
发达 (發達) fādá H5, S1
发动 (發動) fādòng H6, S1
发烧 (發燒) fāshāo H3, S2
发生 (發生) fāshēng N, H4, S1
发现 (發現) fāxiàn H3, S1
发言 (發言) fāyán H5, S1
发音 (發音) fā//yīn *

p.33
发展 (發展) fāzhǎn N, H4, A1
法 fǎ D, S2
法国 (法國) fǎguó *
法律 fǎlǜ H4, S2
法语 (法語) fǎyǔ * S2
法院 fǎyuàn H5, S1
翻译 (翻譯) fānyì H4, S2
烦恼 (煩惱) fánnǎo H4
反对 (反對) fǎnduì H4, S1

反复 (反復) fǎnfù H2, S1
反应 (反應) fǎnyìng H5, S1
反映 (反映) fǎnyìng H4, S2, S2
反正 fǎnzhèng H5, S1
范围 (範圍) fànwéi H4, S1
饭 (飯) fàn S1
饭店 (飯店) fàndiàn S1
饭馆 (飯館) fànguǎn H1, S2

p.34
方 fāng (形) (1) D, H5, S2
方 fāng (名) (2) G, H5, S2
方便 fāngbiàn H3, S1
方便面 fāngbiànmiàn S1
方法 fāngfǎ H4, S1
方面 fāngmiàn N, H4, S1
方式 fāngshì H5, S1
方向 fāngxiàng H4, S1
房间 (房間) fángjiān H2, S1
房屋 fángwū S1
房子 fángzi S1
防 fáng S1
防止 fángzhǐ H5, S1
访问 (訪問) fǎngwèn H4, S1
放 fàng H3, S1

p.35
放假 fàngjià S1
放弃 (放棄) fàngqì H4, S2
放暑假 fàng shǔjià H4
放心 fàngxīn H3, S1
放学 (放學) fàngxué S1
放在 fàngzài S1
非常 fēicháng H2, S1
非法 fēifǎ H6, S1
飞 (飛) fēi S1
飞机 (飛機) fēijī H1, S1
飞行 (飛行) fēixíng S1
费 (費) fèi S1
费用 (費用) fèiyòng H5, S1
分 fēn (名、量) (1) D, H3, S1

p.36
分 fēn (动) (2) D, H3, S1
分别 fēnbié H5, S1
分开 (分開) fēnkāi S1
分配 fēnpèi H5, S1
分数 (分數) fēnshù S1
...分之... ...fēnzhī... H4, S1
分钟 (分鐘) fēnzhōng H1, S1
份 fèn H4, S1
风 (風) fēng S1
风景 (風景) fēngjǐng H4, S2
风险 (風險) fēngxiǎn H5, S1
丰富 (豐富) fēngfù H4, S1
否定 fǒudìng H5, S1 我
否决 (否決) fǒujué H6, S1

180

观众 (觀眾) guānzhòng H4, S1
管 guǎn S1
管理 guǎnlǐ N, H4, S1
光 guāng (名) (1) T, H4, S1
光 guāng (形、副) (2) T, H4, S1
光明 guāngmíng H5, S1
广 (廣) guǎng T, S2
广播 (廣播) guǎngbō H4, S1
广场 (廣場) guǎngchǎng H5, S1
广大 (廣大) guǎngdà H5, S1
广告 (廣告) guǎnggào H4, S1
逛 guàng H4, S2
规定 (規定) guīdìng H4, S1
规范 (規範) guīfàn H4, S1
规模 (規模) guīmó H5, S1
归 (歸) guī T, S2

p.47
鬼 guǐ T, S2
贵 (貴) guì H2, S1
国 (國) guó D, S1
国际 (國際) guójì N, H4, S1
国家 (國家) guójiā N, H3, S1
国内 (國內) guónèi S1
国外 (國外) guówài S1
国王 (國王) guówáng S1
果 guǒ T
果然 guǒrán H4, S1
果汁 guǒzhī H3, S2
过 (過) guò (动) D, G2, S1
过 (過) guò (助) D, G2, S1

p.48
过程 (過程) guòchéng H4, S1
过来 (過來) guòlái S1
过年 (過年) guònián S1
过去 (過去) guòqù G, H3, S1
过去 (過去) guòqu G, H3, S1

H

哈哈 hāhā S1
还 (還) hái D, H2, S1
还是 (還是) háishi G, H3, S1
还有 (還有) háiyǒu G, S1
孩子 háizi G, H2, S1
海 hǎi S1
海关 (海關) hǎiguān H5, S1
害怕 hàipà H3, S1
害羞 hàixiū H4
寒假 hánjià H4, S2

p.49
喊 hǎn H5, S1
汗 hàn H4, S2

汉语 (漢語) hànyǔ H1, S1
汉字 (漢字) hànzì S1
航班 hángbān H4, S2
行 háng S1
好 hǎo (形) (1) D, H1, S1
好 hǎo (副) (2) D, H1, S1
好吃 hǎochī H2, S1
好处 (好處) hǎochu H4, S1
好多 hǎoduō S1
好久 hǎojiǔ S1
好看 hǎokàn S1
好人 hǎorén S1
好事 hǎoshì S1
好听 (好聽) hǎotīng S1

p.50
好玩儿 (好玩兒) hǎowánr S1
好像 hǎoxiàng H4, S1
号 (號) hào H2, S1
号码 (號碼) hàomǎ H4, S2
好奇 hàoqí H4, S1
喝 hē H1, S1
河 hé H3, S1
和 hé D, H1, S1
和平 hépíng H5, S1
合 hé D, S1
合法 héfǎ H5, S1
合格 hégé H4, S1
合理 hélǐ H5, S1
合适 (合適) héshì H4, S1
合作 hézuò N, H5, S1
盒子 hézi H4, S2
黑 hēi H2, S1 天~了。

p.51
黑板 hēibǎn H3, S1
黑人 hēirén S1
黑色 hēisè S1
很 hěn H1, S1
红 (紅) hóng H2, S1
红茶 (紅茶) hóngchá S1
红酒 (紅酒) hóngjiǔ S1
红色 (紅色) hóngsè S1
猴子 hóuzi H4
厚 hòu H4, S2
后 (後) hòu D, S1
后边 (後邊) hòubian S1
后果 (後果) hòuguǒ H5, S1
后来 (後來) hòulái H4, S1
后面 (後面) hòumiàn H2, S1
后天 (後天) hòutiān S1
忽然 hūrán H4, S1

p.52
湖 hú S1
互联网 (互聯網) hùliánwǎng H6, S1

互相 hùxiāng H4, S1
护士 (護士) hùshi H4, S1
护照 (護照) hùzhào H3, S1
花 huā (名) S1
花 huā (形) S1
花 huā (动) H3, S1
花园 (花園) huāyuán H3, S1
划船 huáchuán H5, S1
华人 (華人) huárén S1
华语 (華語) huáyǔ S1
画 (畫) huà H3, S1
画家 (畫家) huàjiā S1
画儿 (畫兒) huàr S1
...化 ...huà S1
话 (話) huà S1

p.53
话剧 (話劇) huàjù S1
话题 (話題) huàtí H5, S1
怀疑 (懷疑) huáiyí H4, B2
坏 (壞) huài H3, S1
坏处 (壞處) huàichù S1
坏人 (壞人) huàirén S1
欢乐 (歡樂) huānlè H6, S1
欢迎 (歡迎) huānyíng H2, S1
还 (還) huán H4, S1
环 (環) huán S1
环保 (環保) huánbǎo S1
环境 (環境) huánjìng H3, S1
换 (換) huàn H3, S1
黄 (黄) huáng H3, S1
黄色 (黄色) huángsè S1

p.54
回 huí (动) (1) H1, S1
回 huí (量) (2) H1, S1
回答 huídá H2, A1
回到 huídào S1
回家 huíjiā S1
回来 (回來) huílái G, S1
回去 huíqu S1
回忆 (回憶) huíyì H4, S1
会 (會) huì (动) (1) D, H1, S1
会 (會) huì (名) (2) D, H1, S1
会谈 (會談) huìtán S1
会议 (會議) huìyì N, H3, S1
活 huó S1 .
活动 (活動) huódòng N, H4, S1
活泼 (活潑) huópo H4, S2

p.55
火 huǒ (名) (1) H4, S1
火 huǒ (形) (2) H4, S2
火车 (火車) huǒchē S1
火车站 (火車站) huǒchēzhàn H1
获得 (獲得) huòdé H4, S2

或 huò S1
或者 huòzhě H3, S1

J

基本 jīběn H5, S1
基本上 jīběn shang S1
基础 (基礎) jīchǔ H4, S1
机场 (機場) jīchǎng H2, S1
机会 (機會) jīhuì H3, S1
机票 (機票) jīpiào S1
机器 (機器) jīqì H5, S1
鸡 (雞) jī S1
p.56
鸡蛋 (雞蛋) jīdàn H2, S1
激动 (激動) jīdòng H4, S2
几乎 (幾乎) jīhū H3, S2
积极 (積極) jījí H4, S1
积累 (積累) jīlěi H4 S1
极 (極) jí H3, S2
...极了 (...極了) ...jíle S1
极其 (極其) jíqí H4, S2
即使 jíshǐ H4, S2
级 (級) jí S1
及时 (及時) jíshí H4, S1
急 jí S1
集合 jíhé H4, S2
集体 (集體) jítǐ H5, S1
集团 (集團) jítuán H4, S2
p.57
集中 jízhōng H5, S1
几 (幾) jǐ H3, S1
几个 jǐgè G
寄 jì H4, S1
继续 (繼續) jìxù H4, S1
记 (記) jì S1
记得 (記得) jìde H3, S1
记录 (記錄) jìlù H5, S1
记者 (記者) jìzhě G4, S1
记住 (記住) jìzhù S1
季节 (季節) jìjié H3, S2
计划 (計劃) jìhuà N, H4, S1
计算 (計算) jìsuàn H5, S1
计算机 (計算機) jìsuànjī S1
纪录 (紀錄) jìlù H5, S1
p.58
纪念 (紀念) jìniàn H5, S1
技术 (技術) jìshù N, H4, S1
既然 jìrán H4, S2
家 jiā (1) D, H1, S1
...家 ...jiā (2) D, H1, S1
家具 jiājù H4, S1
家里 (家裡) jiāli S1
家人 jiārén S1

家属 (家屬) jiāshǔ H6, S1
家庭 jiātíng H5, S1
家乡 (家鄉) jiājiāng H5, S1
加 jiā S1 一~二等于三。
加班 jiā//bān H4, S2
加工 jiāgōng H6, S1
加快 jiākuài S1
p.59
加强 (加強) jiāqiáng N, S1
加入 jiārù S1
加上 jiāshàng S1
加油 jiāyóu S1
加油站 jiāyóuzhàn H4, S2
假 jiǎ H4, S1
假如 jiǎrú H5, S1
价格 (價格) jiàgé H4, S1
价钱 (價錢) jiàqián S1
价值 (價值) jiàzhí H5, S1
架 jià (量) S1
架 jià (动) S1
假期 jiàqī S1
坚持 (堅持) jiānchí H4, S1
坚决 (堅決) jiānjué H5, S1
坚强 (堅強) jiānqiáng H5, S1
检查 (檢查) jiǎnchá H3, S1
简单 (簡單) jiǎndān H3, S1
p.60
简直 (簡直) jiǎnzhí H5, S1
减肥 jiǎnféi H4, S2
减少 jiǎnshǎo H4, S2
件 jiàn H2, S1
见 (見) jiàn S1
见到 (見到) jiàndào S1
见过 (見過) jiànguo S1
见面 (見面) jiànmiàn H3, S1
健康 jiànkāng H3, S1
建 jiàn S1
建成 jiànchéng S1
建立 jiànlì H5, S1
建设 (建設) jiànshè N, H5, S1
建议 (建議) jiànyì H5, S1
将 (將) jiāng (副) S1
将 (將) jiāng (介) S1
将近 (將近) jiāngjìn H6, S1
p.61
将来 (將來) jiānglái H4, S1
讲 (講) jiǎng H3, S1
讲话 (講話) jiǎng//huà S1
奖金 (獎金) jiǎngjīn H4, S2
降低 jiàngdī H4, S2
教 jiāo H3, S1
交 jiāo H4, S1
交费 (交費) jiāofèi S1
交给 (交給) jiāogěi S1

交警 jiāojǐng S1
交流 jiāoliú H4, S1
交通 jiāotōng H4, S1
交往 jiāowǎng H6, S1
交易 jiāoyì H6, S1
骄傲 (驕傲) jiāo'ào H4, S2
脚 (腳) jiǎo H3, S1
角 jiǎo (量) (1) H3, S1
p.62
角 jiǎo (名) (2) H3, S1
角度 jiǎodù H5, S1
饺子 (餃子) jiǎozi H4
叫 jiào (动) (1) H1, S1
叫 jiào (介) (2) H1, S1
叫做 jiàozuò S1
教练 (教練) jiàoliàn H5, S1
教师 (教師) jiàoshī S1
教室 jiàoshì H2, S1
教授 jiàoshòu H4, S2
教学 (教學) jiàoxué S1
教学楼 (教學樓) jiàoxuélóu S1
教育 jiàoyù H4, S1
较 (較) jiào S1
接 jiē T, H3, S1
接待 jiēdài H5, S1
接到 jiēdào S1
接近 jiējìn H5, S1
p.63
接受 jiēshòu H6, S1
接下来 (接下來) jiē xiàlái S1
接着 (接著) jiēzhe H5, S1
街 jiē S1
街道 jiēdào H3, S2
结实 (結實) jiēshi H5, S1
节 (節) jié (名、量) H5, S1
节假日 (節假日) jiéjiàrì S1
节目 (節目) jiémù H3, S1
节日 (節日) jiérì H3, s1
节约 (節約) jiéyuē H4, S1
结 (結) jié T, S2
结果 (結果) jiéguǒ H6, S1
结合 (結合) jiéhé H5, S1
结婚 (結婚) jié//hūn H3, S1
结束 (結束) jiéshù H3, S1
p.64
解决 (解決) jiějué N, H3, S1
解开 (解開) jiěkāi S1
解释 (解釋) jiěshì H4, S2
姐姐 | 姐 jiějie | jiě H2, S1
借 jiè H3, S1
介绍 (介紹) jièshào H2, S1
金 jīn S1
金牌 jīnpái S1
斤 jīn S1

今后 (今後) jīnhòu S1
今年 jīnnián N, S1
今天 jīntiān G, N, H1, S1
仅 (僅) jǐn S1
仅仅 (僅僅) jǐnjǐn S1
紧 (緊) jǐn H5, S1
紧急 (緊急) jǐnjí H5, S1

p.65
紧张 (緊張) jǐnzhāng H4, S1
尽 (盡) jǐn T
尽管 (盡管) jǐnguǎn H4, S2
尽量 (盡量) jǐnliàng H5, S1
进 (進) jìn H2, S1
进步 (進步) jìnbù J5, S1
进口 (進口) jìn//kǒu (1) H5, S1
进口 (進口) jìnkǒu (2) H5, S1
进来 (進來) jìnlai S1
进去 (進去) jìnqu S1
进入 (進入) jìnrù S1
进行 (進行) jìnxíng N, H4, S1
进一步 (進一步) jìnyíbù S1
进展 (進展) jìnzhǎn H6, S1
近 jìn H2, S1

p.66
近期 jìnqī S1
禁止 jìnzhǐ H4, S2
精彩 jīngcǎi H4, S1
精神 jīngshén (1) H4, S1
精神 jīngshen (2) H4, S1
经 (經) jīng D, T
经常 (經常) jīngcháng H3, S1
经过 (經過) jīngguò H3, S1
经济 (經濟) jīngjì N, H4, S1
经理 (經理) jīnglǐ H3, S1
经历 (經歷) jīnglì H4, S1
经验 (經驗) jīngyàn H4, S1
经营 (經營) jīngjíng H5, S1
京剧 (京劇) jīngjù H4, S1

p.67
京戏 (京戲) jīngxì S1
井 jǐng T, H6, S2
警察 jǐngchá H4, S1
景色 jǐngsè H5, S1
静 (靜) jìng S1
竟然 jìngrán H4, S2
竞选 (競選) jìngxuǎn H4
竞争 (競爭) jìngzhēng H4, S2
镜子 (鏡子) jìngzi H4, S2
究竟 jiūjìng H4, S2
九 jiǔ H1, S1
久 jiǔ H3, S1
酒 jiǔ S1
酒店 jiǔdiàn S1
旧 (舊) jiù H3, S1

救 jiù H5, S1

p.68
就 jiù D, H2, S1
就是 jiùshì N, S1
就要 jiùyào S1
就业 (就業) jiùyè H6, S1
桔子 júzi H3
举 (舉) jǔ H6, S1
举办 (舉辦) jǔbàn H4, S1
举手 (舉手) jǔ shǒu S1
举行 (舉行) jǔxíng H3, S1
具体 (具體) jùtǐ H5, S1
具有 jùyǒu S1
剧场 (劇場) jùchǎng S1
拒绝 (拒絕) jùjué H4, S2
距离 (距離) jùlí H4, S2
据说 (據說) jùshuō S5, S1

p.69
句 jù S1
句子 jùzi H3, S1
决定 (決定) juédìng H3, S1
决赛 (決賽) juésài H5, S1
决心 (決心) juéxīn H5, S1
觉得 (覺得) juéde G, H2, S2
绝对 (絕對) juéde H5, S1
军队 (軍隊) jūnduì H6, S1
军人 (軍人) jūnrén S1

K

咖啡 kāfēi H2, S2
卡 kǎ S1
开 (開) kāi D, H1, S1
开车 (開車) kāi//chē S1
开发 (開發) kāifā H5, S1
开放 (開放) kāifàng H5, S1

p.70
开会 (開會) kāi//huì S1
开机 (開機) kāi//jī S1
开始 (開始) kāishǐ G, H2, S1
开玩笑 (開玩笑) kāi wánxiào H4, S1
开心 (開心) kāixīn H5, S1
开学(開學) kāixué S1
开业 (開業) kāiyè S1
开展 (開展) kāizhǎn H6, S1
看 kàn D, H3, S1
看病 kàn//bìng S1
看到 kàndào G, S1
看法 kànfǎ S4, S1
看见 (看見) kànjiàn G, H1, S1
看来 (看來) kànlái H6, S1
看上去 kàn shàngqù S1
考 kǎo S1

p.71
考察 kǎochá H6, S1
考虑 (考慮) kǎolǜ H4, S2
考生 kǎoshēng S1
考试 (考試) kǎoshì H2, S1
考验 (考驗) kǎoyàn H6, S1
靠 kào S1
棵 kē H4, S1
科 kē S1
科技 kējì N, S1
科学 (科學) kēxué N, H4, S1
科研 kēyán S1
咳嗽 késou H4
渴 kě H3, S1
可 kě D, S2
可爱 (可愛) kě'ài H3, S1

p.72
可靠 kěkào H5, S1
可怜 (可憐) kělián H4, S2
可能 kěnéng G, N, H2, S1
可怕 kěpà H5, S1
可是 kěshì G, H4, S1
可惜 kěxī H4, S2
可以 kěyǐ G, N, H2, S1
刻 kè (量) H3, S1
刻 kè (动) H3, S1
课 (課) kè H2, S1
课本 (課本) kèběn S1
课程 (課程) kèchéng H5, S1
课堂 (課堂) kètáng S1
课文 (課文) kèwén S1
克 kè H5, S1
克服 kèfú H5, S1
客观 (客觀) kèguān H5, S1
客人 kèrén H3, S1

p.73
客厅 (客廳) kètīng H3, S2
肯定 kěndìng H4, S1
空 kōng S1
空气 (空氣) kōngqì H6, S1
空调 (空調) kōngtiáo H3, S1
恐怕 kǒngpà H4, S2
空儿 (空兒) kòngr S1
口 kǒu H3, S1
哭 kū H3, S1
苦 kǔ S1
裤子 (褲子) kùzi H3, S2
块 (塊) kuài H1, S1
快 kuài H2, S1
快餐 kuàicān S1
快乐 (快樂) kuàilè H2, S1

p.74
快速 kuàisù S1
快要 kuàiyào S1

筷子 kuàizi H3, S1
宽 (寬) kuān H4, S2
困 kùn H4, S1
困难 (困難) kùnnan H4, S1
扩大 (擴大) kuòdà H4, S2

L

拉 lā H4, S1
辣 là H4, S2
来 (來) lái D, H1, S1
来不及 (來不及) láibují H4, S2
来到 (來到) láidào S1
来得及 (來得及) láidejí H4, S2
来自 láizì H5, S1
蓝 (藍) lán H3, S1
p.75
蓝色 (藍色) lánsè S1
篮球 (籃球) lánqiú S1
懒 (懶) lǎn H4, S2
浪费 (浪費) làngfèi H4, S1
浪漫 làngmàn H4, S2
劳动 (勞動) láodòng H5, S1
老 lǎo (形) (1) H3, S1
老 lǎo (副) (2) H3, S1
老 lǎo (称呼) (3) H3, S1
老百姓 lǎobǎixìng H5, S1
老板 (老闆) lǎobǎn H5, S1
老虎 lǎohǔ H4
老年 lǎonián S1
老人 lǎorén S1
老师 (老師) lǎoshī G, H1, S1
老是 lǎoshì S1
老太太 lǎotàitai S1
老头儿 (老頭兒) lǎotóur S1
p.76
乐 (樂) lè S1
乐观 (樂觀) lèguān H5, S1
了 le D, H1, S1
累 lèi H2, S1
类 (類) lèi H5, S1
类似 (類似) lèisì H6, S1
冷 lěng H1, S1
冷静 (冷靜) lěngjìng H4, S2
离 (離) lí H2, S1
离婚 (離婚) líhūn H5, S1
离开 (離開) líkāi H3, S1
里 (裡) lǐ G, H1, S1
里边 (裡邊) lǐbian S1
里面 (裡面) lǐmiàn S1
里头 (裡頭) lǐtou [口] S1
礼貌 (禮貌) lǐmào H4, S2
礼物 (禮物) lǐwù H3, S2
p.77

理 lǐ D, S1
理发 (理髮) lǐ//fà H4, S2
理解 lǐjiě H4, S1
理论 (理論) lǐlùn H5, S1
理想 lǐxiǎng H4, S1
理由 lǐyóu H5, S1
立刻 lìkè H5, S1
历史 (歷史) lìshǐ H3, S1
厉害 (厲害) lìhai H4, S2
利用 lìyòng H5, S1
力 lì S1
力量 lìliàng H5, S1
力气 (力氣) lìqi H4, S2
例如 lìrú H4, S1
例子 lìzi S1
p.78
俩 (倆) liǎ H4, S1
连 (連) lián H4, S1
连忙 (連忙) liánmáng H5, S1
连续 (連續) liánxù S1
连续剧 (連續劇) liánxùjù H5, S1
联合 (聯合) liánhé H5, S1
联合国 (聯合國) liánhéguó S1
联系 (聯係) liánxì H4, S1
脸 (臉) liǎn H3, S1
练 (練) liàn S1
练习 (練習) liànxí H2, S1
凉 (涼) liáng S1
凉快 (涼快) liángkuai H4, S1
量 liáng S1
p.79
两 (兩) liǎng (数) (1) H2, S1
两 (兩) liǎng (量) (2) H2, S1
两个(兩個) liǎnggè G
两国 (兩國) liǎngguó N
亮 liàng H4, S1
辆 (輛) liàng H3, S1
聊天儿 (聊天兒) liáo//tiānr H4, S2
了解 liǎojiě H3, S1
邻居 (鄰居) línjū H3, S2
零 | O líng H1, S1
领 (領) lǐng S1
领导 (領導) lǐngdǎo N, H5, S1
领先 (領先) lǐng//xiān H6, S1
另外 lìngwài H4, S1
另一方面 lìng yì fāngmiàn S1
p.80
留 liú T, H4, S1
留下 liúxia S1
留学 (留學) liú//xué H4, S1
留学生 (留學生) liúxuéshēng S1

流 liú S1
流泪 (流淚) liúlèi H4
流利 liúlì H4, S1
流行 liúxíng H4, S1
六 liù H1, S1
龙 (龍) lóng H5, S1
楼 (樓) lóu H3, S1
楼上 (樓上) lóu shàng S1
楼下 (樓下) lóu xià S1
路 lù H2, S1
路口 lùkǒu S1
路上 lùshang S1
路线 (路線) lùxiàn S1
p.81
陆 (陸) lù T
录 (錄) lù S1
录音 (錄音) lùyīn H5, S1
乱 (亂) luàn T, H4, S1
略 luè T
落后 (落後) luòhòu H5, S1
旅客 lǚkè S1
旅行 lǚxíng S1
旅游 (旅遊) lǚyóu H2, S1
绿 (綠) lǜ H3, H3, S1
绿茶 (綠茶) lǜchá S1
绿色 (綠色) lǜsè S1
律师 (律師) lǜshī H4, S2
p.82

M

妈妈 | 妈 (媽媽 | 媽) māma | mā H1, S1
麻 má T
麻烦 (麻煩) máfan H4, S1
马 (馬) mǎ T, H3, S1
马虎 (馬虎) mǎhu H4
马路 (馬路) mǎlù S1
马上 (馬上) mǎshàng H3, S1
骂 (罵) mà T, H5, S2
吗 (嗎) ma H1, S1
买 (買) mǎi H1, S1
卖 (賣) mài H2, S1
麦 mài T
满 (滿) mǎn H4, S1
p.83
满意 (滿意) mǎnyì H3, S1
满足 (滿足) mǎnzú H5, S1
慢 màn H2, S1
忙 máng H2, A1
猫 (貓) māo H1, S2
毛 máo (量) (1) H5, S1
毛 máo (名) (2) H5, S1
毛病 máobìng H5, S1

185

毛巾 máojīn H4, S2
帽子 màozi H3, S2
么 (麼) me D
没 (沒) méi D, H1, S1
没关系 (沒關係) méi guānxi H1, S1
没什么 (沒什麼) méi shénme S1
没事儿 (沒事兒) méi//shìr S1

p.84

没用 (沒用) méi yòng S1
没有 (沒有) méi yǒu G, N, S1
每 měi (代) (1) H2, S1
每 měi (副) (2) H2, S1
美 měi S1
美国 (美國) měiguó N
美好 měihǎo S1
美丽 (美麗) měilì H4, S2
美术 (美術) měishù H5, S1
妹妹 | 妹 mèimei | mèi H2, S1
门 (門) mén H2, S1
门口 (門口) ménkǒu S1
门票 (門票) ménpiào S1

p.85

...们 (...們) ...men D, S1
梦 (夢) mèng H4, S2
迷 mí S1
米 mǐ (名) (1) H3, S1
米 mǐ (量) (2) H3, S1
米饭 (米飯) mǐfàn H1, S1
密码 (密碼) mìmǎ H4, S2
免费 miǎn//fèi H4, S2
面 miàn (名) D, S1
面 miàn (量) D, S1
面包 miànbāo H3, S1
面对 (面對) miànduì H5, S1
面积 (面積) miànjī H5, S1
面前 miànqián S1
面条儿 (面條兒) miàntiáor H3, S1
民间 (民間) mínjiān H6, S1
民主 mínzhǔ H5, S1

p.86

民族 mínzú H4, S1
明白 míngbai G, H3, S1
明年 míngnián S1
明确 (明確) míngquè H5, S1
明天 míngtiān H1, S1
明显 (明顯) míngxiǎn H5, A1
明星 míngxīng H5, S1
名 míng S1
名称 (名稱) míngchēng S1
名单 (名單) míngdān S1
名字 míngzi H1, S1

命运 (命運) mìngyùn H5, S1
摩擦 (磨擦) mócā H4, S2 ~
某 mǒu H5, S1

p.87

母亲 (母親) mǔqin G, H4, S1
目标 (目標) mùbiāo H5, S1
目的 mùdì H4, S1
目前 mùqián N, H5, S1

N

拿 ná H3, S1
哪 nǎ H1, S1
哪里 (哪裡) nǎli S1
哪儿 (哪兒) nǎr H1, S1
哪些 nǎxiē S1
那 nà (代) (1) D, H1, S1
那 nà (连) (2) D, H1, S1
那边 (那邊) nàbiān S1
那个 (那個) nàge G, S2

p.88

那会儿 (那會兒) nàhuìr S1
那里 (那裡) nàli S1
那么 (那麼) nàme G, S1
那儿 (那兒) nàr H1, S1
那时候|那时 (那時候|那時) nà shíhou | nà shí S1
那些 nàxiē G, S1
那样 (那樣) nàyàng G, S1
奶 nǎi S1
奶奶 nǎinai H3, S1
耐心 nàixīn H4, S2
南 nán H3, S1
南边 (南邊) nánbian S1
南部 nánbù S1
南方 nánfāng S1
难 (難) nán H3, S1
难道 (難道) nándào H4, S1
难度 (難度) nándù S1
难过 (難過) nánguò H3, S1

p.89

难受 (難受) nánshòu H6, S1
男 nán S1
男孩儿 (男孩兒) nánháir S1
男朋友 nánpéngyou S1
男人 nánrén (1) H2, S1
男人 nánren (2) H2, S1
男生 nánshēng S1
男子 nánzǐ S1
脑子 (腦子) nǎozi S1
呢 ne H1, H1, S1
内 (內) nèi H4, S1
内容 (內容) nèiróng H4, S1
内心 (內心) nèixīn S1

能 néng D, H1, S1
能够 (能夠) nénggòu S1
能力 nénglì H4, S1

p.90

你 nǐ D, H1, S1
你们 (你們) nǐmen G, S1
年 nián D, H1, S1
年初 niánchū S1
年代 niándài H5, S1
年底 niándǐ S1
年级 (年級) niánjí H3, S1
年纪 (年紀) niánjì H5, S1
年龄 (年齡) niánlíng H4, S2
年轻 (年輕) niánqīng H3, S1
念 niàn H5, S1
鸟 (鳥) niǎo H3, S1
您 nín H2, S1
牛 niú (名) S1
牛奶 niúnǎi H2, S1
农村 (農村) nóngcūn H4, S1
农民 (農民) nóngmín H5, S1

p.91

农业 (農業) nóngyè H5, S1
弄 nòng H4, S1
努力 nǔlì H3, S1
女 nǚ S1
女儿 (女兒) nǚ'ér H1, S1
女孩儿 (女孩兒) nǚháir S1
女朋友 nǚpéngyou S1
女人 nǚrén (1) G, H2, S1
女人 nǚren (2) G, H1, S1
女生 nǚshēng S1
女士 nǚshì H5, S1
女子 nǚzǐ S1

O, P

欧元 (歐元) ōuyuán *
偶尔 (偶爾) ōu'ěr H4, S1
爬 pá S1
爬山 pá shān H3, S1

p.92

怕 pà (动) S1
怕 pà (副) S1
拍 pāi H5, S1
排 pái (量、名) S1
排 pái (动) S1
排队 (排隊) pái//duì H5, S1
排列 páiliè H4, S2
排名 pái//míng S1
排球 páiqiú H5, S1
牌 pái S1
牌子 páizi S1
派 pài H5, S1

盘子 (盤子) pánzi H3, S2
判断 (判斷) pànduàn H4, S1
旁边 (旁邊) pángbiān H2, S1
胖 pàng H3, S2
跑 pǎo S1

p.93

跑步 pǎo//bù H2, S2
陪 péi H4, S2
配 pèi S1
配合 pèihé H5, S1
朋友 péngyou G, H1, S1
碰 pèng S1
碰到 pèngdào S1
碰见 (碰見) pèngjiàn H5, S1
批评 (批評) pīpíng H4, S1
批准 pīzhǔn H5, S1
皮 pí S1
皮包 píbāo S1
皮肤 (皮膚) pífū H4, S2
皮鞋 píxié H5, S1
啤酒 píjiǔ H3, S2
篇 piān H4, S1
便宜 piányi H2, S1

p.94

骗 (騙) piàn H4, S2
片 piàn H5, S1
票 piào H2, S1
票价 (票價) piàojià S1
漂亮 piàoliang H1, S1
乒乓球 pīngpāngqiú H4
平 píng H5, S1
平安 píng'ān S2
平常 píngcháng H5, S1
平等 píngděng H5, S1
平时 (平時) píngshí H4, S1
苹果 (蘋果) píngguǒ H1, S2
瓶 píng T, S1
瓶子 píngzi H4, S1
婆 pó T
破 pò H4, S1

p.95

破坏 (破壞) pòhuài H5, S1
葡萄 pútáo H3, S2
普遍 pǔpiàn H4, S1
普及 pǔjí H6, S1
普通 pǔtōng S1
普通话 (普通話) pǔtōnghuà
H3, S1

Q

七 qī H1, S1
期 qī S1
妻子 qīzi H2, S2

骑 (騎) qí H3, S1
骑车 (騎車) qíchē S1
其 qí {书} D, S2
其次 qícì H4, S1

p.96

其实 (其實) qíshí H3, S1
其他 qítā H3, S1
其它 qítā S1
其中 qízhōng H4, S1
奇怪 qíguài H3, S1
齐 (齊) qí S1
起 qǐ D, S1
起床 qi//change H2, S1
起飞 (起飛) qǐfēi H4, S1
起来 (起來) qǐlai D, H5, S1
企业 (企業) qǐyè N, H5, S2
气 (氣) qì (名) (1) T, S1
气 (氣) qì (动) (2) T, S1 我
气候 (氣候) qìhòu H4, S1

p.97

气温 (氣溫) qìwēn S1
汽车 (汽車) qìchē S1
千 qiān T, H2, S1
千万 (千萬) qiānwàn H4, S1
铅笔 (鉛筆) qiānbǐ H3, S2
签证 (簽證) qiānzhèng H4, S2
钱 (錢) qián H1, S1
钱包 (錢包) qiánbāo S1
前 qián D, S1
前边 (前邊) qiánbian S1
前后 (前後) qiánhòu S1
前进 (前進) qiánjìn S1
前面 qiánmiàn H1, S1
前天 qiántiān S1
前往 qiánwǎng S1
墙 (牆) qiáng H4, S1
强 (強) qiáng S1

p.98

强大 (強大) qiángdà S1
强烈 (強烈) qiángliè H5, S1
敲 qiāo H4, S2
桥 (橋) qiáo H6, S1
巧克力 qiǎokèlì H4, S2
亲 (親) qīn S1
亲爱 (親愛) qīn'ài H5, S1
亲戚 (親戚) qīnqi H4
亲切 (親切) qīnqiè H5, S1
亲人 (親人) qīnrén S1
亲自 (親自) qīnzì H5, S1
青年 qīngnián S1
青少年 qīng-shàonián H5, S1
轻 (輕) qīng H4, S1
轻松 (輕松) qīngsōng H4, S2

p.99

清楚 qīngchu H6, S1
晴 qíng H2, S2
情感 qínggǎn S1
情况 (情況) qíngkuàng N, H4, S1
请 (請) qǐng H1, S1
请假 (請假) qǐng//jià H4, S1
请教 (請教) qǐngjiào H6, S1
请进 (請進) qǐng jìn H5, S1
请客 (請客) qǐng//kè H4, S2
请求 (請求) qǐngqiú H5, S1
请问 (請問) qǐngwèn S1
请坐 (請坐) qǐngzuò S1
庆祝 (慶祝) qìngzhù H5, S1
穷 (窮) qióng H4, S2
秋 qiū H3

p.100

秋天 qiūtiān S1
求 qiú S1
球 qiú S1
球场 (球場) qiúchǎng S1
球队 (球隊) qiúduì S1
球迷 qiúmí H5, S1
球鞋 qiúxié S1
区 (區) qū S1
区别 (區別) qūbié H4, S1
取 qǔ H4, S1
取得 qǔdé S1
取消 qǔxiāo H5, S1
去 qù D, H1, S1
去年 qùnián H2, S1
去世 qùshì H5, S1

p.101

全 quán S1
全部 quánbù H4, S1
全场 (全場) quánchǎng S1
全国 (全國) quánguó N, S1
全家 quánjiā S1
全面 quánmiàn H5, S1
全年 quánnián H5, S1
全球 quánqiú S1
全身 quánshēn S1
全体 (全體) quántǐ S1
缺 quē S1
缺点 (缺點) quēdiǎn H4, S1
缺少 quēshǎo H4, S1
却 (卻) què H4, S2
确保 (確保) quèbǎo H6, S1
确定 (確定) quèdìng H5, S1

p.102

确实 (確實) quèshí H4, S1
群 qún H4, S1
群众 (群眾) qúnzhòng N, H6, S1

裙子 qúnzi H3

R

然 rán D
然而 rán'ér H4, S2
然后 (然後) ránhòu G, H3, S1
让 (讓) ràng H2, S1
热 (熱) rè H1, S1
热爱 (熱愛) rè'ài H5, S1
热烈 (熱烈) rèliè H5, S1
热闹 (熱鬧) rènao H4, S2
热情 (熱情) rèqíng H3, S1
人 rén D, H1, S1

p.103
人才 [人材] réncái H5, S1
人工 réngōng H6, S1
人家 rénjia G, H6, S1
人口 rénkǒu H5, S1
人类 (人類) rénlèi H5, S1
人们 (人們) rénmen S1
人民 rénmín N, S1
人民币 (人民幣) rénmínbì H4, S1
人生 rénshēng H5, S1
人物 rénwù H5, S1
人员 (人員) rényuán H5, S1
认可 (認可) rènkě H4, S1
认识 (認識) rènshi H1, S1
认为 (認為) rènwéi N, H3, S1
认真 (認真) rènzhēn H3, S1
任 rèn (动) (1) S1

p.104
任 rèn (连) (2) S1
任何 rènhé H4, S1
任务 (任務) rènwù H4, S1
扔 rēng H4, S2
仍 réng S1
仍然 réngrán H4, S1
日 rì H1, S1
日报 (日報) rìbào S1
日本 rìběn N
日常 rìcháng H5, S1
日记 (日記) rìjì H4, S2
日期 rìqī H5, S1
日子 rìzi S1
容易 róngyì H3, S1
肉 ròu S1
如 rú (动) D, S2
如果 rúguǒ G, H3, S1

p.105
如何 rúhé H6, S1
入口 rùkǒu H4, S1
入门 (入門) rùmén S1

软 (軟) ruǎn H4, S2

S

三 sān H1, S1
伞 (傘) sǎn H3, S2
散布 (散佈) sànbù H4
散步 sàn//bù H4, S2
森林 sēnlín H4, S2
沙发 (沙發) shāfā H4, S2
沙子 shāzi S1
山 shān S1
商场 (商場) shāngchǎng S1
商店 shāngdiàn H1, S1

p.106
商量 shāngliang H4, S1
商品 shāngpǐn H5, S1
商人 shāngrén S1
商业 (商業) shāngyè H5, S1
伤 (傷) shāng S1
伤心 (傷心) shāngxīn H4, S1
上 shàng (动) (1) D, H4, S1
上 shàng (名) (2) D, H4, S1
上班 shàngbān H2, S1
上边 (上邊) shàngbian S1
上车 (上車) shàng chē S1
上次 shàng cì S1
上级 (上級) shàngjí H4, S2
上街 shàng jiē S1
上课 (上課) shàng//kè S1
上来 (上來) shànglai S1
上面 shàngmiàn S1

p.107
上去 shàngque S1
上升 shàngshēng S1
上网 (上網) shàng//wǎng H3, S1
上午 shàngwǔ H1, S1
上学 (上學) shàngxué S1
上周 shàngzhōu S1
稍微 shāowēi H4
少 shǎo H1, S1
少数 (少數) shǎoshù S1
少年 shàonián S1
设备 (設備) shèbèi H5, S1
设计 (設計) shèjì H5, S1
设立 (設立) shèlì H6, S1
社会 (社會) shèhuì N, H4, S1
谁 (誰) shéi//shuí H1, S1

p.108
伸 shēn H5, S1
深 shēn H4, S1
深刻 shēnkè H5, S1
深入 shēnrù S1

申请 (申請) shēnqǐng H4, S2
身份证 (身份證) shēnfènzhèng S1
身上 shēnshang S1
身体 (身體) shēntǐ G, H2, S1
什么 (什麼) shénme G, H1, S1
什么样 (什麼樣) shénmeyàng S1
甚至 shènzhì H4, S2
升 shēng H5, S1
生 shēng (动) D, S1
生 shēng (形) D, S1

p.109
生病 sheng//bìng H2, S1
生产 (生產) shēngchǎn N, H5, S1
生存 shēngcún H5, S1
生动 (生動) shēngdòng H5, S1
生活 shēnghuó H4, S1
生命 shēngmìng H4, S1
生气 (生氣) shēng//qì H3, S1
生日 shēngrì H2, S1
生意 shēngyì (1) S1
生意 shēngyi (2) S1
生长 (生長) shēngzhǎng S1
声明 (聲明) shēngmíng H6, S1
声音 (聲音) shēngyīn G, H3, S1
省 shěng (名) (1) H4, S1
省 shěng (动) (2) H4, S1

p.110
剩 shèng H4, S2
胜 (勝) shèng S1
胜利 (勝利) shènglì H5, S1
失败 (失敗) shībài H4, S2
失去 shīqù H5, S1
失望 shīwàng H4, S2
十 shí H1, S1
十分 shífēn H4, S1
时 (時) shí D, S1
时代 (時代) shídài H5, S1
时候 (時候) shíhou H1, S1
时间 (時間) shíjiān N, G, H2, S1
时刻 (時刻) shíkè H5, S1
时期 (時期) shíqī H5, S2

p.111
实 (實) shí D
实际 (實際) shíjì H4, S1
实际上 (實際上) shíjìshang S1
实力 (實力) shílì H6, S1
实习 (實習) shíxí H5, S1
实现 (實現) shíxiàn H5, S1
实行 (實行) shíxíng H5, S1
实验 (實驗) shíyàn H5, S1

实验室 (實驗室) shíyànshì S1
实在 (實在) shízài (1) H4, S1
实在 (實在) shízai (2) H4, S1
食品 shípǐn H4, S1
食物 shíwù H5, S1
石头 (石頭) shítou H5, S1
石油 shíyóu H6, S1
使 shǐ H3, S1

p.112
使用 shǐyòng H4, S1
室 shì S1
是 shì D, H1, S1
是不是 shì bu shì S1
试 (試) shì H4, A1
试验 (試驗) shìyàn H6, S1
市 shì S1
市场 (市場) shìchǎng N, H4, S1
市长 (市長) shìzhǎng S1
世纪 (世紀) shìjì H4, S1
世界 shìjiè N, H3, S1
世界杯 shìjièbēi S1
事 shì S1
事故 shìgù H6, S1

p.113
事件 shìjiàn H6, S1
事情 shìqing G, H5, S1
事实 (事實) shìshí H5, S1
事实上 (事實上) shìshí shang S1
事业 (事業) shìyè H6, S1
适合 (適合) shìhé H4, S1
适应 (適應) shìyìng H4, S1
适用 (適用) shìyòng S1
收 shōu H4, S1
收到 shōudào S1
收费 (收費) shōufèi S1
收看 shōukàn S1
收入 shōurù H4, S1
收拾 shōushi H4, S2
收听 (收聽) shōutīng S1
收音机 (收音機) shōuyīnjī H6, S1

p.114
手 shǒu S1
手表 (手錶) shǒubiǎo H2, S1
手机 (手機) shǒujī H2, S1
手续 (手續) shǒuxù H5, S1
手指 shǒuzhǐ H5, S1
首都 shǒudū H4, S2
首先 shǒuxiān H4, S1
瘦 shòu H3, B2
受 shòu S1
受不了 shòu bu liǎo H4, S2
受到 shòudào H4, S1

受伤 (受傷) shòu//shāng H5, S1
书 (書) shū H1, S1
书包 (書包) shūbāo S1
书店 (書店) shūdiàn S1
书记 (書記) shūji G, H6
书架 (書架) shūjià H5, S1

p.115
输 (輸) shū H4, S1
输入 (輸入) shūrù H5, S1
舒服 shūfu H3, S1
叔叔 shūshu H3, S2
熟 shú S1
熟人 shúrén S1
数 (數) shǔ H6, S1
属 (屬) shǔ S1
属于 (屬於) shǔyú H5, S2
束 shù H6, S1
树 (樹) shù H3, S1
树林 (樹林) shùlín S1
数量 (數量) shùliàng H4, S1
数学 (數學) shùxué H3
数字 (數字) shùzì H4, S1

p.116
刷 shuā T, S2
刷牙 shuā yá H3, S2
帅 shuài H4, S2
双 (雙) shuāng T, H3, S1
双方 (雙方) shuāngfāng H5, S1
水 shuǐ H1, S1
水果 shuǐguǒ H2, S1
水平 shuǐpíng H3, S1
睡 shuì T, S1
睡觉 (睡覺) shuìjiào H1, S1
睡着 (睡著) shuìzháo S1
顺 (順) shùn T, S2
顺便 (順便) shùnbiàn H4
顺利 (順利) shùnlì H4, S1
顺序 (順序) shùnxù H4, S2

p.117
说 (說) shuō D, S1
说话 (說話) shuōhuà H1, S1
说明 (說明) shuōmíng H4, S1
硕士 (碩士) shuòshì H4
司机 (司機) sījī H3, S1
思想 sīxiǎng H5, S2
死 sǐ H4, S1
四 sì H1, S1
送 sòng H2, S1
送到 sòngdào S1
送给 (送給) sònggěi S1
速度 sùdù H4, S1
塑料袋 sùliàodài H4, S2

p.118

酸 suān H4, S2
算 suàn T, H4, S1
虽 (雖) suī S2 S2
虽然 (雖然) suīrán H3, S1
随 (隨) suí S1
随便 (隨便) suíbiàn H4, S1
随时 (隨時) suíshí H5, S1
随着 (隨著) suízhe H4, S2
岁 (歲) suì T, H1, S1
孙子 (孫子) sūnzi H4, S2
所 suǒ T, H5, S1
所长 (所長) suǒcháng S1
所以 suǒyǐ G, H2, S1
所有 suǒyǒu H4, S1
所长 (所長) suǒzhǎng S1

p.119

T

他 tā D, H1, S1
他们 (他們) tāmen G, N, S1
她 tā D, H1, S1
她们 (她們) tāmen S1
它 tā H2, S1
它们 (它們) tāmen S1
抬 tái H4, S2
台 (臺) tái H4, S1
台湾 (臺灣) táiwān N
太 tài H1, S1
太太 tàitai G, H5, S1
太阳 (太陽) tàiyáng H3, S1
态度 (態度) tàidu H4, S1
谈 (談) tán H4, S1

p.120
谈话 (談話) tán//huà S1
谈判 (談判) tánpàn H5, S1
弹钢琴 (彈鋼琴) tán gāngqín H4
汤 (湯) tāng H4, S1
糖 táng H3, S1
躺 tǎng H4, S2
讨论 (討論) tǎolùn H4, S1
讨厌 (討厭) tǎoyàn H4, S2
套 tào H5, S1
特别 tèbié H3, S1
特点 (特點) tèdiǎn H4, S1
特色 tèsè H6, S1
疼 téng H3, S1
踢足球 tī zúqiú H2
提 tí H5, S1
提出 tíchū N, S1

p.121
提到 tídào S1
提高 tígāo N, H3, S1

提供 tígōng H4, S2
提前 tíqián H4, S1
提问 (提問) tíwèn H5, S1
提醒 tí//xǐng H4, S2
题 (題) tí H2, S1
体会 (體會) tǐhuì H5, S1
体现 (體現) tǐxiàn H5, S1
体验 (體驗) tǐyàn H5, S1
体育 (體育) tǐyù H3, S1
体育场 (體育場) tǐyùchǎng S1
体育馆 (體育館) tǐyùguǎn S1
天 tiān D, S1
天空 tiānkōng H5, S1

p.122
天气 (天氣) tiānqì H1, S1
天上 tiānshang S1
甜 tián H3, S2
填空 tián//kòng H4
条 (條) tiáo H3, S1
条件 (條件) tiáojiàn H4, S1
调 (調) tiáo S1
调整 (調整) tiáozhěng H5, S1
跳 tiào S1
跳高 tiàogāo S1
跳舞 tiào//wǔ H2, S1
跳远 (跳遠) tiàoyuǎn S1
铁 (鐵) tiě S1
铁路 (鐵路) tiělù S1
听 (聽) tīng H1, S1
听到 (聽到) tīngdào S1

p.123
听见 (聽見) tīngjiàn S1
听讲 (聽講) tīng//jiǎng S1
听力 (聽力) tīnglì S1
听说 (聽說) tīngshuō S1
听众 (聽眾) tīngzhòng S1
停 tíng S1
停车 (停車) tíng//chē S1
停车场 (停車場) tíngchēchǎng S1
停止 tíngzhǐ H4, S1
挺 tǐng (副) (1) H4, S1
挺 tǐng (动) (2) H4, S2
挺好 tǐnghǎo S1
通 tōng S1
通常 tōngcháng H5, S1
通过 (通過) tōngguò N, H4, S1
通信 tōng//xìn S1

p.124
通知 tōngzhī H4, S1
同 tóng D, S2
同情 tóngqíng H4, S2
同时 (同時) tóngshí N, H5, S1
同事 tóngshì H3, S1

同学 (同學) tóngxué H1, S1
同样 (同樣) tóngyàng S1
同意 tóngyì H3, S1
同志 tóngzhì H6, S1
痛 tòng (形) S1
痛苦 tòngkǔ H5, S1
头 (頭) tóu (名) (1) S1
头 (頭) tóu (量) (2) S1
头 (頭) tóu (形) (3) S1
头发 (頭髮) tóufa H3, S2
头脑 (頭腦) tóunǎo S1

p.125
-头 (-頭) -tou S1
投资 (投資) tóuzī N, H5, S2
突出 tūchū H5, S1
突然 tūrán D, H3, S1
图 (圖) tú S1
图画 (圖畫) túhuà S1
图书馆 (圖書館) túshūguǎn H3, S1
土 tǔ S1 这里是肥~。
团 (團) tuán H5, S1
团结 (團結) tuánjié H6, S1
团体 (團體) tuánjié H6, S1
推 tuī H4, S1 .
推迟 (推遲) tuīchí H4, S2
推动 (推動) tuīdòng S1
推广 (推廣) tuīguǎng H5, S1
推进 (推進) tuījìn S1

p.126
推开 (推開) tuīkāi S1
腿 tuǐ H3, S1
退 tuì H5, S1
退出 tuìchū S1
退休 tuìxiū H5, S1
脱 (脫) tuō H4, S2
托 tuō S1
托儿所 (托兒所) tuō'érsuǒ S1

W

袜子 (襪子) wàzi H4, S2
外 wài H2, S1
外边 (外邊) wàibian S1
外地 wàidì S1
外国 (外國) wàiguó S1
外国人 (外國人) wàiguórén S1
外交 wàijiāo H5, S2

p.127
外面 wàimiàn S1
外文 wàiwén S1
外语 (外語) wàiyǔ S1
完 wán H2, S1
完成 wánchéng H3, S1

完美 wánměi H5, S1
完全 wánquán H4, S1
完善 wánshàn H5, S1
完整 wánzhěng H5, S1
玩 wán H2
玩具 wánjù H5, S1
玩儿 (玩兒) wánr S1
碗 wǎn H3, S1
晚 wǎn S1
晚安 wǎn'ān S1
晚报 (晚報) wǎnbào S1
晚点 (晚點) wǎn//diǎn S1
晚饭 (晚飯) wǎnbào S1
晚会 (晚會) wǎnhuì S1

p.128
晚上 wǎnshang H2, S1
万 (萬) wàn H3, S1
万一 (萬一) wànyī H5, S1
往 wǎng H4, S1
往往 wǎngwǎng H4, S1
网 (網) wǎng S1
网络 (網絡) wǎngluò H6, S1
网球 (網球) wǎngqiú S4, S1
网友 (網友) wǎngyǒu S1
网站 (網站) wǎngzhàn H4
忘 wàng S1
忘记 (忘記) wàngjì H3, S1
危害 wēihài H5, S1
危机 (危機) wēijī H6, S1

p.129
危险 (危險) wēixiǎn H4, S1
围 (圍) wéi S1
为 (為) wéi S1
伟大 (偉大) wěidà H5, S1
委员 (委員) wěiyuán N, H6
喂 wèi (动) (1) H1, S1
喂 wèi (叹) (2) H1, S2
为 (為) wèi D, H3, S1
为了 (為了) wèile H3, S1
为什么 (為什麼) wèi shénme H2, S1
位 wèi H3, S1
味道 wèidào H4, S1
卫生 (衛生) wèishēng S1

p.130
卫星 (衛星) wèixīng H4, S1
温度 (溫度) wēndù H4, S1
温暖 (溫暖) wēnnuǎn H5, S1
闻 (聞) wén H5, S1
文化 wénhuà N, H3, S1
文件 wénjiàn H5, S1
文明 wénmíng H5, S1
文学 (文學) wénxué H5, S1
文章 wénzhāng S1

190

文字 wénzì S1
问 (問) wèn H2, S1
问路 (問路) wènlù S1
问题 (問題) wèntí G, N, H2, S1
我 wǒ G, H1, S1

p.131
我们 (我們) wǒmen G, N, H1, S1
握手 wò//shǒu H4, S1
污染 wūrǎn H4, S2
无 (無) wú H4, S2
无法 (無法) wúfǎ S1
无聊 (無聊) wúliáo H4, S2
无论 (無論) wúlùn H4, S1
五 wǔ H1, S1
午饭 (午飯) wǔfàn S1
午睡 wǔshuì S1
舞台 (舞臺) wǔtái S1
武器 wǔqì H5, S1
武术 (武術) wǔshuì H5, S1
误会 (誤會) wùhuì H4, S2

p.132

X

西 xī H3, S1
西北 xīběi S1
西边 (西邊) xībian S1
西部 xībù S1
西餐 xīcān S1
西方 xīfāng S1
西瓜 xīguā H2, S2
西红柿 (西紅柿) xīhóngshì H4, S2
西南 xīnán S1
西医 (西醫) xīyī S1
吸引 xīyǐn H4, S2
希望 xīwàng H2, S1
习惯 (習慣) xíguàn H3, S1
洗 xǐ H2, S1
洗手间 (洗手間) xǐshǒujiān H3, S1
洗衣机 (洗衣間) xǐyījī S1
洗澡 xǐzǎo S1

p.133
喜欢 (喜歡) xǐhuan H1, S1
系 xì H5, S1
夏 xià H3
夏天 xiàtiān S1
下 xià (动) (1) D, H1, S1
下 xià (名) (2) D, H1, S1
下 xià (量) (3) D, H1, S1
下班 xià//bān S1
下边 (下邊) xiàbian S1

下车 (下車) xià chē S1
下次 xià cì S1
下课 (下課) xià//kè S1
下来 (下來) xiàlai G, S1
下去 xiàqu G, S1

p.134
下午 xiàwǔ H1, S1
下雨 xià yǔ H1, S1
下周 xiàzhōu S1
先 xiān T, H3, S1
先后 (先後) xiānhòu S1
先进 (先進) xiānjìn H4, S1
先生 xiānsheng G, H1, S1
鲜 (鮮) xiān T, S2
咸 (鹹) xián H4, S2
显得 (顯得) xiǎnde H5, S1
显然 (顯然) xiǎnrán H5, S1
显示 (顯示) xiǎnshì H5, S1
现 (現) xiàn D, T
现场 (現場) xiànchǎng H6, S1

p.135
现代 (現代) xiàndài H4, S1
现金 (現金) xiànjīn H5, S1
现实 (現實) xiànshí H5, S1
现象 (現象) xiànxiàng H5, S1
现在 (現在) xiànzài G, N, H1, S1
羡慕 (羨慕) xiànmù H4
线 (線) xiàn S1
限制 xiànzhì H4, S2
香 xiāng H4, S1
香港 xiānggǎng N
香蕉 xiāngjiāo H3, S2
相比 xiāngbǐ S1
相当 (相當) xiāngdāng H5, S1
相反 xiāngfǎn H4, S2
相关 (相關) xiāngguān H5, S1
相互 xiānghù S1

p.136
相似 xiāngsì H5, S1
相同 xiāngtóng H3, S1
相信 xiāngxìn H3, S1
详细 (詳細) xiángxì H4, S2
想 xiǎng D, H1, S1
想到 xiǎngdào G, S1
想法 xiǎngfǎ S1
想起 xiǎngqǐ S1
响 (響) xiǎng H4, S1
像 xiàng (动) (1) H1, S1
像 xiàng (名) (2) H1, S1
向 xiàng T, H3, S1
向 (嚮) xiàng T
项 (項) xiàng H6, S1
项目 (項目) xiàngmù H5, S1

相机(相機) xiàngjī S1
p.137
消费 (消費) xiāofèi H5, S1
消失 xiāoshī H5, S1
消息 xiāoxi H4, S1
小 xiǎo (1) D, S1
小 (小李) xiǎo (xiǎolǐ) (2) S1
小孩儿 (小孩兒) xiǎoháir S1
小姐 xiǎojiě H1, S1
小朋友 xiǎopéngyǒu S1
小声 (小聲) xiǎo shēng S1
小时 (小時) xiǎoshí H2, S1
小时候 (小時候) xiǎoshíhou S1
小说 (小說) xiǎoshuō H4, S1
小心 xiǎoxīn H3, S1
小学 (小學) xiǎoxué S1
小学生 (小學生) xiǎoxuéshēng S1

p.138
小组 (小組) xiǎozǔ S1
笑 xiào H2, S1
笑话 (笑話) xiàohua H4, S1
笑话儿 (笑話兒) xiàohuar S1
效果 xiàoguǒ H4, S1
校园 (校園) xiàoyuán S1
校长 (校長) xiàozhǎng H3, S1
些 xiē D, H1, S2
鞋 xié H3, S1
写 (寫) xiě H1, S1
写作 (寫作) xiězuò H5, S1
血 xiě [口] S1
谢谢 (謝謝) xièxie H1, S1
新 xīn H2, S1

p.139
新年 xīnnián S1
新闻 (新聞) xīnwén H3, S1
新鲜 (新鮮) xīnxiān H3, S2
心 xīn D, S2
心里 xīnli S1
心情 xīnqíng H4, S1
心中 xīnzhōng S1
辛勤 xīnqín H4
信 xìn (动) (1) H3, S1
信 xìn (名) (2) H3, S1
信号 (信號) xìnhào 4 H5, S1
信任 xìnrèn H4, S1
信息 xìnxī H5, S1
信心 xìnxīn H4, S1
信用卡 xìnyòngkǎ H4, S1

p.140
兴奋 (興奮) xīngfèn H4, S2
星期 xīngqī H1, S2
星期日 xīngqīrì S1
星期天 xīngqītiān S1

191

星星 xīngxin S1
行 xíng D, H4, S1
行动 (行動) xíngdòng H5, S1
行李 xíngli S1
行李箱 xínglixiāng H3
行人 xíngrén H5, S1
行为 (行為) xíngwéi H5, S1
形成 xíngchéng H5, S1
形式 xíngshì H5, S1
形象 xíngxiàng H5, S1
形状 (形狀) xíngzhuàng H5, S1
醒 xǐng H4, S2
姓 xìng H2, S1

p.141
性 [积极性 (積極性)] xìng [jījíxìng] S1
性别 xìngbié H4, S2
性格 xìnggé H4, S1
幸福 xìngfú H4, S1
幸运 (幸運) xìngyùn H5, S1
兴趣 (興趣) xìngqù H3, S2
熊猫 (熊貓) xióngmāo H3
修 xiū H4, S1
修改 xiūgǎi H5, S1
休假 xiū//jià S1
休息 xiūxi H2, S1
需求 xūqiú H6, S1
需要 xūyào H3, S1
许多 (許多) xǔduō H4, S1

p.142
宣布 (宣佈) xuānbù H5, S1
宣传 (宣傳) xuānchuán H5, S1
选 (選) xuǎn S1
选举 (選舉) xuǎnjǔ H5, S1
选手 (選手) xuǎnshǒu H6, S1
选择 (選擇) xuǎnzé H3, S2
学 (學) xué D, S1
学费 (學費) xuéfèi S1
学期 (學期) xuéqī H5, S1
学生 (學生) xuésheng N, H1, S1
学习 (學習) xuéxí H1, S1
学校 (學校) xuéxiào H1, S1
学院 (學院) xuéyuàn S1
雪 xuě H2, S1

p.143
血 xuè H4
训练 (訓練) xùnliàn H5, S1

Y

压 (壓) yā S1
压力 (壓力) yālì H4
牙膏 yágāo H4

亚洲 (亞洲) Yàzhōu H4
呀 ya H4, S2
烟 (煙) yān S1
盐 (鹽) yán H4, S2
严格 (嚴格) yángé H4, S2
严重 (嚴重) yánzhòng H4, S2
研究 yánjiū N, S1
研究生 yánjiūshēng H4, S2

p.144
研制 yánzhì S1
颜色 (顏色) yánsè H2, S1
演 yǎn S1
演唱会 (演唱會) yǎnchànghuì S1
演出 yǎnchū H4, S1
演员 (演員) yǎnyuán H4, S1
眼 yǎn S1
眼镜[儿] (眼鏡[兒]) yǎnjìngr H3, S2
眼睛 yǎnjing H2, S2
眼前 yǎnqián S1
阳光 (陽光) yángguāng H4, S1
羊 yáng S1
羊肉 yángròu H2
养 (養) yǎng S1

p.145
养成 (養成) yǎngchéng H4, S2
样 (樣) yàng D, S2
样子 (樣子) yàngzi H4, S1
邀请 (邀請) yāoqǐng H4, S1
要求 yāoqiú H3, S1
药 (藥) yào H2, S1
药片 (藥片) yàopiàn S1
药水 (藥水) yàoshuǐ S1
要 yào (动) (1) D, H2, S1
要 yào (连) (2) D, H2, S2
要是 yàoshì H5, S1
钥匙 (鑰匙) yàoshi H4
爷爷 (爺爺) yéye H3, S1
也 yě D, H2, S1

p.146
也许 (也許) yěxǔ H4, S1
页 (頁) yè H4, S1
夜 yè H5, S1
夜里 (夜裡) yèli S1
叶子 (葉子) yèzi H4, S2
依据 (依據) yījù H6, S1
依靠 yīkào H6, S1
衣服 yīfu H1, S1
衣架 yījià S1
医生 (醫生) yīshēng H1, S1
医院 (醫院) yīyuàn H1, S1
一 yī H1, S1
一半 yíbàn S1

一步 yíbù N

p.147
一部分 yí bùfen S1
一次 yícì G
一定 yídìng G, H3, S1
一个 (一個) yígè N, G
一共 yígòng H3, S1
一会儿 (一會兒) yíhuìr (1) H3, S1
一会儿 (一會兒) yíhuìr (副) (2) H3, S1
一块儿 (一塊兒) yíkuàir S1
一路 yílù S1
一路平安 yílù píng'ān H5, S1
一切 yíqiè G, H4, S1
一下儿 (一下兒) yíxiàr S1
一下子 yíxiàzi [口] S1
一样 (一樣) yíyàng H3, S1
一致 yízhì H5, S1

p.148
以后 (以後) yǐhòu G, G3, S1
以来 (以來) yǐlái H5, S1
以前 yǐqián H3, S1
以上 yǐshàng S1
以外 yǐwài S1
以为 (以為) yǐwéi H3, S1
以下 yǐxià S1
已经 (已經) yǐjīng G, N, H2, S1
椅子 yǐzi H1, S1
亿 (億) yì H4, S1
一般 yìbān H3, S1
一边 (一邊) yìbiān H3, S1
一点儿 (一點兒) yìdiǎnr G, S1

p.149
一点点 (一點點) yì diǎndiǎn S1
一方面 yì fāngmiàn
一起 yìqǐ H2, S1
一生 yìshēng S1
一些 N, S1
一直 yìzhí G, H3, S1
一种 yìzhǒng G
意见 (意見) yìjiàn H4, S1
意思 yì si H2, S1
意外 yìwài H5, S1
意义 (意義) yìyì H5, S1
艺术 (藝術) yìshù H5, S1
义务 (義務) yìwù H5, S1
阴 (陰) yīn H2, S2

p.150
因此 yīncǐ H4, S1
因为 (因為) yīnwèi G, H2, S1
音乐 (音樂) yīnyuè H3, S1
音乐会 (音樂會) yīnyuèhuì S1

192

银 (銀) yín H5, S1
银行 (銀行) yínháng H3, S1
银行卡 (銀行卡) yínhángkǎ S1
引起 yǐnqǐ H4, S2
饮料 (飲料) yǐnliào H4, S2
印象 yìnxiàng H4, S1
应当 (應當) yīngdāng S1
应该 (應該) yīnggāi G, H3, S1
英国 (英國) yīngguó *
英文 yīngwén S1
英雄 yīngxióng H5, S1
英语 (英語) yīngyǔ S1

p.151

赢 (贏) yíng H4, S2
迎接 yíngjiē H5, S1
营养 (營養) yíngyǎng H5, S1
影片 yǐngpiàn S1
影视 (影視) yǐngshì S1
影响 (影響) yǐngxiǎng H3, S1
硬 yìng H4, S2
应用 (應用) yìngyòng H5, S1
勇敢 yǒnggǎn H4, S2
永远 (永遠) yǒngyuǎn H4, S1
用 yòng D, H3, S1
优点 (優點) yōudiǎn H4, S1
优势 (優勢) yōushì H5, S1

p.152

优秀 (優秀) yōuxiòu H4, S2
幽默 yōumò H4, S2
由 yóu H4, S1
由于 (由於) yóuyú H4, S1
邮局 (郵局) yóujú H5, S1
邮票 (郵票) yóupiào S1
游 yóu (1) S1
游 [遊] yóu (2) S1
游客 (遊客) yóukè S1
游戏 (遊戲) yóuxì H3, S1
游泳 yóu//yǒng H2, S1
油 yóu S1
尤其 yóuqí H4, S1
有 yǒu D, H1, S1
有的 yǒu de S1

p.153

有的是 yǒudeshì S1
有点[儿]([有點[兒]) yǒudiǎr G
有关 (有關) yǒuguān N, S2
有空儿 (有空兒) yǒu kòngr S1
有利 yǒulì H5, S1
有名 yǒu//míng H3, S1
有趣 yǒuqù H4, S2
有时候|有时 (有時候|有時)
yǒushíhou | yǒushí S1
有效 yǒuxiào S1

有(一)点儿 (有[一]點兒) yǒu
(yì) diǎnr S1
有(一)些 yǒu (yì) xiē G, S1
有意思 yǒu yìsi S1
有用 yǒuyòng S1
友好 yǒuhǎo H4, S1

p.154

友谊 (友誼) yǒuyì H4, S2
又 yòu H3, S1
右 yòu S1
右边 (右邊) yòu bian H2, S1
鱼 (魚) yú H2, S1
于 (於) yú D, S2
于是 (於是) yúshì G, H4, S2
与 (與) yǔ H4, S1
语 (語) yǔfǎ T
语法 (語法) yǔfǎ H4, S2
语言 (語言) yǔyán H4, S1
语音 (語音) yǔyīn S1
羽毛球 yǔmáoqiú H4, S2
雨 yǔ T, S1

p.155

预报 (預報) yùbào H5, S1
预防 (預防) yùfáng H5, S1
预计 (預計) yùjì S1
预习 (預習) yùxí H4
遇到 yùdào H3, S2
育 yù T
元 yuán T, H4, S1
...员 (...員) yuán S1
员工 (員工) yuángōng S1
圆 (圓) yuán H2, S2
原 yuán T, S2
原来 (原來) yuánlái H4, S1
原谅 (原諒) yuánliàng H4, S2
原因 yuányīn H4, S1

p.156

园 (園) yuán T, S2
远 (遠) yuǎn T, H2, S1
院 yuàn T, S1
院长 (院長) yuànzhǎng S1
院子 yuànzi S1
怨 yuàn T, S2
愿 (願) yuàn T, S2
愿望 (願望) yuànwàng H5, S1
愿意 (願意) yuànyì H3, S1
约 (約) yuē T, S1
约会 (約會) yuēhuì H4, S2
越 yuè T, H3, S1
越来越 (越來越) yuè lái yuè S1
月 yuè T, H1, S1

p.157

月份 yuèfèn S1
月亮 yuè liang H3, S1

阅读 (閱讀) yuèdú H4, S2
云 (雲) yún T, H3, S2
允许 (允許) yǔnxǔ H4, S2
运 (運) yùn T, S2
运动 (運動) yùndòng H2, S1
运输 (運輸) yùnshū H5, S1

Z

杂 (雜) zá T, S2
杂志 (雜誌) zázhì H4, S1
灾 (災) zāi T, S2
在 zài (动、介) D, T, H1, S1
在 zài (副) D, T, H1, S1

p.158

在家 zàijiā S1
再 zài T, H2, S1
再见 (再見) zàijiàn H1, S1
咱 zán T, S1
咱们 (咱們) zánmen H4, S1
暂 (暫) zàn T
暂时 (暫時) zànshí H4, S2
脏 (髒) zāng H4, S1
早 zǎo S1
早晨 zǎochen S1
早饭 (早飯) zǎofàn S1
早就 zǎo jiù S1
早上 zǎoshang H2, S1
早已 zǎoyǐ S1
造 zào S1
造成 zàochéng H5, S1

p.159

责任 (責任) zérèn H4, S1
怎么 (怎麼) zěnme G, H1, S1
怎么办 (怎麼辦) zěnme bàn S1
怎么样 (怎麼樣) zěnmeyàng
H1, S1
怎样 (怎樣) zěnyàng S1
增加 zēngjiā H4, S1
增长 (增長) zēngzhǎng H4, S1
窄 zhǎi H4
展开 (展開) zhǎnkāi H5, S1
站 zhàn (动) H3, S1
站 zhàn (名) H3, S1
占 (佔) zhàn S1
张 (張) zhāng (量) H2, S1
张 (張) zhāng (动) H2, S1

p.160

长 (長) zhǎng S1
长 [秘书长] (長 [秘書長])
zhǎng [mìshūzhǎng] H3, S2
长大 (長大) zhǎngdà S1
掌握 zhǎngwò H5, S1
丈夫 zhàngfu H2, S2

招聘 zhāopìn H4, S2
招生 zhāo//shēng S1
招手 zhāo//shǒu S1
着急 (著急) zhāo//jí H3, S1
找 zhǎo H2, S1
找到 zhǎodào S1
照 zhào S1
照顾 (照顧) zhàogù H3, S1

p.161

照片 zhàopiàn H3
照相 zhào//xiàng S1
照相机 (照相機) zhàoxiàngjī H3
这 (這) zhè / zhèi D, H1, S1
这边 (這邊) zhèbiān S1
这个 (這個) zhègè N, G
这里 (這裡) zhèli S1
这么 (這麼) zhème G, S1
这儿 (這兒) zhèr S1
这时候|这时 (這時候|這時) zhè
shíhou | zhè shí S1
这些 (這些) zhèxiē G, N, S1
这样 (這樣) zhèyàng G, S1
这种 (這種) zhèzhǒng G
着 (著) zhe D, H2,

p.162

真 zhēn H2, S1
真的 zhēnde S1
真实 (真實) zhēnshí H5, S1
真正 zhēnzhèng H4, S1
争 (爭) zhēng S1
争取 (爭取) zhēngqǔ H5, S1
整 zhěng S1
整个 (整個) zhěnggè H5, S1
整理 zhěnglǐ H4, S1
整齐 (整齊) zhěngqí H4, S1
整体 (整體) zhěngtǐ H5, S1
整天 zhěngtiān S1
整整 zhěngzhěng S1
正 zhèng (副) H5, S1
正 zhèng (形) H5, S1

p.163

正常 zhèngcháng H4, S1
正好 zhènghǎo H4, S1
正确 (正確) zhèngquè H4, S1
正式 zhèngshì H4, S1
正是 zhèng shì S1
正在 zhèngzài H2, S1
政策 zhèngcè N, H5, S2
政府 zhèngfǔ N, H5, S1
政治 zhèngzhì N, H5, S1
证 (證) zhèng S1
证件 (證件) zhèngjiàn
证据 (證據) zhèngjù H5, S1

p.164

证明 (證明) zhèngmíng H4, S1
只 zhī H4, S1
之 zhī D, H4
之后 (之後) zhīhòu S1
之间 (之間) zhījiān S1
之内 (之內) zhī nèi S1
之前 zhīqián S1
之外 zhī wài S1
之下 zhī xià S1
之一 zhī yī S1
之中 zhī zhōng S1
支 zhī (量) H5, S1
支 zhī [动] H5, S2
支持 zhīchí N, H4, S1

p.165

知道 zhīdào G, H5, S1
知识 (知識) zhīshi H4, S1
直 zhí (形、动) (1) H5, S1
直 zhí (副) (2) H5, S1
直播 zhíbō H6, S1
直到 zhídào S1
直接 zhíjiē H4, S1
值 zhí S1
值得 zhídé H4, S1
职工 (職工) zhígōng S1
职业 (職業) zhíyè H4, S1
植物 zhíwù H4, S2
指 zhǐ H4, S1
指出 zhǐchū S1
指导 (指導) zhǐdǎo H5, S1

p.166

只 zhǐ D, H3, S1
只好 zhǐhǎo H4, S1
只能 zhǐ néng S1
只是 zhǐshì S1
只要 zhǐyào H4, S1
只有 zhǐyǒu G, S1
纸 (紙) zhǐ S1
治 zhì S1
制定 zhìdìng H5, S1
制度 zhìdù H5, S1
制造 (製造) zhìzào H4, S1
制作 (製作) zhìzuò H5, S1
至今 zhìjīn H5, S1
至少 zhìshǎo H4, S1
质量 (質量) zhìliàng H4, S2

p.167

志愿 (志願) zhìyuàn S1
志愿者 (志願者) zhìyuànzhě
H5, S1
钟 (鐘) zhōng H5, S1
终于 (終於) zhōngyú H3, S1
中 zhōng D, S1
中餐 zhōngcān S1

中国 (中國) Zhōngguó G, N,
H1, S1
中华民族 (中華民族) Zhōnghuá
Mínzú S1
中级 (中級) zhōngjí S1
中间 (中間) zhōngjiān H3, S1
中年 zhōngnián S1
中文 zhōngwén H4, S1
中午 zhōngwǔ H1, S1

p.168

中心 zhōngxīn H5, S1
中学 (中學) zhōngxué S1
中学生 (中學生)
zhōngxuéshēng S1
中央 zhōngyāng N, H6, S1
中医 (中醫) zhōngyī S1
种 (種) zhǒng D, H3, S1
种子 (種子) zhǒngzi H6, S1
种 (種) zhòng D, S2
重 zhòng H5, S1
重大 zhòngdà S1
重点 (重點) zhòngdiǎn H4, S1
重视 (重視) zhòngshì H4, S1
重心 zhòngxīn H6
重要 zhòngyào N, H3, S1

p.169

周 zhōu S1
周末 (週末) zhōumò H3, S2
周年 zhōunián H6, S1
周围 (周圍) zhōuwéi H4, S1
猪 (豬) zhū H4, S2
逐渐 (逐漸) zhújiàn H4, S2
主 zhǔ D
主持 zhǔchí H5, S1
主动 (主動) zhǔdòng H4, S1
主人 zhǔrén H5, S1
主任 zhǔrèn S1
主席 zhǔxí N, H5, S1
主要 zhǔyào N, H3, S1

p.170

主义 (主義) zhǔyì N
主意 zhǔyi H4, S1
主张 (主張) zhǔzhāng H5, S1
祝 zhù H3, S1
祝贺 (祝賀) zhùhè H4, S2
住 zhù H1, S1
住房 zhù//fáng S1
住院 zhù//yuàn S1
注意 zhù//yì H3, S1
著名 zhùmíng H4, S2
抓 zhuā S1
抓住 zhuāzhù S1
专家 (專家) zhuānjiā H5, S1
专门 (專門) zhuānmén H4, S1

参 考 书 目
A list of reference books
La liste d'ouvrages de référence

辞海 缩印本 上海辞书出版社 1980 年 8 月 第 1 版
法汉词典 Dictionnaire français-chinois 上海译文出版社 1982 年 1 月 第 1 版
汉法词典 Dictionnaire chinois-français 商务印刷馆出版社 1990 年 11 月 第 1 版
汉英词典 A Chinese-English Dictionary 商务印刷馆 1979 年
汉英双解 新华字典 Xinhua Dictionary with English translation 商务印刷馆国际有限公司 2000 年 5 月
汉语水平词汇与汉字等级大纲 北京语言文化大学出版社 1992 年 6 月 第 1 版
汉语国际教育用 音节汉字词汇等级划分 北京语言文化大学出版社 2010 年 10 月 第 1 版
现代汉语词典 修订本 商务印刷馆 1996 年
现代汉语通用字表 国家语言文字工作委员会汉字处编 语文出版社 1989 年 9 月 第 1 版
新英汉词典 A New English-Chinese Dictionary 上海人民出版社 1976 年 12 月 第 1 版
中国汉语水平考试模拟试题集 北京语言文化大学出版社 2011 年 3 月 第 1 版

French-English English-French Dictionary, Robert & Collins first published 1978
Grand Dictionnaire français-anglais anglais-français, Larousse, 2010
Harrap's Shorter French and English Dictionary, Harrap Books Limited, entirely re-set 1991
International Dictionary of English, Cambridge University Press, first published 1995
Larousse Business, Dicionnaire bilingue, Larousse 1990
Oxford Guide to British and American Culture, Oxford University Press, 1999
Word Menu, Random House, The Estate of Stephen Glazier, 1992

Printed in the United States
By Bookmasters